W0049621

Hans-Werner Sinn

Die Target-Falle

Hans-Werner Sinn

Die Target-Falle

Gefahren für unser Geld und unsere Kinder

HANSER

MIX
Papier aus verantwortungsvollen Quellen
FSC® C014889

Bibliografische Information der Deutschen Nationalbibliothek
Die Deutsche Nationalbibliothek verzeichnet diese Publikation in der Deutschen Nationalbibliografie; detaillierte bibliografische Daten sind im Internet über http://dnb.d-nb.de abrufbar.

1 2 3 4 5 16 15 14 13 12

Internet: http://www.hanser-literaturverlage.de
Lektorat: Martin Janik
Herstellung & Satz: Andrea Stolz
Umschlaggestaltung: Brecherspitz Kommunikation GmbH, München, www.brecherspitz.com
Druck und Bindung: Friedrich Pustet, Regensburg
Printed in Germany

ISBN 978-3-446-43353-3
E-Book ISBN 978-3-446-43391-5

Für Gerlinde

Inhalt

5 Der weiße Ritter 133

6 Die europäische Zahlungsbilanzkrise 163

7 Die Verdrängung des Refinanzierungskredits im Kern 193

8 Leistungsbilanzsalden, Kapitalflucht und Target-Salden 221

9 Die Target-Falle 263

10 Die Fiskalunion 295

Einführung

Seit dem ersten temporären Zusammenbruch des Interbankenmarktes sind bei der Abfassung dieser Zeilen, im August 2012, genau fünf Jahre vergangen. Über die erste Welle der Krise und ihre amerikanischen Ursprünge habe ich in meinem Buch *Kasino-Kapitalismus* geschrieben, das im Frühjahr 2009, ein halbes Jahr nach der Lehman-Krise, erschien. Damals habe ich schon auf die Gefahren für die Staaten Europas, insbesondere Italiens, verwiesen. Das zehnte Kapitel des Buches trug die Überschrift *Bleibt Europa stabil?* Seitdem ist viel passiert, und heute stellt sich diese Frage drängender denn je. Das ist der Grund für dieses Buch.

Im Mittelpunkt steht das Thema der Target-Kredite, die im großen Stil von einigen nationalen Notenbanken des Eurosystems in Anspruch genommen wurden und die offiziellen Rettungskredite in den Schatten stellen. Bislang verstehen nur die Fachleute, worum es sich dabei handelt. Die Regierung bestreitet noch, dass es solche Kredite überhaupt gibt. Nach der Lektüre dieses Buches wird aber jeder verstehen, um was es hier geht, und er muss es verstehen, denn es steht das Vermögen eines jeden einzelnen Bürgers auf dem Spiel.

Das Buch ist nicht auf das Target-Thema beschränkt, sondern es will das Krisengeschehen an sich verständlich machen und Wege zu einem funktionsfähigen europäischen Wirtschaftssystem aufzeigen. Es gibt für Deutschland keine Alternative zu einem vereinten Europa, und auch den Euro sollte man nicht zur Disposition stellen. Über den richtigen Weg einer Vertiefung der europäischen Integration muss man aber diskutieren dürfen, ohne gleich zum Europafeind abgestempelt zu werden, bloß weil man den Kurs der europäischen Regierungschefs und der Europäischen Zentralbank (EZB) kritisch sieht.

Die Eurokrise ist inzwischen von den Banken zu den Staaten und in die Realwirtschaft hinübergeschwappt. Sie wird als immer brenzliger und unbeherrschbarer empfunden, obwohl den Krisenländern des Euroraums während der ganzen Zeit über die EZB und die Rettungsschirme geholfen wurde. Schwindelerregende Rettungssummen werden mit wachsender Hektik durch die Parlamente und den EZB-Rat gepeitscht, um die sich zuspitzenden Probleme des Eurosystems zu bändigen, und doch scheint die Politik der Krise nicht Herr zu werden. Immer mehr Abschreibungslasten werden bei den Kreditgeschäften und Investitionsprojekten der Banken und Unternehmen der südlichen Länder sichtbar, und auch die Staaten geraten zunehmend ins Straucheln.

Die CDS-Versicherungsprämien für den Schutz gegen einen Konkurs des deutschen Staates haben sich in der Krise mehr als verzehnfacht, und während ich diese Zeile schreibe, hat die Ratingagentur Moody's, eine der beiden größten auf der Welt, gerade gewarnt, dass es Deutschland auch wegen der Belastungen durch mögliche Target-Verluste seine Bestnote nehmen könnte.

Die europäische Politik stolpert voran, und von Gipfel zu Gipfel fällt ihr nichts Besseres ein, als die noch soliden Länder zu immer größeren Rettungsversprechen zu veranlassen. Das hält dann für eine Weile, bis die Mittel zur Neige gehen und die Krise wieder von Neuem aufflackert.

Was soll man nur tun? Vor der richtigen Therapie muss die richtige Diagnose stehen. Es gibt zwei Theorien über die Natur der Krise, die im Wettstreit stehen. Die eine ist die Geld-im-Schaufenster-Theorie, die andere die Fass-ohne-Boden-Theorie. Nach der einen leidet die Eurozone nur unter einer Vertrauenskrise der Kapitalmärkte, nach der anderen leidet sie unter einer Strukturkrise, die aus der fehlenden Wettbewerbsfähigkeit resultiert.

Das Problem ist heute, dass die Krisenländer für ihre Staatsschulden und auch die Darlehen ihrer Privatwirtschaft hohe Zinsen zahlen müssen, weil die Gläubiger immer skeptischer werden, ob sie ihr Geld jemals wiedersehen werden. Insoweit stimmen die beiden Theorien noch überein. Der Unterschied liegt in den vermuteten Gründen für die hohen Zinsen.

Die Vertreter der Geld-im-Schaufenster-Theorie glauben, dass die Kapitalmärkte durch eine irrationale Skepsis gekennzeichnet sind. Sie denken so: Die Krisenländer sind eigentlich solvent, aber wenn sich die Furcht vor einer möglichen Insolvenz erst einmal verbreitet, steigen die Zinsforderungen der Gläubiger, und das erzeugt die Insolvenz dann wirklich. Stellt die Staatengemeinschaft genug Rettungsgelder zur Verfügung, wird der Teufelskreis aus einem Verlust an Vertrauen und immer höheren Zinsen durchbrochen, weil den Kapitalanlegern die Angst vor einem Engagement genommen wird. Die Krisenländer sind wieder solvent, tilgen ihre Schulden, und alles ist wieder in Ordnung. Das Geld muss lediglich im Schaufenster liegen, um den Beruhigungseffekt zu erreichen; genommen wird es nicht. Und wenn es doch genommen wurde und die Krise immer weitergeht, dann nur deshalb, weil das Geld zu spät ins Schaufenster gelegt wurde und die Geberländer zu knauserig waren.

Nach der Fass-ohne-Boden-Theorie haben die Kapitalmärkte allen Grund, skeptisch zu sein, weil die Südländer über ihre Verhältnisse gelebt und ihre Wettbewerbsfähigkeit verloren haben, vom ausländischen Kredit abhängig wurden und nun ihres Schuldenbergs nicht mehr Herr werden. Die Vertreter dieser Theorie argumentieren: Es stimmt zwar, dass die Skepsis der Gläubiger sich gegenseitig verstärkt und insofern die Krise beschleunigt, nur liegt das in der Natur der Sache. Maßnahmen zur Schuldensozialisierung, die die Zinsunterschiede zwischen den Ländern einebnen, veranlassen die Krisenländer, sich weiter zu verschulden, und verschlimmern das Problem, statt es zu lösen, weil immer größere Summen auf dem Spiel stehen und der unvermeidliche Crash immer gefährlicher wird.

Man kann nicht sagen, dass die eine oder andere Theorie bei allen Ländern grundsätzlich falsch oder grundsätzlich richtig ist. Wie die Verhältnisse im Einzelnen liegen, hängt sehr davon ab, welches der Krisenländer man vor Augen hat und welchen Zeitpunkt man betrachtet. Wie dieses Buch zeigen wird, passt auf Griechenland wohl eher die zweite und auf Irland möglicherweise eher die erste Theorie. Und was den Zeitpunkt betrifft, so wird man für die Lehman-Krise des Jahres 2008, als der Interbankenmarkt das zweite Mal und dann auch großflächig zusammenbrach, wohl eher davon ausgehen können, dass sich die Garantieversprechen positiv auf die Stabilität des Eurosystems ausgewirkt haben, während sich heute, gegen Ende des fünften Krisenjahres, der Eindruck verdichtet, dass die Krise durch die finanziellen Rettungsmaßnahmen nicht zu lösen ist, ja in Wahrheit nur verschleppt wird. Immerhin wurden den Krisenländern, wie in Kapitel 9 dieses Buches vorgerechnet wird, bis zum 3. August 2012 1,55 Billionen Euro an Rettungskrediten inklusive der Mittel des Zentralbankensystems zur Verfügung gestellt, wovon 1,42 Billionen Euro bereits abgerufen wurden. Der Teil der Geldsumme, die aus dem Schaufenster genommen wurde, ist riesig.

Mehr als zwei Drittel dieser Summe, etwa 971 Milliarden Euro, bestehen aus den Target-Krediten, die diesem Buch seinen Titel gegeben haben. Dabei handelt es sich um Geldschöpfungskredite, die, toleriert und unterstützt durch die Europäische Zentralbank, vom einen zum anderen Land verlagert werden, um Ersatz für die wegbrechenden oder als zu teuer empfundenen privaten Kredite zu bieten. Man kann auch von Krediten in Form eines Verleihs der Notenpresse sprechen. Deutschland musste bis zuletzt (Juli 2012) etwa 727 Milliarden Euro zu diesen Krediten beitragen, aber wenn dieses Buch erscheint, dann ist die Summe sicherlich schon wieder größer. Die Kredite verzerren die Investitionsentscheidungen in Europa, lenken die wirtschaftlichen Kräfte nicht dahin, wo sie die größte Wirkung für das Wachstum in Europa entfalten können, und implizieren erhebliche Haftungsrisiken, die sich kaum von den Risiken der offenen Kreditvergabe unterscheiden. Da der EZB-Rat, auf dessen Entscheidungen die Target-Kredite zurückgehen, nicht demokratisch legitimiert und einseitig, ohne Rücksicht auf Größe und Haftung einzelner Euroländer, zusammengesetzt ist, die Target-Kredite in ihrem Kern aber fiskalischen Charakter haben, stellt sich hier auch ein schwerwiegendes rechtliches Problem für die Funktionsweise der Europäischen Währungsunion.

Die Target-Kredite lagen seit dem Anbeginn der Währungsunion in unbegrenzter Höhe im Schaufenster, und sie haben die Eurozone ein Jahrzehnt in der Tat bei niedrigsten Zinsen stabilisiert. Das billige Geld hat aber die Überschuldung der Südländer überhaupt erst ermöglicht, indem es einen inflationären Wirtschaftsboom erzeugte, der diese Länder ihrer Wettbewerbsfähigkeit beraubte und sie insofern von dem Nachschub immer mehr billigen Geldes abhängig machte. Den privaten und öffentlichen Schuldenberg, unter dem die Eurozone heute leidet, kann man zwar mit immer mehr Kredit eine Zeit lang vor sich herschieben, ohne dass es zum Crash kommt, aber er verschwindet dadurch nicht, sondern wird immer größer, bis es schließlich doch zu einem Zusammenbruch kommt, bei dem auch die Gläubigerländer ihre finanzielle Stabilität verlieren, wenn sie nicht gar selbst insolvent werden. So gesehen, war das Geld im Schaufenster nicht wirklich stabilisierend. Es wirkte vielmehr wie ein Dopingmittel, das die Symptome der Krankheit übertünchte und ursächliche Therapien entbehrlich zu machen schien. Dadurch ist die Krankheit in ein Stadium gekommen, bei dem die Chancen auf Heilung schon erheblich gesunken sind und die Hoffnung nur noch in riskanten und schmerzvollen Operationen gesucht werden kann.

Ich habe den Begriff *Target-Falle* als Buchtitel gewählt, um die Pfadabhängigkeit der Politik zu beschreiben, die ich hier sehe: Erst stellt die EZB scheinbar unbegrenzte Target-Kredite ins Schaufenster, die das System vordergründig stabilisieren und niedrige Zinsen erzeugen, doch dann stellen sich wegen der zu niedrigen Zinsen strukturelle Probleme ein, sodass den Märkten zunehmend Zweifel kommen, ob das Geld im Schaufenster bei einem Crash der Südländer tatsächlich reichen würde. Privates Kapital zieht sich zurück, und das Geld im Schaufenster der EZB wird tatsächlich genommen. Der Kapitalbedarf der Krisenländer ist aber so riesig, dass selbst bei der EZB Zweifel aufkommen, ob sie genug Nachschub liefern kann. Sie sieht sich gezwungen, nach Entsatz durch die Rettungsschirme der Politik zu rufen. Die Rettungsschirme werden anfangs nur klein dimensioniert und sind schnell verbraucht, was die Märkte veranlasst, noch mehr Geld zur Stabilisierung zu fordern. Stets erscheinen die neuen Rettungsbeschlüsse als alternativlos, weil die politischen Entscheidungen auf den Vorstufen des politischen Prozesses als nicht mehr veränderbar gelten und eine Verweigerung den unmittelbaren Crash auszulösen droht. So rutscht Europa immer tiefer in den Schuldensumpf.

Ob die Völker Europas dort in Eintracht miteinander leben werden, wage ich zu bezweifeln, denn aus Freunden und Nachbarn werden Gläubiger und Schuldner. Die Geschichte ist voller Beispiele für die problematischen Beziehungen zwischen Gläubigern und Schuldnern. Ich möchte gar nicht daran denken, was alles daraus entstehen kann.

Heute ist die Situation in der Eurozone ziemlich verfahren, und leichte Auswege bieten sich nicht mehr. Noch immer streiten diejenigen, die an die Theorie vom Geld im Schaufenster glauben, mit jenen, die das Fass ohne Boden befürchten, um den richtigen Weg. Die Spaltung geht quer durch die Ökonomenzunft. Seriöse Ökonomen wie Paul Krugman aus den USA oder Paul De Grauwe aus Belgien plädieren mit Nachdruck für eine weitere Ausweitung der Kreditmittel, um der Krise Herr zu werden. Andere, nicht minder achtenswerte Kollegen wie die Amerikaner Kenneth Rogoff oder Martin Feldstein betonen die Notwendigkeit, zu härteren Budgetbeschränkungen zurückzukehren und die Eurozone zu verkleinern.

Auch in Deutschland ist die Disziplin der Ökonomen nicht in allen Punkten einer Meinung. Sie ist aber weitaus weniger zwiespältig, als man es den Presseberichten zu zwei Ökonomenaufrufen zur Bankenunion entnehmen konnte. Die Aufrufe standen nämlich tatsächlich gar nicht im Widerspruch zueinander, sondern waren komplementär zu sehen. Fast alle deutschen Ökonomen wollen (wie auch ich) den Euro erhalten, die Banken einheitlich regulieren und die privaten Anleger statt der Steuerzahler stärker in die Haftung nehmen. Gewisse Unterschiede gibt es nur bei der Abwägung zwischen den kurzfristigen und langfristigen Gefahren der Rettungspolitik und dementsprechend bei der Bereitschaft, noch mehr öffentliches Geld ins Schaufenster zu legen, als dort ohnehin schon liegt. Auch diejenigen, die noch etwas mehr Geld geben wollen, befürchten, dass das Geld unter Bruch der schönen Regeln dann doch genommen wird und der Teufelskreis sich fortsetzt.

In diesem Buch geht es mir darum, die Fakten zu dem Geschehen zusammenzutragen, die einen differenzierteren Blick auf den Sachverhalt ermöglichen und es dem Leser erlauben, sich selbst ein Urteil zu bilden. Dabei spielen die Target-Kredite eine zentrale Rolle, eben weil sie mehr als zwei Drittel des Geldes im Schaufenster ausmachen, das bislang genommen wurde, und dennoch von der offiziellen Politik negiert und kleingeredet werden.

Ich habe versucht, den Gegenstand so einfach wie möglich darzustellen, aber doch auch die nötige Präzision zu wahren. Der Leser wird feststellen, dass einige Kapitel mehr Konzentration als andere erfordern, so insbesondere die Kapitel zur Natur der Target-Kredite selbst, nämlich Kapitel 6, 7 und 8. Dennoch muss man kein Ökonom sein, um die Argumentation nachzuvollziehen. Manch ein Leser wird es vorziehen, nur Teile dieser Kapitel vollständig zu lesen und andere nur zu überfliegen. Auch dann kann er den Rest des Buches verstehen.

Das Buch übt sich nicht in theoretischen Glasperlenspielen, sondern beschäftigt sich mit einem harten Stück Wirklichkeit, das von entscheidender Bedeutung für die Zukunft Europas im Allgemeinen und für das Wohlergehen der Deutschen und ihrer Kinder im Besonderen sein wird. Ein jeder möge sich klarmachen, dass die politischen Entscheidungen, die in diesen Monaten getroffen werden, angesichts der gigantischen Summen, um die es geht, gravierende Implikationen für sein eigenes Vermögen und seine eigene Rente bedeuten. Keiner kann sich heute dem Geschehen mehr entziehen, denn es stehen für die Länder Europas Risiken auf dem Spiel, die die Lasten der deutschen Vereinigung in den Schatten stellen werden. Mit den Rettungspaketen ist eine riesige Umverteilungsmaschinerie in Gang gesetzt worden, die die Eurozone zu einem System des Länderfinanzausgleichs verändern und Deutschland teuer zu stehen kommen wird. Nicht weniger als das Auslandsvermögen, das sich Deutschland durch seine Exportüberschüsse erwirtschaftet hat, steht auf dem Spiel.

Die Befürworter der herrschenden Politik behaupten, Deutschland profitiere trotz der Vermögensrisiken, weil es bei der europäischen Integration um viel mehr geht als bloß Geld. Das mag sein. Man kommt hier in ein Abwägungsproblem hinein, bei dem eine endgültige Entscheidung schwierig ist. Doch damit man abwägen kann, muss man die harten Fakten kennen und sich auch mit der Frage beschäftigen, ob die unbegrenzte Lockerung der Budgetbeschränkungen durch immer mehr Rettungsprogramme Europas Integration tatsächlich fördern wird und ob das, was Rettung genannt wird, wirklich eine Rettung ist.

Der ungarische Ökonom János Kornai hat im Jahr 1980 mit seiner Theorie der lockeren Budgetbeschränkungen den Untergang des kommunistischen Systems vorhergesagt. In diesem System galt das Primat der Politik über die ökonomischen Gesetze. Wenn die Zentrale Projekte realisieren wollte, mussten sie ausgeführt werden, koste es, was es wolle. So hat man die Probleme, die im Fokus der Politik standen, lösen können, doch an anderer Stelle des Systems entstanden dadurch Versorgungsengpässe und immer neue Probleme, denn die Budgetbeschränkungen des Gesamtsystems waren, anders als die Politiker glaubten, eben doch hart und unerbittlich. Obschon für ein kommunistisches System formuliert, könnte die Theorie Kornais mehr Prognosekraft für das Eurosystem entfalten, als es uns allen lieb sein kann.

Bei alldem darf man nicht übersehen, dass die zur Disposition stehenden politischen Maßnahmen – letztlich die Wahl zwischen harten und lockeren Budgetbeschränkungen – die Chancen und Risiken ungleich über die Menschen verteilen und insofern die Wahl dieser Maßnahmen und den öffentlichen Diskurs beeinflussen. Die gigantischen privaten und öffentlichen Schulden der Krisenländer, die nun im Risiko stehen, sind Vermögenstitel in den Portfolios der großen Investmentgesellschaften aus Amerika und China, der deutschen und vor allem der französischen Banken und Versicherungen sowie vieler anderer Anleger und Konteninhaber inner- und außerhalb der Krisenländer. Die Inhaber dieser Vermögenstitel propagieren immer wieder neue Rettungsaktionen, um den bedrängten Ländern zu helfen. Aber es geht ihnen dabei nicht in erster Linie um Hilfen für die Krisenländer, sondern um die Rettung ihres eigenen Vermögens. Letztlich waren sie es, die über ihre Regierungen den Druck aufgebaut haben, der die deutsche Kanzlerin beim Krisengipfel vom Juni 2012 einknicken und die Rekapitalisierung der Banken Südeuropas aus dem Rettungsschirm ESM akzeptieren ließ, ohne dass dabei die nationalen Regierungen in die Haftung genommen werden.

Interessen sind auch der Grund dafür, dass die Geld-im-Schaufenster-Theorie in großen Teilen der Welt so viel populärer als die Fass-ohne-Boden-Theorie ist. Wenn man nicht genau weiß, welche Theorie stimmt, aber auf jeden Fall weiß, dass das Geld der Steuerzahler anderer Länder nützlich ist, dann kann es kein Fehler sein, zunächst einmal auf der Basis dieser Theorie Nachschub für das Schaufenster zu fordern. Wenn kein Nachschub mehr kommt, weil den Rettern das Geld ausgeht oder sie sich verweigern, kann man immer noch andere Lösungswege verfolgen.

Viele Vertreter der Finanzwirtschaft schließen sich den Rufen nach unbegrenzten Rettungspaketen sicherlich nicht deshalb an, weil sie von der Richtigkeit der Geld-im-Schaufenster-Theorie überzeugt sind, sondern weil sie davon ausgehen, dass die Staaten die Haftung übernehmen und sie selbst auf diese Weise ohne eine Beteiligung an einem Schuldenschnitt davonkommen. Offensichtlich hat die Finanzwelt die stärkere Lobby als die Steuerzahler und vor allem die nachwachsenden Generationen, die die Folgen der Haftungsübernahme später werden ausbaden müssen.

Ökonomen und Juristen mögen glauben, dass ihre fein gestrickten Theorien über die Funktionsweise von Systemen Eindruck auf die Politik machen. In Wahrheit geht es um die Verfolgung harter Interessen, und der schönen Theorie bedient man sich so, wie man es für die Verfolgung der eigenen Interessen braucht. Wenn Präsident Obama Kanzlerin Merkel vor den Gipfeln stets mit seinen Telefonaten bedrängte, dann sicherlich nicht, weil er ihr Ratschläge für die Gestaltung des Gemeinschaftsrechts geben wollte.

Aber auch die Staatsbürger selbst haben legitime Interessen, und sie sind nicht ohne Macht. Gerade deswegen ist es wichtig für sie, einen offenen Diskurs zur Rettungsstrategie zu führen, bevor über so große Teile ihres Vermögens disponiert wurde, dass es kein Zurück mehr gibt. Im Verteilungskonflikt zwischen der internationalen Finanzwirtschaft und unseren Kindern ist eine Richtungsentscheidung fällig.

Ich habe nicht die Illusion, dass dieses Buch allen gefallen wird. Es wird Teilen der nationalen und internationalen Finanzpresse und vor allem dem Finanzsektor selber nicht gefallen, die EZB wird es nicht mögen, die EU wird es als uneuropäisch empfinden, und die Vertreter der Geld-im-Schaufenster-Theorie und einige Journalisten werden es kritisieren. Das ist ihr gutes Recht. Ich hoffe aber, dass wir den Diskurs auf der Basis von tatsächlich jeweils benutzten Sachargumenten führen können, ohne dass der eine dem anderen Argumentationsketten unterstellt, die er gar nicht gebracht hat, was ja in Wissenschaft und Medien ein häufig zu beobachtendes Verfahren ist, wenn die eigenen Argumente ausgehen.

Für mich bleibt die Frage, wie die deutsche Bundesregierung sich dazu stellen wird. Für sie ist das Buch eine harte Kost, weil sie ohnehin schon genug politische Probleme am Hals hat und sich nun sicherlich nicht gerne mit Themen auseinandersetzen will, von denen sie eine Verunsicherung der Bevölkerung befürchtet. Sie sollte aber erkennen, dass hier eine letztlich hilfreiche Position formuliert wird, die ein gewisses Gegengewicht zu der einseitigen Interpretation der Krise bildet, die man vornehmlich aus Ländern hört, die von immer tieferen Griffen der Bundesregierung in das Sparkonto der deutschen Bürger profitieren würden.

Ich werde meine Hoffnung auf ein vereintes Europa nicht aufgeben. Nach all den Irrungen und Wirrungen der schrecklichen Geschichte der letzten hundert Jahre, für die wir Deutschen die hauptsächliche Verantwortung tragen, gibt es keine Alternative zur Fortsetzung der europäischen Integration. Ich meine sogar, im Endeffekt sollten wir vieles so machen wie in den USA und die Vereinigten Staaten von Europa schaffen. Was dazu und was nicht dazu gehört, werde ich am Ende des Buches zu umreißen versuchen. Dieses Bekenntnis zu Europa ist mir ernst, aber es ist kein Bekenntnis zu der Politik, die die europäischen Politiker derzeit betreiben. Die Entscheidungen der EU-Organe zu kritisieren heißt nicht, gegen die europäische Integration zu sein, und schon gar nicht, nationalistisch zu argumentieren. Aussagen wie »Bist du nicht für mich, bist du gegen Europa« oder »Scheitert der Euro, scheitert Europa« sind genauso einfältig wie der Spruch »Bist du nicht für den Sozialismus, bist du für Krieg«, den man in der DDR gebraucht hatte, um den eingeschlagenen Kurs als alternativlos darzustellen.

Ich werde zeigen, dass die gewählte Politik zur Bewältigung der europäischen Krise falsch ist, weil sie auf den falschen Theorien basiert und die Fakten negiert. Sie gibt dem Aspekt der bloßen Vertrauenskrise viel zu viel Gewicht; sie geht davon aus, dass die Krise vor allem aufgrund staatlicher Verschuldung zustande kam, während in Wahrheit die hohen privaten spanischen Schulden heute das Hauptproblem darstellen; und sie übersieht, dass Europa in einer inneren Zahlungsbilanzkrise steckt, die der Krise des nach dem Gründungsort Bretton Woods benannten Festkurssystems der Nachkriegszeit sehr ähnlich ist.

Ich werde mich auch nicht scheuen, die Rechtsverstöße, aus denen die angebliche Rettungspolitik und letztlich auch die Misere der Südländer entstanden ist, zu kritisieren. Die Schuldenschranken und das Beistandsverbot, wie es im Maastrichter Vertrag dargelegt ist, wurden von der Politik missachtet, und dennoch behauptet die

Politik, damit werde das europäische Gebäude stabilisiert. Es fällt mir schwer zu sehen, wie aus dieser Rechtsbeugung das neue Europa entstehen kann. Ohne Recht und Vertragstreue wird Europa nie zusammenfinden.

München, August 2012

Hans-Werner Sinn

1 Wunsch und Wirklichkeit

Euro-Dynamik – Der Euro und der Frieden – Die Vorteile des Euro für den Handel und den Kapitalverkehr – Der Weg zur Währungsunion – Der Preis der Einheit – Transfer- und Schuldenunion

EURO-DYNAMIK

Wenn man die Wirkungen des Euro beurteilen will, muss man sich fragen, was Europas Politiker von ihm erwartet haben und was der Bevölkerung verkündet wurde. Das ist schon deshalb wichtig, weil auch heute wieder große Dinge verkündet werden, die Erwartungen wecken.

Besonders große Erwartungen hatte man an die europäische Wirtschaft. Das wird durch kein Zitat so klar belegt wie durch die Schlusserklärung der Lissabon-Agenda vom März 2000:

> *»Die Union hat sich heute ein neues strategisches Ziel für das kommende Jahrzehnt gesetzt: das Ziel, die Union zum wettbewerbsfähigsten und dynamischsten wissensbasierten Wirtschaftsraum in der Welt zu machen – einem Wirtschaftsraum, der fähig ist, ein dauerhaftes Wirtschaftswachstum mit mehr und besseren Arbeitsplätzen und einem größeren sozialen Zusammenhalt zu erzielen.«*[1]

Die Lissabon-Agenda war ein groß angelegtes Programm zur Förderung von Innovation und Wirtschaftswachstum, das als Komplement zum Euro gedacht war und seine Wirkung zeitgleich entfalten sollte. Man wollte mit einem großen Startschuss eine neue Aufbruchsstimmung in Europa erzeugen und dem Kontinent eine neue Blüte verschaffen. Der Euro war ein Jahr zuvor als Verrechnungseinheit für die Banken eingeführt worden, und für das Jahr 2002 stand die physische Einführung an. Mit der Lissabon-Agenda und dem Euro schienen alle Zeichen auf Wachstum und neue Prosperität gestellt zu sein.

Zum Optimismus trug auch der Konjunkturaufschwung bei, der die Welt und Europa erfasst hatte. Die Länder, die heute zur EU gehören, wuchsen im Jahr 2000 um 3,9 %, was wesentlich mehr als das durchschnittliche Wachstum des vorangegangenen Jahrzehnts war, und die Arbeitslosenzahlen gingen zurück. Es gab allen Grund, an bessere Zeiten zu glauben. Die schöne neue Welt der gemeinsamen Währung würde dem alten Kontinent einen Elan verschaffen, wie man ihn zuletzt in der Nachkriegszeit gekannt hatte. Auch in Deutschland übertrafen sich die Optimisten. »Der Euro verhilft dem Alten Kontinent zu einer Frischzellenkur«, meinte McKinsey-Chef Herbert Henzler[2], und Martin Hüfner, der Chefökonom der Hypo-Vereinsbank, sah Europa wegen seiner zunehmenden wirtschaftlichen Stärke als die »Macht von morgen«.[3] Solche und ähnliche Stellungnahmen gab es viele.

Die Realität sah leider anders aus. Der Boom entpuppte sich als Internet-Blase, die schon im Jahr 2001 platzte, und Europa war in der Dekade, auf die sich die Agenda bezieht, nicht etwa die dynamischste Region, sondern die lahme Ente der Welt. *Abbildung 1.1* zeigt das sehr deutlich. Von 2000 bis 2010 wuchs die Weltwirtschaft insgesamt um 43 %, doch die EU lag mit einem Wachstum von nur 16 % ganz am Ende der Großregionen der Welt, knapp hinter den USA, und dies auch nur, weil die rasch wachsenden osteuropäischen Länder mitgezählt wurden, die noch viel aufzuholen hatten. Osteuropa, inklusive der ex-kommunistischen Länder Mitteleuropas, wuchs für sich genommen sogar um 45 %. Die heutigen Mitgliedsländer der Eurozone wuchsen aber nur um 12 % und standen weit abgeschlagen am Ende der Wachstumsskala der Welt. China war in der Vergleichsstatistik Spitzenreiter mit 171 % Wachstum, und selbst Subsahara-Afrika wuchs um 75 %. Lateinamerika wuchs um 39 %. Selten lagen Wunsch und Wirklichkeit so weit auseinander, wie es in Europa unter dem Euro der Fall war.

Das Wachstum war nicht etwa deshalb so niedrig, weil die heutigen Krisenländer nicht vom Fleck kamen. Das Gegenteil war der Fall. Die jetzigen Krisenländer wuchsen, wie im nächsten Kapitel diskutiert wird, recht stürmisch, aber Deutschland, Europas größtes Land, kam in die Flaute. Im gewichteten Durchschnitt ergab sich dadurch das mickrige Wachstum, das in der Abbildung dargestellt ist.

Und es kam noch schlimmer, als die Finanzkrise im Jahr 2007 zunächst die USA ergriff und dann im folgenden Jahr mit voller Wucht nach Europa herüberschwappte. Während sich Deutschland nach der Krise rasch erholte, kamen viele Länder der

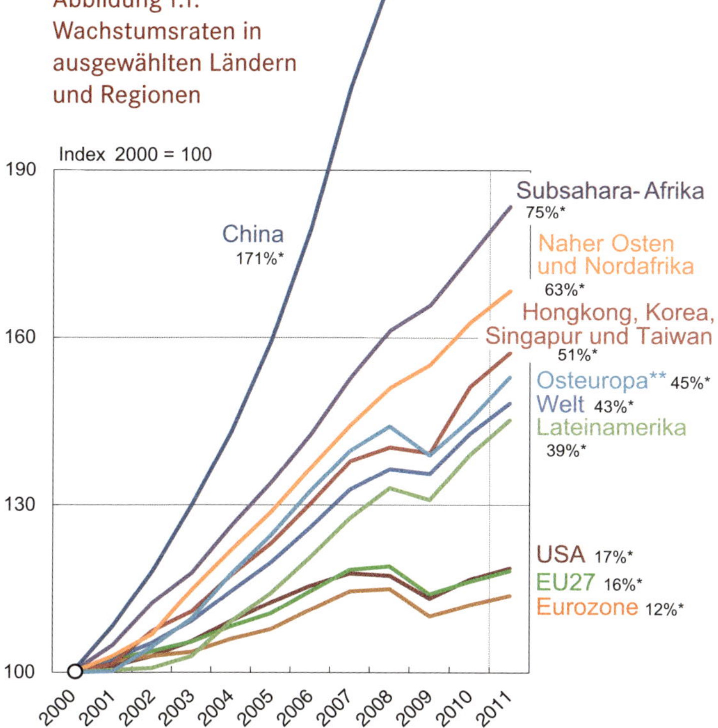

Abbildung 1.1: Wachstumsraten in ausgewählten Ländern und Regionen

* Wachstum 2000–2010.

** Inklusive der ehemals kommunistischen Gebiete Mitteleuropas.

Quelle: Internationaler Währungsfonds, *World Economic Outlook*, April 2012; Berechnungen des ifo Instituts.

Eurozone ernsthaft ins Straucheln. Der Süden Europas steckt heute in einer tief greifenden Wirtschaftskrise. In Spanien ist insgesamt jeder Vierte arbeitslos und bei den Jungen gar jeder Zweite. In Griechenland ist die Situation ähnlich. Die griechische Wirtschaft befindet sich im freien Fall. Im Jahr 2011 schrumpfte das Land um 7%, und für das Jahr 2012 wird eine Schrumpfung um 5% erwartet. Italien, Portugal und Frankreich zittern. Viele Euroländer stecken in einer wirtschaftlichen Rezession oder gar Depression. Im Jahr 2011 stieg die Wirtschaftsleistung der Eurozone ohne Deutschland, Österreich und die Niederlande nur um 0,8%, und für 2012 erwartet die EU-Kommission für diese Teilmenge der Eurozone eine Schrumpfung von 0,7%. Selbst Frankreich bekommt seine Arbeitslosigkeit nicht in den Griff. Die französische Arbeitslosenquote ist derzeit doppelt so hoch wie die deutsche.

Aus manchen der genannten Länder fliehen die Anleger in hellen Scharen. Allein aus Italien und Spanien sind von der Jahresmitte 2011 bis zur Jahresmitte 2012 etwa 640 Milliarden Euro an liquiden Geldern abgeflossen.

Um die Katastrophe einzudämmen, wurden riesige Rettungspakete geschnürt, aber sie helfen wenig. Die Krise geht immer weiter und verschärft sich noch. Mit den Wunschbildern der Lissabon-Agenda hat das alles sehr wenig zu tun. Einiges ist offenbar schiefgelaufen in Europa.

DER EURO UND DER FRIEDEN[4]

Mit dem Euro verfolgte man nicht nur ökonomische Ziele. Eher noch wichtiger waren die politischen. So begründete Helmut Kohl die Einführung des Euro gegenüber dem Bundestag am 23. April 1998 mit den folgenden Worten:[5]

> *»Der Euro stärkt die Europäische Union als Garanten für Frieden und Freiheit. ... Von der heutigen Entscheidung — ich meine das nicht pathetisch – hängt es wesentlich ab, ob künftige Generationen in Deutschland und in Europa in Frieden und Freiheit, in sozialer Stabilität und auch in Wohlstand leben können.«*

Und er fügte hinzu, er sei sich »ganz sicher…, dass diejenigen, die heute Nein zum Euro sagen, schon in wenigen Jahren leugnen werden, dass sie je eine solche Meinung vertreten haben«. Dass der Euro ein Friedensprojekt sei, haben auch andere Politiker Europas betont, so dezidiert Jean-Claude Juncker,[6] und ganz ähnlich hört man es heute von Angela Merkel, wenn sie die Rettungspakete verteidigt.[7]

Aber auch in dieser Hinsicht hat der Euro die Erwartungen nicht erfüllt, denn die wirtschaftliche Not der Krisenländer und die Angst der Kapitalmärkte zehren an den Nerven aller und beginnen, die Eintracht im Euroraum zu unterminieren. Mit jedem Gipfel wird der Streit der Länder heftiger. Einige fühlen sich durch die Krise an die Wand gedrückt, insbesondere die großen Länder Spanien und Italien, die anfangs gehofft hatten, relativ ungeschoren davonzukommen. Andere fürchten riesige Abschreibungsverluste auf die von den Krisenländern ausgegebenen Vermögenstitel und versuchen, das ihnen drohende finanzielle Fiasko durch eine Vergemeinschaftung der Lasten zu vermeiden. Der italienische Ministerpräsident Mario Monti glaubt, dass die Spannungen Europas »bereits die Züge einer psychologischen Auflösung Europas tragen«, und befürchtet, dass der »Euro zu einem Faktor des europäischen Auseinanderdriftens« werden könnte.[8]

Kohl und die anderen Führer Europas ließen sich vom Primat der Politik über die ökonomischen Gesetze lenken, vom Primat dessen, was sie verstanden und hofften, über das, was sie nur wenig durchschauten und nur widerwillig zur Kenntnis nahmen. Die Konsequenzen sehen wir heute in der katastrophalen Krise, die die Peripherie Europas erfasst hat. Die Krise hat zu Spannungen zwischen den Völkern Europas geführt, wie man sie in der Nachkriegszeit sonst noch nicht gekannt hat. In Griechenland werden die Hakenkreuzfahnen gegen Deutschland geschwungen, Italiens große Tageszeitung *Il Giornale* sieht in Deutschland das Bestreben, das Vierte Reich zu errichten.[9] Monti prophezeit italienische Demonstrationen gegen Deutschland für den Fall, dass es nicht hilft, die Zinsen auf italienische Staatsschulden zu senken.[10] Der einflussreiche amerikanische Spekulant George Soros, der einst die Bank of England in die Knie zwang, wirft Deutschland vor, eine imperiale Stellung anzustreben, und kündigt ihm den Hass der Völker an,[11] wenn es sich weiteren Rettungsaktionen verweigere. Ähnlich äußerte sich der angesehene britische Kolumnist Anatole Kaletsky. Deutschland habe den Ersten und den Zweiten Weltkrieg angefangen, und nun sei dieses Land wieder eine große Gefahr für Europa. Ob Europa sich nicht endlich gegen Deutschland erheben könne, fragt er seine Leser.[12] Die englische Zeitung *New Statesman* nannte Angela Merkel gar die gefährlichste Führungskraft der Welt.[13] Das sind extreme Stellungnahmen, aber sie sind nur die Spitze des Eisbergs einer internationalen Protestwelle gegen die deutsche Politik, wie es sie in der Nachkriegszeit nicht gegeben hat.

Offenbar droht Deutschland wieder, wie schon häufig in seiner Geschichte, in die Isolierung zu geraten. Es kann sich, wie es scheint, nur daraus befreien, wenn es weiter zahlt. Zumindest muss es die Haftung für immer mehr Kreditrisiken der Krisenländer übernehmen, um die Investoren von Verlusten auf die Altkredite freizustellen und den Nachschub von neuen Krediten für diese Länder zu sichern.

Aus der Sicht vieler Investoren aus Amerika und der ganzen Welt ist die Sachlage völlig klar, wie ich aus vielen Gesprächen weiß: Sie haben Geld an die Griechen, Spanier und die anderen Krisenländer verliehen, weil sie in der Eurozone sind. Wenn die Krisenländer nicht zurückzahlen können, dann muss eben jemand anderes aus der Eurozone herhalten, im Zweifel halt Deutschland. Europa sei groß und stark genug, um seine Probleme selbst zu lösen. Europas größtes Land stehe hier in der Verantwortung. Es sei unfair, wenn sich Deutschland nun aus dieser Verantwortung hinauszustehlen versuche.

So abwegig diese Position aus europäischer Sicht erscheinen mag, sie beherrscht das Denken vieler Menschen in der Welt und entlädt sich in einem immer deutlicher vernehmbaren Ärger über die angeblich zahlungsunwilligen Deutschen. Niemals war der Groll auf die Deutschen so groß wie heute, und niemals wurde ein deutscher Kanzler einem ähnlichen Kesseltreiben ausgesetzt wie in den Wochen vor dem EU-Gipfel Ende Juni 2012. Angela Merkel hat bis fünf Uhr morgens gegen die Bankenunion und die Abschwächung der Kreditbedingungen für Italien gekämpft, bis sie schließlich dem Druck nicht mehr standhielt und eingeknickt ist. Dass sie das Ergebnis des Gipfels im Nachhinein, wie es unter Politkern üblich ist, als Erfolg darstellte, ändert nichts daran, dass sie wieder hat nachgeben müssen, wie schon bei so vielen Gipfeln vorher.

Hätte Helmut Kohl vor zwanzig Jahren gewusst, in welchen Schwierigkeiten die Eurozone heute steckt und welchen politischen Pressionen man ausgesetzt ist, hätte er wohl auch seine euphorischen Reden nicht gehalten. Es war ein großer Fehler, den Euro in dieser Form einzuführen und dadurch die Erwartungs- und Anspruchshaltung zu befördern, derer sich Deutschland heute kaum noch erwehren kann.

Kohl hat behauptet, er hätte die Mehrheit der Deutschen hinter sich. Er wandte sich gegen die Aussage, die Einführung des Euro sei ein »Husarenstück« und widersprach »nachdrücklich all denen, die den Eindruck erwecken wollen, da werde etwas über unser Volk gestülpt, was das Volk gar nicht will«.[14] Gefragt hat er das Volk aber nicht, und wenn er es getan hätte, hätte er wohl auch nicht die erhoffte Antwort bekommen. Nach Meinungsumfragen der Institute Emnid und Ipsos lag die Ablehnungsquote für den Euro noch in den Jahren 1996 bis 1998 bei 49 % bzw. 70 %, und die Zustimmung lag nur bei 44 % bzw. 26 %.[15]

Es war leider auch blauäugig, sich auf die Zusagen der anderen EU-Länder zu verlassen, dass Deutschland im Falle der Staatsinsolvenz eines anderen Eurolandes nicht zur Kasse gebeten würde. Deutschland gelang es zwar, das Beistandsverbot, auch »No-Bail-out-Klausel« genannt, im Maastrichter Vertrag zu verankern, die Teil des EU-Vertrages wurde (Art. 125 AEUV). Danach muss Deutschland anderen Ländern im Falle eines Staatskonkurses nicht beistehen, ja es darf ihnen noch nicht einmal beistehen, wie der ehemalige Verfassungsrichter Udo Di Fabio betont.[16] Aber das ist ja nun alles nicht mehr wahr. In den Jahren 2010 bis 2012 wurde ein Hilfsabkommen nach dem anderen beschlossen, und dies, ohne den EU-Vertrag zu ändern. Auch das gehört zu einer ehrlichen Bestandsaufnahme der heutigen Situation.

Dieser Aspekt ist von besonderer Bedeutung, weil Kohl das Beistandsverbot stets in den Vordergrund gestellt hatte. In seiner großen Rede zur Euro-Einführung bat er seine Zuhörer, einen Moment innezuhalten und ihm genau zuzuhören. Dann sagte er, um seiner Aussage besonders viel Gewicht zu geben, gleich zweimal hintereinander:[17]

> *»Nach den vertraglichen Regelungen gibt es keine Haftung der Gemeinschaft für Verbindlichkeiten der Mitgliedstaaten und keine zusätzlichen Finanztransfers.«*

Diejenigen, die sich heute bei den europäischen Rettungssystemen in Sicherheit wiegen, weil sie durch einen Fiskalpakt geschützt werden, sollten diesen Satz wohl ebenfalls zweimal lesen.

Kohls Zuversicht in die Vertragstreue seiner europäischen Partner wurde leider enttäuscht. Christine Lagarde, die ehemalige französische Finanzministerin und jetzige Präsidentin des Internationalen Währungsfonds (IWF), erklärte nach der Griechenland-Rettung freimütig, man habe den Maastrichter Vertrag bewusst gebrochen, um Europa zu retten.[18] Angesichts des Umstandes, dass die Kredite der französischen Banken an die Krisenländer im Verhältnis zum Bruttoinlandsprodukt (BIP) doppelt so groß waren wie die Kredite der deutschen Banken, kann man diese Position zwar verstehen.[19] Sie zeigt aber eine erschreckende Bereitschaft, das europäische Recht und geschlossene Verträge außer Acht zu lassen, wenn es opportun zu sein scheint. Der Freiburger Verfassungsrechtler Dietrich Murswiek sagte bei einem Vortrag in München, mit den Rettungspaketen seien wichtige Säulen der Stabilitätsunion zum Einsturz gebracht worden, und er bemerkte sarkastisch, in der Sprache der Politiker heiße das, der Euro werde gerettet.[20]

Christine Lagarde hat sich auf einen übergesetzlichen Notstand berufen (*force majeure*). In der Tat, Not kennt kein Gebot. Wenn Dinge passieren, an die man beim Vertragsabschluss nicht hat denken können, dann ist es ein alter Rechtsgrundsatz, dass man vom Vertrag abweichen oder ihn neu verhandeln kann. Aber das war im vorliegenden Zusammenhang nicht der Fall, denn Art. 125 des EU-Vertrages bezieht sich ja bereits genau auf den Notfall, der jetzt eingetreten ist. Um Ausnahmetatbestände anführen zu können, hätten die Politiker Europas nachweisen müssen, dass die griechische Krise in einem bedeutsamen Sinne größer und gefährlicher war als das, was die Urheber des Maastrichter Vertrages sich haben vorstellen können, als sie das Hilfsverbot aussprachen. Da Griechenland ein vergleichsweise kleines Land ist, kann man davon aber nicht ausgehen.

Bemerkenswert ist, wie rasch sich auch die öffentliche Meinung in Deutschland vom Vertragstext und den Bedingungen, die Deutschland seinerzeit für die Aufgabe der D-Mark gestellt hatte, gelöst hat. Heute gibt es in der von den Medien und der Politik dominierten Öffentlichkeit nur noch wenige Stimmen, die auf den Vertragstext verweisen. Vielmehr gilt es heute als politisch korrekt, den Maastrichter Vertrag zu negieren und sich von den scheinbaren Sachzwängen des Tages leiten zu lassen, obwohl die entsprechenden Passagen dieses Vertrages noch immer uneingeschränkt gültig sind. Wer auf den Vertrag pocht, der die Rettungsschirme ausschließt, ist ein Außenseiter, und wer den Vertragsbruch fordert, kann der Zustimmung der deutschen Regierung gewiss sein. Eine verkehrte Welt! Dabei ist der Maastrichter Vertrag wie jeder Vertrag ja gerade geschrieben worden, damit man sich nicht den tagesaktuellen Sachzwängen unterwerfen muss und gezwungen ist, die langfristig richtigen Prinzipien zu verfolgen, auch wenn einem das aus dem Augenblick heraus schwerfällt. Der ehemalige Verfassungsrichter Paul Kirchhof hat davor gewarnt, dass eine Instabilität des Rechts schwerer wiege als eine Instabilität der Finanzen. Dem ist wenig hinzuzufügen.[21]

Es gab zu der Zeit, als der Maastrichter Vertrag beraten wurde, der als vertragliche Basis des Euro gilt, genug Stimmen, die davor gewarnt haben, sich blauäugig auf bloße Schutzklauseln im Maastrichter Vertrag zu verlassen, in der Hoffnung, sie würden auch respektiert, wenn es darauf ankommt. Ich habe meinen nun schon über achtzig Jahre alten Kollegen Peter Bernholz, einen der großen Geldtheoretiker Europas, noch im Ohr, wie er vor etwa zwanzig Jahren auf die Irrelevanz der Vertragsklauseln hinwies, die vor einem Missbrauch des Euro schützen sollten. Ich war damals weitaus weniger pessimistisch, aber im Nachhinein muss ich ihm recht geben. Gewarnt haben im Übrigen viele vor dem Euro, so der damalige Bundesbankpräsident Hans Tietmeyer[22] oder auch Ökonomen wie Martin Feldstein[23], Milton Friedman[24], Rudolf Richter[25], Manfred Neumann[26] oder Joachim Starbatty[27]. Ralf Dahrendorf sagte 1995:

> *»Die Währungsunion ist ein großer Irrtum, ein abenteuerliches, waghalsiges und verfehltes Ziel, das Europa nicht eint, sondern spaltet.«*[28]

155 deutsche Ökonomen hatten im Jahr 1998 einen öffentlichen Aufruf gegen die nach ihrer Meinung verfrühte Einführung des Euro

unterschrieben.[29] Die wissenschaftliche Redlichkeit gebietet es, zuzugestehen, dass diese Skeptiker leider recht hatten.

DIE VORTEILE DES EURO FÜR DEN HANDEL UND DEN KAPITALVERKEHR

Das alles heißt nun nicht, dass Deutschland den Euro heute ohne Weiteres aufgeben sollte, denn was geschehen ist, ist geschehen. Man kann aus vielen Zutaten einen Kuchen backen, aber man kann aus dem Kuchen die Zutaten nicht wieder zurückgewinnen, jedenfalls nicht auf einfache Weise. Die Finanzsysteme der Eurozone sind so stark miteinander verwoben, dass eine Rückrechnung der Schuldkontrakte auf alte Währungen nicht einfach ist. Außerdem hat der Euro so viel Symbolkraft für die weitere politische Integration des Kontinents, dass man nur hoffen kann, dass man ihn zu vernünftigen Bedingungen wird erhalten können. Das Diktum der Kanzlerin »Wenn der Euro scheitert, scheitert Europa« ist zwar maßlos übertrieben, doch ein Körnchen Wahrheit steckt selbst in dieser Aussage. Der Euro ist aus ökonomischer Sicht nur ein Verrechnungssystem für den Austausch von Waren. Aber politisch steht er für eine ambitionierte Phase der historischen Entwicklung in Europa, die hoffentlich noch ein gutes Ende finden wird.

Reformen und eine Adjustierung des Euroraumes an seinen Rändern, eine Konzentration auf die Länder, die innerhalb des Eurosystems funktionsfähig sind, könnten aber trotz aller Schwierigkeiten nötig werden. Warum das so ist und wie solch eine Reform aussehen könnte, die insbesondere auch für temporär austretende Länder attraktiv sein könnte, wird in den Kapiteln 4 und 12 diskutiert werden.

Damit soll aber der Euro nicht zur Disposition gestellt, sondern gerettet werden. Der Euro hat ja tatsächlich Vorteile allgemeiner Art, von denen alle Länder profitieren. Insofern hatte Helmut Kohl schon recht, und deshalb stellt dieses Buch auch den Verbleib Deutschlands in der Eurozone nicht grundsätzlich infrage, so schonungslos die Bestandsaufnahme auch ausfällt. Die Kritik an den Details liefert die Basis für Reformvorschläge, die den europäischen Gedanken stärken und mithelfen sollen, Kohls Ziele zu erreichen.

Offenkundig positiv ist die Senkung der Geldwechselkosten, die jeder Tourist als Vorteil sofort verspürt. Früher verloren die im Handel stehenden Parteien bei einem Export-Import-Geschäft im Wert von 1.000 D-Mark etwa 15 D-Mark. Geschäftsleute, die viel reisten, hatten ein Dutzend Geldbörsen oder mehr, um die verschiedenen Bargeldreste bis zur nächsten Reise aufzubewahren, und auch als Tourist erinnert man sich an die ausländischen Münzen und Banknoten, von denen man nicht wusste, was man mit ihnen anfangen sollte. Diese Behinderung des freien Austauschs zwischen den Ländern hat der Euro zum Glück überwunden.

Wichtiger noch ist freilich der Vorteil, dass mit dem Euro die Wechselkursunsicherheit verschwunden ist. Das ständige Auf und Ab der Kurse hatte in der Vor-Euro-Zeit den Handel in Europa immer wieder behindert. Wenn eine Ware mit Lieferfrist verkauft wurde, wussten die Kontraktpartner gar nicht, welchen Preis sie wirklich vereinbart hatten. Wenn man die Währung des Lieferanten als Basis nahm, war der Käufer einem Lotteriespiel ausgesetzt, und wenn in der Währung des Käufers fakturiert wurde, wusste der Verkäufer nicht, was er bekam. Beide konnten sich gegen das Wechselkursrisiko absichern, aber das war teuer und belastete den Warenaustausch.

Der Euro hat die realen Geschäfte und die Finanzgeschäfte der Euroländer vor den Turbulenzen der flexiblen Wechselkurse geschützt. Bei allem, was man heutzutage Kritisches zum Euro sagen kann: Diese Vorteile sollte man nicht gering schätzen. Die Achterbahnfahrt zwischen Dollar und D-Mark, die nach dem Ende des Bretton-Woods-Festkurssystems um das Jahr 1970 stattfand, blieb dem Euroraum erspart.

Von 1970 bis 1980 fiel der Wert eines US-Dollar von 4 D-Mark auf nur noch etwa 1,70 D-Mark, dann stieg er bis 1985 wieder auf einen Spitzenwert von etwa 3,50 D-Mark, nur um bis zum Jahr 1995 erneut auf etwa 1,40 D-Mark zu fallen. Im Rhythmus von fünf bis zehn Jahren wurde damals versucht, die amerikanische Exportindustrie an- und wieder auszuknipsen, was ihr bekanntlich nicht gut bekommen ist. Ein Teil der Verschuldungsprobleme der USA und der Ungleichgewichte auf den Kapitalmärkten der Welt kann darauf zurückgeführt werden, dass die USA eines Teils ihrer Exportindustrien verlustig gingen. Der Weltwirtschaft hat das Auf und Ab bestimmt nicht gutgetan.

Wie stark das Argument der Wechselkursunsicherheit ist, ist freilich debattierbar. Häufig wird in diesem Zusammenhang auf den abnehmenden Anteil des deutschen Exports in den Euroraum hingewiesen, der in *Abbildung 1.2* dargestellt ist. Man sieht, dass 1995, als der Euro verbindlich angekündigt wurde, knapp 47 % der deutschen Warenexporte in die Länder gingen, die heute zum Euroraum gehören, dass aber dieser Anteil im Laufe der Zeit immer weiter fiel und inzwischen unter 40 % liegt. Es hat also nach der Einführung des Euro eine *relative* Entkoppelung der deutschen Wirtschaft vom Rest der Eurozone stattgefunden.

Abbildung 1.2: Der Eurozonen-Exportanteil Deutschlands*

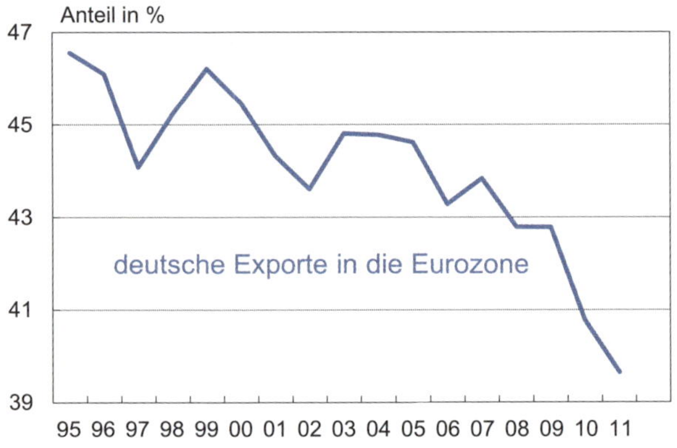

Anteil in %

deutsche Exporte in die Eurozone

*Deutscher Warenexport in die Länder, die 2011 zum Euro gehörten.

Quelle: Statistisches Bundesamt, *GENESIS-Online*, Tabelle Außenhandel.

Die Erklärung für dieses Phänomen ist aber nicht, dass die anderen Euroländer nun ihr Interesse an deutschen Waren verloren hätten. Das ist nicht der Fall, im Gegenteil. Von 1995 bis 2011 ist der Anteil des BIP, den diese Länder für den Import deutscher Waren ausgaben, sogar noch von 50 % auf 57 % gestiegen, was für einen positiven Effekt des Euro auf den innereuropäischen Handel spricht. Der in der Abbildung gezeigte Abwärtstrend kann deshalb seine Ursache nur in der dynamischen Wirtschaftsentwicklung der anderen Großregionen der Erde haben, die in *Abbildung 1.1* aufgezeigt wurde. Da der deutsche Export weltweit breit verteilt ist, profitiert er sehr von der Dynamik der Welt und entwickelt sich somit zwangsläufig schneller dorthin als in die insgesamt langsam wachsende Eurozone.

Außerdem weiß man natürlich nicht, wie sich der innereuropäische Handel entwickelt hätte, wenn es den Euro nicht gegeben hätte. Auch insofern muss man sich vor einem vorschnellen Urteil hüten. Auch ohne den Euro hätte allein schon der EU-Binnenmarkt für einen florierenden Handel in Europa gesorgt. Der Freihandel ist der eigentliche Motor der Integration und Arbeitsteilung in Europa. Wie viel der Schutz vor Wechselkursschwankungen zusätzlich beiträgt, ist unklar.

Mit Währungsturbulenzen sind freilich noch mehr schädliche Effekte verbunden als nur die Unterminierung des Güterhandels. Vor allem der freie Kapitalverkehr wird dadurch gestört, denn angesichts ihrer langen Fristen und der im Verhältnis zum Transaktionsvolumen kleinen Gewinnmargen sind Kreditkontrakte von der Wechselkursunsicherheit besonders betroffen. Vergab der Gläubiger einen Kredit in heimischer Währung, lag das Risiko der Rückzahlung beim Schuldner. Viele Schuldner in Osteuropa, die vor Jahren Kredite in Euro oder Schweizer Franken aufgenommen hatten, leiden heute darunter, dass ihre Währungen abgewertet haben und sie den Schuldendienst kaum noch leisten können. So war es früher auch zwischen den westeuropäischen Ländern. Und wenn die Kredite in fremder Währung vergeben wurden, dann wusste der Gläubiger nicht, worauf er sich einließ. So oder so wurden die internationalen Kreditverhältnisse behindert.

Die Beseitigung dieser Art von Unsicherheit hat, wie in Kapitel 2 ausführlich erörtert wird, einen sehr viel stärkeren Einfluss auf das Geschehen in der Eurozone gehabt als die Beseitigung der Unsicherheit beim Warenhandel, denn sie führte zu einer dramatischen Konvergenz der Zinsen für Kredite, die in jeweils heimischer Währung aufgenommen wurden. Vor dem Euro wollten die Anleger aus anderen Ländern hohe Risikoaufschläge im Zins, um für den Fall einer Abwertung der Anlagewährung während der Laufzeit kompensiert zu werden. Schon nach der Ankündigung des Euro verschwanden diese Aufschläge und leiteten damit eine Divergenz in der europäischen Wirtschaftsentwicklung ein, die die heutige Krise maßgeblich erklärt.

Obwohl Europa von ähnlichen Währungsschwankungen verschont geblieben war, wie sie zwischen dem Dollar und der D-Mark stattgefunden hatten, litten die Kapitalmärkte doch auch immer wieder unter Wechselkursanpassungen einzelner Länder. So hat Italien seine

Lira in der Nachkriegszeit fünfmal abgewertet, Spanien seine Peseta siebenmal und selbst Frankreich seinen Franc ebenfalls siebenmal,[30] bis es sich unter seinem Zentralbankchef Trichet im Jahr 1993 zu einer »Francfort«-Politik verpflichtete, was »starker Franken« heißt, aber eine offensichtliche Anspielung auf den Sitz der Bundesbank war. Die Francfort-Politik war eine Anti-Inflationspolitik mit dem Ziel, die Abwertungen des französischen Franc im Vergleich zur D-Mark zu vermeiden.[31]

DER WEG ZUR WÄHRUNGSUNION

Einen festen Wechselkursverbund in Europa herzustellen, war schon lange Ziel der europäischen Politik. So hatten die Regierungen Schmidt und Giscard d'Estaing Europa im Jahr 1972 durch eine westeuropäische Währungsschlange vor Turbulenzen an den Devisenmärkten schützen wollen. Man legte verbindliche Mittelkurse fest und verpflichtete die Zentralbanken, auf den Devisenmärkten zu intervenieren, also Devisen zu verkaufen oder anzukaufen, um diese Kurse innerhalb gewisser Bandbreiten zu stützen. Zur Währungsschlange, die 1979 alsbald durch das Europäische Währungssystem eine festere Struktur erhielt, gehörten die Länder Belgien, Deutschland, Frankreich, Italien, Luxemburg, die Niederlande und ab dem Jahr 1973 zusätzlich noch die Länder Großbritannien, Irland und Dänemark. Die Schlange hielt gut zwanzig Jahre, bis die deutsche Vereinigung solch große Spannungen auf den Devisenmärkten erzeugte, dass sie im Jahr 1992 mit einem großen Knall zerbrach. Die Zentralbanken hatten sich dagegenzustemmen versucht, indem sie zusätzlich zu ihren Deviseninterventionen auch noch die Zinsen in den abwertungsverdächtigen Ländern hochsetzten, in Schweden temporär bis auf 500 %, doch es half alles nichts. Die großenteils durchaus begründete Spekulation der Finanzanleger setzte so große Geldsummen in Bewegung, dass die Zentralbanken machtlos waren. Das Pfund wertete im Laufe des Jahres um 14 % gegenüber der D-Mark ab, die Lira um 17 %, die Peseta um 10 %, die schwedische Krone um 16 % und die finnische Markka ebenfalls um 16 %.[32]

Es war diese Erfahrung mit der geplatzten Währungsschlange, die insbesondere auf französischer Seite den Wunsch aufkommen ließ, die nationalen Währungen gänzlich abzuschaffen, was im Jahr 1989 zum sogenannten Delors-Plan führte, der im Jahr 1988 vom Europäischen Rat in Auftrag gegeben wurde.[33]

Der Delors-Plan sah das Erreichen der Wirtschafts- und Währungsunion in drei Stufen vor. Während in der ersten Stufe (ab 1. Januar 1990) alle Beschränkungen des Kapitalverkehrs zwischen den Mitgliedstaaten beseitigt werden sollten, sollten in der zweiten Stufe (ab 1. Januar 1994) die Teilnehmerstaaten ihre Staatshaushalte konsolidieren und damit die Voraussetzungen für eine stabile gemeinsame Währung schaffen. Die dritte Stufe sah die Festlegung der Umrechnungskurse und die anschließende Einführung des Euro als gemeinsamer Währung vor.

Man wollte ein System, in dem der Währungsspekulation dauerhaft durch ein wirklich glaubhaftes Festkurssystem Einhalt geboten werden konnte, und das schien die gemeinsame Währung zu sein.

Deutschland zögerte, den Delors-Plan umzusetzen, weil es sich als größtes Land der EU nicht dem Einfluss anderer Länder auf seine Geldpolitik unterwerfen wollte. Man vertrat die »Krönungstheorie«, nach der Europa zuerst ein höheres Maß an staatlicher Integration brauchen würde, bevor man – als »Krone« – die gemeinsame Währung umsetzen konnte. Auch misstraute man dem Stabilitätswillen der anderen Länder und befürchtete, vom Inflationsbazillus der Südländer angesteckt zu werden.

Helmut Kohl sagte:

> *»Man kann dies nicht oft genug sagen: Die Politische Union ist das unerlässliche Gegenstück zur Wirtschafts- und Währungsunion. Die jüngere Geschichte ... lehrt uns, dass die Vorstellung, man könne eine Wirtschafts- und Währungsunion ohne Politische Union auf Dauer erhalten, abwegig ist.«*[34]

Dem pflichteten viele Ökonomen, so auch Otmar Issing oder Reimut Jochimsen, ausdrücklich bei.[35]

Die anderen Länder fühlten sich umgekehrt von der Dominanz der Bundesbank auf ihre Entscheidungen eingeengt. Stets musste man der Zinspolitik der Bundesbank folgen, aber da die Bundesbank diese Politik auf ihren eigenen Wirtschaftsraum ausrichtete, passte sie nicht so gut für die anderen. So gab es Zeiten, in denen für

Deutschland ein hoher Zins für Refinanzierungskredite der Notenbank angemessen war, um die Inflation einzudämmen, während in den Nachbarländern eine Flaute herrschte, die eigentlich niedrigere Zinsen verlangte, und umgekehrt. Die Zinspolitik der Bundesbank setzte sich aber wegen der schieren Größe des D-Mark-Raumes immer durch. Die anderen Länder waren stets gezwungen, ihre Zinsen an die Bundesbankzinsen anzupassen, um keine Kapitalflucht zu provozieren. Es leuchtet ein, dass man diese Verhältnisse zu beenden trachtete. Deswegen hielt der französische Präsident die Krönungstheorie auch nur für eine Verzögerungstaktik Deutschlands. »Die Harmonisierung der Wirtschaftspolitik wird sich ganz von selbst ergeben«, sagte er später auf die Frage, ob man den Euro ohne die Koordination der Wirtschaftspolitik haben könne.[36]

DER PREIS DER EINHEIT

Das Patt zwischen Deutschland und den Nachbarländern wurde erst aufgelöst, als im Jahr 1989 die deutsche Vereinigung in greifbare Nähe rückte. Einerseits verlangten nun viele Europäer, das durch die Wiedervereinigung scheinbar erstarkende Deutschland politisch stärker einzubinden. Andererseits war auch Deutschland selbst zu Kompromissen bereit, um die Wiedervereinigung ohne größere politische Widerstände durchführen zu können. Immerhin war Deutschland noch kein souveränes Land und brauchte die formelle Zustimmung der Siegermächte des Zweiten Weltkriegs für die deutsche Wiedervereinigung. Sicher, kein europäisches Land hätte tatsächlich etwas gegen die Wiedervereinigung ausrichten können, denn Russland und die USA hatten bereits ihre Zustimmung signalisiert. Insbesondere der US-Präsident George Herbert Bush hatte sich sehr für die Wiedervereinigung eingesetzt. Indes hätte eine französische Blockade die deutsch-französische Achse und damit die Fortsetzung des europäischen Integrationsprozesses, die seit dem Zweiten Weltkrieg eines der obersten Ziele der deutschen Politik ist, gefährdet.

So kam es am 4. Januar 1990 bei einem deutsch-französischen Regierungstreffen zu der Grundsatzentscheidung zugunsten einer Umsetzung des Delors-Planes, die zwei Jahre später, im Juli 1992, zum Maastrichter Vertrag führen sollte.[37] Im Maastrichter Vertrag vereinbarten die EU-Länder die Einführung des Euro nach der Erfüllung verschiedener Konvergenzkriterien, spätestens aber zum 1. Januar 1999.[38]

Frankreich verlangte den Euro mit großem Nachdruck, denn auch die französische Zentralbank hatte sich immer wieder genötigt gesehen, den geldpolitischen Entscheidungen der Bundesbank zu folgen, ohne dass sie in der Lage gewesen wäre, sie zu beeinflussen, was der *Grande Nation* erheblich gegen den Strich ging. Mitterrand hatte die deutsche Wiedervereinigung zunächst aktiv politisch bekämpft, ließ sich seine Zustimmung zur deutschen Vereinigung dann aber mit der Einführung des Euro bezahlen, wie inzwischen gut belegt ist.[39] Die Zustimmung zu den 2+4-Verhandlungen und die für die Vereinbarungen zum Euro geplante Regierungskonferenz in Maastricht wurden nach dem Gipfeltreffen gemeinsam von Mitterrand und Kohl verkündet.[40]

Welche Bedeutung Frankreich der Macht der Bundesbank beimaß, zeigt sich daran, dass Präsident Mitterrand die D-Mark als *force de frappe* der Deutschen, also als Atomwaffe, bezeichnet hatte,[41] und auch daran, dass er später den Maastrichter Vertrag seinen Landsleuten unter anderem mit der Bemerkung schmackhaft zu machen versuchte, er sei für Frankreich besser als der Vertrag von Versailles, wörtlich: ein »Super-Versailles«.[42] Die einflussreiche Zeitung *Le Figaro* jubelte gar: »Jetzt müssen sie zahlen«, wobei sie einen Slogan aufnahm, der in der Zeit nach dem Versailler Vertrag gegen Deutschland gerichtet war, was Rudolf Augstein im *Spiegel* seinerzeit mächtig aufstieß.[43] Man kann wohl schwerlich unterstellen, dass *Le Figaro* damals tatsächlich wusste, dass Deutschland für die Rettungsschirme der EU würde zahlen müssen. Indes hoffte man wohl, dass die Einbindung Deutschlands in ein gemeinsames Währungssystem später so oder so zu einer Angleichung der Lebensverhältnisse führen würde.

Kohl versuchte, als Gegenleistung für die Aufgabe der D-Mark eine politische Union in Europa zu erreichen, aber das wollte Mitterrand nicht. Über die politische Union gab es mit Frankreich keinen Konsens. Präsident Chirac hat bei Einführung des Euro später sogar gesagt: »Ich werde nicht akzeptieren, dass Europa sich in einen Superstaat verwandelt oder dass es seine Institutionen nach denen der Vereinigten Staaten formt.«[44] So musste sich Kohl mit der bloßen Einführung des Euro zufriedengeben, ohne dass es zu wesentlichen politischen Zugeständnissen der anderen Euroländer kam, die als Schritt in die Richtung einer stärkeren politischen Integration hätten verstanden werden können.

Die weitere Entwicklung war schwierig. Auf dem Gipfel von Nizza im Jahr 2000 hatte der neue Bundeskanzler Schröder versucht, die deutschen Nettozahlungen an die EU zu reduzieren, aber auch er biss damals auf Granit. Und als es darum ging, die Stimmverhältnisse im Ministerrat der EU-Länder festzulegen, stieß Deutschland auf den erbitterten Widerstand Frankreichs bei dem Versuch, Stimmrechte gemäß seiner Größe zu erhalten. Als die Verhandlungen kurz vor dem Scheitern standen, verwies Präsident Chirac darauf, dass die Gleichgewichtigkeit zwischen Deutschland und Frankreich das Ergebnis des Zweiten Weltkrieges sei und nicht infrage gestellt werden dürfe.

Bei den Verhandlungen zum Maastrichter Vertrag hätte Deutschland vieles im Austausch für die D-Mark erreichen können. Danach war das politische Geschäft extrem schwierig. Erstaunlicherweise hat es Deutschland sogar versäumt, für die Europäische Zentralbank (EZB) adäquate Stimmrechte zu fordern. Der EZB-Rat, das Entscheidungsgremium der Europäischen Zentralbank, umfasst die sechs Mitglieder des EZB-Direktoriums (davon ist zurzeit ein Posten vakant) sowie alle Präsidenten der nationalen Zentralbanken der Mitgliedsländer. Das Stimmgewicht der Deutschen Bundesbank ist dort nicht größer als beispielsweise das der Zentralbank von Malta, obwohl dieses Land nur ein 196stel der Einwohner Deutschlands hat. Der Kapitaleinschuss und damit die Haftung der Euroländer richten sich indes nach der Größe der Länder, wobei die Größe als Mittelwert des Anteils ihrer Wirtschaftskraft (BIP-Anteil) und des Anteils ihrer Bevölkerung definiert ist.

Dieses Ungleichgewicht ist bei internationalen Organisationen genauso unüblich wie bei privaten Kapitalgesellschaften. So ist beispielsweise das Stimmrecht beim Internationalen Währungsfonds an den Kapital- und Haftungsanteil eines jeden Landes geknüpft. Nun kann man sagen, der IWF übernehme ja explizit Haftungsrisiken von Ländern, während das nicht die Aufgabe der EZB sei. Doch auch die EZB übernimmt tatsächlich in riesigem Umfang Haftung aus Kreditrisiken und vergibt in gewaltigem Umfang zinsverbilligte Darlehen, was zu einer Verminderung der Gewinnüberweisungen der nationalen Zentralbanken an die nationalen Finanzministerien führt.

Abbildung 1.3: Stimmgewichte und Haftungsanteile im EZB-Rat 2012*

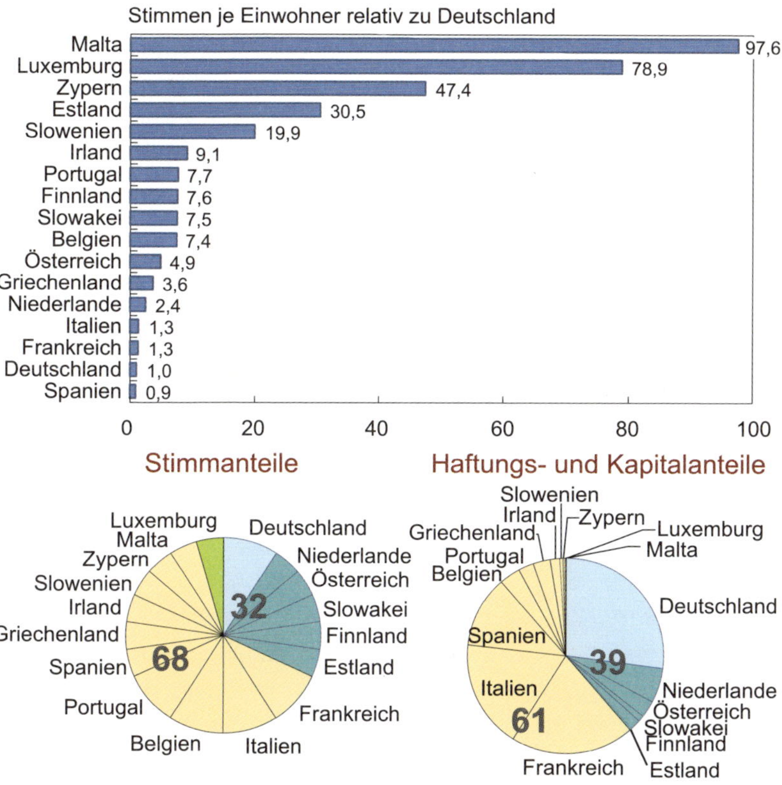

* Unter Zurechnung der Direktoriumsposten zu den Ländern. Ein Posten im EZB-Rat ist derzeit vakant.

Quellen: Europäische Zentralbank, *Organisation,* Beschlussorgane, EZB-Rat und Kapitalzeichnung; Eurostat, *Wirtschaft und Finanzen*, Zusätzliche Indikatoren in den VGR, Bevölkerung und Erwerbstätigkeit.

Für Deutschland bedeuten die Regeln jedenfalls, dass es einerseits nur auf 6% der Stimmen der Landesvertreter im EZB-Rat kommt, andererseits aber 27% der Verluste trägt, welche die EZB einfährt, wenn sie im Vergleich zu den Kapitalmarktzinsen zinsverbilligte Kredite vergibt, was sie während der Krise in erheblichem

Maße getan hat. Rechnet man noch mit, dass auch das Direktorium inklusive des Präsidenten der EZB über Stimmrechte verfügt und Deutschland so gesehen mit dem Mitglied des EZB-Direktoriums Jörg Asmussen über einen weiteren Sitz im EZB-Rat verfügt, liegt der deutsche Stimmanteil bei 9,1%, was immer noch sehr viel weniger als der Haftungsanteil ist. So gesehen hat Malta dann ein Stimmgewicht pro Einwohner, das 98-mal so groß ist wie das deutsche. Aber so darf man eigentlich nicht rechnen, weil die Mitglieder des Direktoriums keine Ländervertreter sind.

Abbildung 1.3 verdeutlicht die Asymmetrien bei der Machtverteilung in der Europäischen Zentralbank. Man sieht, dass der Süd-Block um Frankreich knapp 70% der Stimmen auf sich vereint, während die Länder, die traditionell Deutschland näherstehen und wohl auch häufig wie Deutschland abstimmen, auf rund 30% kommen. Auch das eklatante Missverhältnis zwischen dem deutschen Haftungs- und dem deutschen Stimmanteil wird sehr deutlich.

Der damalige Bundesbankpräsident Karl Otto Pöhl gab viele Jahre später in einem Interview in der *Wirtschaftswoche* zu, dass es ein Fehler war, dass zumindest die Bundesbank bei den Verhandlungen nicht auf größengerechte Stimmrechte gepocht hat, und er drückte dabei die Vermutung aus, dass der EZB-Rat eine interessengeleitete Politik durchführt.[45]

Diese Vermutung wird durch die Erfahrungen der ehemaligen deutschen Vertreter im EZB-Rat, Bundesbankpräsident Axel Weber und Chefvolkswirt der EZB, Jürgen Stark, bestätigt. Beide sind zurückgetreten, weil sie mit der Politik der Mehrheit im EZB-Rat nicht einverstanden waren und in der europäischen Schuldenkrise fortwährend überstimmt wurden. Es gelang den deutschen Vertretern häufig nicht einmal, ihren Protest zu Protokoll zu geben, weil nur die Beschlüsse protokolliert wurden und nach außen hin die Fiktion der Einstimmigkeit erhalten bleiben sollte. Sie verlegten sich deshalb darauf, Protestbriefe an den EZB-Präsidenten zu schreiben, um ihren Widerstand zu dokumentieren, aber das alles half nichts, da die Bundesregierung die Deutschen im EZB-Rat nicht unterstützte. So verlor Deutschland seinen Einfluss in der Geldpolitik und wurde fortwährend von den Vertretern des Süd-Blocks überstimmt.

Auch der Nachfolger von Axel Weber, der neue Bundesbankpräsident Jens Weidmann, dringt heute mit seinen Bedenken im EZB-Rat nicht durch. Sein Brief vom Februar 2012, mit dem er beim EZB-Präsidenten Mario Draghi eine bessere Besicherung der Target-Forderungen der Bundesbank anmahnte, hat bis zum heutigen Tage keine erkennbaren Auswirkungen auf die EZB-Politik gehabt.[46] Die einzige Chance, sich wirklich Gehör zu verschaffen, liegt darin, mit Worten, die für einen Banker recht klar sind, an die Öffentlichkeit zu treten, was Weidmann mehrfach mit erstaunlichem Mut getan hat.

TRANSFER- UND SCHULDENUNION

Während Frankreich und Deutschland die Entscheidung für den Euro als einen zentralen Schritt der Aussöhnung und als Kompensationsgeschäft für die Wiedervereinigung ansahen, war die Motivation der südeuropäischen Länder eine andere. Sie erhofften sich vom Euro eine Senkung ihrer Zinslasten für die Staatsschulden, und sie sahen ihn auch als ein Vehikel, um Anschluss an den Wohlstand des Nordens zu gewinnen.

Für die einfache Bevölkerung war die Motivationslage ungekünstelt und direkt. »Der Grieche war heiß auf den Euro. Er wollte einmal im Leben ein schönes deutsches Auto besitzen«, sagte der schon lange in Deutschland ansässige griechische Sänger Costa Cordalis in der Talkshow *Menschen bei Maischberger.*[47] Das erinnert an die deutsche Vereinigung. Der Ruf »Entweder kommt die D-Mark zu uns, oder wir kommen zur D-Mark«, den wir vor der Wiedervereinigung aus der DDR hörten, zeigt den Symbolcharakter der Währung ebenso.

Auch für die Politiker war der Euro das Sinnbild für ein gemeinsames Einkommensniveau, den gleichen Wohlstand wie im Norden Europas. Man wusste vielleicht nicht genau, wie das zustande kommen könnte, aber dass sich in einem System der kommunizierenden Röhren die Wasserstände ausgleichen würden, vermuteten viele.

Manche dachten auch schon sehr konkret an die Transferunion, ein System des Finanzausgleichs zwischen den Regionen, wie es in Deutschland existiert. In einschlägigen Publikationen wurde schon früh davon gesprochen, dass man letztlich auf einen europäischen Finanzausgleich nach deutschem Muster hinauswollte.[48]

Die deutsche Regierung und die Bundesbank haben das natürlich geahnt. Insbesondere die Bundesbank wollte die südeuropäischen

Länder eigentlich draußen lassen, weil sie Angst vor der hohen Staatsverschuldung dieser Länder hatte. So sicher, dass es keine Finanztransfers geben würde, wie Kohl sich in der oben zitierten Rede des Jahres 1998 gegeben hatte, war die Bundesbank nämlich nicht. Deswegen hatte sie im Maastrichter Vertrag als eine der Bedingungen für den Euro-Beitritt die 60%-Grenze für die Schuldenquote durchgesetzt. Im Jahr 1991, als der Maastrichter Vertrag abgeschlossen wurde, lagen die Schuldenquoten von Italien (102%), Griechenland (92%), Belgien (128%), Irland (95%) und den Niederlanden (79%) so weit über der 60%-Grenze, dass es ausgeschlossen schien, dass sie das Kriterium würden erfüllen können. Und in der Tat gelang ihnen das nicht, wie es übrigens den meisten der Euro-Mitgliedsländer nicht gelang, das Eintrittskriterium zu erfüllen. Im Prüfjahr 1997 lagen nur Finnland (56%), Frankreich (58%), Luxemburg (7%) und Großbritannien (53%) unter dem Limit. So gesehen, hätte das ganze Europrojekt gar nicht starten dürfen.

Aber schon damals zeigte sich, dass Europas Politiker findig sind, wenn es um die Formulierung von Verträgen geht. Im Maastrichter Vertrag war auch der schwammige Hinweis enthalten, dass man von der 60%-Grenze absehen könne, wenn wenigstens die Defizitquote zurückgehe und sich dem Referenzwert von 3% nähere oder diesen Wert nur ausnahmsweise und vorübergehend überschreite.[49] So gesehen, war dann doch wieder alles möglich, und die Südländer, die mit ihren hohen Schulden in die Eurozone wollten, hatten Oberwasser. Der Euro als solcher war ja schon im Köcher, und jetzt ging es nur noch darum, zu jenen Ländern zu gehören, die dabei sein durften. Die Südländer und Frankreich, das naturgemäß ein starkes Interesse am Mittelmeerraum hatte, drängten so lange, bis die Regierung Kohl nachgab und die große Eurozone akzeptierte. Das war in der Retrospektive der entscheidende Schritt zu den Verschuldungsproblemen, unter denen Europa heute leidet.

Es gibt sogar Anhaltspunkte für die Vermutung, dass Kohl sich schließlich selbst dafür einsetzte, das 60%-Kriterium beiseitezuschieben, um Italien einschließen zu können, und die Bedenken der Bundesbank und seiner Mitarbeiter beiseitewischte.[50] Bei der Wahl, die eigenen Kräfte beim Gerangel mit Frankreich und Italien zu verzehren, oder die Chance zu haben, als Vater eines vereinigten Europa in die Geschichtsbücher einzugehen, fiel ihm letztlich die Entscheidung nicht mehr schwer.

Wie es scheint, hat Finanzminister Theo Waigel aber versucht, bis zum Schluss dagegenzuhalten.[51] Seine Position war geschwächt worden, weil die EU-Länder Deutschland gezwungen hatten, die Treuhandschulden den Staatsschulden zuzurechnen. Das führte vom Jahr 1994 auf das Jahr 1995 zu einem Sprung der Schuldenquote um knapp 8 Prozentpunkte auf 58 %, also ganz knapp unter die 60 %-Grenze. 1996 wurde diese Grenze dann mit einem Wert von 60,4 % überschritten, und auch im Referenzjahr 1997 lag Deutschland mit 61,3 % zu hoch, als dass es die 60 %-Grenze des Maastrichter Vertrages zum Ausschlusskriterium hätte machen können. Das war für die Beitrittsländer des Südens und auch für Belgien, dessen Quote 1996 bei 127 % lag, das entscheidende Argument, nun auch selbst den Beitritt zu verlangen.

Waigel hat das Unglück noch in letzter Minute zu verhindern versucht, indem er die Bundesbank bat, einen Teil ihrer unterbewerteten Goldreserven zu verkaufen, um ihm mit entsprechend erhöhten Überweisungen von Bundesbankgewinnen aus der Bredouille zu helfen und das Überschreiten der Schuldengrenze zu verhindern. Aber die Bundesbank stellte sich damals aus prinzipiellen Gründen stur. Sie trug insofern eine taktische Mitschuld an der Schaffung der großen Währungsunion, die uns heute so große Probleme bereitet. Man gewährte dann Waigel im Jahr 1997 noch zu seiner und der Deutschen Beruhigung den Stabilitäts- und Wachstumspakt, mit dem wenigstens die Neuaufnahme der Schulden bei den Südländern begrenzt werden sollte, aber dieser Pakt erwies sich als ein bloßes Placebo, unfähig, die Schuldenlawine zu stoppen.

ANMERKUNGEN

1 Europäischer Rat, »Schlussfolgerungen des Vorsitzes«, 23. und 24. März 2000, Lissabon, http://www.europarl.europa.eu/summits/lis1_de.htm.

2 H. Henzler, »Zunehmender Druck«, *Wirtschaftswoche*, 20. Juni 2002, Nr. 26, S. 24.

3 M. Hüfner, *Europa. Die Macht von morgen*, Carl Hanser Verlag, München 2006.

4 In diesem und einigen der nachfolgenden Abschnitte gibt es Passagen, die sich mit Erlaubnis des Herausgebers an die Sohmen-Lecture des Verfassers anlehnen: H.-W. Sinn, »Die Europäische Fiskalunion«, *ifo Working Paper* Nr. 131, Juli 2012, http://www.cesifo-group.de/DocDL/IfoWorkingPaper-131.pdf, erscheint in *Perspektiven der Wirtschaftspolitik*, 2012.

5 H. Kohl, »Rede vor dem Deutschen Bundestag bei der Aussprache über den Beschluss der Bundesregierung zur Festlegung des Teilnehmerkreises an der dritten Stufe der Europäischen Wirtschafts- und Währungsunion«, 23. April 1998, Berlin, http://helmut-kohl.kas.de/index.php?menu_sel=17&menu_sel2=&menu_sel3=&menu_sel4=&msg=1764.

6 J.-C. Juncker, »Der Euro ist ein neues Instrument zur Schaffung von Frieden und Stabilität«, 2008, http://ec.europa.eu/economy_finance/emu10/quotes_juncker_de.htm.

7 A. Merkel, »Der Euro – weit mehr als Währung«, Interview mit K. Dunz, *Deutsche Presseagentur*, 9. November 2011, http://www.bundesregierung.de/Content/DE/Interview/2011/11/2011-11-09-merkel-dpa.html.

8 M. Monti, »Spiegel-Gespräch mit Premier Mario Monti«, Interview mit F. Ehlers und H. Hoyng, *Der Spiegel*, 2012, Nr. 32, S. 44–47.

9 »Quarto Reich«, *Il Giornale*, 3. August 2012, S. 1.

10 R. Alexander, »Mario Monti wehrt sich gegen Italien-Misstrauen«, *Die Welt*, 11. Januar 2012, http://www.welt.de/politik/ausland/article13810405/Mario-Monti-wehrt-sich-gegen-Italien-Misstrauen.html.

11 G. Soros, »Star-Investor prophezeit Hass auf Deutschland«, Interview mit M. Müller von Blumencron, S. Kaiser und G. P. Schmitz, *Der Spiegel*, 26. Juni 2012, http://www.spiegel.de/wirtschaft/interview-mit-george-soros-zu-deutschland-und-zur-euro-krise-a-841021.html.

12 A. Kaletsky, »Can the Rest of Europe Stand up to Germany?«, *Reuters*, 20. Juni 2012, http://blogs.reuters.com/anatole-kaletsky/2012/06/20/can-the-rest-of-europe-stand-up-to-germany/. Kaletsky ist Chairman of the Board des Institute for New Economic Thinking.

13 »Europe's most Dangerous Leader«, *New Statesman*, 25. Juni 2012, Hefttitel.

14 H. Kohl, a.a.O.

15 »Ohne D-Mark, ohne Kohl?«, *Der Spiegel*, 5. Januar 1998, Nr. 2, http://www.spiegel.de/spiegel/print/d-7809473.html, und Bankenverband–Bundesverband Deutscher Banken, »Zehn Jahre Europäische Wirtschafts- und Währungsunion (EWWU), Ergebnisse einer repräsentativen Meinungsumfrage im Auftrag des Bankenverbands«, März 2008, http://www.bankenverband.de/themen/politik-gesellschaft/meinungsumfrage/downloads/meinungsumfrage/08-05-05_10%20Jahre%20EWWU Anlage-mit.pdf.

16 Die strikte Interpretation ist nach Meinung des ehemaligen Verfassungsrichters Udo Di Fabio rechtlich völlig eindeutig. So erklärte er es nach seinem Vortrag bei den Münchner Seminaren am 30. April 2012, CESifo und Süddeutsche Zeitung, oder auch in U. Di Fabio, »Das europäische Schuldendilemma als Mentalitätskri-

se«, *Frankfurter Allgemeine Zeitung*, 22. Juni 2012, Nr. 143, S. 9. Der Vertragstext lautet (Art. 125, AEUV): »Die Union haftet nicht für die Verbindlichkeiten der Zentralregierungen, der regionalen oder lokalen Gebietskörperschaften oder anderen öffentlich-rechtlichen Körperschaften, sonstiger Einrichtungen des öffentlichen Rechts oder öffentlicher Unternehmen von Mitgliedstaaten und tritt nicht für derartige Verbindlichkeiten ein; dies gilt unbeschadet der gegenseitigen finanziellen Garantien für die gemeinsame Durchführung eines bestimmten Vorhabens. Ein Mitgliedstaat haftet nicht für die Verbindlichkeiten der Zentralregierungen, der regionalen oder lokalen Gebietskörperschaften oder anderen öffentlich-rechtlichen Körperschaften, sonstiger Einrichtungen des öffentlichen Rechts oder öffentlicher Unternehmen eines anderen Mitgliedstaats und tritt nicht für derartige Verbindlichkeiten ein; dies gilt unbeschadet der gegenseitigen finanziellen Garantien für die gemeinsame Durchführung eines bestimmten Vorhabens.« Siehe »Vertrag über die Arbeitsweise der Europäischen Union« (AEUV), *ABl.* 53, 2010, Nr. C 83, S. 47–200.

17 H. Kohl, a.a.O.

18 C. Lagarde, »Wir werden bedingungslos sparen«, Interview mit M. Kläsgen und S. Ulrich, *Süddeutsche Zeitung*, 23. Dezember 2010, http://www.sueddeutsche.de/geld/christine-lagarde-ueber-deutschand-und-europa-wir-werden-bedingungslos-sparen-1.1039481.

19 Bank for International Settlements, *BIS Quarterly Review*, September 2010, S. 16. Hiernach lag das Exposure der französischen Banken bezüglich des öffentlichen Sektors in den Krisenländern Griechenland, Irland, Portugal und Spanien Ende März 2010 bei 103,0 Milliarden US-Dollar, dasjenige der deutschen Banken bei 66,4 Milliarden US-Dollar. In Relation zum BIP des Jahres 2009 waren die Forderungen der französischen Banken um 95% größer als jene der deutschen Banken. Vgl. auch Kapitel 8, Abschnitt *Frankreich in Gefahr*.

20 D. Murswiek, »Verfassungsrechtliche Probleme der Euro-Rettung«, CESifo und Süddeutsche Zeitung, *Münchner Seminar*, 30. Januar 2012.

21 P. Kirchhof, »Verfassungsnot«, *Frankfurter Allgemeine Zeitung*, 12. Juli 2012, Nr. 160, S. 25.

22 »Die Allianz der Skeptiker«, *Der Spiegel*, 8. September 1997, Nr. 37, S. 22–24.

23 M. Feldstein, »The Political Economy of the European Economic and Monetary Union: Political Sources of an Economic Liability«, *The Journal of Economic Perspectives* 11, 1997, S. 23–42.

24 M. Friedman, »Why Europe Can't Afford the Euro – The Danger of a Common Currency«, *The Times*, 19. November 1997, S. 22.

25 R. Richter, »Europäische Währungsunion: Mehr Kosten als Nutzen, Altar der Einheit«, *Wirtschaftswoche*, 29. November 1991, Nr. 49, S. 97.

26 M. Neumann, »Die Mark ist ein Wohlstandsfaktor«, *Die Zeit*, 16. Oktober 1992, Nr. 43, http://www.zeit.de/1992/43/die-mark-ist-ein-wohlstandsfaktor.

27 T. Darnstädt, »Vier gegen den Euro«, *Der Spiegel*, 12. Januar 1998, Nr. 3, S. 28.

28 R. Dahrendorf, vgl. zum Beispiel »Worte der Woche«, *Die Zeit*, 15. Dezember 1995, Nr. 51, http://www.zeit.de/1995/51/Worte_der_Woche.

29 Manifest der deutschen Volkswirtschaftsprofessoren gegen eine verfrühte Einführung des Euro, »Der Euro kommt zu früh«, *Frankfurter Allgemeine Zeitung*, 9. Februar 1998, Nr. 33, S. 15.

30 Analyse auf Basis der offiziellen monatlichen Wechselkursdaten zum US-Dollar im Zeitraum von Januar 1946 bis Dezember 1971. Der Datensatz wurde von Carmen M. Reinhart (Peterson Institute for International Economics) zusammenge-

stellt und ist unter http://www.carmenreinhart.com/data/browse-by-topic/topics/10/ abrufbar.

31 M. Par Faure, »Jean-Claude Trichet, chevalier du franc fort«, *L'Express*, 16. September 1993, www.lexpress.fr/informations/jean-claude-trichet-chevalier-du-franc-fort_595798.html.

32 Vgl. Deutsche Bundesbank, Devisenkursstatistik, Januar 2000, S. 6 f.

33 Delors-Bericht, 1989; Ausschuss zur Prüfung der Wirtschafts- und Währungsunion, »Bericht zur Wirtschafts- und Währungsunion in der EG«, in: H. Krägenau und W. Wetter, Hrsg., *Europäische Wirtschafts- und Währungsunion. Vom Werner-Plan zum Vertrag von Maastricht. Analysen und Dokumentation*, Nomos, Baden-Baden 1993, S. 146–157.

34 H. Kohl, »Regierungserklärung zum Gipfeltreffen der Staats- und Regierungschefs der NATO in Rom sowie zur EG-Konferenz in Maastricht«, Deutscher Bundestag, *Plenarprotokoll* 12, 1991, Nr. 53.

35 »Gut für Deutschland«, *Der Spiegel*, 15. Januar 1996, Nr. 3, S. 84.

36 J. Chirac, »Nur der Euro bringt Fortschritt«, Interview mit H. Nathe, H. Oschwald und M. Weber-Lamberdière, *Focus*, 15. September 1997, Nr. 38, http://www.focus.de/politik/ausland/ausland-nur-der-euro-bringt-fortschritt-und150-1-archivdokument-2-teile_aid_168401.html.

37 »Vertrag über die Europäische Union«, *ABl.* 35, 29. Juli 1992, Nr. C 191, S. 1–112.

38 Ebenda, Art. 109 Buchst. j Abs. 4.

39 M. Sauga, S. Simons und K. Wiegrefe, »Der Preis der Einheit«, *Der Spiegel*, 27. September 2010, Nr. 39, S. 34–38.

40 »Gespräch des Bundeskanzlers Kohl mit Staatspräsident Mitterrand, in Latché, 4. Januar 1990«, *Dokumente zur Deutschlandpolitik* 1998, S. 582 ff.

41 W. Proissl, »Why Germany Fell out of Love with Europe«, *Bruegel Essay and Lecture Series*, 1. Juli 2010, http://www.bruegel.org/publications/publication-detail/publication/417-why-germany-fell-out-of-love-with-europe/.

42 Bezeugt von Hubertus Deßloch, dem ehemaligen Leiter der Vertretung des Freistaats Bayern bei der Europäischen Union, in einem Brief an Hans-Werner Sinn vom 27. Mai 2010 und einem Telefonat mit Anja Rohwer (ifo Institut) vom 25. April 2012.

43 R. Augstein, »Neues vom Turmbau zu Babel«, *Der Spiegel*, 18. Oktober 1993, Nr. 42, S. 29.

44 J. Chirac am 6. März 2002 nach W. Vogel, »Frankreichs Europapolitik nach der Wahl«, Deutsch-Französisches Institut, *Aktuelle Frankreichanalysen*, 2002, Nr. 18.

45 E. Pickartz, »Gefährliches Fahrwasser«, *Wirtschaftswoche*, 20. September 2010, Nr. 38, S. 50, http://www.wiwo.de/politik/deutschland/ex-bundesbaenker-poehl-gefaehrliches-fahrwasser-seite-all/5680958-all.html. Empirisch gestützt wird diese Vermutung durch eine Untersuchung über die Geldpolitik der EZB von Badinger und Nitsch. Die Autoren untersuchten dabei zwar nicht die Rolle des EZB-Rates, wohl aber die Herkunft der leitenden Mitarbeiter in der EZB und konnten eine Schlagseite in der EZB-Politik nach den Interessen der Herkunftsländer empirisch nachweisen. Die Vorstellung, dass man dort von seiner Herkunft abstrahiert und eine wie auch immer definierte Politik im Gemeinwohl betreibt, wird durch diese Studie widerlegt. Siehe H. Badinger und V. Nitsch, »National Representation in Multinational Institutions: The Case of the European Central Bank«, *CESifo Working Paper* Nr. 3573, September 2011, http://www-cesifo-group.de/DocDL/cesifo1_wp3573.pdf

46 S. Ruhkamp, »Die Bundesbank fordert von der EZB bessere Sicherheiten«, *Frankfurter Allgemeine Zeitung*, 1. März 2012, Nr. 52, S. 9; und derselbe, »Bundes-

bank geht im Target-Streit in die Offensive«, *Frankfurter Allgemeine Zeitung*, 13. März 2012, Nr. 62, S. 9. Weidmann hat mehrfach sein Bedauern über die Veröffentlichung des Briefes zum Ausdruck gebracht, doch er hat ihn nicht relativiert, geschweige denn dementiert.

47 C. Cordalis in »Der letzte Sirtaki: Griechen bankrott, Deutsche zahlen trotzdem?«, *Menschen bei Maischberger*, 28. Februar 2012.

48 Die Rolle fiskalischer Transfers wurde bereits im Werner Plan (Europäische Kommission, *Report to the Council and the Commission on the Realization by Stages of Economic and Monetary Union in the Community*, 1970) thematisiert. Im MacDougall Report (Europäische Kommission, *MacDougall-Report, Vol I: The Role of Public Finance in European Integration*, und *MacDougall-Report, Vol II: Individual Contributions and Working Papers*, 1970) wurde ein Budget zwischen 5 und 7% des BNP für Transfers zwischen den Mitgliedstaaten vorgeschlagen. T. Courchene, C. Goodhart, A. Majocchi, W. Moesen, R. Prud'homme, F. Schneider, S. Smith, B. Spahn und C. Walsh, »Stable Money – Sound Finances«, *European Economy* 53, 1993, konkretisieren die Forderung der EU mit dem Plädoyer für einen Stabilisierungsfonds. Aus Sicht von P. Van Rompuy, F. Abraham und D. Heremans, »Economic Federalism and the EMU«, *European Economy Special Edition* 1, 1991, waren die Umverteilungsmechanismen für die Mitgliedstaaten ausgleichende Kompensation für die Abgabe von Kompetenzen. Vgl. auch M. Obstfeld und G. Peri, »Regional Nonadjustment and Fiscal Policy: Lessons for EMU«, *NBER Working Paper* Nr. 6431, 1998; »Maastricht Follies – Fiscal Policy Should not be Constrained under a Single Currency«, *The Economist*, 9. April 1998, http://www.economist.com/node/159467, und D. Fuceri, »Does the EMU Need a Fiscal Transfer Mechanism?«, *Vierteljahreshefte zur Wirtschaftsforschung* 73, 2004, Nr. 3, S. 418–428.

49 Vertrag über die Europäische Union vom 29. Juli 1992, a.a.O., Art. 104 Buchst. C.

50 Die Kohl-Regierung war sich der enormen Risiken einer Aufnahme etwa Italiens mit seinen hohen Schuldenständen durchaus bewusst, wie aus auf Antrag des *Spiegel* freigegebenen Akten hervorgeht. So wiesen im Januar 1998 der außenpolitische Berater Kohls, Joachim Bitterlich, und der Staatssekretär im BMF, Jürgen Stark, darauf hin, dass die gesunkenen Defizite Italiens vor allem auf außergewöhnliche Effekte wie die überproportional gesunkenen Marktzinsen zurückzuführen sind und die Dauerhaftigkeit solider Finanzen noch nicht gewährleistet sei. Kohl setzte sich über diese Bedenken hinweg. Vgl. »Kohl kannte Risiken«, *MMNews*, 6. Mai 2012, http://www.mmnews.de/index.php/wirtschaft/9996-kohl-kannte-euro-risiken.

51 »Theo hat alles gegeben«, *Der Spiegel*, 16. Dezember 1996, http://www.spiegel.de/spiegel/print/d-9133850.html; »Kreative Buchführung«, *Der Spiegel*, 7. Oktober 1996, http://www.spiegel.de/spiegel/print/d-9102323.html; M. Reimon, »Eurokrise (nicht nur) für Dummies – Teil 1«, *Der Standard*, 2. November 2011, http://derstandard.at/1319181752075/Eurokrise-nicht-nur-fuer-Dummies---Teil-1; I. Zöttle, »Gewaltige Sprengsätze«, *Focus*, 23. März 1998, http://www.focus.de/politik/deutschland/waehrungsunion-gewaltige-sprengsaetze_aid_170413.html.

2 Die deutsche Eurokrise

Eurogewinner Deutschland? – Die deutsche Standortkrise – Massenarbeitslosigkeit in Deutschland – Die Agenda 2010 – Bauboom im Heimathafen – Der europäische Tango: Fehlinterpretation der Leistungsbilanzsalden

EUROGEWINNER DEUTSCHLAND?

Deutschland geht es heute vergleichsweise gut. Die Arbeitslosigkeit ist niedriger als in den meisten europäischen Ländern, und Deutschland kam am besten unter allen großen Ländern Europas aus der Rezession des Jahres 2009 heraus. Es hatte in den Jahren 2010 und 2011 unter den großen Ländern die höchsten Wachstumsraten. Das suggeriert vielen, dass Deutschland der große Eurogewinner war.

Es ist insofern verständlich, dass Bundeskanzlerin Merkel sagt: »Deutschland profitiert vom Euro wie kaum ein anderes Land.«[1] Auch die Meinung des Präsidenten der EU-Kommission, Barroso, Deutschland profitiere sogar »am meisten«, scheint in diesen Daten ihre Berechtigung zu finden,[2] genauso wie viele andere Stellungnahmen aus der Politik und Wirtschaft.[3] Wenn die Wahrheit durch die Häufigkeit einer öffentlichen Behauptung definiert wird, dann hat Deutschland tatsächlich stärker als andere Länder vom Euro profitiert.

Die Fakten bestätigen diese Meinung jedoch nicht. *Abbildung 2.1* zeigt das Wachstum ausgewählter Euroländer seit dem Jahr 1995, also seit dem Gipfel von Madrid, auf dem der Euro endgültig beschlossen wurde und die Märkte sich darauf einstellten. Es werden

Indexkurven dargestellt, die alle bei 100 beginnen. Der Anstieg der Kurven von diesem Basisniveau zeigt das prozentuale Wachstum, das seitdem stattgefunden hat. Die

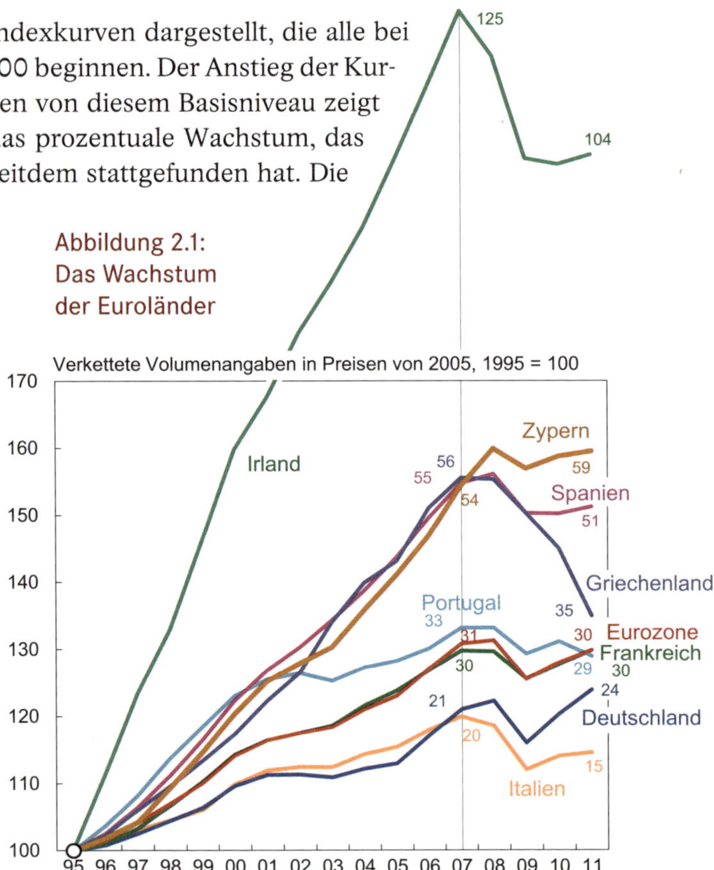

Abbildung 2.1: Das Wachstum der Euroländer

Bemerkung: Die Zahlenangaben direkt an den Kurven stehen für das prozentuale Wachstum von 1995 bis 2007 beziehungsweise 2011, definiert als das nominale Wachstum deflationiert mit dem jeweils nationalen BIP-Deflator. Dies ist die übliche statistische Definition, aber sie ist nicht über jeden Zweifel erhaben, denn es lassen sich gute Gründe dafür anführen, dass man in einer Währungsunion mit einem harmonisierten Gesamt-Preisindex deflationieren sollte. In dem Fall sähe die deutsche Wachstumskurve noch sehr viel schlechter aus, und Deutschland wäre mit riesigem Abstand noch hinter Italien das Schlusslicht aller Länder.

Quelle: Eurostat, *Wirtschaft und Finanzen*, Volkswirtschaftliche Gesamtrechnungen, BIP und Hauptkomponenten, Juli 2012.

Zahlen bei dem senkrechten Strich geben das Wachstum bis zum Jahr 2007 an, und die Zahlen am Ende das Wachstum bis 2011, also das Gesamtwachstum einschließlich der Krise.

Man sieht, dass Deutschland trotz des derzeitigen Booms, der durch den rapiden Anstieg der deutschen Kurve am rechten Bildrand verdeutlicht wird, in der Summe der Jahre seit 1995 das zweitniedrigste Wachstum unter den dargestellten Ländern hatte, und es war in der Tat das zweitniedrigste aller Euroländer überhaupt. Deutschland wuchs in 16 Jahren um insgesamt 24%, während der Durchschnitt der Eurozone bei 30% lag. Nur Italien wuchs mit 15% noch deutlich langsamer als Deutschland.

Mit Ausnahme von Italien wuchsen die anderen Krisenländer allesamt sehr viel schneller als Deutschland und zogen gewaltige Migrationsströme an. Bis 2007 war Deutschland um 21% gewachsen, doch Irland um 125%, und Zypern, Griechenland und Spanien hatten um etwa 55% zugelegt. Erst mit und nach der Krise brach auch für sie der Trend und kehrte sich in das Gegenteil um.

Aber selbst wenn man die Zeitspanne der Krise mit einbezieht und von 1995 bis Ende 2011 rechnet, war ihr Wachstum über die gesamte Zeitspanne noch immer beachtlich. So wuchs Irland immer noch um 104%, Spanien um 51%, Griechenland um 35% und Zypern um knapp 60%. Nur in Portugal war die Entwicklung nicht ganz so rosig. Portugal legte nach dem Start einen exzellenten Spurt hin. Die ersten fünf Jahre nach der Euro-Ankündigung hatte es das höchste Wachstum nach Irland. Doch dann ging dem Land die Puste aus, und es fiel deutlich zurück. Auch Portugal wuchs aber in der gesamten Zeitspanne noch etwas schneller als Deutschland. Bis zur Krise war der Vorsprung mit 33% gegenüber 21% sogar beachtlich.

Man sieht sogar, dass Deutschland bis zum Jahr 2006, dem Jahr vor dem Beginn der Finanzkrise, mit Italien gleichauf lag und bis zum Jahr 2005 das Schlusslicht überhaupt war. Der Leser wird sich vielleicht an die rote Laterne erinnern, die ein Bundestagsabgeordneter im Jahr 2002 durch den Plenarsaal trug, um zu verdeutlichen, in welchen Schwierigkeiten Deutschland steckte. [4]

Vergleicht man das Wachstum der Pro-Kopf-Werte des realen BIP, sieht die Rechnung etwas günstiger für Deutschland aus, als wenn man die Absolutwerte betrachtet, die in der Abbildung dargestellt sind. [5] Aber das liegt daran, dass wegen der deutschen Wachstumsflaute auch die Köpfe wegblieben. Hatte Deutschland noch in den 1990er-Jahren zwei Drittel der gewaltigen Welle der Ost-West-Migranten angezogen, verlor es unter dem Euro seine Attraktivität für die Immigranten. Die Zuwanderungszahlen wurden fortwährend kleiner. Obwohl aus der ehemaligen Sowjetunion weiterhin »Volksdeutsche« zuwanderten, verließen zugleich immer mehr hier aufgewachsene Deutsche das Land. Nach der Euroeinführung stiegen ab 2003 die Auswanderungszahlen deutlich über 120.000 Personen pro Jahr und erreichten mit 175.000 Personen im Jahr 2008 ein Maximum. Die meisten gingen in die Schweiz. Vor der Krise waren es 11.000 bis 18.000, in den Krisenjahren zwischen 20.000 und 30.000 Personen pro Jahr, viele wanderten aber auch nach Amerika aus, wie es schon in der Nachkriegszeit der Fall gewesen war. Ab 2005 gab es sogar in jedem einzelnen Jahr eine Nettoauswanderung der Deutschen.[6]

Die auswandernden Deutschen wurden anfangs durch zuwandernde Ausländer ersetzt, doch auch deren Zuzüge gingen nach der Einführung des Euro rapide zurück. Sogar die Türken kehrten wieder heim. Seit 2006 gab es Jahr für Jahr eine Netto-Auswanderung aus Deutschland in die Türkei. Nimmt man alle Migranten zusammen, so blieb Deutschland zwar in den meisten Jahren dennoch ein Nettoimmigrationsland, doch sanken die Nettoimmigrationszahlen bis 2008 ständig und rutschten in den Jahren 2008 und 2009 sogar temporär in den negativen Bereich.[7] Da Deutschland mit derzeit nur 8,3 Neugeborenen pro tausend Einwohnern zugleich die geringste Geburtenrate aller OECD-Länder hatte,[8] während seine Sterberaten beim Durchschnitt lagen, reichte die geringe Immigration der letzten Jahre nicht aus, den Bevölkerungsschwund zu verhindern. Die in Deutschland ansässige Bevölkerung sank von 2002 bis 2010 beständig, und erst 2011 stieg sie dank der verstärkten Immigration wieder an.[9]

Trotz der schrumpfenden Bevölkerung fiel Deutschland beim BIP pro Kopf in der Rangfolge der Euroländer zurück. *Abbildung 2.2* zeigt die Entwicklung der Rangpositionen der 17 heutigen Euroländer seit 1995. Man sieht, dass Deutschland anfangs hinter Luxemburg, das wegen seiner Banken außer Konkurrenz läuft, auf dem zweiten Platz der Euroländer stand, obwohl die deutsche Vereinigung den Durchschnitt gedrückt hatte. Doch angesichts des stürmischen Wachstums der kleineren Euroländer fiel es sukzessive zurück und war 2007 auf dem achten Platz angekommen. Erst nach der Krise robbte es sich wieder auf den siebten Platz vor. (Bezüglich aller Länder, die heute in der EU sind, ist es vom dritten Platz nach Luxemburg und Dänemark bis 2007 auf den elften Platz gefallen und inzwischen wieder auf den neunten Platz hochgeklettert.) Kein anderes Land war so weit abgestürzt. Frankreich und Belgien fielen in der Zeit um zwei Plätze zurück und Italien um einen. Irland war mit einer Verbesserung um fünf Plätze der Spitzenreiter unter den erfolgreichen Ländern, gefolgt von den Niederlanden und Finnland mit einer Verbesserung um je drei Plätze. Auch diese Fakten passen nicht zu der These, Deutschland sei der große oder gar größte Eurogewinner gewesen, wie die zitierten Politiker behaupten.

Abbildung 2.2: Die Reihung der Euroländer im Hinblick auf ihr BIP pro Kopf

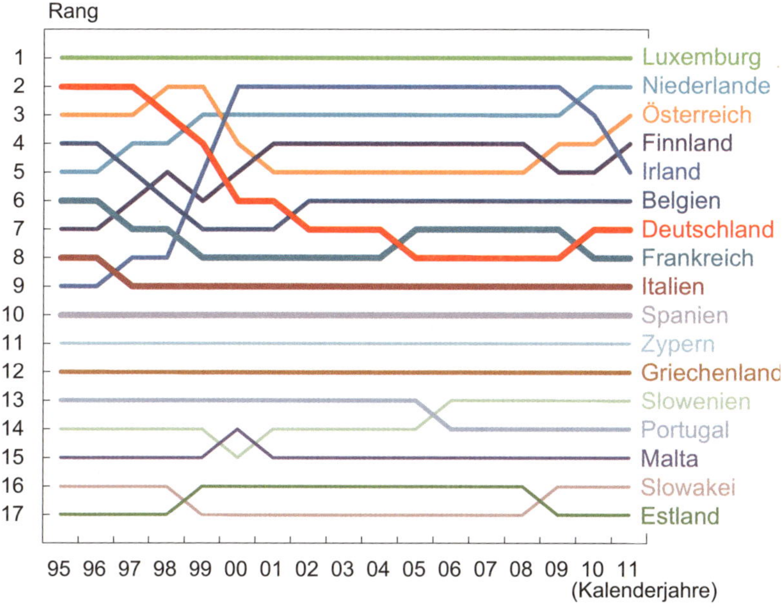

Quelle: Eurostat, *Wirtschaft und Finanzen*, Volkswirtschaftliche Gesamtrechnungen, BIP und Hauptkomponenten.

DIE DEUTSCHE STANDORTKRISE

Die ersten Jahre des Euro waren für Deutschland extrem schwierig, weil ein immer größerer Teil seiner Ersparnisse ins Ausland floss. Deutschland wurde zum weltweit größten Kapitalexporteur hinter China und hatte seine Standortdebatte, die von Hans-Olaf Henkel, dem Sachverständigenrat und anderen geführt wurde.[10] Auch das ifo Institut hat sich daran in den Jahren 2002 und 2003 mit Vorschlägen zur aktivierenden Sozialhilfe und dem Buch *Ist Deutschland noch zu retten?* beteiligt.[11] Dass die Löhne der deutschen Industriearbeiter damals die höchsten der Welt waren, passte nicht mehr zur wachsenden Standortkonkurrenz, die die Globalisierung, der Fall des Eisernen Vorhangs, die Osterweiterung der EU und nicht zuletzt die Einführung des Euro bedeutet hatten. Der Euro legte die fehlende Wettbewerbsfähigkeit der deutschen Arbeitnehmer schonungslos offen und erhöhte den Wettbewerbsdruck, dem sie ausgesetzt waren, weil er Transparenz bei den Preisen und Löhnen schuf, vor allem aber, weil er die Wechselkursunsicherheit beseitigte, die die Unternehmen bislang noch daran gehindert hatte, die Lohnkostenvorteile durch Standortverlagerungen auszunutzen. Die Behinderung des freien Kapitalverkehrs durch die Wechselkursunsicherheit abzuschaffen, war ja, wie im ersten Kapitel erläutert wurde, eines der treibenden politischen Motive für die Einführung des Euro. Nach der Einführung des Euro trauten sich die Unternehmen mit ihren Investitionen viel eher in die Niedriglohnländer der Eurozone, und mit ihnen wanderten auch mehr und mehr deutsche Ersparnisse ins Ausland, weil die deutschen Banken und Versicherungen ausländische Finanzanlagen, von denen sie vorher die Finger gelassen hatten, als attraktive Alternativen zu einem Verleih der Mittel in Deutschland ansahen.

Deutschland war in dieser Situation zu lohnsenkenden Reformen gezwungen, um zu verhindern, dass die Industrie Schaden nehmen würde und das Land sich zu einer Basarökonomie entwickelte, die unter Verlust von Arbeitsplätzen in den Binnensektoren immer mehr arbeitsintensive Importprodukte importiert und Kapital, Talente und Wertschöpfung zunehmend auf die Endstufen der Exportsektoren verlagert.[12] Die Verlagerung der Wertschöpfung von den Binnensektoren in die kundennahen Endstufen der Exportindustrien schritt zwar unaufhaltsam voran, doch wurde sie zum Glück durch die Lohnzurückhaltung verlangsamt, die damals auch unter dem Druck der Standortdebatte einsetzte. So gelang es auch den noch vergleichsweise arbeitsintensiven Unternehmen, sich zu behaupten, und es entstanden im Dienstleistungssektor genug neue Stellen, um die in der Industrie wegfallenden Stellen zu kompensieren. Das alles waren schmerzliche, aber notwendige Anpassungsprozesse.

Die Beseitigung der Wechselkursunsicherheit war für die peripheren Länder Europas ein Segen, doch für Deutschland ein Problem, weil das Sparkapital in andere Länder floss und statt in Deutschland dort investiert wurde. Deutschland hatte in den Jahren von der Einführung des Euro bis zum Beginn der Finanzkrise, also von 2002 bis 2007, die drittniedrigste Nettoinvestitionsquote aller OECD-Länder, wie die nachfolgende *Abbildung 2.3* in aller Deutlichkeit zeigt.[13] Nur noch die bereits sehr reiche Schweiz und das krisengeschüttelte Japan lagen unter den entwickelten Ländern hinter Deutschland.

Abbildung 2.3: Gesamtwirtschaftliche Nettoinvestitionen als Anteil des Nettoinlandsprodukts (2002–2007)

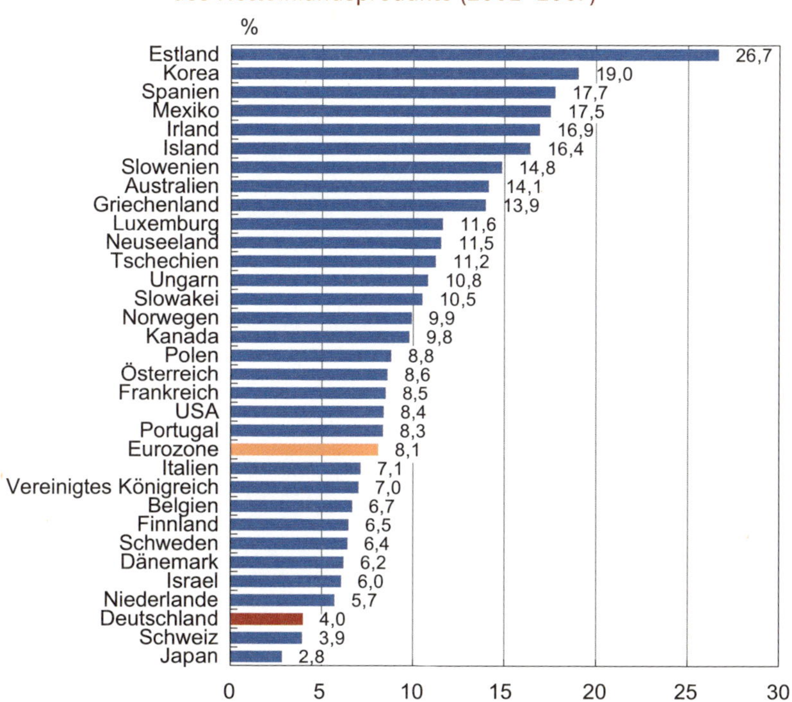

Quelle: OECD, *OECD.Stat*, National Accounts.

Überall schien das Gold heller zu glänzen als zu Hause. Die Risiken, die heute im Blickpunkt stehen, sahen die Investoren nicht, nur die etwas höheren Renditen, die man andernorts versprach. Deutsche Lebensversicherer und Banken, vor allem die heute angeschlagenen Landesbanken, haben damals für höchstens 20 bis 35 Basispunkte, also gerade mal 0,20 bis 0,35 Prozentpunkte, die sie mehr an Zinsen bekamen, griechische, portugiesische und spanische Staatspapiere den deutschen vorgezogen. Das war die Phase, in der das deutsche Sparkapital das Land verließ, um im Ausland Geld zu verdienen, und dort Arbeitsplätze und Wachstum schuf.

Abbildung 2.4 zeigt, wie sich die gesamtwirtschaftliche Ersparnis in Höhe von insgesamt 930 Milliarden Euro, die von 2002 bis Juni 2007 getätigt wurde, auf private und öffentliche Nettoinvestitionen im Inland, auf einen Netto-Finanzkapitalexport und auf Netto-Direktinvestitionen im Ausland verteilte. 58 % der deutschen Ersparnis waren vom ersten Jahr des Euro bis zur Finanzkrise ins Ausland gewandert, insgesamt 536 Milliarden Euro, und nur 42% wurden zu Hause für öffentliche und private Belange investiert. Mir ist kein Land bekannt, das irgendwann einmal in seiner Geschichte einen so großen Anteil seiner Ersparnis ins Ausland getragen hat.

Abbildung 2.4: Die Verwendung der deutschen Ersparnis von der Euro-Einführung bis zur Finanzkrise (2002–Juni 2007)

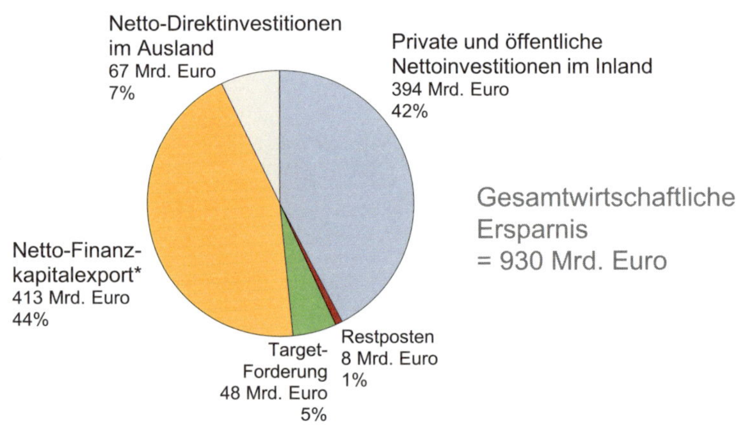

* Einschließlich statistisch nicht aufgliederbarer Transaktionen.

Quelle: Statistisches Bundesamt, *Fachserie 18*, Reihe 1.2; Deutsche Bundesbank, *Online-Datenbank*.

Die Abbildung zeigt auch Target-Forderungen, die mit 48 Milliarden Euro noch recht klein waren, sowie nicht weiter erläuterbare Restposten, die aus Buchungsfehlern resultieren, aber wohl Kapitalexporte sind. Target-Forderungen sind, wie später in diesem Buch noch näher erläutert wird, Forderungen aus der grenzüberschreitenden Verlagerung von Zentralbankkrediten und insofern ein öffentlicher Kapitalexport. Bemerkenswert ist, dass der gewaltige Nettokapitalexport aus Deutschland nur zu einem kleinen Teil direkt investiert wurde. Die spektakulären Geschichten über deutsche Industrieansiedlungen im Ausland, die die Wirtschaftsteile füllen, machen wie überall auf der Welt nur einen kleinen Teil der Kapitalbewegungen aus. Viel wichtiger sind die Finanzkapitalströme, die anonym über die kommunizierenden Röhren des Banken- und Versicherungssystems ins Ausland geleitet werden und sich der griffigen Berichterstattung in den Medien entziehen.

Die deutschen Sparer füllten ihre Sparbücher und zahlten brav ihre Lebensversicherungspolicen ein, und die Banken und Lebensversicherungsgesellschaften trugen das Geld ins Ausland in der Hoffnung, noch etwas mehr Rendite als im Inland zu erzielen. Dort finanzierte man dann viele sinnvolle Investitionsprojekte, aber leider auch einiges, was nicht sonderlich sinnvoll war. Das Geld floss über den Atlantik in die dubiosen ABS-Papiere, die aus zusammengewurstelten Kreditforderungen amerikanischer Banken bestanden, die auf politischen Druck hin den armen Leuten den Hausbau hatten ermöglichen müssen.[14] Und es floss in die Staatspapiere der südlichen Länder, mit denen dort Lohnerhöhungen der Staatsbediensteten bezahlt wurden, oder zu den spanischen Sparkassen, den *Cajas*, die heute in so großem Umfang von der Pleite bedroht sind, weil sie das Geld für windige Immobilienprojekte weiterverliehen hatten. Der Fairness halber muss man aber auch festhalten, dass die deutschen Finanzinstitute ihr Geld großenteils nicht direkt dorthin verliehen haben, sondern es vielfach an italienische und vor allem französische Banken verliehen, die sich darauf spezialisiert hatten, den Süden Europas mit Kredit zu versorgen.

MASSENARBEITSLOSIGKEIT IN DEUTSCHLAND

Da das Geld nicht mehr in Deutschland investiert wurde, entstand eine Massenarbeitslosigkeit, die kaum noch beherrschbar zu sein schien. Zwar hatte es auf dem Höhepunkt des Internet-Booms noch so ausgesehen, als würde Deutschland den verhängnisvollen Trend einer seit Willy Brandt immer weiter steigenden Massenarbeitslosigkeit verlassen können, aber es war wie schon mehrfach zuvor im Konjunkturzyklus: Im Boom ging die Arbeitslosigkeit zurück, doch in der nachfolgenden Flaute stieg sie stärker, als sie vorher zurückgegangen war.

Ab dem Jahr 2001, als die Internet-Blase platzte und die politische Unsicherheit nach dem Anschlag auf das World Trade Center wuchs, stieg die Arbeitslosigkeit in Deutschland immer weiter an und erreichte im Jahr 2005 einen traurigen Höhepunkt. 4,9 Millionen Menschen oder knapp 12% der Erwerbspersonen waren damals in Deutschland arbeitslos. Deutschland hatte die dritthöchste Arbeitslosenquote aller heutigen EU-Länder nach Polen und der Slowakei, die mitten in ihrer Transformationskrise steckten. *Abbildung 2.5* verdeutlicht die Entwicklung der deutschen Arbeitslosenquote im Vergleich mit den Krisenländern und Frankreich.

Die deutsche Malaise kontrastierte stark mit dem Rückgang der Arbeitslosenzahlen in den meisten der heutigen Krisenländer. Insbesondere in Irland, Griechenland und Spanien gingen die Arbeitslosenzahlen nach der Ankündigung des Euro deutlich, teilweise dramatisch zurück. In Irland gab es etwa vom Jahr 2000 bis zum Beginn der Finanzkrise ein wahres Beschäftigungswunder. Portugal tat sich sichtlich schwerer, nachdem der anfängliche Elan verflogen war. Italien verzeichnete zwischen 1998 und 2007 fast in jedem Jahr einen Rückgang der Arbeitslosigkeit und erarbeitete sich mit etwa 6% eines der niedrigsten Arbeitslosenniveaus der Eurozone. Auch in Frankreich gingen die Arbeitslosenzahlen stark zurück und lagen von 2001 bis 2007 unter dem deutschen Niveau.

Die Krise drehte all diese Trends um. Deutschlands Beschäftigungslage, die schon mit dem allgemeinen Konjunkturaufschwung im Jahr 2006 eine Trendwende erlebt hatte, verbesserte sich nun stark, und in den anderen Ländern, vor allem in Spanien und Griechenland, kam es zu katastrophalen Einbrüchen. Derzeit hat Deutschland eine niedrigere Arbeitslosigkeit als auf dem Höhepunkt seines letzten Booms im Jahr 2008, und Frankreich hat eine höhere Arbeitslosigkeit als auf dem Höhepunkt der letzten Flaute im Winter des Jahres 2004/2005.

Abbildung 2.5: Arbeitslosenquoten in Ländern der Eurozone

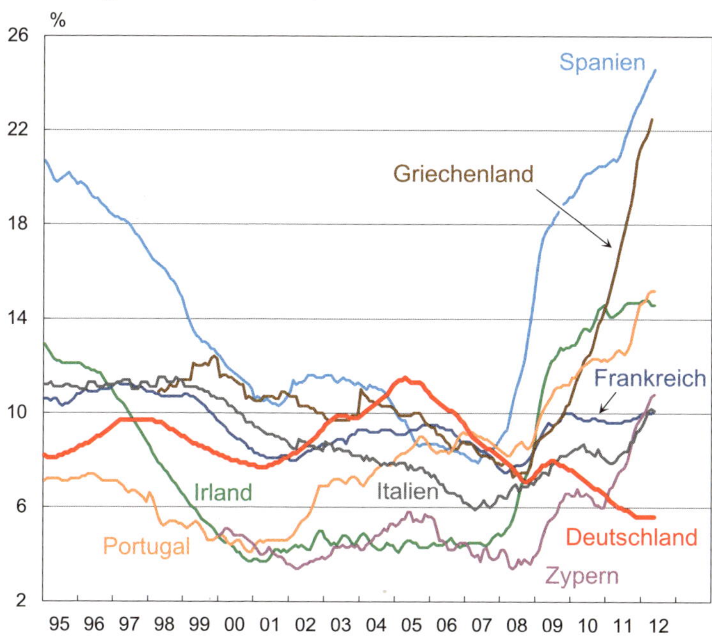

Hinweis: Die Daten für Zypern und Griechenland sind nicht über den gesamten Zeitraum verfügbar.

Quelle: Eurostat, Juli 2012.

DIE AGENDA 2010

Die deutsche Eurokrise zwang die Regierung Schröder zu schmerzlichen Sozialreformen, die unter dem Namen Agenda 2010 angekündigt wurden.[15] Im Wesentlichen liefen sie darauf hinaus, Bezieher der Arbeitslosenhilfe, eines Langzeitarbeitslosengeldes, das je nach Familienstand um die 55 % des letzten Lohnes ausmachte, auf die Sozialhilfe herunterzustufen und zugleich durch die Verbesserung von Hinzuverdienstmöglichkeiten eine Art Lohnzuschuss zu zahlen. Man nannte die neue, mit dem Lohnzuschusselement (Kritiker sprechen fälschlich und abfällig von Aufstockung) versehene Sozialhilfe, die noch heute gewährt wird, Arbeitslosengeld II. Betroffen von der Abschaffung der Arbeitslosenhilfe waren damals 1,3 Millionen Menschen im Westen Deutschlands und eine Million Menschen im Osten, und noch auf dem Höhepunkt des letzten Booms, im Jahr 2008, gab es in

Deutschland fünf Millionen erwerbsfähige Empfänger von Arbeitslosengeld II, von denen 1,3 Millionen erwerbstätig waren.[16]

Bekanntlich hat Schröders Partei ihrem Partei- und Regierungschef diese Reform nicht verziehen. Schröder wurde abgewählt, als er einen vorgezogenen Bundestagswahlkampf, mit dem er die Flucht nach vorne suchte, knapp gegen Angela Merkel verlor.

Das alles war wahrlich kein Zuckerschlecken für die deutschen Arbeitnehmer, vielmehr eine extrem hohe Belastung, ja vielfach eine Zumutung, die massiv in die Lebenswirklichkeit vieler Millionen Menschen eingriff und zu einer Zerreißprobe für die deutsche Gesellschaft wurde. Die These, dass Deutschland der große Euro-Gewinner war, ist angesichts dieser Ereignisse geradezu grotesk.

Die schröderschen Reformen, so hart sie auch waren, erwiesen sich indes als Segen für den Arbeitsmarkt, denn dadurch, dass nun weniger Geld fürs Wegbleiben und mehr fürs Mitmachen bezahlt wurde, sanken die Lohnansprüche, zu denen man bereit war, auf die Leistungen des Sozialstaates zu verzichten und in den ersten Arbeitsmarkt zu wechseln. Wegen der sinkenden Lohnansprüche sanken die Löhne gegenüber dem Trend und im Vergleich zur Produktivitätsentwicklung, und so entstanden allmählich immer mehr Stellen.

Wenn heute, nach dem Ausbruch der Finanzkrise, die deutsche Wirtschaft und der deutsche Arbeitsmarkt im internationalen Vergleich einen guten Eindruck machen, so liegt das maßgeblich an den schröderschen Reformen. Der Erfolg ist aus der Not geboren, zu der auch der Euro beitrug, und nicht dem Euro selbst zu verdanken. Hätte Deutschland die Niedriglohnstrategie nicht verfolgt, dann hätte es seine Arbeitslosigkeit nicht so schnell abbauen können und hätte vermutlich in den letzten zwei Jahren nicht so schnell wachsen können, wie es geschah.

BAUBOOM IM HEIMATHAFEN[17]

Das Wachstum hat aber noch eine andere Ursache, die unmittelbar mit der Krise zu tun hat. Vor der Krise floss das deutsche Sparkapital in großen Strömen ins Ausland, weil die deutschen Finanzinstitute und auch die privaten Vermögensanleger das Risiko unterschätzten. Nach der Krise besannen sie sich um und blieben lieber im sicheren

Heimathafen, anstatt in die stürmische See aufzubrechen. Sie wandten sich vor allem den deutschen Immobilien zu und setzten einen gewaltigen Bauboom in Gang, wie ihn Deutschland seit der Vereinigung nicht mehr erlebt hat, und wenn sie das Geld nicht selbst investierten, so liehen sie es zu diesem Zweck den deutschen Häuslebauern. Die Bauzinsen in Deutschland waren in den Jahren 2011 und 2012, soweit bekannt, die niedrigsten in der deutschen Geschichte. (Der Leser vergleiche auch *Abbildung 3.1* im nachfolgenden Kapitel.) Gleichzeitig investierten die Firmen wieder mehr in Fabriken und Maschinen, was die Nachfrage nach den Leistungen der Maschinenbauindustrie und abermals der Bauindustrie erhöhte. So entstanden in der Maschinenbauindustrie und am Bau neue Stellen, auf denen Lohneinkommen verdient wurden, und aus diesen zusätzlichen Lohneinkommen konnte weiterer Konsum finanziert werden. Des Weiteren wurden neue Arbeitsplätze in der investierenden Industrie selbst geschaffen, was den positiven Trend nachhaltig verstärkte. Vertreter des ifo Instituts haben diese Entwicklung bereits im Frühsommer 2011 prognostiziert. Wir sprachen damals von einer goldenen Dekade, die Deutschland bevorstehe, weil das Kapital wieder im Heimathafen investiert werde, nicht ohne zu betonen, dass das *relativ* zu den anderen Ländern gemeint sei und dass es zwischendrin immer mal wieder konjunkturelle Einbrüche für alle geben könne.[18] Die Entwicklung hat uns recht gegeben.

Das Umdenken der Kapitalanleger erklärt den Bauboom und den Anstieg der Investitionen in den Jahren 2010 und 2011, die noch vor dem Außenhandel zu den Haupttreibern des Wachstums wurden.[19] Nachdem die realen Bauinvestitionen anderthalb Jahrzehnte lang (von 1994 bis 2009) nahezu kontinuierlich um insgesamt ein Viertel gefallen waren, stiegen sie 2010 um 2,2 % und 2011 sogar um 5,8 %.[20] Die Baugenehmigungen für Wohnungen lagen 2011 um 21,6 % höher als im Vorjahr, für Eigentumswohnungen sogar um 42,4 %.[21] Die Auftragseingänge im Hochbau legten um 9,3 % zu.[22] Die Architekten können sich freuen. Während ihre Auftragsbestände noch im Jahr 2007 nur 4,8 Monate betragen hatten, lagen sie im Jahr 2010 bei 5,7 Monaten und im Jahr 2011 gar bei 5,9 Monaten. Das ist der höchste Wert seit 1994, als der Vereinigungsboom Deutschland erfasst hatte.[23]

So gesehen, ist Deutschland heute geradezu Krisengewinnler. Der Begriff des Krisengewinnlers ist aber im Grunde zu abschätzig für das, was gerade passiert, denn in und mit der Krise wird ja der problematische Abfluss der Ersparnisse aus Deutschland heraus korrigiert, der Deutschland in den Jahren der Regierung Schröder so sehr zu schaffen gemacht hatte. Der Boom in Europas Peripherie wurde mit der deutschen Ersparnis finanziert, aber Deutschland finanziert seinen Boom heute nicht mit fremder Ersparnis, sondern auch wieder mit der eignen. Nach Jahren der Stagnation unter dem Euro ist das nur recht und billig, und es macht Deutschland noch lange nicht zu einem Eurogewinner, denn ohne den Euro hätte es die gigantische Abwanderung von Kapital, die mit der Eurokrise nun ins Stocken gekommen ist, von vornherein nicht gegeben. Die Behauptung, der Nachkrisenboom Deutschlands beweise, dass Deutschland ein Eurogewinner ist, hat ungefähr die gleiche logische Qualität wie die Behauptung, dass jemand, der sich nach einer Krankheit in der Rekonvaleszenzphase befindet, Profiteur seiner Krankheit ist.

DER EUROPÄISCHE TANGO: FEHLINTERPRETATION DER LEISTUNGSBILANZSALDEN

Aber sprechen nicht die schon lange anhaltenden deutschen Exportüberschüsse dafür, dass Deutschland vom Euro profitiert hat? Immerhin sichert der Export gute Gewinne und Arbeitsplätze, und in ganz Europa beneidet man uns darum.

Die Politiker Europas scheinen allesamt so zu denken, denn immer wieder wird das Exportargument herangezogen, um zu belegen, welche Vorteile die Deutschen vom Euro haben. So erklärte die Bundeskanzlerin, dass »wir uns in Deutschland sehr wohl bewusst sind, dass wir als Exportnation vom Euro in besonderer Weise profitieren«.[24] Vizekanzler Rösler pflichtete ihr mit der Bemerkung bei, dass »Deutschland vom Euro profitiert, weil wir allein 40 Prozent unserer Güter in die Euro-Zone exportieren«.[25] Und als sie noch französische Finanzministerin war, hat die jetzige Präsidentin des Internationalen Währungsfonds, Christine Lagarde, Deutschland immer wieder bezichtigt, den anderen Ländern mit seinem Exportüberhang die Geschäfte kaputt zu machen und deren Wachstum zu behindern. Man dürfe auch nicht, so Frau Lagarde, die Südländer verurteilen, weil sie Importüberschüsse haben, denn die seien ja nun mal das Spiegelbild der deutschen Exportüberschüsse. Deutschland sei für diese Fehlentwicklung genauso verantwortlich wie die Länder Südeuropas. »It takes two to tango«, sagte sie, um den Sachverhalt zu verdeutlichen. Man braucht zwei zum Tango-Tanzen.[26]

Wer wollte bestreiten, dass es gut ist, wenn ein Land eine so starke und international wettbewerbsfähige Exportwirtschaft hat wie Deutschland? Dieses Land hat die Weltmärkte mit seinen Industrieprodukten erobert wie kein anderes Land seiner Größe – dank seines Erfindergeistes, seiner Ingenieure und seiner Facharbeiter, die sich auf eine jahrhundertealte Handwerkertradition berufen können. Auch wenn Deutschland nie Exportweltmeister an sich war, war es doch einige Jahre Exportweltmeister bei den Waren, also jenem Teil des Exports, der nicht zu den Dienstleistungen zählt.[27] Erst im Jahr 2009 hat China Deutschland in dieser Hinsicht den Rang abgelaufen. Aber darum geht es bei den Aussagen der Politiker nicht. Es geht vielmehr um die Frage, ob die Exportüberschüsse über die Importe, die sich unter dem Euro aufgebaut haben, ein Beleg für Sondergewinne Deutschlands unter dem und durch den Euro sind, und diese Frage lässt sich keinesfalls so beantworten, wie die zitierten Politiker es suggerieren.

Was die statistischen Fakten betrifft, hat Christine Lagarde natürlich recht. Da der gesamte Euroraum nach außen hin eine weitgehend ausgeglichene Leistungsbilanz hat, muss der deutsche Leistungsbilanzüberschuss sein Spiegelbild in den Defiziten anderer Euroländer haben. Ein Leistungsbilanzüberschuss ist im Wesentlichen als Differenz von Exporten und Importen abzüglich der Transfers (Geschenke) an das Ausland und zuzüglich der Zinseinnahmen aus dem Ausland definiert. *Abbildung 2.6* zeigt den deutschen Leistungsbilanzsaldo und den Saldo der Krisenländer Griechenland, Irland, Italien, Portugal, Spanien und Zypern, kurz GIIPSZ. Offenkundig folgt der deutsche Überschuss in etwa derselben Entwicklung wie das Defizit der GIIPSZ-Länder. Als der Euro 1995 beschlossen wurde, gab es noch keine nennenswerten Ungleichgewichte. Die Ungleichgewichte entwickelten sich aber in den darauffolgenden Jahren stürmisch, schossen bis in den Bereich von 200 Milliarden Euro pro Jahr hoch, und fielen dann in der Finanzkrise seit 2008 wieder.

dem Sachverständigenrat und anderen geführt wurde.[10] Auch das ifo Institut hat sich daran in den Jahren 2002 und 2003 mit Vorschlägen zur aktivierenden Sozialhilfe und dem Buch *Ist Deutschland noch zu retten?* beteiligt.[11] Dass die Löhne der deutschen Industriearbeiter damals die höchsten der Welt waren, passte nicht mehr zur wachsenden Standortkonkurrenz, die die Globalisierung, der Fall des Eisernen Vorhangs, die Osterweiterung der EU und nicht zuletzt die Einführung des Euro bedeutet hatten. Der Euro legte die fehlende Wettbewerbsfähigkeit der deutschen Arbeitnehmer schonungslos offen und erhöhte den Wettbewerbsdruck, dem sie ausgesetzt waren, weil er Transparenz bei den Preisen und Löhnen schuf, vor allem aber, weil er die Wechselkursunsicherheit beseitigte, die die Unternehmen bislang noch daran gehindert hatte, die Lohnkostenvorteile durch Standortverlagerungen auszunutzen. Die Behinderung des freien Kapitalverkehrs durch die Wechselkursunsicherheit abzuschaffen, war ja, wie im ersten Kapitel erläutert wurde, eines der treibenden politischen Motive für die Einführung des Euro. Nach der Einführung des Euro stürzten sich die Unternehmen mit ihren Investitionen vermehrt in die Niedriglohnländer der Eurozone, und mit ihnen wanderten auch mehr und mehr deutsche Ersparnisse ins Ausland, weil die deutschen Banken und Versicherungen ausländische Finanzanlagen, von denen sie vorher die Finger gelassen hatten, als attraktive Alternativen zu einem Verleih der Mittel in Deutschland ansahen.

Deutschland war in dieser Situation zu lohnsenkenden Reformen gezwungen, um zu verhindern, dass die Industrie Schaden nehmen würde und das Land sich zu einer Basarökonomie entwickelte, die unter Verlust von Arbeitsplätzen in den Binnensektoren immer mehr arbeitsintensive Importprodukte importiert und Kapital, Talente und Wertschöpfung zunehmend auf die Endstufen der Exportsektoren verlagert.[12] Die Verlagerung der Wertschöpfung von den Binnensektoren in die kapitalintensiven Endstufen der Exportindustrien schritt zwar unaufhaltsam voran, doch wurde sie zum Glück durch die Lohnzurückhaltung verlangsamt, die damals auch unter dem Druck der Standortdebatte einsetzte. So gelang es auch den noch vergleichsweise arbeitsintensiven Unternehmen, sich zu behaupten, und es entstanden im Dienstleistungssektor genug neue Stellen, um die in der Industrie wegfallenden Stellen zu kompensieren. Das alles waren schmerzliche, aber notwendige Anpassungsprozesse.

durch den rapiden Anstieg der deutschen Kurve am rechten Bildrand verdeutlicht wird, in der Summe der Jahre seit 1995 das zweitniedrigste Wachstum unter den dargestellten Ländern hatte, und es war in der Tat das zweitniedrigste aller Euroländer überhaupt. Deutschland wuchs in 16 Jahren um insgesamt 24%, während der Durchschnitt der Eurozone bei 30% lag. Nur Italien wuchs mit 15% noch deutlich langsamer als Deutschland.

Mit Ausnahme von Italien wuchsen die anderen Krisenländer allesamt sehr viel schneller als Deutschland und zogen gewaltige Migrationsströme an. Bis 2007 war Deutschland um 21% gewachsen, doch Irland um 125%, und Zypern, Griechenland und Spanien hatten um etwa 55% zugelegt. Erst mit und nach der Krise brach auch für sie der Trend und kehrte sich in das Gegenteil um.

Aber selbst wenn man die Zeitspanne der Krise mit einbezieht und von 1995 bis Ende 2011 rechnet, war ihr Wachstum über die gesamte Zeitspanne noch immer beachtlich. So wuchs Irland immer noch um 104%, Spanien um 51%, Griechenland um 35% und Zypern um knapp 60%. Nur in Portugal war die Entwicklung nicht ganz so rosig. Portugal legte nach dem Start einen exzellenten Spurt hin. Die ersten fünf Jahre nach der Euro-Ankündigung hatte es das höchste Wachstum nach Irland. Doch dann ging dem Land die Puste [illegible]

[illegible]

gesehen, ist es nachgerade absurd, die deutschen Exportüberschüsse als Zeichen deutscher Eurogewinne zu interpretieren.

Natürlich haben Exportüberschüsse insofern ihr Gutes, als sie einen Vermögensaufbau der Inländer im Ausland messen. Der Leistungsbilanzüberschuss Deutschlands ist quasi der jährliche Zuwachs auf dem Sparkonto der Deutschen im Ausland, der sich durch Einzahlungen (Exporte), Entnahmen (Importe) und Zinsen ergibt. Immerhin ist auf diese Weise seit der Ankündigung des Euro auf dem Gipfel in Madrid im Dezember 1995 eine riesige Vermögenssumme in Höhe von netto 1120 Milliarden Euro von Deutschen im Ausland angelegt worden, was in *Abbildung 2.6* der Fläche unter der deutschen Kurve entspricht. Die Zinsen auf dieses Vermögen sind Teil des deutschen Sozialprodukts und damit des Einkommens der Deutschen, wenngleich nicht Teil der inländischen Wirtschaftsleistung, wie sie durch das Bruttoinlandsprodukt gemessen wird.

Hand in Hand mit dem deutschen Vermögensaufbau ist der gleiche Betrag auf den Schuldenkonten des Auslands gegenüber Deutschland angewachsen, irgendwo auf der Welt und natürlich nicht notwendigerweise innerhalb der Eurozone. Bemerkenswert ist aber doch, dass der deutsche Vermögensaufbau, wie *Abbildung 2.6* verdeutlicht, spiegelbildlich mit einem Schuldenaufbau in den GIIPSZ-Ländern einherging, die heute in der Krise sind. Diese Länder haben in der gleichen Zeit eine Schuld in Höhe von 1337 Milliarden Euro angehäuft, in diesem Fall durch die Fläche über ihrer Kurve bis zur Zeitachse gemessen.

Der Vermögensaufbau im Ausland nützt prinzipiell natürlich den Vermögensbesitzern, denn sie erzielen darauf Zinseinnahmen. Deswegen haben sie ihr Geld ja schließlich ins Ausland getragen. Aber die deutschen Arbeitnehmer hatten davon wenig. Die Produktivitätssteigerungen und Lohnerhöhungen, die man durch die mit deutscher Ersparnis im Ausland finanzierten Investitionen ermöglicht hat, hätten sie sicher auch gerne gehabt. Exportüberschüsse nützen deutschen Arbeitnehmern im Gegensatz zu einer weitverbreiteten Meinung insofern nicht wirklich. Zwar entstehen Arbeitsplätze im Export. Diesen trivialen Effekt hat jeder vor Augen. Doch ohne die Kapitalexporte, die hinter den Exportüberschüssen stehen, wären die Finanzmittel in die inländische Nachfrage geflossen und hätten insofern Arbeitsplätze in der Bauwirtschaft und beim Maschinenbau erzeugt. Die Exportüberschüsse kennzeichnen insofern also keinen Nettoeffekt zugunsten der deutschen Arbeitnehmer. Ein Nettoeffekt entsteht nicht durch die Nachfrage, die durch die in- oder ausländische Verwendung der Ersparnis entsteht, sondern durch die Verwendung der Güter, die aufgrund dieser Nachfrage produziert wurden. Handelt es sich dabei um im Ausland absorbierte Konsum- oder Investitionsgüter, haben die inländischen Arbeitnehmer davon nichts. Sind diese Güter jedoch inländische Investitionsgüter, also Gebäude und Maschinen, die neu platziert werden, dann entstehen mit ihnen Arbeitsplätze, oder sie erhöhen die Produktivität der deutschen Arbeit, was Lohnerhöhungsspielräume schafft. Insofern waren die deutschen Arbeitnehmer ganz sicher nicht die Profiteure der massiven Kapitalexporte, die zu den Exportüberschüssen führten.

Im Übrigen ergeben sich zunehmend Zweifel, ob das große Sparkonto, das die Deutschen mit ihren Exportüberschüssen im Ausland gebildet haben, überhaupt verfügbar ist, wenn sie es in Anspruch nehmen wollen, weil das eigene Einkommen nicht mehr ausreicht. Wenn die deutschen Babyboomer, die jetzt auf die Fünfzig zugehen, alt und grau sind, nicht mehr so viel arbeiten können und das Geld wiederhaben wollen, das ihre Lebensversicherungen in Südeuropa und sonst wo angelegt haben, dann braucht Deutschland einen Importüberschuss, um die zur Versorgung dieser Menschen notwendigen Güter herbeizuschaffen. Ein solcher Importüberschuss würde ganz automatisch entstehen, wenn die Bevölkerung ihre Ersparnisse zu verbrauchen begönne. Aber das setzt natürlich voraus, dass die ausländischen Kreditnehmer, denen man sein Geld geliehen hat, auch tatsächlich zurückzahlen. Ob sie das angesichts ihrer eigenen demografischen Krise und der heute schon feststellbaren Überschuldung tun werden, steht aber in den Sternen. Kommt das Geld nicht zurück, hat man für den Exportüberschuss umsonst gearbeitet.

Natürlich weiß man nicht, ob die deutschen Exportüberschüsse und Kapitalexporte tatsächlich allesamt in die Krisenländer geflossen sind, wie es *Abbildung 2.6* suggeriert. Eine solche Interpretation wäre überzogen, denn die Kapitalmärkte sind ein System kommunizierender Röhren, innerhalb dessen komplexe Finanzströme über viele Stationen stattfinden, die sich nur schwer verfolgen lassen. So haben die deutschen Finanzinstitute, wie schon erwähnt, ihre Kredite wohl großenteils nach Frankreich und Italien verliehen, und von [illegible] Banken beliefert, die das Geld an die Bauherren weitergereicht haben.

Wer nun die Exportüberschüsse, die durch die deutsche Flaute entstanden sind, als Zeichen besonderer Vorteile Deutschlands interpretiert, der ist entweder kein (guter) Volkswirt, oder er ist unaufrichtig. Er muss sich fragen lassen, ob er vielleicht nur mit billigen Argumenten an das Verantwortungsbewusstsein der deutschen Bevölkerung appellieren will, um die Zustimmung für weitere Rettungsaktionen zu gewinnen.

Interessanterweise gibt es Politiker, allen voran Christine Lagarde, die von Deutschland fordern, seine für die anderen Länder angeblich schädlichen Leistungsbilanzüberschüsse zu verringern und mehr öffentliche Rettungskredite zur Verfügung zu stellen. Das verschlägt einem den Atem. Rettungsaktionen dienen dazu, den Krisenländern das Kapital zur Verfügung zu stellen, das freiwillig über die privaten Kapitalmärkte nicht mehr zu kommen bereit ist. Sie sollen also den Kapitalimport der Krisenländer stärken. Aber das ist dann doch automatisch auch eine Verstärkung der Leistungsbilanzdefizite, und die will die Frau Lagarde gerade nicht! Man kann entweder den Kapitalimport und das Leistungsbilanzdefizit gemeinsam vergrößern, oder man kann beide Größen gemeinsam senken, aber man kann nicht die eine vergrößern und die andere verkleinern. Das ist ein Ding der Unmöglichkeit. Frau Lagarde muss sich schon entscheiden, was sie eigentlich sagen will.

Abbildung 2.1
Das Wachstum der Euroländer

Verkettete Volumenangaben in Preisen von 2005, 1995 = 100

Bemerkung: Die Zahlenangaben direkt an den Kurven stehen für das prozentuale Wachstum von 1995 bis 2007 beziehungsweise 2011, definiert als das nominale Wachstum deflationiert mit dem jeweils nationalen BIP-Deflator. Dies ist die übliche statistische Definition, aber sie ist nicht über jeden Zweifel erhaben, denn es lassen sich gute Gründe dafür anführen, dass man in einer Währungsunion mit einem harmonisierten Gesamt-Preisindex deflationieren sollte. In dem Fall sähe die deutsche Wachstumskurve noch sehr viel schlechter aus, und Deutschland wäre mit riesigem Abstand noch hinter Italien das Schlusslicht aller Länder.

Quelle: Eurostat, *Wirtschaft und Finanzen*, Volkswirtschaftliche Gesamtrechnungen, BIP und Hauptkomponenten, Juli 2012.

Zahlen bei dem senkrechten Strich geben das Wachstum bis zum Jahr 2007 an, und die Zahlen am Ende das Wachstum bis 2011, also das Gesamtwachstum einschließlich der Krise.

Man sieht, dass Deutschland trotz des derzeitigen Booms, der

bank geht im Target-Streit in die Offensive«, *Frankfurter Allgemeine Zeitung*, 13. [illegible] Weidmann hat mehrfach sein Bedauern über die Veröffentlichung des Briefes zum Ausdruck gebracht, doch er hat ihn nicht relativiert, geschweige denn dementiert.

[illegible] europas-schuldenkrise/waeh- [illegible]

[illegible] zwischen den Mitgliedstaaten vorgeschlagen. T. Courchene, C. [illegible]

[illegible] bilds. Aus Sicht von P. Van Rompuy, F. Abraham und D. Heremans, »Eco- [illegible]

[illegible] vorgeht. So wiesen im Januar 1998 der außenpo- [illegible]

[illegible] kw06_stenografen/index.html.

[illegible] Mummies---Teil-1; [illegible] *Focus*, 23. März 1998, http://www.focus.de/ [illegible]

[illegible] derungsergebnisse 2011, S. 12.

7 Ebenda.

8 Vgl. Worldbank, *World dataBank*, World Development Indicators.

9 Vgl. Statistisches Bundesamt, *Bevölkerung und Erwerbstätigkeit*, Vorläufige Ergebnisse der Bevölkerungsfortschreibung 2011, S. 9.

10 H.-O. Henkel, *Die Kraft des Neubeginns: Deutschland ist machbar*, Droemer, München 2004; Sachverständigenrat zur Begutachtung der gesamtwirtschaftlichen

Entwicklung, *Jahresgutachten 2002/03: Zwanzig Punkte für Beschäftigung und Wachstum*, November 2002.

11 H.-W. Sinn, C. Holzner, W. Meister, W. Ochel und M. Werding, »Aktivierende Sozialhilfe – Ein Weg zu mehr Beschäftigung und Wachstum«, *ifo Schnelldienst* 55, 2002, Sonderausgabe, Nr. 9, 52 Seiten, http://www.cesifo-group.de/DocDL/SD9-2002.pdf; H.-W. Sinn, *Ist Deutschland noch zu retten?*, Econ, Berlin 2003.

12 H.-W. Sinn, *Die Basar-Ökonomie. Deutschland: Exportweltmeister oder Schlusslicht?*, Econ, Berlin 2005.

13 Im Jahr 2011 fand eine große Revision der Volkswirtschaftlichen Gesamtrechnungen Deutschlands statt, die zu einer kompletten Überarbeitung der Rechenergebnisse führte. Vor der Revision hatte Deutschland jahrelang die niedrigste Nettoinvestitionsquote aller OECD-Länder.

14 Zu den Details vergleiche man H.-W. Sinn, *Kasino-Kapitalismus. Wie es zur Finanzkrise kam, und was jetzt zu tun ist*, Econ, Berlin 2009, insbesondere Kapitel 6.

15 Vgl. G. Schröder, »Regierungserklärung von Bundeskanzler Gerhard Schröder am 14. März 2003 vor dem deutschen Bundestag«, Deutscher Bundestag, *Plenarprotokoll*, 15, 2003, Nr. 32, besonders S. 2479. Die schröderschen Reformen waren vorbereitet worden durch die ifo-Vorschläge zur Aktivierenden Sozialhilfe vom Mai 2002, einen parallelen Vorschlag des Wissenschaftlichen Beirats beim Bundeswirtschaftsministerium vom August desselben Jahres, die Vorschläge der Hartz-Kommission ebenfalls vom August, und vor allem durch das Zwanzig-Punkte-Programm des Sachverständigenrates vom November. Vgl. H.-W. Sinn, C. Holzner, W. Meister, W. Ochel und M. Werding, a.a.O.; Wissenschaftlicher Beirat beim Bundesministerium für Wirtschaft und Technologie, »Reform des Sozialstaats für mehr Beschäftigung im Bereich gering qualifizierter Arbeit«, *BMWi Dokumentation*, 2002, Nr. 512; P. Hartz, N. Bensel, J. Fiedler, H. Fischer, P. Gasse, W. Jann, P. Kraljic, I. Kunkel-Weber, K. Luft, H. Schartau, W. Schickler, H.-E. Schleyer, G. Schmid, W. Tiefensee und E. Voscherau, »Moderne Dienstleistungen am Arbeitsmarkt«, *Bericht der Kommission*, 16. August 2002; Sachverständigenrat zur Begutachtung der gesamtwirtschaftlichen Entwicklung, »Jahresgutachten 2002/03: Zwanzig Punkte für Beschäftigung und Wachstum«, November 2002.

16 Vgl. Bundesagentur für Arbeit, *Grundsicherung für Arbeitsuchende: Erwerbstätige Arbeitslosengeld II-Bezieher: Begriff, Messung, Struktur und Entwicklung*, Anhang, Tabelle 1.

17 Dieser Abschnitt enthält Passagen, die sich mit Erlaubnis des Herausgebers an die Sohmen-Lecture des Verfassers anlehnen: vgl. H.-W. Sinn, »Die Europäische Fiskalunion«, *ifo Working Paper* Nr. 131, Juli 2012, S. 1–42, http://www.cesifo-group.de/DocDL/IfoWorkingPaper-131.pdf, erscheint in *Perspektiven der Wirtschaftspolitik*, 2012. Vgl. auch H.-W. Sinn, »Genießt den Aufschwung!«, *Wirtschaftswoche*, 30. April 2012, Nr. 18, S. 44, http://www.wiwo.de/politik/konjunktur/denkfabrik-bauboom-rettet-die-deutsche-konjunktur/6564046.html.

18 Die ersten Prognosen dieses Baubooms findet man bei H.-W. Sinn, »Nachweisbare Wirkungen«, *Wirtschaftswoche*, 7. Juni 2010, Nr. 23, S. 39, http://www.cesifo-group.de/de/ifoHome/policy/Staff-Comments-in-the-Media/Press-articles-by-staff/Archive/Eigene-Artikel-2010/medienecho_13098649_ifostimme-wiwo-07-06-10.html; auch: *ifo Standpunkt* 115, 22. Juni 2010, und H.-W. Sinn, »Rescuing Europe«, *CESifo Forum*, Special Issue, August 2010, S. 19–20. Man vergleiche zu dem Thema auch *ifo Konjunkturprognose 2010/2011: Auftriebskräfte verlagern sich nach Deutschland*, ifo Institut, 23. Juni 2010; http://www.cesifo-group.de/portal/page/portal/

ifoContent/N/data/forecasts/forecasts_container/kprogifo20100623/ifo_Konjunkturprognose_Juni_2010_V3_1330.pdf; und H.-W. Sinn, »Europa in der Krise«, ifo Jahresversammlung 2010, http://mediathek.cesifo-group.de/player/macros/_v_f_750_de_512_288/_s_ifo/_x_s-764870657/ifo/index.html. Die These wird mittlerweile in einer sehr umfassenden Analyse bestätigt in: B. Rürup und D. Heilmann, *Fette Jahre. Warum Deutschland eine glänzende Zukunft hat*, Hanser, München 2012.

19 Vgl. Projektgruppe Gemeinschaftsdiagnose, »Gemeinschaftsdiagnose Frühjahr 2012«, *ifo Schnelldienst* 65, 2012, Nr. 8, S. 29.

20 Vgl. Statistisches Bundesamt, *Fachserie 18*, Volkswirtschaftliche Gesamtrechnungen, Reihe 1.2, Inlandsprodukt Vierteljahresergebnisse, 1. Vierteljahr 2012, Tabelle 3.10.

21 Vgl. Statistisches Bundesamt, Pressemitteilung vom 16. März 2012, Nr. 97.

22 Vgl. Statistisches Bundesamt, Pressemitteilung vom 22. Februar 2012, Nr. 61.

23 E. Gluch, »ifo Architektenumfrage: Erfreuliche Entwicklung im Wohnungsbau«, *ifo Schnelldienst* 65, 2012, Nr. 5, S. 50–51, Abbildung 4. Auch die Preise stiegen übrigens. Nach Aussagen von Maklern gab es im Jahr 2011 bei Eigentumswohnungen Zuwachsraten von etwa 7 % und bei den Reihenhäusern Raten von gut 4 % (vgl. BulwienGesa AG, *BulwienGesa-Immobilienindex 1975–2011*, Januar 2012, S. 4). Besonders begehrt waren landwirtschaftliche Grundstücke. Die Preise dieser Grundstücke stiegen im Jahr 2009 um 9,6 % und 2010 um 8,7 % (vgl. Statistisches Bundesamt, *Fachserie 3*, Reihe 2.4, Kaufwerte für landwirtschaftliche Grundstücke 2010, S. 14). Dahinter stand der Wunsch von Großinvestoren, die ihr Geld sicher anlegen und vor den Wirren der Eurokrise schützen wollten.

24 Rede von Bundeskanzlerin Angela Merkel bei der Veranstaltung »Die Europa-Rede« im Pergamonmuseum Berlin, 9. November 2010, http://www.bundeskanzlerin.de/Content/DE/Rede/2010/11/2010-11-09-merkel-europarede.html.

25 P. Rösler, »Meine Freundin war meine Taufpatin«, Interview mit T. Wolf, *Focus*, 1. März 2012, http://www.focus.de/politik/deutschland/tid-25157/interview-mit-wirtschaftsminister-philipp-roesler-deutschland-profitiert-vom-euro_aid_718978.html.

26 C. Lagarde, *Financial Times*, Interview, 15. März 2010, http://www.ft.com/intl/cms/s/0/78648e1a-3019-11df-8734-00144feabdc0.html#axzz21iHcyCQk.

27 Vgl. World Trade Organization, *Statistics database,* Time Series on International Trade.

28 Für die Spezialisten sei hier noch auf das Phänomen der Trägheit der Leistungsbilanz hingewiesen, das in den Außenhandelstheorien der Volkswirtschaftslehre stets eine große Rolle spielt. Wenn das Kapital von A nach B gehen will, heißt es nicht, dass ihm das im Aggregat gelingt, denn dafür muss die Leistungsbilanz des Kapitalimportlandes zunächst reagieren und negativ werden. Sie reagiert aber in der Regel mit einer Verzögerung von ein paar Jahren, weil die Importe erst mit dem einsetzenden Boom ansteigen und die Exporte erst dann zurückgehen, wenn die Preise gestiegen sind, was auch nicht sogleich geschieht. Außerdem kann es sein, dass die Exportwerte anfangs noch steigen, weil die Preise schneller und früher steigen, als die Mengen sinken. So gesehen, steht der Wunsch, das Kapital von A nach B zu tragen, am Anfang, ohne dass das Kapital schon sofort fließen kann. Wegen dieses Wunsches stehen Land B aber schon von Anfang an günstigere Kreditkonditionen zur Verfügung. Dann werden die Kredite genommen, es wird real investiert, und die Importe steigen. Erst in dem Moment kann das Kapital zu fließen beginnen, und auch das nur unter der Voraussetzung, dass die Exportwerte über die steigenden Preise nicht schneller steigen als die Impor-

das, was gerade passiert, denn in und mit der Krise wird ja der problematische Abfluss der Ersparnisse aus Deutschland heraus korrigiert, der Deutschland in den Jahren der Regierung Schröder so sehr zu schaffen gemacht hatte. Der Boom in Europas Peripherie wurde mit der deutschen Ersparnis finanziert, aber Deutschland finanziert seinen Boom heute nicht mit fremder Ersparnis, sondern auch wieder mit der eignen. Nach Jahren der Stagnation unter dem Euro ist das nur recht und billig, und es macht Deutschland noch lange nicht zu einem Eurogewinner, denn ohne den Euro hätte es die gigantische Abwanderung von Kapital, die mit der Eurokrise nun ins Stocken gekommen ist, von vornherein nicht gegeben. Die Behauptung, der Nachkrisenboom Deutschlands beweise, dass Deutschland ein Eurogewinner ist, hat ungefähr die gleiche logische Qualität wie die Behauptung, dass jemand, der sich nach einer Krankheit in der Rekonvaleszenzphase befindet, Profiteur seiner Krankheit ist.

DER EUROPÄISCHE TANGO: FEHLINTERPRETATION DER LEISTUNGSBILANZSALDEN

Aber sprechen nicht die schon lange anhaltenden deutschen Exportüberschüsse dafür, dass Deutschland vom Euro profitiert hat? Immerhin sichert der Export gute Gewinne und Arbeitsplätze, und in ganz Europa beneidet man uns darum.

Die Politiker Europas scheinen allesamt so zu denken, denn immer wieder wird das Exportargument herangezogen, um zu belegen, welche Vorteile die Deutschen vom Euro haben. So erklärte die Bundeskanzlerin, dass »wir uns in Deutschland sehr wohl bewusst sind, dass wir als Exportnation vom Euro in besonderer Weise profitieren«.[24] Vizekanzler Rösler pflichtete ihr mit der Bemerkung bei, dass »Deutschland vom Euro profitiert, weil wir allein 40 Prozent unserer Güter in die Euro-Zone exportieren«.[25] Und als sie noch französische Finanzministerin war, hat die jetzige Präsidentin des Internationalen Währungsfonds, Christine Lagarde, Deutschland immer wieder bezichtigt, den anderen Ländern mit seinem Exportüberhang die Geschäfte kaputt zu machen und deren Wachstum zu be-

Abbildung 2.5: Arbeitslosenquoten in Ländern der Eurozone

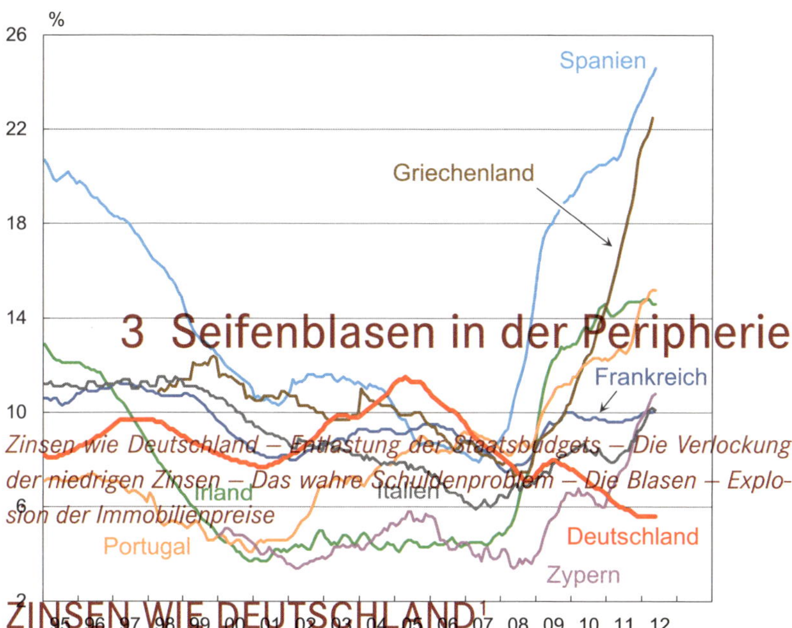

3 Seifenblasen in der Peripherie

Zinsen wie Deutschland – Entlastung der Staatsbudgets – Die Verlockung der niedrigen Zinsen – Das wahre Schuldenproblem – Die Blasen – Explosion der Immobilienpreise

ZINSEN WIE DEUTSCHLAND[1]

Hinweis: Die Daten für Zypern und Griechenland sind nicht über den gesamten Zeitraum verfügbar.

Quelle: Eurostat, Juli 2012.

Deutschlands Standortkrise wurde durch den Euro verstärkt, und einige der peripheren Länder schwangen sich dank der Kapitalimporte zu ungeahntem Wachstum auf. Das Kapital floss in riesigen Strömen, weil die Wechselkursunsicherheit durch die Einführung des Euro beseitigt und eine Barriere für den freien Kapitalverkehr

DIE AGENDA 2010

[illegible]

Staaten, eine dramatische Konvergenz der Zinsen im Vorfeld des Euro, eine etwa zehnjährige Phase gleicher Zinsen und dann seit dem Herbst 2007 eine Phase sich wieder aus spreizender Zinsen. Die Konvergenz der Zinsen fand, wie man sieht, sehr rasch nach dem Gipfel in Madrid im Dezember 1995 statt,

Abbildung 3.1:
Die Zinsen für zehnjährige Staatspapiere

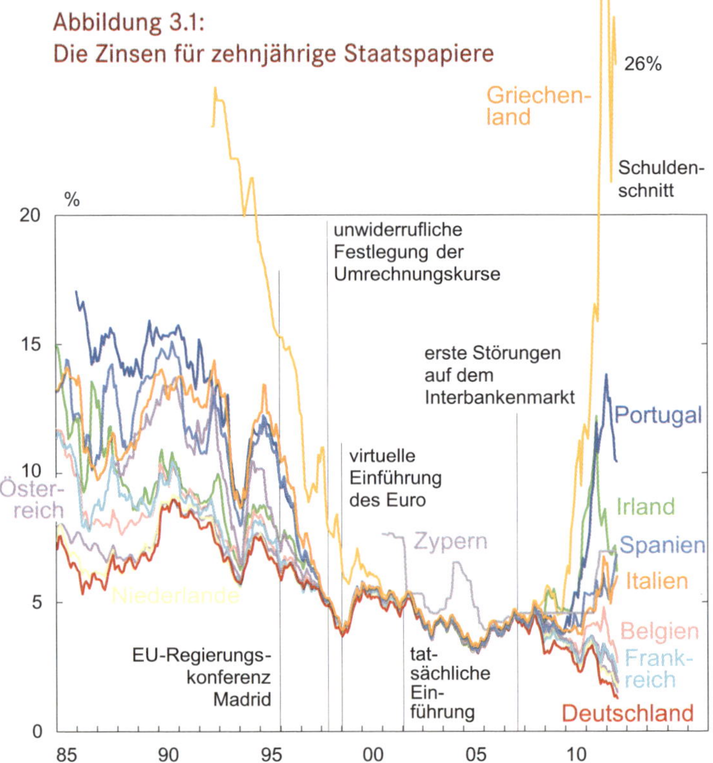

Erläuterung: Bei den Zinssätzen handelt es sich um die durchschnittlichen Zinssätze von Staatsanleihen mit zehnjähriger Laufzeit (sogenannte Benchmark Bonds). Dabei wird (von Reuters) unter Zuhilfenahme der Erwartungstheorie des Zinses aus den zu einem Stichtag beobachtbaren Zinsen von Papieren mit unterschiedlichen Restlaufzeiten die Rendite eines fiktiven zehnjährigen Staatspapiers berechnet, das zu diesem Zeitpunkt emittiert wird.

Quelle: Thomson Reuters Datastream, Data Category: Interest Rates, Benchmark Bonds.

als der Zeitplan für die Einführung des Euro beschlossen und die Mitgliedsländer festgelegt wurden. Dann kam eine Phase praktisch gleicher Zinsen, die aber im Sommer 2007 beendet war, als die amerikanische Finanzkrise nach Europa herüberschwappte. Seitdem spreizen sich die Zinsen immer weiter aus, unterbrochen nur durch verschiedenste Rettungsaktionen und Interventionen der EZB und der Staatengemeinschaft.

Die Zinsspreizungen waren immer durch die Furcht der Anleger um ihr Geld begründet, damals wie heute: Damals spiegelte sich das Abwertungsrisiko in den Zinsen, heute das Konkursrisiko, letztlich immer die Höhe des möglichen Wertverlustes.

Bevor klar war, ob der Euro kommen würde, mussten private und öffentliche Schuldner in den südlichen Ländern und auch Irland ihren ausländischen Gläubigern sehr hohe Zinsen zahlen, denn diese Gläubiger wussten ja nie, was die Währung, in der ihre späteren Kreditforderungen bedient werden würden, einmal wert sein würde, und deshalb verlangten sie im Vorhinein entsprechend höhere Zinsen, um das Abwertungsrisiko zu kompensieren. Zum Beispiel lagen die Zinsen für zehnjährige Staatsanleihen der Länder Italien, Spanien und Portugal in den fünf Jahren von 1991 bis zum Gipfel in Madrid, also dem Ende des Jahres 1995, um durchschnittlich 4,8 Prozentpunkte über den deutschen Zinsen, die selbst immer die niedrigsten waren (rote Linie am unteren Rand des Zinsspektrums). Die griechischen Zinsen, für die die verfügbaren Daten nicht so weit zurückreichen, lagen im Bereich von mehr als 20 %, 15 Prozentpunkte und mehr über den deutschen.

Die Zinslasten, die für die privaten und öffentlichen Schuldner entstanden, waren erheblich. So musste zum Beispiel der italienische Staat in der genannten Fünf-Jahres-Periode vor dem Gipfel von Madrid durchschnittlich 11,8 % der gesamten Wirtschaftsleistung Italiens (BIP) für den Zinsendienst verwenden.[3]

Das war der Hauptgrund dafür, dass die Südländer den Euro unbedingt wollten. Der Euro, so dachte man, würde die wechselkursbedingten Zinsspreizungen nachhaltig verringern und somit eine erhebliche Entlastung der Schuldner bedeuten.

Sicher, flexible Wechselkurse boten auch immer wieder die Möglichkeit, sich durch Inflation und anschließende Abwertung der Währungen zu entschulden. Aber dennoch hoffte man, den Kapitalmärkten durch den Euro mehr Vertrauen einflößen und sich zunächst einmal von Zinsen entlasten zu können. Das bei den Zinsen eingesparte Geld wollte man verwenden, um seine Schulden zu tilgen und auf einen auch langfristig glaubhaften und stabilen Entwicklungspfad

[illegible] eitslosigkeit zurück, doch in [illegible] zu begeben, verdrängte man, und wenn man daran da[illegible] [illegible] [illegible] it in Deutschland immer weiter an und er-re[illegible] [illegible] [illegible] [illegible] [illegible] [illegible] geboten, andere er-sch[illegible]ise kontrastierte stark mit dem Rückgang der Ar[illegible] [illegible] für private und öf-fen[illegible]schlands Beschäftigungs-la[illegible] [illegible] weil diese Ereignisse von den Kapitalmärkten bereits an-tizipiert worden waren.

Die Beseitigung der Wechselkursunsicherheit war für die peripheren Länder Europas ein Segen, doch für Deutschland ein Problem, weil das Sparkapital in andere Länder floss, statt in Deutschland investiert zu werden. Deutschland hatte in den Jahren von der Einführung des Euro bis zum Beginn der Finanzkrise, also von 2002 bis 2007, die drittniedrigste Nettoinvestitionsquote aller OECD-Länder, wie die nachfolgende *Abbildung 2.3* zeigt.[13] Nur noch die sehr reiche Schweiz und das krisengeschüttelte Japan lagen unter den entwickelten Ländern hinter Deutschland.

Abbildung 2.3: Gesamtwirtschaftliche Nettoinvestitionen als Anteil des Nettoinlandsprodukts (2002–2007)

	%
Estland	26,7
Korea	19,1
Spanien	17,7
Mexiko	17,5
Irland	16,9
Island	15,4
Slowenien	14,8
Australien	14,1
Griechenland	13,9
Luxemburg	11,6
Neuseeland	11,5
Tschechien	11,2
Ungarn	10,8
Slowakei	10,5
Norwegen	9,9
Kanada	9,8
Polen	8,8
Österreich	8,6
Frankreich	8,5
USA	8,4
Portugal	8,3
Eurozone	8,1
Italien	7,1
Vereinigtes Königreich	7,0
Belgien	6,7
Finnland	6,5
Schweden	6,4
Dänemark	6,2
Israel	6,0
Niederlande	5,7
Deutschland	4,0
Schweiz	3,9
Japan	2,8

Quelle: OECD, *OECD.Stat*, National Accounts.

… Der Zinsabstand zu Deutschland verminderte sich von 2,5 Prozentpunkten zum Jahresanfang 2005 auf nur noch 0,3 Prozentpunkte im Durchschnitt der Monate August bis Dezember 2007.

Dass die Phase niedriger Zinsen schon im Sommer 2007, nur fünf Jahre nach der physischen Einführung des Euro, wieder zu Ende gehen würde, hat selbst die größten Pessimisten überrascht, aber das lag auch nicht daran, dass es in Europa ein auslösendes Ereignis gegeben hätte. Vielmehr war die amerikanische Finanzkrise nach Europa herübergeschwappt und hatte zu einem Zusammenbruch des Interbankenmarktes geführt. Ganz plötzlich trauten die Banken einander nicht mehr über den Weg und liehen sich kein Geld mehr. Ohne dass es die Öffentlichkeit mitbekam, hatte die EZB eine Ausbreitung der Krise durch Interventionen verhindern können. Bei den professionellen Anlegern war aber damals der Keim der Skepsis schon gelegt. Die Furcht, dass einige Euroländer nicht in der Lage sein würden, ihre fällig werdenden Schulden zu bedienen, griff unter den Anlegern immer weiter um sich und konnte ihnen bis zum heutigen Tag nicht wirklich genommen werden. Erst spreizten sich die Zinsen nur minimal aus, aber als dann ein Jahr später, im September 2008, auch noch die amerikanische Investmentbank Lehman Brothers kollabierte, gab es kein Halten mehr. Seitdem eskalierte die Krise und mit ihr der Zinsabstand zwischen Deutschland und den als unsicher angesehenen Ländern. Verschiedene Rettungsaktionen und auch temporär günstige Konjunktursignale haben die Spreizung zwischenzeitlich immer wieder aufgehalten, doch im Ganzen hat sie sich bis zum Sommer 2012, dem Zeitpunkt der Fertigstellung dieses Manuskripts, immer weiter vergrößert.

Überall schien das Geld heller zu glänzen als zu Hause. Die Risiken, die heute im Blickpunkt stehen, sahen die Investoren nicht, sondern nur die etwas höheren Renditen, die man andernorts versprach. Deutsche Lebensversicherer und Banken, vor allem die heute angeschla-

ihr in Südeuropa angelegtes Geld nur mit Verlust zurückbekommen würden, und heute haben sie wieder Angst. Wenn auch der konkrete Grund der Angst ein unterschiedlicher war – damals die Inflations- und Abwertungsgefahr, heute die Konkursgefahr –, so handelte es sich doch im Grunde um denselben Sachverhalt. Immer mussten Zinsaufschläge die erwarteten Vermögensverluste der Anleger kompensieren. So gesehen, hat der Euro das Glaubwürdigkeitsproblem mancher Länder der Eurozone nur für ein paar Jahre übertünchen können, war aber nicht in der Lage, einen Beitrag zu einer wirklichen Lösung zu liefern. Wie der Rost unter dem Lack eines alten Autos kehrten die Probleme nach einer gewissen Zeit doch wieder zurück.

ENTLASTUNG DER STAATSBUDGETS

Aber zurück zu den guten Jahren des Euro. Vielen Beitrittsländern ging es bei der Entscheidung für den Euro offenbar in erster Linie um die Entlastung bei den Zinsen, und diese Entlastung kam tatsächlich zustande. Alle heutigen Krisenländer haben davon massiv profitiert.

Betrachten wir das Beispiel Italien. Die italienische Zinslast als Anteil des BIP war in dem Zeitraum von 1985 bis 1995 erheblich angestiegen, von 8,4 % auf 11,5 %. Das hatte vor allem an der damals rapide steigenden Staatsschuldenquote Italiens gelegen, die von 82 % im Jahr 1985 auf 125 % im Jahr 1994 hochgeschnellt war. Die Ankündigung des Euro brachte aber die Wende. Nur fünf Jahre nach dem Gipfel von Madrid, im Jahr 2000, musste der italienische Staat nicht mehr 11,5 % wie 1995, sondern nur noch 6,3 % des BIP für den Zinsendienst aufwenden, und zehn Jahre später, im Jahr 2010, waren es nur noch 4,5 %. Die relative Zinslast fiel wegen der Zinskonvergenz, aber auch wegen einer immer noch hohen Inflationsrate, die das BIP nominell aufblähte. *Abbildung 3.2* verdeutlicht diesen Vorteil.

In Griechenland war die Situation, wie die Abbildung zeigt, ganz ähnlich. Die griechische Kurve überlappt sich auf weiten Strecken mit der italienischen, was eine beängstigende Parallele ist. Die griechische Zinslastkurve müsste sich angesichts des rapiden Anstiegs der griechischen Zinssätze am aktuellen Rand noch viel stärker ausspreizen, als sie es tut. Indes haben zinsverbilligte Kredite der Staatengemeinschaft und der EZB, wie noch zu zeigen sein wird, diese Entwicklung erheblich abgebremst.

Abbildung 3.2: Zinslasten ausgewählter Euroländer

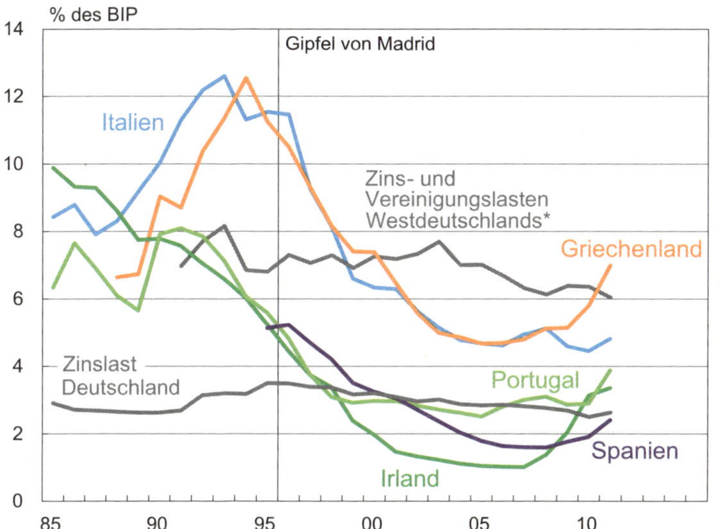

*Anteilige Zinslast des deutschen Staates und öffentliche Nettotransfers von West- nach Ostdeutschland.

Bemerkung: Westdeutschland beinhaltet die alten Bundesländer ohne Berlin.

Quellen: Eurostat, Datenbank, *Wirtschaft und Finanzen*, Jährliche Volkswirtschaftliche Gesamtrechnungen; und Sektor Staat, Jährliche Finanzstatistiken des Staates, Staatseinnahmen, -ausgaben und Hauptaggregate; OECD, *iLibrary*, National Accounts, Main Aggregates; und M. Kloß, R. Lehmann, J. Ragnitz und G. Untiedt, »Auswirkungen veränderter Transferzahlungen auf die wirtschaftliche Leistungsfähigkeit der ostdeutschen Länder«, *ifo Dresden Studien* 63, München 2012, S. 35.

Besonders stark sind die irische und die spanische Zinslast zurückgegangen. Das liegt daran, dass diese beiden Länder ihre Budgetdefizite in den guten Jahren stark zurückgefahren haben, und natürlich auch an dem raschen Wirtschaftswachstum, das den Nenner der Zinslastquote reduziert hat.

Aus Spanien und Italien hört man heute immer wieder die Meinung, dass die Zinslasten untragbar zu werden drohen und dass ein Land Zinssätze von mehr als 6 % finanziell nicht verkraften könne. Deswegen brauche man Eurobonds zur gemeinsamen Kreditaufnahme. Das gegenseitige Haftungsversprechen, das die emittierenden Länder einander und gegenüber ihren Gläubigern abgeben, sei erforderlich, um die Zinsen wieder auf ein tolerables Niveau zu senken. Deutschland weigert sich bekanntlich, diesem Verlangen nachzugeben, weil es befürchtet, dann für die Staatsschulden der Südländer aufkommen zu müssen.

Wie berechtigt diese Klagen sind, ist debattierbar. Einerseits waren die Zinssätze, die die Länder heute für nicht tolerabel halten, früher überall üblich. In den 70er-Jahren hat selbst der deutsche Staat trotz höchster Bonitätsnoten Zinsen in Höhe von etwa 6 % (1977) bis 10 % (1974) auf neu emittierte Staatspapiere zahlen müssen, und in Italien und Spanien waren damals bis zu 15 % üblich. Andererseits würden Zinsen von 6 % bis 7 % noch lange nicht die Zinslasten entstehen lassen, die üblich waren, als der Euro eingeführt wurde. Italien müsste dann beim heutigen Schuldenstand von 120 % des BIP nach einer vollständigen Umschuldung aller ausstehenden Staatsschulden mit 8,4 % Zinslastquote rechnen und Spanien mit seiner Schuldenquote von knapp 69 % mit 4,8 % Zinslastquote. Wie *Abbildung 3.2* zeigt, wäre das immer noch weniger als das, was diese Länder früher zahlen mussten.

Sicher, damals gab es auch mehr Inflation, und der Staat konnte insofern immer wieder aus seinen Schulden herauswachsen. Das BIP blähte sich inflationär auf, während die Schulden nominal definiert waren und insofern relativ zum BIP zurückblieben, wenn man nicht wieder neue Schulden aufnahm. Die Zinsen enthielten damals eine Inflationskomponente, die die Käufer der Staatspapiere als Entschädigung für die Entwertung ihres Kapitals verlangten, und indem die Staaten diese Komponente in den hohen Zinsen mitbezahlen mussten, enthielt ihre Zinslast in realer Rechnung eine Tilgungskomponente. Gleichwohl mussten die hohen Zinsen in den Haushalt eingestellt und erst einmal bezahlt werden. Beim Bestreben, in den Euro zu gelangen, ging es auch darum, diese Tilgungskomponente zu vermeiden.

Um ein Gefühl für die Größenordnung der Lasten zu bekommen, mag auch ein Vergleich mit den Lasten, die Westdeutschland nach der deutschen Wiedervereinigung zu tragen hatte, nützlich sein. Die graue Kurve in *Abbildung 3.2* zeigt, dass die kumulierte Last aus den anteiligen Zinsen auf die Staatsschuld und den West-Ost-Transfers, die Westdeutschland tragen musste, zuletzt bei etwa 6 % des BIP lag, während die Zinslasten von Italien und Spanien nur bei 4,8 % beziehungsweise 2,4 % des BIP lagen. Auch insofern kann im Gegensatz zur Beteuerung der Regierungen dieser Länder von exorbitanten Lasten aus der Staatsverschuldung im Moment wahrlich noch nicht die Rede sein.

Der Zinsvorteil gegenüber dem Referenzzeitraum 1991 bis 1995, den Italien durch den Euro erzielt hat, war trotz der sich ausspreizenden Zinsen im Jahr 2011 im Übrigen immer noch um etwa ein Achtel größer als das gesamte Mehrwertsteueraufkommen Italiens, das 2010 bei 6,2 % des BIP lag.

Man hat Italien seinerzeit sehr gelobt, weil es das Defizitziel für den Eintritt in die Eurozone gegen die Erwartung vieler mit leichter Hand erreicht hat. Noch im Jahr 1995 hatte das Defizit des Staates bei 7,7 % des BIP gelegen, doch im Referenzjahr 1997 betrug es nur noch 2,7 % und unterschritt damit das zulässige Höchstniveau von 3 %, was Italien endgültig für den Euro qualifizierte. Die Zinseinsparung in dieser Zeit betrug aber 2,3 Prozentpunkte des BIP, erklärt also nahezu die Hälfte der 5,0 Punkte Defizitverringerung. Insofern hatte sich der Euro die Beitrittsbedingungen im Falle Italiens großenteils schon selbst erfüllt.

DIE VERLOCKUNG DER NIEDRIGEN ZINSEN[9]

Die fallenden Zinsen bedeuteten nicht nur einen direkten rechnerischen Einkommensvorteil für die Schuldner. Sie haben auch deren Verhalten verändert und sie veranlasst, ihre Sparanstrengungen zu vernachlässigen und noch mehr Schulden zu machen.

Das hatte die deutsche Regierung auch befürchtet, und deswegen hatte sie sich beim Gipfel in Madrid die grundsätzliche Zustimmung der anderen Regierungen zu einem Stabilitätspakt geben lassen, mit dem die Budgetdefizite der Staaten begrenzt werden sollten. Die Ausarbeitung dieses Paktes wurde im Dezember 1996 auf der Ratstagung in Dublin beschlossen und anschließend ratifiziert, aber nicht ohne dass die französische Regierung die Regeln vorher noch aufweichte und eine Namensänderung in Stabilitäts- und Wachstumspakt erreichte. Die Mitgliedsländer verpflichteten sich, mittelfristige Ziele für die Haushaltslage zu fixieren. Vorgegeben war eine festgelegte Spanne, die »konjunkturbereinigt und ohne Anrechnung einmaliger und befristeter Maßnahmen zwischen −1% des BIP und einem ausgeglichenen oder einen Überschuss aufweisenden Haushalt liegt.«[10] Im Ausnahmefall einer konjunkturellen Flaute waren 3% erlaubt, und nur wenn ein Land sich in einer echten Rezession befand, bei der das BIP innerhalb eines Jahres um mindestens 2% zurückging, durfte man sich temporär höher verschulden, um die Wirtschaft anzukurbeln. Die Mitgliedstaaten verpflichteten sich, haushaltspolitische Korrekturmaßnahmen zu ergreifen, wenn es Anzeichen für eine Abweichung von den Haushaltszielen gab, und übermäßige Defizite nach ihrem Auftreten rasch zu beseitigen.[11] Für den Fall, dass die Defizitgrenze von 3% überschritten wurde, waren Geldstrafen angekündigt worden.[12]

Aber die Regeln wurden nicht eingehalten, nicht einmal die später (2005) aufgeweichten Regeln. Bis zum Jahr 2011 wurde die Defizitgrenze insgesamt in 120 Fällen überschritten, aber nur in 37 Fällen war dies wegen einer hinreichend starken Rezession erlaubt.[13] In 83 Fällen hätten Strafen verhängt werden müssen. Nach den ursprünglichen Regeln hätte man die Strafe gar in 96 Fällen verhängen müssen. Tatsächlich wurde indes keinerlei Strafe verhängt, denn das Gremium, das über die Strafe hätte entscheiden müssen, war der Ecofin-Rat, die Versammlung der Finanzminister der EU-Länder, und die waren im Prinzip auch die Sünder. All die heiligen Schwüre, man werde in Zukunft Disziplin üben, waren Schall und Rauch.

Was geschehen ist, sieht man sehr deutlich an Italien, das von den im vorigen Abschnitt beschriebenen riesigen Zinsgewinnen profitierte. Anfangs hatte man gute Vorsätze. Ministerpräsident Dini, der den Beitritt Italiens verhandelt hatte, versuchte, seine Versprechen wahr zu machen. So wuchs der Primärüberschuss, also der Überschuss der Einnahmen des italienischen Staates über seine anderen (nicht mit dem Schuldendienst zusammenhängenden) Ausgaben, anfangs sogar noch. Von 1995 bis 2000 stieg er von 4,1% auf 5,4%. Der italienische Staat verwendete also bis dahin die gesamte Zinsentlastung für die Schuldentilgung und sparte noch zusätzlich Teile seines normalen Budgets. Der Versuch zu einer nachhaltigen Konsolidierung des Budgets wurde unternommen.

Aber die guten Vorsätze hielten nicht lange. Schon im Jahr 2001, fünf Jahre und vier Ministerpräsidenten nach Dini, war der Primärüberschuss schon wieder auf 3,1 % gefallen, und im Jahr 2008, dem Jahr vor dem Konjunktureinbruch wegen der Weltwirtschaftskrise, betrug er nur noch 2,5 %. Im Jahr 2010 war er dann zur Gänze verschwunden (0,0 %), und 2011 betrug er wieder 1,0 %.[14] Die Schuldenquote selbst, die bis 2004 auf 103 % gefallen war, liegt heute trotz der gewaltigen Zinseinsparungen wieder bei den gleichen 120 % des italienischen BIP wie 1995 (121 % nach der heutigen Definition und dem heutigen Datenstand).

Hätte Italien seinen Zinsgewinn gespart, hätte es heute kaum noch irgendwelche Staatsschulden, und Mario Monti müsste nicht unter Hinweis auf die hohen italienischen Zinsen Demonstrationen gegen Deutschland an die Wand malen. Folgende Rechnung kann das belegen: Nehmen wir an, Italien hätte in den Jahren ab 1996 Jahr für Jahr denselben Anteil des BIP für Zinsen und Tilgung seiner Staatsschuld reserviert, den es 1995 für die Zinsen allein brauchte (also 11,5 %), hätte also jeweils die laufenden Zinsen auf die Restschuld bezahlt und das übrige Geld für die Tilgung von Schulden verwendet, dann wäre die Schuldenquote Italiens unter sonst gleichen Bedingungen, insbesondere der gleichen Wirtschaftsentwicklung, Jahr für Jahr gefallen und hätte sich so entwickelt, wie es in *Abbildung 3.3* dargestellt wird. Zum Ende des Jahres 2011 hätte die Schuld bei nur noch 18 % des BIP oder 280 Milliarden Euro gelegen statt bei 120 % oder 1,9 Billionen Euro.[15] Tatsächlich wurde also die Absenkung der Zinskosten des italienischen Staates im Wesentlichen verfrühstückt und für Mehrausgaben im Staatsetat verwendet.

Abbildung 3.4 zeigt den Zeitverlauf der Defizitquote Italiens und der anderen Krisenländer. Man sieht, dass die italienische Defizitquote nur bis zum Jahr 2000 fiel, dann aber von 2001 bis zum Jahr 2006 knapp über der Drei-Prozent-Marke lag, diese Marke in den Jahren 2007 und 2008 kurzfristig unterschritt und auch danach wieder über ihr lag, obwohl, wie man an *Abbildung 3.2* ablesen kann, Italien einen Zinsvorteil von 6 % bis 7 % des BIP hatte. Hätte Italien seinen Primärüberschuss, also den Überschuss der Einnahmen über die Ausgaben, die nichts mit dem Schuldendienst zu tun haben, konstant bei etwa dem Wert von 4 % gehalten, den es im Jahr 1995 innehatte, hätte es angesichts der Zinsersparnis, die der Euro brachte, eigentlich einen Budgetüberschuss von 2 % bis 3 % haben müssen.

Abbildung 3.3: Hypothetischer und tatsächlicher Verlauf der italienischen Staatsschuldenquote

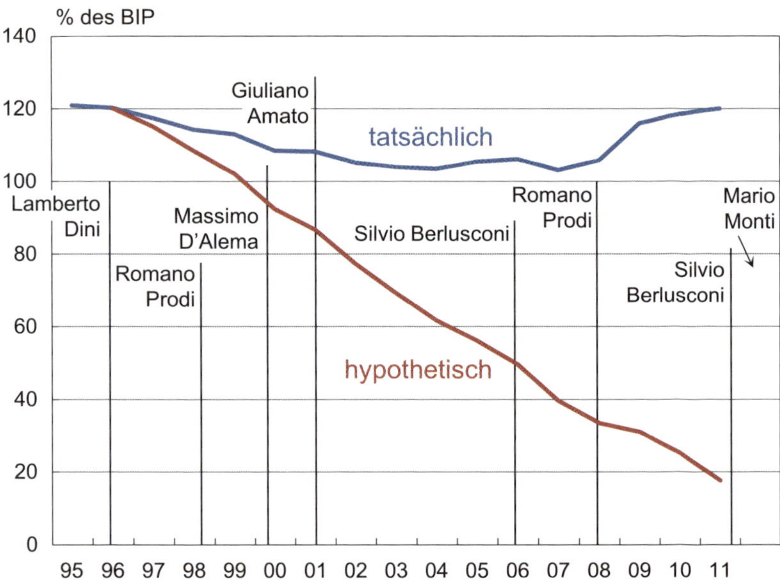

Quelle: Eurostat, Datenbank, *Wirtschaft und Finanzen*, Jährliche Volkswirtschaftliche Gesamtrechnungen; und Sektor Staat, Jährliche Finanzstatistiken des Staates; und Staatsdefizit und -verschuldung; Berechnungen des ifo Instituts; und Governo Italiano, Presidenza del Consiglio dei Ministri, 7. August 2012, http://www.governo.it/Governo/Governi/governi.html.

Das ist offenbar das Problem der Demokratie. Irgendeine Regierung unterschreibt Vereinbarungen und hält sich dann anstandshalber auch noch selbst daran, doch ihre Nachfolger scheren sich nicht mehr darum und bedienen die gegenwärtigen Interessen ihrer Wähler, anstatt nachkommenden Generationen etwas Gutes zu tun, die Wünsche der Gläubiger zu respektieren oder gar die Angst der Nachbarländer vor einer Schuldenhaftung in die eigenen Überlegungen einzubeziehen. Solange man darauf hoffen konnte, dass der Schutz des Eurosystems die Zinsen niedrig hielt, war die Verschuldung immer ein angenehmer Weg, das Staatsbudget zu füllen.

In Griechenland und Portugal war es nicht viel anders als in Italien. Wie *Abbildung 3.4* zeigt, lagen die Defizitquoten dieser Länder nie unter, aber meistens über der Drei-Prozent-Grenze, obwohl beide Länder anfangs und Griechenland sogar bis zur Finanzkrise ein exorbitantes Wachstum hatten und sich wirklich nicht auf Notstände berufen konnten.

Der neue Kredit wurde in Griechenland und Portugal vor allem verwendet, um den Staatsbediensteten höhere Gehälter zu zahlen, weniger, um in die Infrastruktur zu investieren. In Griechenland stiegen die Gehälter von 2000 bis 2008 um (nominal) 80 % und in Portugal um 30 %. In Deutschland stiegen sie in der gleichen Zeitspanne nur um 10 %, was weniger als der Anstieg der

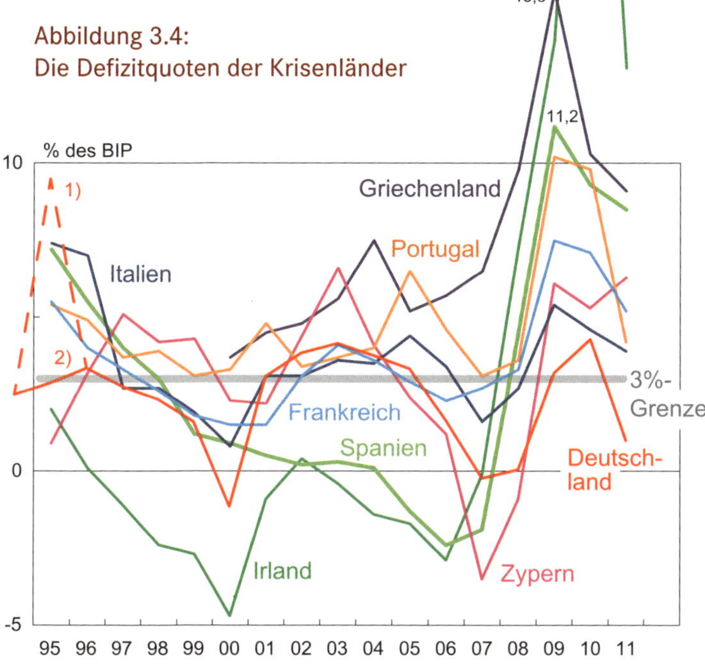

Abbildung 3.4:
Die Defizitquoten der Krisenländer

1) Mit Übernahme der Treuhandschulden.

2) Ohne Übernahme der Treuhandschulden.

Quelle: Eurostat, Datenbank, *Wirtschaft und Finanzen*, Sektor Staat, Staatsdefizit und -verschuldung; Statistisches Bundesamt, *Fachserie 18*, Reihe 1.4; und ifo Institut, *ifo Konjunkturprognose 2012/13: Erhöhte Unsicherheit dämpft deutsche Konjunktur erneut*, 13. Juli 2012.

Verbraucherpreise war, der in der gleichen Zeitspanne bei 15 % gelegen hatte.[16] Auch die Zahl der Staatsbediensteten wurde ausgeweitet. Während die Zahl der Staatsbediensteten in Deutschland von

2000 bis 2008 um 7% zurückging, stieg sie in Portugal um 6% und in Griechenland gar um 16%.[17]

Aber nicht nur Griechenland und Portugal erhöhten ihre Staatsschulden. Vielmehr griff die von den niedrigen Zinsen erzeugte Schuldensucht allgemein um sich. Viele Länder, auch solche, die nicht in der Abbildung gezeigt werden, hielten sich nicht an die Defizitgrenzen. Die oben genannte Zahl von 83 Vertragsverletzungen, die ungesühnt blieben, spricht für sich.

Abbildung 3.5 zeigt, wie sich die staatlichen Schuldenquoten, also das Verhältnis von Staatsschulden und BIP, bei den heutigen Euroländern in der Zeitspanne von 1995 bis 2011 verändert haben. Man sieht, dass die meisten Länder erheblich zugelegt haben und inzwischen noch weiter über der zulässigen Grenze von 60% liegen als 1995. Löbliche Ausnahmen sind nur Belgien, die Niederlande, Finnland und Estland, wobei aber nur die beiden letztgenannten Länder unter der Sechzig-Prozent-Grenze liegen. Durchschnittlich stieg die Schuldenquote von 72% auf 87%, was meilenweit über der nach dem Maastrichter Vertrag zulässigen Grenze liegt. Der Euroraum selbst hätte so gesehen beim Euro nicht mitmachen dürfen.

Zu den frühen Sündern gehörte auch Deutschland, denn auch seine Defizitquote wuchs, wie *Abbildung 3.4* zeigt, in den Jahren 2002 bis 2005 über die Drei-Prozent-Grenze hinaus, ohne dass Deutschland in der Rezession war und insofern eventuell die Erlaubnis dafür gehabt hätte. Auch schon 1995 war Deutschlands Defizitquote mit 9,5% extrem hoch gewesen, aber das lag, wie die Abbildung verdeutlicht, an der Übertragung der Treuhandschulden, die durch die deutsche Vereinigung entstanden waren, in den Bundesetat – ein Einmaleffekt, der wenig über die langfristige Solidität der Finanzen aussagt.[18] Ohne diesen einmaligen Sondereffekt hätte das Defizit bei 2,9% des BIP gelegen. Das wirkliche Problem bezieht sich auf die vier Jahre von 2002 bis 2005.

Bundeskanzler Schröder setzte sich damals massiv dafür ein, die Regeln des Stabilitäts- und Wachstumspaktes aufzuweichen, damit Deutschland um die Strafe herumkam. Da Frankreich die Defizitgrenze in den Jahren 2003 und 2004 ebenfalls verletzte, brachten beide Länder den Stabilitäts- und Wachstumspakt im Jahr 2005 faktisch zu Fall.[19] Das war einer der Gründe dafür, dass sich nun auch die anderen Länder nicht mehr daran hielten.

Abbildung 3.5: Die Staatsschuldenquote der Euroländer 1995 und 2011

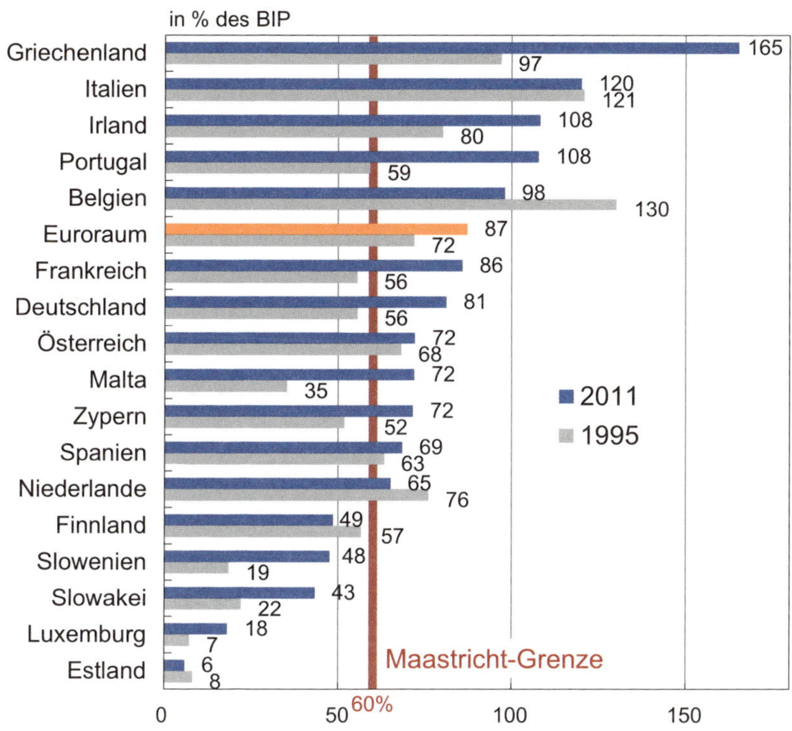

Quelle: Eurostat, Datenbank, *Wirtschaft und Finanzen*, Sektor Staat, Staatsdefizit und -verschuldung.

Frankreich hatte ohnehin nie etwas vom Stabilitäts- und Wachstumspakt gehalten. Dass nun Deutschland selbst ein Interesse an der Aufweichung des Paktes hatte, war die willkommene Gelegenheit, ihm den Garaus zu machen.

Deutschland tat sich damals schwer mit dem Defizitkriterium, weil die Steuereinnahmen wegen seiner eigenen Eurokrise wegbrachen und man sich nicht traute, der Bevölkerung, der man ohnehin schon mit der Agenda 2010 eine schmerzliche Sozialreform zumutete, nun auch noch die Last von Budgetkürzungen aufzuerlegen. Der ehemalige Bundeskanzler Schröder sagte dazu:[20]

»In der Zeit, als wir die Agenda im Parlament hatten, kam Eichel und sagte zu mir, wir müssen eigentlich noch einmal 20 Milliarden einspa-

ren, wenn wir die Kriterien einhalten wollen, und ich habe ihm gesagt, das machen wir nicht ... weil wenn wir noch einmal 20 Milliarden sparen müssen, dann wird die Agenda scheitern ... In einer bestimmten Situation müssen Sie sich entscheiden ... Will ich diese Reform, die für Deutschland so wichtig geworden ist, und riskiere dafür, die Kriterien nicht zu erfüllen, oder will ich die Reform fallen lassen.«

Das Argument ist nachvollziehbar. Indes ändert es nichts daran, dass die deutsche Vertragsverletzung dazu beigetragen hat, die Schuldenmoral des Restes der Eurotruppe zu untergraben.

Löblich kann man bei all der Unmoral hervorheben, dass Spanien und Irland, zwei besonders auffällige Krisenländer, das Defizitkriterium in der Zeit, als der Euro zu funktionieren schien, nicht verletzt haben. Spanien hatte nur ganz zu Anfang, bis zum Jahr 1998, ein Defizit von mehr als 3%. Doch danach fiel das spanische Defizit beständig und schlug im Jahr 2005 in einen Überschuss um. Im Jahr 2007 lag der spanische Budgetüberschuss bei 1,9% des BIP. Noch besser war die Lage in Irland. Dort hatte man nur im Jahr 1995 überhaupt ein nennenswertes Defizit. Danach tilgten die Iren ihre Schulden fast in jedem Jahr bis 2007.

Dass diese Länder gleichwohl mit voller Wucht von der Krise erfasst wurden und dann auch, wie *Abbildung 3.4* zeigt, riesige Budgetdefizite entwickelten, Irland im Jahr 2010 gar über 30% des BIP, kann nicht daran gelegen haben, dass die Staaten in guten Zeiten über ihre Verhältnisse gelebt haben. Die Erklärung der europäischen Krise als einer Staatsschuldenkrise allein ist offenkundig zu eng.[21]

DAS WAHRE SCHULDENPROBLEM

Alle Länder der Eurozone wurden im Verlauf der Krise wegen der Rettungsaktionen und auch wegen der wegbrechenden Steuereinnahmen in die Staatsverschuldung getrieben. Die These indessen, dass sie in die Krise gerieten, weil sie sich zuvor zu stark verschuldet hatten, ist nicht generell richtig. Sie stimmt für Griechenland und Portugal, nicht aber für Irland und Spanien. *Abbildung 3.4* belegt dies mit der Entwicklung der Staatsdefizite sehr deutlich. Irland und Spanien hatten das Defizitkriterium des Stabilitäts- und Wachstumspaktes von der virtuellen Einführung des Euro im Jahr 1999 bis zum Ausbruch der Krise im Jahr 2007 nie verletzt und erzielten in den letzten Jahren vor dem Ausbruch der Krise sogar Budgetüberschüsse. Erst mit und wegen der Krise entwickelten sich auch bei ihnen große Defizite.

Allerdings sind diese beiden Länder sehr stark im Ausland verschuldet. Das zeigt die nachfolgende *Abbildung 3.6*. Die Endpunkte der dort gezeigten Säulen, genauer die Endpunkte der schwarz umrandeten Säulenstücke, die jeweils mit schwarzen Ziffern versehen sind, messen die Nettoauslandspositionen der Länder, die heute zum Euroraum gehören. Ist die schwarze Ziffer negativ, gibt sie die erwähnte Nettoauslandsschuld eines Landes wieder, ist sie positiv, misst sie das Nettoauslandsvermögen.

Die Nettoauslandsposition ist definiert als die Summe aller Forderungstitel von Inländern gegenüber Ausländern inklusive ausländischen Realvermögens abzüglich der entsprechenden Titel, die Ausländer im Inland halten. Sie bildet sich durch die Addition von Leistungsbilanzsalden über die Zeit, die in der Statistik noch durch Umbewertungseffekte bei Marktwertänderungen der Vermögenstitel korrigiert werden.[22]

Man sieht, dass die Auslandsschulden Irlands und Spaniens Ende 2011 bei 98 % beziehungsweise 92 % des BIP lagen und damit sogar Griechenland (79 %) übertrafen. Nur Portugal wies mit einer Schuldenquote von 103 % einen noch höheren Wert auf. Die hohe Auslandsverschuldung Irlands und Spaniens lässt sich durch die staatlichen Budgetdefizite vor und selbst während der Krise nicht erklären. Woher stammt sie?

Die Abbildung beantwortet diese Frage, indem sie die jeweiligen Nettoauslandspositionen der Länder in verschiedene Komponenten aufteilt:

1. Leistungsbilanzdefizite (flächig rot) beziehungsweise -überschüsse (flächig grün) während der Blasenbildung, also in der Zeit vom Gipfel in Madrid 1995 bis zum Beginn der Krise im Jahr 2007,
2. Leistungsbilanzdefizite (weiß, rot umrandet) beziehungsweise -überschüsse (weiß, grün umrandet) in der Krise, von 2008 bis 2011,
3. Umbewertungseffekte aufgrund der Verringerung der Markt-

werte langfristiger Schulden und Forderungen in den Krisenjahren 2008 bis 2011 (weiß, schwarz umrandet).

Zieht man die drei genannten Posten von der Nettoauslandsposition ab, ergibt sich eine Restgröße, die grau gezeichnet ist. Diese Restgröße misst die Summe aus der Nettoauslandsposition des Jahres 1995 und der Summe der möglichen Umbewertungseffekte in der Zeit von 1996 bis 2007. Leider ist unter den Krisenländern nur für Spanien ein Wert der Nettoauslandsposition für das Jahr 1995 statistisch verfügbar, sodass sich diese Restgröße im Allgemeinen nicht mehr aufdröseln lässt.

Man sieht an den flächigen farbigen Säulenstücken, dass mit Ausnahme Italiens alle sechs Krisenländer schon vor der Krise auf die durch den Euro gesunkenen Zinsen mit einer Zunahme ihrer Außenschulden relativ zur Wirtschaftsleistung reagiert haben: Das flächige Säulenstück ist bei den GIPSZ-Ländern rot. Bei Italien ist es fast null (tatsächlich kaum sichtbar grün). Da die rechnerische Restgröße (die grauen Balken) bei den GIPS-Ländern (Griechenland, Irland, Portugal, Spanien) negativ ist, gibt es keine Anhaltspunkte für die Vermutung, dass diese Länder 1995 in einer Nettogläubigerposition waren und deshalb durch die Zinssenkungen belastet worden wären. Alles spricht dafür, dass es die Anreizwirkung der niedrigen Zinsen war, die die Auslandsverschuldung dieser Länder erzeugt hat.

Im Falle Spaniens, dem einzigen Land, für das eine statistische Information über die Nettoauslandsposition im Jahr 1995 verfügbar ist, ist dies sogar sicher. Die Nettoauslandsschulden dieses Landes betrugen damals 22 % des BIP des Jahres 1995 oder 9,2 % des BIP des Jahres 2011. Es ist also zu vermuten, dass Spanien erheblich durch die Zinskonvergenz, die die Ankündigung des Euro mit sich brachte, entlastet wurde. Spanien hätte es insofern also leichter gehabt, seine Auslandsschulden abzutragen. Stattdessen kam in der »guten« Zeit des Euro bis 2007 noch ein Schuldenzuwachs durch Leistungsbilanzdefizite in Höhe von 40 % des BIP des Jahres 2011 hinzu (flächiger roter Balken). Das relativiert die Annahme, Spanien habe Schuldendisziplin geübt. Diese Aussage stimmt für den Staat, aber sie stimmt nicht für die Gesamtwirtschaft, wenn man Staat und privaten Sektor zusammennimmt. Ganz im Gegenteil muss sich der private Sektor in dieser Phase über beide Ohren verschuldet haben,

Abbildung 3.6: Die Komponenten der Nettoauslandsposition

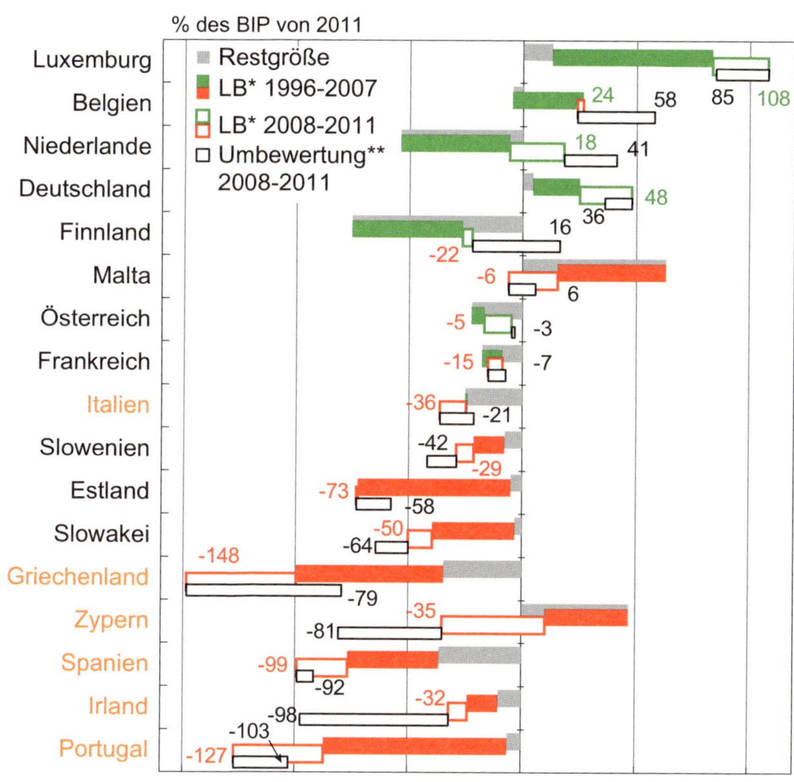

* LB = akkumulierter Leistungsbilanzsaldo.

** Marktwertänderung der Forderungen und Verbindlichkeiten der Länder im Ausland.

Erläuterung: Die Zahlenwerte geben die Nettoauslandspositionen in Prozent des BIP der Euroländer Ende 2011 an. Sie werden durch die Gesamtlänge der Säulen bis zu der jeweiligen schwarzen Zahl angegeben. Die rote beziehungsweise grüne Zahl zeigt den Wert, den die Nettoauslandsposition ohne die Umbewertungseffekte während der Krise (2008–2011, schwarz umrandeter Balken) gehabt hätte. Die rot und grün umrandeten Balken verkörpern die akkumulierten Leistungsbilanzdefizite beziehungsweise -überschüsse während der Krise (2008–2011) und die flächig rot und flächig grün gezeichneten Balken die entsprechenden akkumulierten Leistungsbilanzsalden von 1996 bis 2007. Die grauen Balkenstücke zeigen die sich ergebende Restgröße. Sie misst die Nettoauslandsposition Ende 1995 zuzüglich möglicher Umbewertungseffekte in der Periode 1996–2007.

Quellen: Eurostat, Datenbank, *Wirtschaft und Finanzen*, Jährliche Volkswirtschaftliche Gesamtrechnung und Zahlungsbilanz – Internationale Transaktionen, Zahlungsbilanzstatistiken nach Land; und Auslandsvermögensstatus; eigene Berechnungen.

wenn durch Leistungsbilanzdefizite so viele neue Schulden hinzugekommen sind.

Der Anstieg der Auslandsschulden während der Krise, der vornehmlich aufgrund wegbrechender Steuereinnahmen zustande kam, wird durch die rot umrandeten Säulenstücke dargestellt. Man sieht, dass alle Krisenländer, auch Italien, von diesem Effekt betroffen waren. Überall wuchsen die Auslandsschulden ab dem Jahr 2008 noch kräftig an. Im Falle Griechenlands, Spaniens, Portugals und Zyperns war die Neuverschuldung während der Krise sogar riesig, was insofern verblüffend ist, als die Krise ja nun gerade durch die Weigerung der Kapitalmärkte, die betroffenen Länder weiter zu finanzieren, ausgelöst wurde. Eigentlich hätte man deshalb keine besondere Zunahme der Auslandsverschuldung mehr erwarten dürfen. Die Lösung dieses Rätsels bietet Kapitel 5.

Bemerkenswert ist, dass die Nettoauslandsschuld in der Krise auch noch durch zinsbedingte Umbewertungseffekte verändert wurde, die durch die schwarz umrandeten Balken dargestellt werden. Dabei handelt es sich um die Verringerung des Marktwertes von ausstehenden Schuldtiteln mit längeren Laufzeiten. Wenn die Zinsen für neue Schulden steigen, weil sich Misstrauen bezüglich der Rückzahlungsfähigkeit der Schuldner ausbreitet, verlieren die noch laufenden Schuldtitel, die einen niedrigen Nominalzins haben, naturgemäß an Wert. Der Wert fällt so weit, bis die Rendite für jemanden, der die alten Schuldtitel kauft, der effektiven Rendite der neu ausgegebenen Titel ähnelt. Für die Eigentümer der alten Vermögenstitel bedeutet das einen Vermögensverlust, und er wird in der Statistik über die Nettoauslandsposition erfasst. Ohne diesen Vermögensverlust, also bei einer Verbuchung der Vermögenstitel zum Nennwert, hätte Deutschland Ende 2011 ein Nettoauslandsvermögen von 48 % seines BIP gehabt. Tatsächlich waren es aber nur 36 %. Zwölf Prozentpunkte oder 307 Milliarden Euro waren also in der Krise schon durch Marktwertverluste verloren gegangen.

Verwunderlich ist, dass dieser Effekt die griechischen Außenschulden dramatisch verringert hat. Das liegt daran, dass Eurostat, das europäische Statistikamt, Marktwertverluste nicht nur beim Gläubiger verbucht, sondern irritierenderweise auch beim Schuldner. Wenn der Markt zu dem Schluss kommt, dass ein Land seine Schulden nur noch mit geringer Wahrscheinlichkeit bedienen kann und deshalb seine Staatspapiere nur noch zu 20 % des Nennwertes handelt, wie es bei Griechenland der Fall war,[23] rechnen die Statistiker die griechische Außenschuld bereits in genau diesem Umfang herunter, obwohl das Land juristisch noch die volle Rückzahlungsverpflichtung hat. Folgt man dieser künstlichen und kaum nachvollziehbaren Methodik nicht, dann ergibt sich, wie durch die rote Zahl an den Griechenland-Balken verdeutlicht, zum Ende des Jahres 2011 eine griechische Nettoauslandsschuld von 148 % des BIP statt 79 % oder 319 Milliarden Euro statt nur 171 Milliarden Euro.

Nach der gleichen Überlegung lag die spanische Nettoauslandsschuld ohne die Umbewertungseffekte Ende des Jahres 2011 bei 99 % des BIP oder 1.063 Milliarden Euro und die portugiesische bei 127 % des BIP oder 217 Milliarden Euro. Das alles ist atemberaubend.

Für Irland und Zypern verbessert sich das Bild allerdings erheblich, denn ihre Außenschulden wurden durch die Umbewertungseffekte während der Krise vergrößert statt verringert. Das liegt vermutlich daran, dass beide Länder in großem Stil als Finanzintermediäre tätig sind. Ihre Banken leihen sich das Geld kurzfristig im Ausland und verleihen es wieder langfristig dorthin. Sie betreiben eine Fristentransformation und verdienen daran, dass der kurzfristige Zins in der Regel niedriger als der langfristige ist. Da nun die Marktwerte der bereits bestehenden Anlagen wegen einer neuen Risikoeinschätzung fielen, erlitten beide Länder in der Krise Vermögensverluste, obwohl sie netto im Ausland verschuldet waren. So gesehen, stehen die beiden Länder tatsächlich günstiger da, als es durch die Nettoauslandspositionen zum Ausdruck kommt. Irland hat dann eigentlich nur eine Nettoauslandsschuld von 32 % des BIP und Zypern von 35 %. Man muss mit einem solchen Urteil aber sehr vorsichtig sein, denn aus rechtlicher Sicht kann man die Umbewertung von Schuld- und Forderungstiteln nicht symmetrisch behandeln, wie Eurostat es tut. Wenn ein Gläubiger befürchten muss, dass sein Schuldner nicht zurückzahlen kann, hat er ein Problem, aber daraus folgt natürlich noch lange nicht, dass der Schuldner keines hat.

DIE BLASEN

Ob nun die Auslandsverschuldung über den Staat oder über den privaten Sektor lief: Gemeinsam war allen Ländern der Umstand, dass der Euro einen inflationären Boom erzeugte, der sie ihrer Wettbewerbsfähigkeit beraubte, ein Thema, dem das gesamte nächste Kapitel gewidmet ist.

Einerseits führten die eingesparten Zinszahlungen privater oder öffentlicher Schuldner an ausländische Gläubiger zu einem Realeinkommensanstieg, der nachfragewirksam wurde und die Inflation anheizte. Private Schuldner konnten wegen der Zinsentlastung mehr konsumieren, und die Staaten hatten mehr Geld übrig, um neue Leute einzustellen und die vorhandenen Mitarbeiter besser zu bezahlen, was deren Konsum anregte.

Andererseits verlockten niedrige Zinsen dazu, sich noch mehr zu verschulden, was abermals inflationäre Nachfrageeffekte auslöste. Auch diese Verlockung war nicht auf staatliche Schuldner beschränkt; ihr erlagen private Schuldner gleichermaßen. In der Tat war dies in Spanien der dominierende Aspekt des Geschehens.

Vor der Euroeinführung kannte man in Spanien keine langfristigen Hypothekenkredite mit festen Zinsen wie in Deutschland,[24] und zudem lagen die Bauzinsen extrem hoch, noch höher als die staatlichen Zinsen. Zum Beispiel musste man noch im Jahr 1991 mit einem Anfangszins von 17% rechnen.[25] Deshalb wurde wenig gebaut. Als der Euro kam, beziehungsweise schon bei seiner Ankündigung auf dem Gipfeltreffen von Madrid im Dezember 1995, änderte sich das. Weil sich die spanischen Banken den Kredit plötzlich auf dem europäischen Interbankenmarkt zu sehr viel günstigeren Zinsen besorgen konnten, boten sie auch den Bauherren allmählich immer günstigere Konditionen an,[26] nicht ohne zunächst noch von den höheren Zinsmargen selbst kräftig zu profitieren. Die Spanier ließen sich die Chance nicht entgehen. Sie nahmen die angebotenen Kredite auf, kauften sich Häuser und renovierten sie oder bauten sich neue. So setzte ein gewaltiger Bauboom ein, der die gesamte Wirtschaft erfasste und mitzog.

Die Außenschulden, die in Spanien wegen des Euro entstanden, sind heute das größte Problem der Eurozone, ganz einfach, weil Spanien ein großes Land ist und insofern auch die Schulden riesig sind. Wie *Abbildung 3.7* verdeutlicht, sind sie mit 983 Milliarden Euro größer als die Nettoaußenschulden aller anderen Krisenländer zusammen. Zufällig ist dies ein Betrag, der in etwa so groß ist wie das gesamte deutsche Nettoauslandsvermögen in Höhe von 929 Milliarden Euro.

Abbildung 3.7: Nettoaußenschulden im Vergleich

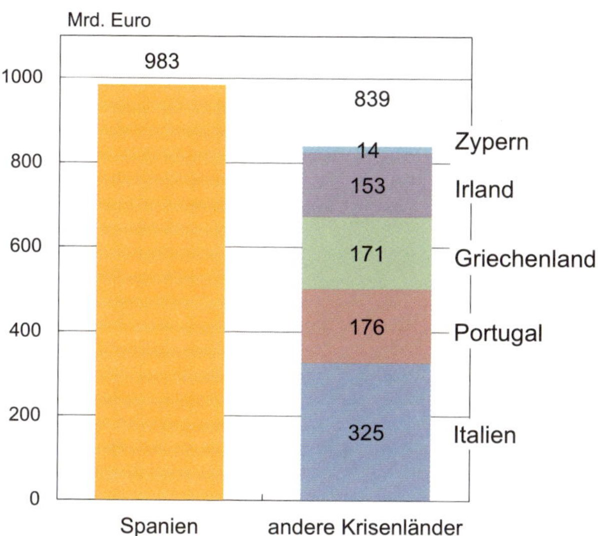

Anmerkung: Die Nettoaußenschuld ist das Negativum dessen, was man in der Statistik als Nettoauslandsposition bezeichnet, also das Negativum der Summe aller Vermögenswerte, die Inländer im Ausland halten, abzüglich ihrer Auslandsschulden beziehungsweise abzüglich der Vermögenswerte, die Ausländer im Inland halten.

Quelle: Eurostat, Datenbank, *Wirtschaft und Finanzen*, Zahlungsbilanz - Internationale Transaktionen, Auslandsvermögensstatus.

Die Banken und andere Kreditgeber hätten den Prozess abbremsen können, aber auch sie wurden vom allgemeinen Fieber erfasst und ließen ihre normalen Sorgfaltsgrundsätze fallen. So, wie man es von der amerikanischen Schuldenkrise hörte, war es auch in Spanien.[27] Die Banken drängten den Kunden die Kredite geradezu auf, sie begnügten sich mit geringen Sicherheiten und beliehen die Immobilien zu viel höheren Prozentsätzen, als es in Deutschland üblich ist. Ja, es war nicht unüblich, dass man Immobilienkredite bis zu 130 %

des Immobilienwertes vergab, damit sich die Kreditnehmer auch noch einen sportlichen Geländewagen von dem Überschuss kaufen konnten, wie mir ein Banker aus Barcelona einmal erzählte.

Heute (Juni 2012) liegen die Schulden der Banken der sechs Krisenländer inklusive der Sichteinlagen ihrer Depositenkunden, die selbst 3,6 Billionen Euro ausmachen, bei 9,4 Billionen Euro oder 291% des BIP der sechs Krisenländer.[28] Sie entstanden zu einem erheblichen Teil durch die Gewährung von dubiosen Krediten an die Privatwirtschaft und die Immobilienkäufer, die in der Krise notleidend geworden sind. Bei den kollektiven Rettungsaktionen der Euroländer, die nach dem Beschluss des EU-Gipfels vom Juli 2012 auch für die Rettung der Banken umfangreiche Mittel zur Verfügung stellen sollen, wird es vor allem auch um die Frage gehen, wer die toxisch gewordenen Schuldpapiere der Banken der Krisenländer absichert, die sich in den Portfolios weltweit verstreuter Anleger befinden.

Der spanische Bauboom hatte auch Auswirkungen auf die Migration, denn da immer mehr Leute eingestellt wurden, stiegen die Löhne, und es gab immer mehr offene Stellen. Um sie zu füllen, holte Spanien in den zehn Jahren von 1999 bis zum Jahr 2008, als der Boom mit der Lehman-Krise ein jähes Ende nahm, 6 Millionen Einwanderer aus dem Ausland, davon 2,3 Millionen aus den EU-Ländern, an erster Stelle aus Rumänien mit über 770.000, und den Rest überwiegend aus Nordafrika und Lateinamerika, um beim Bauen und im Rest der Wirtschaft zu helfen.[29] Das war eine Zuwanderung von brutto 15% der ursprünglich vorhandenen Bevölkerung, was für eine Dekade ein extrem hoher Wert ist. Die Bauarbeiter hatten nun das Geld, um sich andere Güter zu kaufen, und auch bei der Produktion dieser Güter kamen immer mehr Menschen zu Arbeit und Brot. Spanien wuchs, wie *Abbildung 2.1* aus dem vorigen Kapitel schon gezeigt hat, von 1995 bis 2007 um 55%, während sich die deutsche Wirtschaftskraft nur um 21% vergrößerte.

In Irland verlief die Entwicklung ganz ähnlich. Dort stiegen die Baupreise sogar noch schneller als in Spanien, und auch dort kam es zu einer Massenzuwanderung. In der genannten Zeitspanne wanderten brutto 20% und netto 10% der ursprünglichen Bevölkerung zu.[30] Irland wuchs sogar noch schneller und wurde zum Spitzenreiter beim Wachstum in ganz Europa. In der betrachteten Zeitspanne von 1995 bis zum Ausbruch der Krise im Jahr 2007 hatte das Wachstum 125 % betragen. Die Wirtschaftsleistung hatte sich also mehr als verdoppelt. Auch diese Effekte kamen im Gegensatz zu Griechenland und Portugal ohne staatliche Beteiligung zustande.

Im Endeffekt war es aber gleichgültig, wie der Boom zustande kam, ob der billige Kredit über den Privatsektor oder den Staatssektor in das Land kam, denn der jeweils andere Sektor profitierte automatisch. In Portugal und Griechenland bauten sich die Staatsbediensteten Häuser, und in Irland und Spanien zahlten die Bauarbeiter Steuern. So schaukelte sich die gesamte Wirtschaft auf, und es entwickelte sich das, was man eine Blase nennt: ein durch übermäßig optimistische Erwartungen getragener Wirtschaftsboom, der irgendwann an sein Ende kommen muss, weil die Fundamentaldaten der Länder nicht mehr zu den nominalen Vermögenswerten passen und die Kreditgeber Angst um ihr Geld bekommen.

Der Wirtschaftsboom an sich war ja genau das, was man sich vom Euro erhofft hatte. Er führte zu einer realen Konvergenz innerhalb der Eurozone, also einem Aufholprozess der bisher ärmeren Länder. Doch dieser Boom gewann zu viel Eigendynamik und schoss über das langfristig tragbare Niveau der Löhne, der Güterpreise und der Immobilienpreise hinaus. Weil es an hinreichend vielen langfristigen Märkten fehlt, wo man schon heute vereinbart, was man in der Zukunft kauft oder verkauft, und sich insofern Planungssicherheit verschaffen kann, müssen die Menschen ihre heutigen Entscheidungen auf Vermutungen über das Marktgeschehen der Zukunft gründen. Dabei neigen sie dazu, einen einmal wahrgenommenen Trend gedanklich beliebig in die Zukunft zu verlängern, und schießen dabei regelmäßig über das Ziel hinaus.

EXPLOSION DER IMMOBILIENPREISE

Das gilt insbesondere für die Immobilienpreise. Wenn die Immobilienpreise erst einmal zu steigen beginnen, werden immer mehr Menschen optimistisch und finden, dass sie noch rechtzeitig einsteigen sollten, um auch noch von den Steigerungen zu profitieren. Dann steigen die Preise erst recht, und noch mehr Menschen werden optimistisch. Es gibt einen sich selbst verstärkenden Erwartungsprozess mit immer höheren Preisen, immer mehr realer Bautätigkeit, einer immer stärker boomenden Binnenwirtschaft und immer höheren Löhnen, bis die ersten Bauprojekte keine Nachfrager mehr finden, sich das Misstrauen ausbreitet und es zu einem Käuferstreik und einem Überangebot auf den Immobilienmärkten kommt. Dann fallen die Preise, die Neubauprojekte werden gestoppt, die Bauarbeiter werden entlassen, die Nachfrage schrumpft, und es kommt zu einer allgemeinen Wirtschaftskrise und einer Massenarbeitslosigkeit.

Abbildung 3.8 zeigt, wie rasch die Immobilienpreise in verschiedenen europäischen Ländern anstiegen und dann auch wieder fielen. Man sieht, dass in Irland und Spanien, wo der Boom im Immobiliensektor begonnen hatte, besonders starke Preisbewegungen zu beobachten waren. Bemerkenswert ist, dass Deutschland an dem Auf und Ab der Preise nicht teilnahm. Da sich Deutschland in seiner eigenen Eurokrise befand, fielen die Preise bis in die Finanzkrise hinein und begannen wegen des oben schon dargestellten Baubooms erst nach der Krise zu steigen.

Die Blase bildete sich indes nicht nur über steigende Immobilienpreise. Auch das allgemeine Wachstum der Preise und der realen Einkommen, zu dem die billigen Eurokredite geführt hatten, verleitete die öffentlichen und privaten Schuldner zu dem Glauben, sie könnten sich problemlos weiterverschulden. Es sprach sich herum, dass es den Schuldnern regelmäßig gelang, aus ihren Schulden herauszuwachsen, und deswegen machte man immer mehr Schulden. Ganz irrational war dieses Verhalten nicht, denn in der Tat kam es ja, wie *Abbildung 2.1* schon gezeigt hat, in den meisten der heutigen Krisenländer zu einem stürmischen Wachstumsprozess, der in etwa eine Dekade anhielt. Der Fehler lag nur darin, dass die Menschen dachten, der Prozess würde immer so weitergehen, und seine Begrenztheit nicht sehen wollten.

Aber jeder stürmische Wachstumsprozess hört einmal auf. Der Prozess bricht jäh ab, wenn sich das Bewusstsein verbreitet, dass durch die Preis- und Lohnsteigerungen, die durch den Boom angeregt werden, die Wettbewerbsfähigkeit der Firmen verloren geht, und wenn Zweifel an der Fortsetzung des Wachstumstrends aufkommen – nur ist es dann zumeist schon zu spät. Wenn die Löhne und Preise sich bereits zu weit von ihrem nachhaltig möglichen

Wettbewerbsniveau entfernt haben, ist es sehr schwer, den Weg zurückzufinden.

Abbildung 3.8: Immobilienpreise im Euroraum

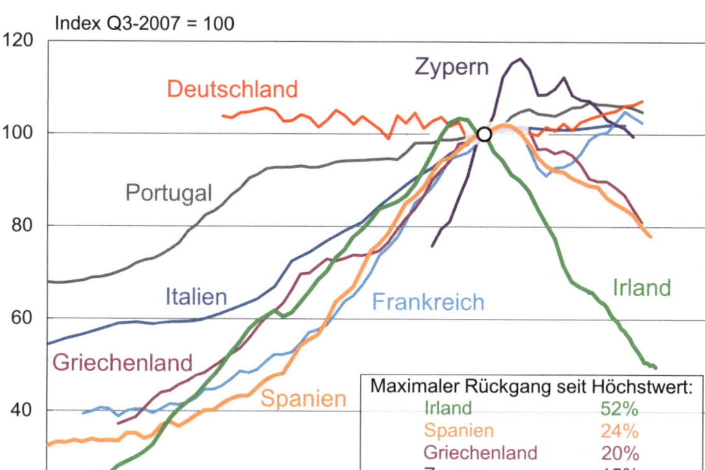

Bemerkungen: Für Deutschland und Irland wird auf jeweils zwei Datenquellen zurückgegriffen. Die Daten für Deutschland sind von 2000 bis 2010 der GENESIS-Datenbank und für 2011 der EZB-Datenbank entnommen. Für Irland stammen die Daten bis 2010 von der EZB. Ab Juni 2010 wird auf monatliche Werte des Central Statistics Office zurückgegriffen.

Quelle: Europäische Zentralbank, Statistical Data Warehouse, *Prices Output Demand and Labour Market*, Residential property price indicator; Central Bank of Cyprus, Media & Publications, *Surveys, Residential Property Price Indices*, data series; Bank of Greece, Statistics, *Real Estate Market Analysis*, Index of prices of dwellings (Historical series), Urban Areas; Deutsche Bundesbank, GENESIS-Online, *Preisindizes für Wohnimmobilien*, Häuserpreisindex für bestehende Wohnimmobilien; und Central Statistics Office Ireland, StatBank, *Economy*, Prices, House Prices.

ANMERKUNGEN

1 Zu diesem und den folgenden Abschnitten vergleiche man H.-W. Sinn, »Rescuing Europe«, *CESifo Forum Special Issue* 11, August 2010, http://www.cesifo-group.de/portal/pls/portal/docs/1/1191368.PDF.

2 R. Koll und H.-W. Sinn, »Der Euro, die Zinsen und das europäische Wirtschaftswachstum«, *ifo Schnelldienst* 53, 2000, Nr. 32, S. 46–47, http://www.cesifo-group.de/portal/page/portal/ifoContent/N/rts/rts-mitarbeiter/IFOMITARBSINN-CV/CVSinnPDF/CVSinnPDFPolicyContrib/ifosd_2000_32_Euro.pdf; und dieselben, »The Euro, Interest Rates and European Economic Growth«, *CESifo Forum* 1, 2000, Nr. 3, S. 30–31, http://www.cesifo-group.de/portal/page/portal/ifoContent/N/rts/rts-mitarbeiter/IFOMITARBSINNCV/CVSinnPDF/CVSinnPDFPolicyContrib/FORUM3-00SINN-KOLL.PDF.

3 Eurostat, Datenbank, *Wirtschaft und Finanzen*, Jährliche Volkswirtschaftliche Gesamtrechnungen; und Sektor Staat.

4 H. Geiger, *Das Währungsrecht im Binnenmarkt der Europäischen Union*, Verlag Versicherungswirtschaft, Karlsruhe 1996, S. 40.

5 H. Hesse und B. Braasch, »Zum optimalen Instrumentarium der Europäischen Zentralbank«, in: B. Gahlen, H. Hesse, und H. J. Ramser, Hrsg., *Europäische Integrationsprobleme aus wirtschaftswissenschaftlicher Sicht*, Mohr, Tübingen 1994.

6 G. Braunberger, »Die Krise im EWS kann den Gewinn der Bundesbank schmälern«, *Frankfurter Allgemeine Zeitung*, 10. August 1993, Nr. 183, S. 11.

7 Vgl. auch Wirtschafts- und Sozialausschuss, »Stellungnahme des Wirtschafts- und Sozialausschusses zum Thema ›Eine Bilanz der ersten Monate mit der einheitlichen europäischen Währung‹«, *Amtsblatt der Europäischen Gemeinschaften*, 26. April 2000, S. 23–27, Abschnitt 7.1 und 7.2, http://eur-lex.europa.eu/LexUriServ/LexUriServ.do?uri=OJ:C:2000:117:0023:0027:DE:PDF.

8 Eurostat, *Report on the Revision of the Greek Government Deficit and Debt Figures*, 22. November 2004.

9 Dieser Abschnitt enthält Passagen, die sich mit Erlaubnis des Herausgebers an die Sohmen-Lecture des Verfassers anlehnen: vgl. H.-W. Sinn, »Die Europäische Fiskalunion«, *ifo Working Paper* Nr. 131, Juli 2012, S. 1—42, http://www.cesifo-group.de/portal/pls/portal/docs/1/1217596.PDF, erscheint in *Perspektiven der Wirtschaftspolitik*, 2012.

10 Rat der Europäischen Union, »Verordnung (EG) Nr. 1466/97 des Rates vom 7. Juli 1997 über den Ausbau der haushaltspolitischen Überwachung und der Überwachung und Koordinierung der Wirtschaftspolitiken«, *ABl.* 40, 1997, Nr. L 209, S. 1, insbesondere Art. 2 Buchst. a.

11 Europäischer Rat, »Entschließung des Europäischen Rates über den Stabilitäts- und Wachstumspakt, Amsterdam, 17. Juni 1997«, *ABl.* 40, 1997, Nr. C 236, S. 1, IV, Die Mitgliedstaaten, 5. Dort heißt es: »Die Korrektur des übermäßigen Defizits sollte spätestens in dem Jahr, das auf dessen Feststellung folgt, abgeschlossen werden, sofern nicht besondere Umstande vorliegen.«

12 Rat der Europäischen Union, »Verordnung (EG) Nr. 1467/97 des Rates vom 7. Juli 1997 über die Beschleunigung und Klärung des Verfahrens bei einem übermäßigen Defizit«, *ABl.*, 40, 1997, Nr. L 209, S. 6, insbesondere Art. 11–13.

13 Abzählung durch das ifo Institut aus den Daten der Eurostat, Datenbank, *Wirtschaft und Finanzen*, Jährliche Volkswirtschaftliche Gesamtrechnungen; und Sektor Staat.

14 Eurostat, Datenbank, *Wirtschaft und Finanzen*, Sektor Staat, Staatsdefizit und -verschuldung.
15 Ebenda, Öffentlicher Bruttoschuldenstand.
16 Für Griechenland und Portugal errechnet aus OECD, *iLibrary*, OECD Economic Outlook: Statistics and Projections, Economic Outlook No. 86; für Deutschland: Statistisches Bundesamt, *Fachserie 18*, Volkswirtschaftliche Gesamtrechnungen, Reihe 1.4, 2011, Stand: Mai 2012; und dasselbe, *Fachserie 17*, Preise, Reihe 7, Juni 2012.
17 Eurostat, Datenbank, *Wirtschaft und Finanzen*, Jährliche Volkswirtschaftliche Gesamtrechnungen, VGR Detailgliederungen, VGR nach 64 Wirtschaftsbereichen – Erwerbstätigkeitsdaten.
18 Ebenda, Sektor Staat, Staatsdefizit und -verschuldung.
19 C. Reiermann und K. Wiegrefe, »Herr und Helfer«, *Der Spiegel*, 16. Juli 2012, Nr. 29, S. 32–34.
20 G. Schröder, »Kommen wir zur Sache, Herr Schröder!«, *BR Münchner Runde*, 10. Juli 2012, http://www.br.de/fernsehen/bayerisches-fernsehen/sendungen/muenchner-runde/Podcast-Schroeder-Gerhard100.html.
21 Vgl. auch European Economic Advisory Group at CESifo, »The European Balance-of-Payments Problem«, *Report on the European Economy*, München 2012, http://www.cesifo-group.de/portal/pls/portal/docs/1/1215245.PDF.
22 Umbewertungseffekte entstehen, wenn zum Beispiel Inländer ausländische Wertpapiere gekauft haben und der Marktwert dieser Papiere sich ändert. Interessanterweise verbucht die Statistik umgekehrt auch bei den Schuldnern die Marktwertänderung der von ihnen selbst ausgegebenen Schuldtitel. So ist die Nettoauslandsschuld Griechenlands und Portugals durch Kurssenkung bei den von Ausländern gehaltenen Staatsschuldtiteln zurückgegangen, obwohl noch die volle Rückzahlungsverpflichtung bestand. Wenn man auf die Summe der Leistungsbilanzsalden abstellt, wird das Ergebnis durch dieses Artefakt nicht verändert.
23 Vgl. dazu *Abbildung 5.1* im Kapitel 5.
24 European Mortgage Federation, »Study on Interest Rate Variability in Europe«, 2006, S. 1–29, http://www.hypo.org/content/default.asp?PageID=203#INTEREST%20RATE%20VARIABILITY; und dieselbe, »Hypostat 2010, A Review of Europe's Mortgage and Housing Markets«, 2010, S. 1–98, insbesondere S. 8, http://www.hypo.org/Content/Default.asp?PageID=524.
25 Bank of Spain, »Official Mortgage Market Reference Rates«, *Boletín Estadístico*, http://www.bde.es/webbde/es/estadis/infoest/series/be1901.csv.
26 So sind in Spanien die Hypothekenzinsen zwischen 1995 und 2001 um 5,44 Prozentpunkte gesunken, während sie in Deutschland nur um 1,75 Prozentpunkte zurückgingen, vgl. Europäische Zentralbank, *Structural Factors in the EU Housing Market*, 2003, S. 1–55, insbes. S. 22, http://www.ecb.int/pub/pdf/other/euhousingmarketsen.pdf. Für den Zeitraum von 1991 bis 2001 betrug der Rückgang sogar über 10 Prozentpunkte, vgl. Bank of Spain, a.a.O.
27 H.-W. Sinn, *Kasino-Kapitalismus. Wie es zur Finanzkrise kam und was jetzt zu tun ist*, Econ, Berlin 2009.
28 Deutsche Bundesbank, Zeitreihen-Datenbanken, ESZB-Zeitreihen, *Bilanzstatistik der MFIs* (Monetären Finanzinstitute): Bestandsangaben.
29 Eurostat, Datenbank, *Bevölkerung und soziale Bedingungen*, Internationale Wanderungen und Asyl.
30 Ebenda.

4 Der Verlust der Wettbewerbsfähigkeit

Zu teuer – Die notwendigen realen Abwertungen – Keine Fortschritte – Warum schafft es Irland? – Estland und Lettland – Warum offene Abwertungen leichter sind – Lockere Budgetbeschränkungen – Marktversagen oder Staatsversagen?

ZU TEUER

Immobilienpreise sind nach unten hin flexibel, Güterpreise und Löhne sind es nicht, aber auf die Güterpreise kommt es für die Wettbewerbsfähigkeit eines Landes vor allem an. Hat ein Land zu hohe Löhne und ist es zu teuer, kann es seine Güter nicht gut im Ausland verkaufen, und zugleich werden aus den inflationär überhöhten Einkommen viele Importgüter gekauft. Das Land ist nicht mehr wettbewerbsfähig und leidet unter einem Leistungsbilanzdefizit, das mit Krediten aus dem Ausland finanziert werden muss.

Wie stark die Inflation war, die mit dem Wirtschaftsboom einherging, den der Euro in Südeuropa und Irland erzeugt hat, zeigt *Abbildung 4.1.* Die Säulen verkörpern die Preissteigerung vom Gipfel in Madrid im Jahr 1995 bis zum Jahr 2007, dem Jahr, in dem die amerikanische Finanzkrise nach Europa übergriff. Die dargestellten Preisänderungen beziehen sich nicht auf die Konsumentenpreise, die Importgüter umfassen, sondern auf den BIP-Deflator, also auf den Preisindex der in einem Land hergestellten Güter. Wie keine andere Größe misst er die Wettbewerbsfähigkeit einer Volkswirtschaft.

Abbildung 4.1: Die Änderung der Preise der in den Euroländern hergestellten Güter von 1995 bis 2007

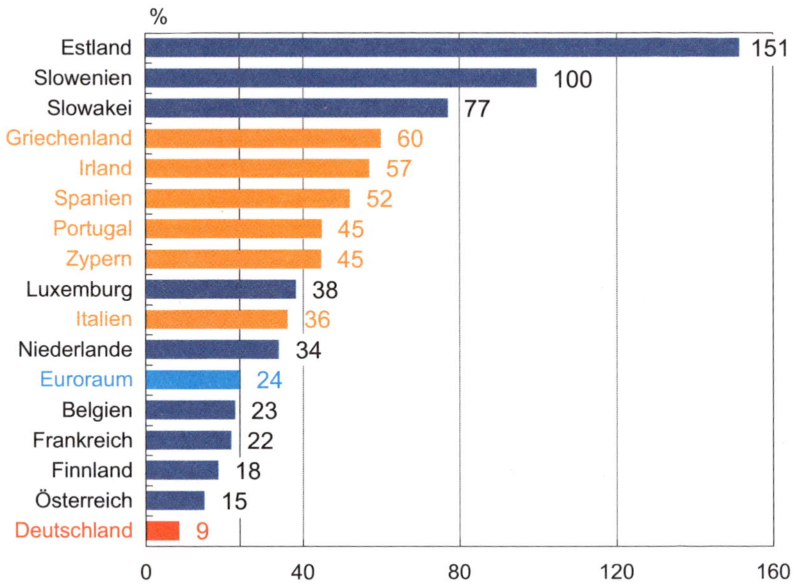

Bemerkung: Preisindex für das Bruttoinlandsprodukt.

Quelle: Eurostat, *Wirtschaft und Finanzen*, Jährliche Volkswirtschaftliche Gesamtrechnungen, BIP und Hauptkomponenten, Preisindizes.

Die sechs Krisenländer und Deutschland sind farblich hervorgehoben. Man sieht, dass die Krisenländer allesamt eine Inflation hatten, die weit über dem Durchschnitt der Eurozone lag. Während die Preise im Durchschnitt der Eurozone um 24 % stiegen, legten die italienischen Preise um 36 %, die portugiesischen um 45 %, die irischen um 57 % und die spanischen um 52 % zu. Griechenland wurde sogar um 60 % teurer. Deutschland hatte in dem betrachteten Zwölf-Jahres-Zeitraum demgegenüber nur einen Preiszuwachs um 9 %. Ökonomen benutzen die Begriffe reale Abwertung und reale Aufwertung, um die Änderung der relativen Preise der Länder untereinander zu beschreiben, denn ähnliche Effekte auf die Wettbewerbsfähigkeit würden sich ergeben, wenn die Länder noch ihre eigenen Währungen hätten und offen auf- oder abwerten würden.

Zur realen Aufwertung der heutigen Krisenländer durch Preiserhöhungen kam im Falle Italiens am 25. November 1996 noch eine offene Aufwertung der Lira um gut 11 % gegenüber der D-Mark hinzu. Tausend Lire hatten im EWS-Währungsverbund ursprünglich (am 13. März 1979) einen Wert von 2,19 DM. Aber nachdem das EWS im Jahr 1992 zerbrach, fiel der Wert temporär bis auf 80 Pfennig (am 19. April 1995), und zum Zeitpunkt des Gipfels in Madrid lag er bei 90 Pfennig. Die Aufwertung brachte ihn dann auf 1,01 DM. Rechnet man diesen Effekt zur anschließenden realen Aufwertung hinzu, ergibt sich, dass Italien von 1995 bis 2007 relativ zu Deutschland um 44 % teurer wurde. Die Zeit, zu der die Adria ein Teutonengrill war, weil alles so billig war, ist lange vorbei. Wer im Urlaub gut und billig essen möchte, bleibt lieber zu Hause. Sogar die Pizza ist in Deutschland bisweilen billiger als in Italien.

Abbildung 4.2: Reale Auf- und Abwertungen im Euroraum (1995–2007)

	%
Deutschland	-21
Österreich	-8
Finnland	-8
Frankreich	-3
Belux*	-3
Slowenien	7
Niederlande	7
Malta	14
Portugal	14
Griechenland	15
Zypern	18
Spanien	21
Italien	27
Irland	37
Slowakei	72
Estland	95
GIIPSZ	29

-40 0 40 80

*Belux: Belgien und Luxemburg.

Quelle: Europäische Kommission, Economic and Financial Affairs, *Economic Databases and Indicators*, Price and Cost Competitiveness, Quarterly Real Effective Exchange Rates vs (rest of) EA17, Price Deflator GDP, Market Prices.

Man kann nun ausrechnen, um wie viel Prozent die einzelnen Euroländer in der betrachteten Zeitspanne relativ zu ihren jeweiligen Handelspartnern im Euroraum teurer oder billiger wurden, wenn man die anfängliche Wechselkursanpassung und die Preisänderungen zusammennimmt. Das Ergebnis wird in *Abbildung 4.2* dargestellt. Man sieht, dass alle Krisenländer erheblich aufgewertet haben. Spitzenreiter sind Italien mit 27% und Irland mit 37%. Für Italien ist der Prozentsatz der Aufwertung kleiner als die erwähnten 44% gegenüber Deutschland, weil manche der Handelspartner Italiens auch aufwerteten.

Der letzte Balken in der Abbildung zeigt die gemeinsame Aufwertung im Euroraum, wenn man alle sechs Krisenländer zusammennimmt. Dabei sind die betrachteten Länder rechnerisch wie ein Land behandelt worden, und die Zunahme des durchschnittlichen Preisindex dieser Länder gegenüber dem handelsgewichteten Rest des Euroraums wurde berechnet. Die Rechnung zeigt eine Aufwertung um immerhin 29%.

Ältere Leser werden sich vielleicht noch an die Diskussion um die deutsche Aufwertung von 1961 erinnern. Damals wurde die D-Mark nur um 5% gegenüber dem Dollar aufgewertet, und doch war der Protest der deutschen Industrie riesig. Man befürchtete, seine Absatzmärkte zu verlieren, und prognostizierte eine drastische Zunahme der Arbeitslosigkeit. Diese Erinnerung mag helfen, die Bedeutung der 29-prozentigen Aufwertung für die Wettbewerbsfähigkeit der Krisenländer einzuschätzen.

Deutschland hat gegenüber dem Rest des Euroraums in der betrachteten Zeitspanne handelsgewichtet um 21% abgewertet. Die reale Abwertung im Euroraum ist der Hauptgrund dafür, dass Deutschland seine Eurokrise überwunden hat und wieder wettbewerbsfähig wurde. Wie im zweiten Kapitel beschrieben wurde, war dies wahrlich kein Zuckerschlecken. Die Massenarbeitslosigkeit und die schmerzlichen Sozialreformen der Regierung Schröder haben diese reale Abwertung durch eine Lohnzurückhaltung hervorgebracht. So sehr dies dazu beigetragen hat, den deutschen Arbeitsmarkt wieder zum Erblühen zu bringen, so groß war die Belastung, der die Gesellschaft seinerzeit ausgesetzt war.

DIE NOTWENDIGEN REALEN ABWERTUNGEN

Die realen Aufwertungen haben die Krisenländer offenkundig ihrer Wettbewerbsfähigkeit beraubt. Die Preise und nominalen Einkommen schossen während der Wirtschaftsblasen über das Niveau hinaus, das eine nachhaltige Wirtschaftsentwicklung ermöglicht hätte. Die in *Abbildung 2.6* schon aufgezeigten Leistungsbilanzdefizite der GIIPSZ-Länder wuchsen immer weiter an und mit ihnen der Bedarf an ausländischen Krediten zur Finanzierung eben dieser Defizite. Solange die Kapitalmärkte bereit waren, die Defizite zu bezahlen, ging noch alles gut, doch als sich dann die Kapitalmärkte ab dem Sommer 2007 zunehmend verweigerten, kam es zur Krise.

Die GIIPSZ-Länder bräuchten nun eigentlich offene Abwertungen, wie sie vor dem Euro regelmäßig stattfanden, damit sie wieder wettbewerbsfähig werden. Aber die stehen ja nun nicht mehr zur Verfügung, weil man sich im Euroverbund befindet. Als Ersatz verbleiben nur zwei Wege. Entweder senken die Defizitländer ihre Preise, oder die Überschussländer, allen voran Deutschland, akzeptieren eine Inflation. Die Uhr der relativen Preise, die sich in den letzten Jahren so schnell verändert hat, muss also wieder ein gutes Stück zurückgestellt werden, was aber schwierig ist, weil sie nur den Vorwärtsgang kennt. Löhne und Preise zu erhöhen ist vergnüglich, sie zu senken, stößt auf prohibitive Widerstände.

Um wie viel müsste die Preis-Uhr zurückgestellt werden, um die Wettbewerbsfähigkeit wiederherzustellen? Die Antwort auf diese Frage ist schwierig, weil ein Teil der Preiserhöhungen der GIIPSZ-Länder durchaus vertretbar und nachhaltig war. Das liegt am sogenannten Balassa-Samuelson-Effekt.[1] Dieser Effekt besagt, dass wirtschaftlich rückständige Länder mit einer niedrigen Arbeitsproduktivität im Schnitt niedrige Preise haben, denn zwar sind die international gehandelten Waren überall gleich teuer, doch die lokalen Dienstleistungen sind billiger, weil die Löhne niedriger sind. Wenn diese Länder zu wachsen beginnen und sich den besser entwickelten Ländern annähern, dann steigt die Arbeitsproduktivität und mit ihr das Lohnniveau, das selbst wiederum das Preisniveau der lokalen Dienstleistungen erklärt. Wirtschaftlich aufholende Länder inflationieren also aus ganz natürlichen Gründen bei festen Wechselkursen schneller als bereits entwickelte Länder. Da dieser Effekt auch bei den GIIPSZ-Ländern eine Rolle gespielt hat,[2] kann man nicht davon ausgehen, dass die Preis-Uhr wieder auf das Jahr 1995 zurückgestellt werden muss.

Dazu gibt es mittlerweile eine nützliche Modellsimulation aus der volkswirtschaftlichen Abteilung von Goldman Sachs, der großen amerikanischen Investmentbank. Die Autoren untersuchen die Frage, um wie viel die Krisenländer gegenüber ihren Wettbewerbern im Euroraum abwerten müssen, um selbst wieder wettbewerbsfähig zu werden. Genau genommen, untersuchen sie die Frage, um wie viel sie abwerten müssen, um so viel Überschuss in der Leistungsbilanz zu erzeugen, dass sie in der Lage sind, ihren Schuldendienst wieder zu leisten, was fast dieselbe, aber die präzisere und richtigere Frage ist. *Tabelle 4.1* fasst ihre Ergebnisse zusammen.

Tabelle 4.1: Die notwendigen Abwertungen im Euroraum

Griechenland	Irland	Portugal	Spanien	Italien	Frankreich
30 %	0–5 %	35 %	20 %	10–15 %	20 %

Quelle: Goldman Sachs Global Economics, *European Economics Analyst*, 15. März 2012, Nr. 01.

Die Tabelle zeigt erschreckend große Zahlen für Griechenland und Portugal. Griechenland müsste hiernach um 30 % abwerten und Portugal gar um 35 %.

Etwas verblüffend ist, dass auch Frankreich um 20 % abwerten muss, was der ganzen Thematik eine ungeahnte Dimension gibt. Erstaunlich ist umgekehrt auch, dass Italien mit einer Abwertung von 10 %–15 % zurechtkommt. Irland braucht nach der Studie kaum noch eine reale Abwertung.

Eine andere Information folgt direkt aus den OECD-Statistiken zu den Kaufkraftparitäten für das Bruttoinlandsprodukt.[3] Kaufkraftparitäten sind Preisrelationen, die das Verhältnis von Preisen für die gleiche Ware oder Dienstleistung in verschiedenen Ländern aufzeigen. Diese Statistiken erlauben eine Aussage dazu, wie teuer verschiedene Länder im Vergleich zueinander sind, wenn man die Preisniveaus in der jeweiligen Währung und den Wechselkurs zwischen den Währungen berücksichtigt. Wegen des Balassa-Samuelson-Effektes lassen sich die Preisniveaus von entwickelten nicht gut mit weniger entwickelten Ländern vergleichen, wohl aber die Preisniveaus von Ländern mit gleichem Entwicklungsstand, zum Beispiel die Preisniveaus der Türkei und Griechenlands. Die Türkei hat das gleiche Wasser, das gleiche Essen und die gleichen Tempel wie die Griechen. Für Touristen sind die Dienstleistungen also gute Substitute. Auch die erzeugten Produkte sind vergleichbar. Insofern dürfte Griechenland nicht teurer sein als die Türkei, wenn es mit ihr wettbewerbsfähig sein wollte. Es ist aber tatsächlich um 64 % teurer. Also müsste es um 39 % abwerten, um wieder wettbewerbsfähig zu werden,[4] was sogar noch etwas mehr ist, als von den Wissenschaftlern von Goldman Sachs berechnet wurde. Schert man Portugal auch über den türkischen Kamm, so ergibt sich eine notwendige reale Abwertung von 32 %. Im Großen und Ganzen bestätigen diese Zahlen die Goldman-Sachs-Studie.

KEINE FORTSCHRITTE

Hat der Prozess der Änderung der relativen Preise vielleicht schon stattgefunden? Ist der Euroraum auf gutem Weg zur Wiederherstellung der Wettbewerbsfähigkeit der südlichen Länder?

Manche Bankvolkswirte wollen das glauben machen, denn wenn sich die Länder bewegen, dann gibt es ja die Hoffnung, dass man sie nicht ewig mit öffentlichen Mitteln finanzieren muss, und dann können die noch gesunden Staaten ihr Portemonnaie auch noch weiter öffnen, um den Anlegern die Staatspapiere der südlichen Länder abzukaufen. (Insofern ehrt es die Goldman-Sachs-Volkswirte, dass sie die Dinge nicht beschönigen.) Diese Volkswirte verweisen gerne darauf, dass die sogenannten Lohnstückkosten in den südlichen Ländern schon teilweise gefallen sind, was als erstes Zeichen einer realen Abwertung zu werten ist.

Indes sind Lohnstückkosten das falsche Maß. Lohnstückkosten sind als Quotient aus Lohnsätzen pro Person und durchschnittlicher Arbeitsproduktivität definiert. Geht ein Land in die Krise, brechen zunächst die weniger produktiven Arbeitsplätze weg, sodass die Restmenge der verbleibenden Arbeitsplätze eine höhere Produktivität hat. Das erklärt die Beobachtung der fallenden Lohnstückkosten maßgeblich. Ein bloßes statistisches Artefakt, das mit einer wirklichen Verbesserung der Produktivität nicht viel zu tun hat. Wir kennen dieses Phänomen aus Deutschland, wo sich in der Krise bis 2005 die Lohnstückkosten ebenfalls wegen des Wegfalls der weniger produktiven Arbeitsplätze aus der Statistik verbessert hatten, ohne dass man daraus irgendwelche Hoffnungen ableiten konnte.[5]

Eine Senkung der Lohnstückkosten erhöht die Wettbewerbsfähigkeit eines Landes nur dann und in dem Maße, wie es seine Preise senkt, denn die Preissenkung ist das Pendant einer echten Abwertung, wie sie die Südländer früher regelmäßig durchgeführt hatten. Also sollte man lieber gleich auf die Preise schauen.

Abbildung 4.3 gibt einen Überblick über die Änderung der relativen Preise im Euroraum während der letzten Jahre. Dabei ist der Schnittpunkt der dort gezeigten Kurven auf den Beginn der Finanzkrise, Sommer 2007, gesetzt. Die Erkenntnis, die die Abbildung vermittelt, ist ernüchternd. Danach haben die Krisenländer mit Ausnahme Irlands ihre Preise seit dem Ausbruch der Krise noch weiter gegenüber ihren Wettbewerbern erhöht oder sie zumindest nicht gesenkt. Nach den Angaben des vorigen Abschnitts müssten Griechenland und Portugal ihren Preisindex von 100 Punkten auf 70 bis 60 Punkte senken, Spanien und Frankreich müssten auf 80 fallen und Italien immerhin noch auf 90 bis 85. Dafür, dass das in absehbarer Zeit passieren könnte, gibt es aufgrund der dargestellten Eurostat-Daten nicht die geringsten Anhaltspunkte. Die Wettbewerbsfähigkeit aller Krisenländer bis auf Irland verschlechterte sich in der Krise oder blieb auf gleichem Niveau, statt sich zu verbessern. Das Ergebnis passt so gar nicht zu den Erfolgsmeldungen, die über die Zeitungen verbreitet werden. Es stützt die in der Einführung zu diesem Buch dargelegte These vom Fass ohne Boden, nach der sich die Wettbewerbsfähigkeit der Krisenländer strukturell noch nicht erhöht hat.

Man muss allerdings beachten, dass Italien und Griechenland ihre indirekten Steuern in dieser Phase erhöht haben, was insofern nicht wettbewerbsschädlich ist, als die Exportwaren von diesen Steuern befreit sind. Im Falle Italiens erklärt das weniger als einen Prozentpunkt und im Falle Griechenlands maximal 3 Prozentpunkte.[6] Das impliziert aber immer noch nicht, dass die Nettopreise nach Abzug der indirekten Steuern gefallen sind.

Deutschland wurde vor 2007 relativ immer billiger. Das war die schon beschriebene reale Abwertung, immerhin 21% von 1995 bis 2007. Nach dem Ausbruch der Krise konnte man bis 2009 noch hoffen, dass die reale Abwertung zum Stillstand gekommen ist und nun vielleicht eine Trendumkehr stattfindet. Indes ist das Gegenteil passiert. Trotz Krise inflationiert Deutschland immer noch weniger als seine Handelspartner, insbesondere auch weniger als alle Krisenländer außer Irland, selbst weniger als das von einer wachsenden Arbeitslosigkeit bedrohte Frankreich. Frankreich selbst entwickelt sich leicht oberhalb des Trends und macht nicht die geringsten Anstalten zu einer realen Abwertung, wie sie von Goldman Sachs als notwendig errechnet wurde. Hier schlummert ein Problem, an dem die Eurozone zerbrechen kann.

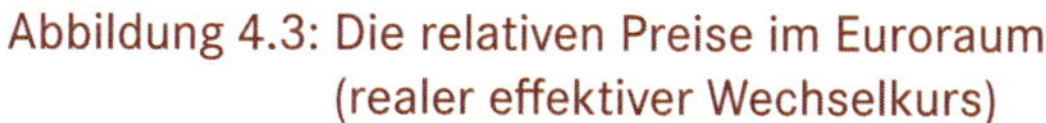
Abbildung 4.3: Die relativen Preise im Euroraum (realer effektiver Wechselkurs)

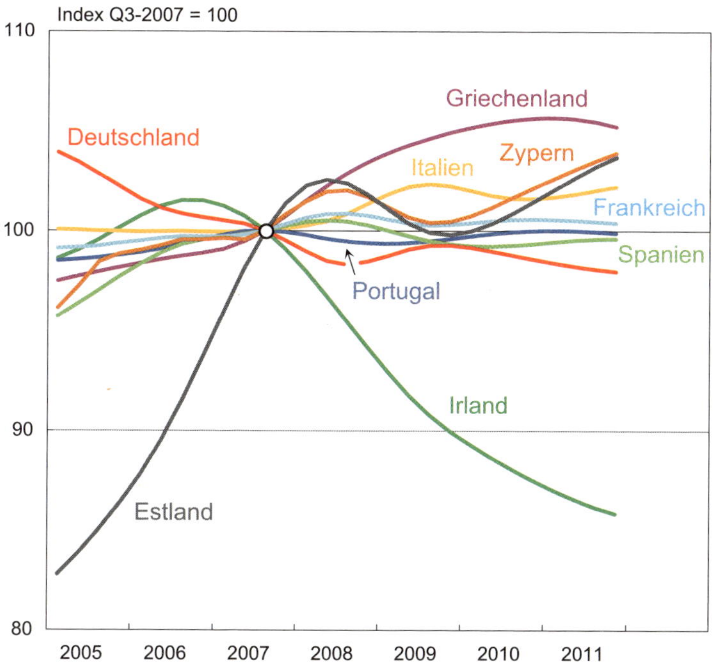

Bemerkung: Die Abbildung zeigt die Originalwerte zu den realen effektiven Wechselkursen, wie sie von Eurostat veröffentlicht werden. Dabei handelt es sich in der Regel um den Quotienten aus dem Preisniveau der in einem Land produzierten Güter (BIP-Deflator) relativ zum handelsgewichteten Durchschnitt der Preisniveaus der Handelspartner dieses Landes oder auch, wenn das Preisniveau nicht verfügbar war, um ein Maß für das durchschnittliche Kostenniveau einer produzierten Gütereinheit.

Quelle: Europäische Kommission, Economic and Financial Affairs, *Economic Databases and Indicators*, Price and Cost Competitiveness, Quarterly Real Effective Exchange Rates vs (rest of) EA17, Price Deflator GDP, Market Prices.

Die fehlende Verbesserung der preislichen Wettbewerbsfähigkeit impliziert leider auch, dass man eine strukturelle Verbesserung der Leistungsbilanzen der Krisenländer vorläufig nicht erwarten kann. Sicher, wie *Abbildung 2.6* schon gezeigt hat, findet am aktuellen Rand des Geschehens für die Krisenländer insgesamt tatsächlich schon eine leichte Verbesserung der Leistungsbilanzsalden statt. Aber sie ist nicht struktureller Natur. Sie resultiert einerseits daraus, dass die Defizitländer in eine tiefe Wirtschaftskrise abglitten und wegen ihrer gefallenen Einkommen weniger importieren. Andererseits hat sie ihre Ursache darin, dass, wie noch gezeigt werden wird, die bisherigen privaten Kredite sukzessive durch Rettungskredite der EZB und der Staatengemeinschaft ersetzt wurden, die nur mit ganz geringen Zinsen zu bedienen sind. Die Zinszahlungen eines Landes gehen negativ in die Leistungsbilanz ein. Werden sie verringert, kommt es unter sonst gleichen Bedingungen zu einer Verbesserung der Leistungsbilanz. Auch diese Verbesserung hat natürlich nichts mit einer Stärkung der Wettbewerbsfähigkeit zu tun. Am aktuellen Rand sind die Exporte bei keinem der Krisenländer nach der derzeitigen Datenlage über den Vor-Krisen-Trend hinausgegangen, meistens liegen sie noch deutlich darunter. Nur bei Spanien ist der Vor-Krisen-Trend wieder erreicht.

Statt des BIP-Deflators als Preisindex aller in einem Land hergestellten Waren wird manchmal auch der Preisindex der Exportgüter betrachtet, die eine Teilmenge der im BIP-Deflator erfassten Güter bilden. Für die Beurteilung der Wettbewerbsfähigkeit eines Landes mag dieser Indikator auf den ersten Blick plausibler aussehen, er ist es aber nicht, denn eine strukturelle Verbesserung der Leistungsbilanz kommt nicht nur durch die Verstärkung der Exporte, sondern vielfach vor allem durch eine Verbilligung der selbst erstellten Waren relativ zu den Importgütern zustande. Diese Verbilligung veranlasst die Verbraucher nämlich, statt der Importe heimische Waren zu kaufen. Gerade bei Ländern wie Griechenland, die gar keine Exportindustrie mehr besitzen und außer touristischen Dienstleistungen nicht viel zu verkaufen haben, ist dies der dominante Effekt.

Griechenland hat zum Beispiel ein riesiges Leistungsbilanzdefizit bei Agrarprodukten, was angesichts der zum Teil idealen klimatischen Bedingungen geradezu grotesk ist. Seine Importe an Agrarprodukten übersteigen die Exporte um etwa die Hälfte.[7] Fielen die Preise und Löhne in Griechenland, dann würden die Griechen sicherlich wieder mehr von ihren eigenen Agrarprodukten kaufen, die Bauern würden ihre Felder wieder bewirtschaften, anstatt sie brach liegen zu lassen, und es gäbe in der Landwirtschaft wieder Stellen für die jungen Leute.

WARUM SCHAFFT ES IRLAND?

So notwendig eine reale Abwertung für die Wiederherstellung der Wettbewerbsfähigkeit ist, so schwierig ist es, sie zu realisieren. Im Euroraum geht ihr womöglich eine massive reale Kontraktion, also eine Schrumpfung der Wirtschaftsleistung, mit einer Massenarbeitslosigkeit voraus, die man einem Land nicht zumuten kann. In Kapitel 11 werden die realen Optionen von Abwertungen im Euroverbund und außerhalb dieses Verbundes diskutiert.

Umso überraschender ist es, dass Irland den Weg in die reale Abwertung im Euroraum offenkundig geschafft hat. Relativ zu den anderen Euroländern hat Irland seine Preise in den letzten fünf Jahren merklich gesenkt, um genau 15%. Das ist ein beachtlicher Abwertungseffekt, der keinerlei Parallele bei den anderen Krisenländern hat.

Und in der Tat hat die Abwertung gewirkt. Während Irland in der Zeit vor der Krise ein wachsendes Leistungsbilanzdefizit aufwies, das von 0,6% im Jahr 2004 über 3,5% in den Jahren 2005 und 2006 und 5,3% im Jahr 2007 auf 5,6% im Jahr 2008 anstieg, ist dieses Defizit inzwischen verschwunden. Im Jahr 2011 verzeichnete Irland sogar schon wieder ein leichtes Plus. Wenngleich dieses Plus durch die zinsverbilligten Kredite der Staatengemeinschaft geschönt wurde, hat es den Kapitalmärkten aber doch Zuversicht eingeflößt, weil es bedeutet, dass Irland damit begonnen hat, seine Außenschulden zurückzuzahlen. Die Zuversicht zeigt sich daran, dass die irischen Zinssätze, wie *Abbildung 3.1* zeigte, die einzigen sind, die die Kehrtwende geschafft haben. Die irischen Zinsen für zehnjährige Staatsanleihen fielen vom Sommer 2011 auf den Sommer 2012 erheblich, während die Zinsen der anderen Krisenländer tendenziell zunahmen.

Warum hat Irland die reale Abwertung geschafft, während man in keinem der anderen Länder auch nur die kleinsten Anzeichen einer ähnlichen Entwicklung sieht? Für die Erklärung dieses Phänomens bieten sich mehrere Hypothesen an.

Abbildung 4.4: Die Lohnentwicklung

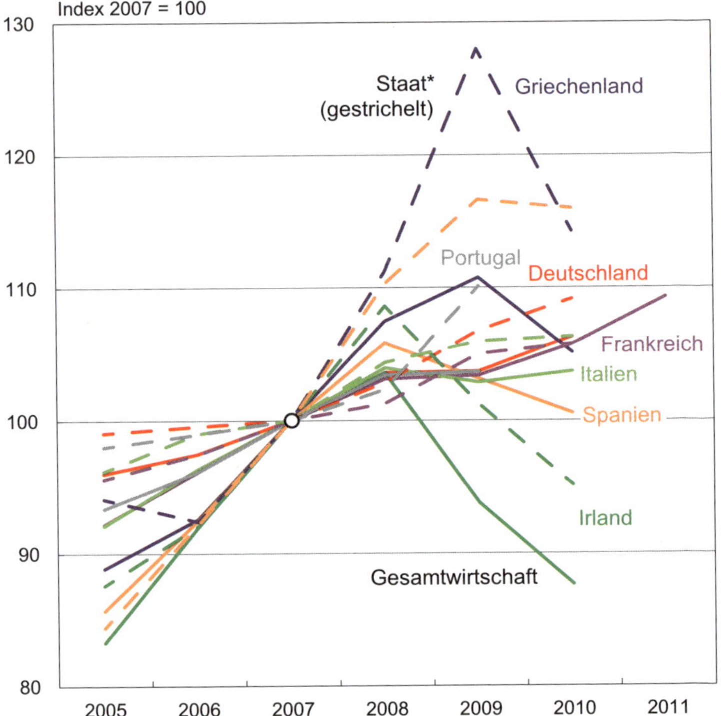

* Öffentliche Verwaltung, Verteidigung, Sozialversicherung.

Quelle: Eurostat, *Wirtschaft und Finanzen*, Jährliche Volkswirtschaftliche Gesamtrechnungen, VGR Aggregate und Erwerbstätigkeit nach Wirtschaftsbereichen.

Erstens hat Irland, für das das US-amerikanische Gesellschaftsmodell stets Staatsräson war, flexiblere Arbeitsmärkte und schwächere Gewerkschaften als die anderen Länder, sodass Lohnkürzungen sich eher haben durchsetzen lassen. *Abbildung 4.4* zeigt, wie sich die Löhne in der Gesamtwirtschaft und beim Staat vor und nach Beginn der Krise in einigen der Krisenländer entwickelt haben.

Man sieht, dass es nur in Irland starke Lohnsenkungen gab. Die Löhne (Arbeitnehmerentgelte in der Gesamtwirtschaft) fielen von 2007 bis 2010 um 12%. Demgegenüber stagnierten sie in Spanien

(+1%) und stiegen in Griechenland (+5%) und in Portugal (+4% bis 2009, Daten für 2010 sind noch nicht verfügbar). Interessant ist, dass die Lohnentwicklung im Staatssektor überall expansiver war (gestrichelte Kurven in *Abbildung 4.4*) als in der Gesamtwirtschaft. In Irland war in diesem Zeitraum der Rückgang mit 5% deutlich kleiner als in der Gesamtwirtschaft, in Spanien (+16%), Griechenland (+15%) und in Portugal (+10% bis 2009) war der Anstieg wesentlich größer als in der Gesamtwirtschaft. Das relativiert die vielen optimistischen Berichte aus den Zeitungen über die gewaltigen Sparanstrengungen der Krisenstaaten doch ein ganzes Stück. Nur in Griechenland ist zumindest seit 2009 eine Absenkung der Löhne der Staatsbediensteten zu verzeichnen. Aber auch diese Absenkung ist längst nicht so groß wie der Anstieg in den beiden Jahren davor, also seit dem Ausbruch der Krise!

Zweitens hat Irland eine Exportindustrie. Der irische Export lag zuletzt bei 106% des BIP. Er war also höher als die Wirtschaftsleistung, weil die Exporte wie überall einen hohen Importanteil haben. Der spanische Export lag demgegenüber bei 30%, der portugiesische bei 36% und der griechische bei 24% des jeweiligen BIP. Wenn ein Land eine Exportindustrie hat, dann hat es auch eine starke Lobby für den Weg der realen Abwertung. Wenn es vor allem eine starke Importlobby hat, so wie Griechenland, dann ist eine reale Abwertung schwerlich durchzusetzen, weil sie das Importgeschäft schädigt. Wenn die Preise der Inlandsgüter fallen, kaufen die Leute natürlich weniger Importgüter, und den Importeuren geht es schlecht. Dieses Argument hat insofern eine gewisse Bedeutung, als der damalige griechische Wirtschaftsminister Michalis Chrysochoidis im Februar 2012 in der *FAZ* geklagt hatte, dass die vielen EU-Subventionen die eigene Exportindustrie zerstört und die fähigen Unternehmer vom Export- in den Importsektor getrieben hätten.[8]

Drittens, und wohl am wichtigsten, kam Irland früher in die Krise als die anderen Krisenländer. Das zeigt sich ganz deutlich an dem frühen Konjunktureinbruch (*Abbildung 2.1*) und dem früheren und rascheren Absinken der Immobilienpreise (*Abbildung 3.8*) bereits im Jahr 2007, auch natürlich an dem Sinken der Güterpreise selbst (*Abbildung 4.3*), das schon im Jahr 2006 begann. Irland stand damals ganz allein. Es gab keine Rettungsschirme der Staatengemeinschaft und keine speziellen Programme der EZB. Das Land musste sich selber helfen und tat es, indem es seine Löhne und Preise kürzte.

Alle anderen Krisenländer kamen ein bis zwei Jahre später gemeinsam in die Krise, praktisch erst mit dem Zusammenbruch der Lehman-Bank im September 2007. Anstatt den irischen Weg der sozialen Härten zu gehen, zogen sie es vor, sich auf dem Wege über die EZB und die Staatengemeinschaft zu retten, denn dafür hatten sie zusammen mit Irland, das dann auch gerne mitmachte, und Frankreich, das um seine Banken fürchtete, die strukturelle Mehrheit.

ESTLAND UND LETTLAND

Auch Estland und Lettland liefern Beispiele für Anstrengungen von der Art, wie sie Irland gezeigt hat. Estland ist seit 2011 im Eurosystem und Lettland befindet sich im sogenannten EWS-II-System, einer Vorstufe zur Mitgliedschaft im Eurosystem, in dem der Wechselkurs nicht um mehr als +/−15 % gegenüber dem Euro schwanken darf. Lettland möchte dem Eurosystem so bald wie möglich beitreten.

Wie die anderen ex-kommunistischen Länder hatten beide Länder ihre Löhne und Preise seit 1995 sehr stark erhöht. Estland hat, wie *Abbildung 4.2* zeigte, sein Preisniveau bis zum Ausbruch der Eurokrise verdoppelt. Die Preiserhöhungen sind zu einem erheblichen Teil sicherlich ein statistisches Artefakt, weil man die Güter, die man in der Transformationsphase herstellte und die weitgehend mit dem kommunistischen Warensegment identisch waren, nicht gut mit den Gütern vergleichen kann, die heute produziert werden.

Indes waren beide Länder aus ähnlichen Gründen wie die Krisenländer offenbar doch zu teuer geworden und mussten ihren Entwicklungstrend abbrechen. Es gelang zwar nicht, die Preise zu senken. Doch wie *Abbildung 4.3* zeigt, hat zumindest Estland den Preisanstieg gestoppt.[9] Außerdem haben beide Länder (*Abbildung 4.5*) ihre Löhne nach dem Ausbruch der Krise massiv gesenkt.

Die lettische Lohnsenkung beim Staat und in der Gesamtwirtschaft überstieg mit einem Wert von etwa 20 % sogar die irische Lohnsenkung in dieser Zeit. Das ließ sich nicht ohne eine massive reale Kontraktion bewerkstelligen. Lettlands BIP fiel von 2007 bis 2010 um 21 %, und Estlands BIP fiel von 2007 bis 2009 um 17 %.

Man fragt sich auch bei diesen beiden Ländern, wieso sie die Löhne haben senken können, während sich Südeuropa so schwer damit tut. Ein Grund lag sicherlich darin, dass beide Länder extrem klein und mit 1,34 Millionen Einwohnern (Estland) bzw. 2,06 Millionen (Lettland) nicht größer als manche europäische Städte sind. In solch kleinen Ländern lässt sich der nötige gesellschaftliche Konsens zur Umsetzung von Lohnkürzungen, die die Voraussetzung für Preissenkungen sind, relativ leicht herstellen, weil man alle politische Gruppierungen, die dabei mitwirken müssen, an einem Tisch versammeln kann, zumal jedem noch bewusst war, unter welch katastrophalen Bedingungen man noch vor Kurzem als Teil der Sowjetunion hatte wirtschaften müssen.

Abbildung 4.5: Die Löhne im Baltikum

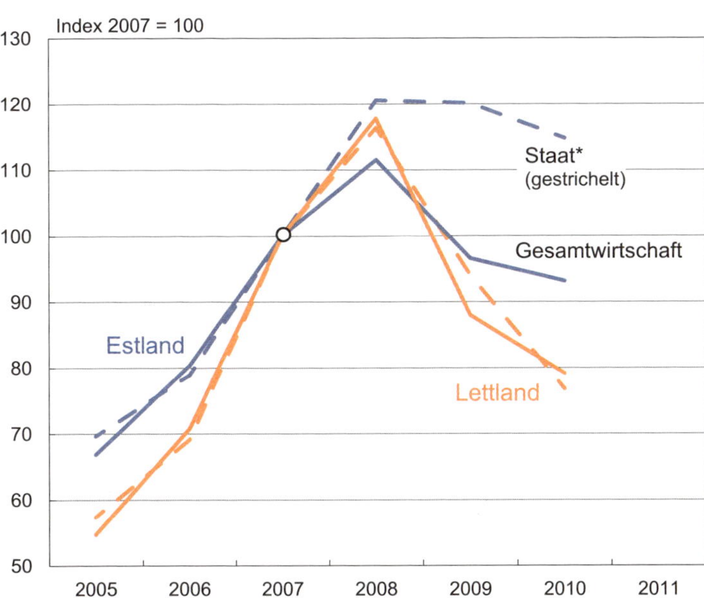

Quelle: Eurostat, *Wirtschaft und Finanzen*, Jährliche Volkswirtschaftliche Gesamtrechnungen, VGR Aggregate und Erwerbstätigkeit nach Wirtschaftsbereichen.

Ein weiterer Grund könnte ähnlich wie bei Irland auch bei diesen beiden Ländern darin gelegen haben, dass der Wirtschaftseinbruch früher als anderswo begann. So war der Wirtschaftsaufschwung, der Europa ab der Mitte des letzten Jahrzehnts erfasst hatte, in Estland bereits im dritten Vierteljahr 2007 wieder zu Ende, und das Bruttoinlandsprodukt begann ab dem Zeitpunkt zu schrumpfen. Lettland folgte ein Quartal später. Die Eurozone als Ganzes und die meisten Euroländer (u. a. Deutschland, Frankreich, Spanien und die Niederlande) hatten erst im ersten Vierteljahr 2008 den Gipfelpunkt beim BIP erreicht, bevor sie zu schrumpfen begannen.

Ferner zeigten ihnen der Brüsseler Apparat und die EZB die kalte Schulter. Man konnte ja seine Politik, die für den gesamten Euroraum mit 332 Millionen Menschen bzw. den ganzen EU-Raum mit 503 Millionen Menschen gelten sollte, nicht an kleinen Staaten mit zusammen gerade einmal 3,4 Millionen Einwohnern ausrichten.

Das trifft insbesondere für Lettland zu, das ja dem Euroverbund noch gar nicht angehörte. Die Frage ist allerdings, warum Lettland die Rosskur der realen Abwertung freiwillig durchgemacht hat, obwohl es doch noch die Möglichkeit hatte, eine offene Währungsabwertung durchzuführen. Als Antwort gab der ehemalige Ministerpräsident Valdis Dombrovskis bei einer Diskussionsveranstaltung in München die Erklärung, dass man sonst die Euro-Mitgliedschaft gefährdet hätte.[10] Mit diesem Argument habe er alle Sozialpartner auf eine Politik der massiven Lohnkürzung verpflichten können. »Wenn man in den Euro hineinwill, tut man alles. Wenn man schon drin ist, kann man offenbar tun, was man will«, erklärte er dazu.

Wenn man drin ist, kann man im Übrigen sein Mitbestimmungsrecht im EZB-Rat und in den anderen politischen Entscheidungsgremien nutzen, um auf politischem Wege weniger mühsame Lösungen zu finden, könnte man noch ergänzen.

WARUM OFFENE ABWERTUNGEN LEICHTER SIND

Trotz der positiven Beispiele realer Abwertungen muss man aber ehrlicherweise konstatieren, dass der Weg bis zur Herstellung der Schuldentragfähigkeit oder Wettbewerbsfähigkeit durch Preissenkungen für Portugal und Griechenland zu beschwerlich sein könnte, als dass man ihn den Gesellschaftssystemen dieser Länder zumuten könnte. Beide Länder haben politische Systeme, in denen gespannte Verhältnisse zwischen den Lagern bestehen, und beide verfügen über starke Gewerkschaften, die man nicht leicht zu Kompromissen bewegen kann. Vor allem aber ist die nötige reale Abwertung von mindestens 30 %, wenn nicht gar 40 %, durch bloße Preiszurückhaltung schwer realisierbar, weil der Weg schlichtweg zu weit ist. Der Rest der Eurozone wird diesen Ländern nicht den Gefallen tun, schnell genug zu inflationieren, und die Kapitalmärkte sind nicht bereit, die resultierenden Leistungsbilanzdefizite zu finanzieren.

In gewisser Weise erinnert die Situation an Deutschland während der Weimarer Republik. Deutschland war durch den Dawes-Plan, mit dem der Versailler Vertrag spezifiziert wurde, daran gehindert, seine Währung abzuwerten, um seine Wettbewerbsfähigkeit auf diese Weise zu erhöhen. Wesentlicher Teil der auf den Dawes-Plan folgenden Abkommen war das deutsche Bankgesetz von 1924, mit dem der Wechselkurs zwischen Reichsmark und Gold unverrückbar festgeschrieben wurde. Es wäre zu schlimmsten Konflikten mit den privaten und öffentlichen Gläubigern Deutschlands gekommen, hätte man hieran etwas geändert. Selbst Hitler wagte daran später nicht zu rütteln.[11] In den Jahren nach Ausbruch der Weltwirtschaftskrise 1929 werteten aber einige der Wettbewerber Deutschlands ab, so insbesondere Großbritannien, Japan und einige skandinavische Länder. Nachdem Großbritannien seine Goldbindung im Jahr 1931 aufgab, fiel das Pfund um rund 30 % gegenüber dem Goldstandard. (Später, im Jahr 1934, werteten dann auch die USA um ca. 40 % ab, was der Anfang vom Ende des Goldstandards war.) Angesichts dieser Verhältnisse bestand Deutschlands einzige Möglichkeit, seine Wettbewerbsfähigkeit zu verbessern, in einer realen Abwertung durch die Senkung der Löhne und Preise, wie sie von der Regierung unter Reichskanzler Heinrich Brüning dann auch mit rabiaten Sparmaßnahmen erzwungen wurde, eine Politik, zu der es damals keine Alternative gab.[12]

So sanken die deutschen Löhne von 1929 bis 1933 um 27 %,[13] und die Verbraucherpreise fielen um 23 %.[14] Die so betriebene reale Abwertung half, das Schlimmste zu verhüten, doch Deutschland rutschte trotzdem in eine Massenarbeitslosigkeit von ca. 30 %,[15] und sein Sozialprodukt fiel von 1928 bis 1932 um 16 %.[16] Die Maßnahmen trieben Deutschland an den Rand eines Bürgerkriegs. Auf den Straßen wurde geschossen, und die politischen Horden bekämpften sich. Was dann 1933 kam, erwies sich bekanntlich als noch schlimmer als ein Bürgerkrieg.

Das deutsche Beispiel zeigt, dass politisch zerstrittene Länder mit realen Abwertungen in der Größenordnung, wie sie Portugal und

Griechenland brauchen, überfordert sein könnten. Die Gewerkschaften machen eine solche Entwicklung nicht mit, sondern wagen den Straßenkampf, um die Position ihrer Mitglieder zu verteidigen. Die Gewerkschaften ließen sich in der Not vielleicht einbinden, wenn man die Löhne auf breiter Front koordiniert senken könnte, weil die Nominallohnsenkung dann invers zum Importanteil der Waren auch die Preise senken würde. Aber in der Regel fehlt es an der Möglichkeit, eine solche Lohnsenkung zu orchestrieren. Die Konsequenz ist, dass sich jede Einzelgewerkschaft mit umso größerer Verve gegen die Lohnsenkung zur Wehr setzt. Keiner will der Erste sein, und jeder hofft, dass die anderen mit der Lohnsenkung vorangehen. Ein Hauen und Stechen ist die Konsequenz, die schon John Maynard Keynes nach der Beobachtung der Verhältnisse in der Weimarer Republik sehr deutlich beschrieben hatte.[17] Interessanterweise stimmte ihm sein großer Widersacher Milton Friedman in dieser Frage zu.[18] Da die Löhne in modernen Volkswirtschaften nach unten hin nominal starr sind, sind die Möglichkeiten einer realen Abwertung durch Preis- und Lohnsenkungen begrenzt.

Und selbst wenn die Gewerkschaften ein Einsehen hätten, gibt es im Inneren der Länder immer noch das Problem einer Verzerrung der Vermögens- und Schuldverhältnisse als Folge einer realen Abwertung. Bei den Preissenkungen der Größenordnung, um die es geht, werden viele normale Firmen, die über Sachvermögen (Maschinen und Gebäude) verfügen, aber Schulden bei den Banken des Landes haben, in Schwierigkeiten kommen, weil ihre Vermögenswerte fallen, während ihre Bankschulden bleiben. Viele Firmen der Realwirtschaft werden in den Konkurs getrieben, auch wenn sie wegen sinkender Preise auf den ersten Blick wettbewerbsfähiger werden. Die Verzerrungen der internen Schuldverhältnisse innerhalb eines Landes sind ein unlösbares Problem, an dem jeder Versuch, eine umfangreiche reale Abwertung durch echte und nicht nur relative Preissenkungen zu erreichen, scheitern muss.

Das ist das wahre Dilemma, die Sackgasse, in der die Eurozone heute steckt. Für Länder, deren Weg zur Wettbewerbsfähigkeit zu weit ist, als dass man auf eine relative Preissenkung durch Inflation bei den Wettbewerbern warten könnte, existiert praktisch keine andere Lösung als der Austritt, dem eine offene Abwertung folgt. Die offene Abwertung hat den großen Vorteil, dass sie nicht nur die Nachfrage nach den Produkten der heimischen Wirtschaft erhöht, weil die Bevölkerung von den teurer werdenden Importwaren auf heimische Waren umsteigt und weil auch Ausländer mehr heimische Waren kaufen, sondern vor allem auch die Schuldkontrakte innerhalb des Landes unberührt lässt. Alle Schulden, die man bei Inländern hat, werden ja automatisch von der Währungsumstellung erfasst, sodass keiner wegen seiner Bankschulden oder anderer inländischer Schuldbeziehungen in den Konkurs getrieben werden kann.

Auslandsschulden bleiben natürlich ein Problem. Aber in der Hinsicht besteht kein Unterschied zwischen einer inneren, realen Abwertung und einer offenen Abwertung durch Wechsel der Währung. In jedem Fall steigen die Auslandsschulden relativ zum Wert der inländischen Vermögensobjekte. Dieser Aspekt ist daher für die Wahl zwischen innerer und äußerer Abwertung irrelevant.

Der Anstieg der Quote der Außenschulden nach einer Abwertung wird manchmal als Argument gegen eine solche Abwertung angeführt. Doch das Argument zieht nicht, denn nur durch die Abwertung lässt sich die Wettbewerbslage eines Landes so verbessern, dass es wieder Leistungsbilanzüberschüsse erzielt und überhaupt irgendwelche Schulden zurückzahlen kann. So gesehen, führt der Weg zu einer Tragfähigkeit der Auslandsschulden ohne Schuldenerlass immer über eine anfängliche Erhöhung der Außenschuldenquote. Erst wenn man die Quote durch eine Abwertung erhöht, ist es möglich, sie durch außenwirtschaftliche Überschüsse unter das Niveau zu senken, das sie vor der Abwertung hatte.

So gesehen, scheint es, dass Griechenland und Portugal ihre Wettbewerbsfähigkeit realistischerweise nur durch den Austritt und die Abwertung ihrer Währungen erreichen können. Im letzten Kapitel dieses Buches wird ein Weg aufgezeigt, wie dies in geordneter Weise stattfinden kann.

LOCKERE BUDGETBESCHRÄNKUNGEN

Die Sackgasse, in die einige Länder der Eurozone geraten sind, resultiert aus dem inflationären Boom, den der Euro diesen Ländern gebracht hat, weil er ihre privaten und öffentlichen Budgetbeschränkungen eine gute Dekade lang gelockert hatte. Damit ergibt sich auf einer höheren Abstraktionsebene eine beunruhigende Parallele zu den lockeren Budgetbeschränkungen, mit denen der ungarische Ökonom János Kornai[19] bereits im Jahr 1980 den Untergang der Sowjetunion vorausgesagt hatte.

Die Welt, in der die Menschen leben, ist kein Schlaraffenland, sondern eine Welt der Knappheit, in der Güter, Kapital, Arbeitskräfte und natürliche Ressourcen von rivalisierenden Interessen begehrt werden. Der Kommunismus ist gescheitert, weil er die Knappheit nicht in den individuellen Budgetbeschränkungen der Menschen abgebildet hat. Wenn der Apparat etwas wollte, wurde es gemacht. Die benötigten Güter wurden herbeigeschafft, ohne dass jemand einen Überblick darüber hatte, welchen Schaden man hervorrief, indem man sie anderen Verwendungen entzog. Es galt das Primat der Politik über die ökonomischen Gesetze.

Das Erfolgsrezept der Marktwirtschaft beruht darauf, dass sich diese natürliche Knappheit in den Budgetbeschränkungen der Menschen selbst widerspiegelt. Ein jeder kann nur über sein Vermögen verfügen, und die Summe aller Vermögenstitel entspricht dem tatsächlich vorhandenen realen Vermögen. Harte Budgetbeschränkungen sorgen dafür, dass die Summe der Ansprüche die Summe der Möglichkeiten nicht übersteigen kann.

Unter dem Euro wurden diese Budgetbeschränkungen lange Zeit nicht mehr beachtet, weil die Kapitalmärkte den peripheren Ländern im Übermaß Kredit zur Verfügung stellten. In den Ländern, die bislang knapp bei Kasse waren, stand auf einmal Geld für alles und für jeden zur Verfügung. Bauprojekte jedweder Art und privater Konsum konnten mit importierten Krediten genauso finanziert werden wie die Gehälter der Staatsbediensteten und gigantische Infrastrukturprojekte. Die Gleichheit der Zinsen, die der Kapitalmarkt herstellte, verschaffte auch jenen Kredit, die die Rückzahlung gar nicht gewährleisten konnten.

Kreditzinsen dürfen aber für Schuldner unterschiedlicher Bonität nicht gleich sein, denn die auf dem Papier vereinbarten Zinsen sind ja nicht die Effektivzinsen, die unter Berücksichtigung des Risikos tatsächlich zu erwarten sind. Nach einer Faustformel der Finanzmärkte rechnet man so, dass der effektive Zins eines Wertpapiers dem vereinbarten Zins abzüglich der jährlichen Konkurswahrscheinlichkeit gleicht, denn so, wie der Zins das eingesetzte Vermögen erhöht, geht der Prozentsatz, der die Konkurswahrscheinlichkeit anzeigt, im Mittel verloren. Nur wenn die so definierten effektiven Zinsen europaweit gleich sind, kann der Kapitalmarkt seine Funktion erfüllen, das knappe, über Generationen gebildete Sparkapital effizient auf alternative Branchen und alternative geografische Gebiete aufzuteilen. Aber das heißt eben, dass sich die auf dem Papier vereinbarten Zinsen invers zur Bonität der Länder ausspreizen müssen.

Wenn sich ein Land im Übermaß verschuldet und die Gläubiger das Vertrauen in die Rückzahlung der gewährten Kredite verlieren, spreizen sich die Zinsen aus, und als Folge der Zinsspreizung wird die Bereitschaft der Kreditnehmer zur weiteren Verschuldung gesenkt. Dadurch wird die Verschuldung in Schach gehalten und eine ausbalancierte Entwicklung Europas erreicht, die nicht zur inflationären Überhitzung, zum Verlust der Wettbewerbsfähigkeit ganzer Länder und zu permanenten Außenhandelsungleichgewichten führt.

Die Gleichheit der effektiven Zinsen, und damit die Unterschiedlichkeit der formell vereinbarten Zinsen, sorgt dafür, dass die realen Investitionsprojekte, die sich in Europa finanzieren lassen, allesamt miteinander verglichen werden können und dass das Sparkapital in die besten Verwendungen fließt. Nur wenn die effektiven Zinsen gleich sind, die vereinbarten Zinsen sich also um die Konkurswahrscheinlichkeiten unterscheiden, ist gewährleistet, dass das Sparkapital so zwischen den Ländern aufgeteilt wird, dass es einen maximalen Beitrag zum Wachstum in Gesamteuropa leistet und damit zum Beispiel auch den maximalen Spielraum für wachstumsmindernde Umweltschutzmaßnahmen schafft.

Dass diese Grundweisheit in der Eurozone ein Jahrzehnt lang nicht beachtet wurde, hat, wie im vorigen Kapitel gezeigt wurde, überhaupt erst die Probleme hervorgerufen, unter denen Europa heute leidet. Die Zinsgleichheit war der Grund für die überbordenden Staatsausgaben in einigen Ländern und in noch höherem Maße für die überbordenden privaten Immobilienkäufe in anderen. Sie war der Grund für die inflationäre Überhitzung, die zum Verlust der Wettbewerbsfähigkeit führte, und sie hat die riesigen Leistungsbilanzungleichgewichte verursacht, die Christine Lagarde angeprangert hat.

Viele Politiker der Südländer und auch der EU bezweifeln, dass niedrige Zinsen schädlich sind, und kritisieren eher hohe Zinsen.

Hohe Zinsen, so argumentieren sie, bedeuten eine höhere Kostenbelastung, die die Finanznöte der Länder mit hohen Schulden nur verstärkt und sie veranlasst, sich noch mehr zu verschulden. Man müsse ihre Zinsen senken, denn dann könnten sie das so eingesparte Geld zur Schuldentilgung verwenden und sich allmählich von ihrem Schuldenberg befreien.

Dieses Argument entbehrt natürlich nicht der Logik. Ihm entgegen steht aber das Anreizargument, dass hohe Zinsen die Schuldner veranlassen, der Last dieser Zinsen auszuweichen, indem sie sich weniger verschulden, während niedrige Zinsen zu noch mehr Verschuldung einladen. Auch dieses Anreizargument ist richtig, und es ist das dominante Argument. Italien hatte, wie im vorigen Kapitel gezeigt wurde, jede Möglichkeit, seinen Schuldenstand zu reduzieren, als der Euro die italienischen Zinsen drückte, doch Italien verfrühstückte den Zinsvorteil. Und auch die hoch im Ausland verschuldete spanische Wirtschaft hätte jede Möglichkeit gehabt, sich ihrer privaten Auslandsschuld teilweise zu entledigen, weil der Zinsvorteil die Leistungsbilanz direkt verbesserte. Doch auch das geschah nicht. Stattdessen verschuldete man sich für den Kauf von Immobilien immer mehr im Ausland und trieb das Land in die inflationäre Überhitzung.

MARKTVERSAGEN ODER STAATSVERSAGEN?

Wie kam es aber zu der Zinsangleichung, obwohl die Krise nun deutlich zeigt, dass das Vertrauen in die Zahlungsfähigkeit der Schuldner, das diese Zinsangleichung signalisiert, gar nicht gerechtfertigt war? Auf den ersten Blick würde man ein Marktversagen vermuten. Immerhin waren es ja die Banken selbst, die auf die Zinsaufschläge verzichteten, um so ins Geschäft zu kommen. Das Management einer deutschen Landesbank hätte eben nicht bereit sein sollen, für fünf bis maximal 35 Basispunkte (0,05 bis 0,35 Prozentpunkte) Zinsaufschlag in griechische Staatsanleihen statt in deutsche zu investieren.

Freilich ist das zu kurz gedacht, denn das Verhalten der Banken wurde auch durch einen Regulierungsfehler bei der Bankenaufsicht hervorgerufen, den die Regierungen der EU-Mitgliedstaaten nachträglich dem Basel-Abkommen zur Regulierung der Banken beigefügt hatten.[20] Nach dem Basler Abkommen mussten die Banken mindestens 4 % ihrer risikogewichteten Aktiva mit teurem Eigenkapital unterlegen. Bei der Berechnung der risikogewichteten Aktiva werden die Anlagen der Bank, also die Kredite, die die Bank ausreicht, je nach dem damit verbundenen Risiko mit Gewichtsfaktoren multipliziert, um so die höheren Kosten des Eigenkapitals letztlich in Proportion zum Risiko in die von den Kunden verlangten Zinsen zu übertragen. Relativ risikobehaftete Anlagen erhielten das Gewicht von 1 und als sicher geltende Anlagen das Gewicht von null. Das ist an sich keine schlechte Idee, nur wurde die Idee dadurch verzerrt, dass die Gewichtsfaktoren zum eigenen Nutzen manipuliert wurden. So setzte man für Kredite an durchschnittliche mittelständische Unternehmen einen Gewichtsfaktor von 0,5 an, für Kredite an andere Banken im Euroraum 0,2 und für alle Staaten des Euroraums gar 0,0. Durch politischen Entscheid wurden die Staaten und Banken im Euroraum allesamt als gleich sicher definiert, obwohl sie es nicht waren. Die Mehrheit der Länder, die sich vor der Einführung des Euro bei den Zinsen diskriminiert sahen, hatte sich in den zuständigen Gremien der EU durchgesetzt, um sich auf diese Weise zu Lasten der mittelständischen Industrie, die nicht zuletzt in Deutschland konzentriert ist, Zugang zu billigen Krediten zu verschaffen.

Die regulatorische Willkür, die hier von der Politik ausgeübt wurde, war ein Grund dafür, dass sich die Banken Europas so bereitwillig untereinander Kredit gaben, ohne das Konkursrisiko hinreichend zu beachten. Sie erklärt, warum sich die Banken mit den Staatspapieren der südlichen Länder vollpumpten. Da die EU-Staaten griechische und deutsche Staats- und Bankenschulden der jeweils gleichen Risikokategorie zuordneten, haben sich die Banken mit fast den gleichen Zinsen begnügt, und das war der Grund für die überbordende Staatsverschuldung in einigen der jetzigen Krisenländer.

Sicher, die Banken hätten bei ihren Ausleihungen immer noch Unterschiede machen können und freiwillig mehr Eigenkapital halten können. Aber das taten sie nicht, weil sie ja wussten, dass sie das Eigenkapital im Fall des Falles verlieren könnten. Die Strategie, mit minimalem Eigenkapital zu arbeiten, ist allen Banken dieser Welt zu eigen. Das ist der Kern ihres Geschäftsmodells. Wenn alles gut geht, schüttet man die Gewinne an die Aktionäre aus, und wenn das Geschäft einmal platzen sollte, dann macht man die Bank eben zu und verliert nur das eingesetzte Eigenkapital, weil man ja privat nicht haften muss. Dieses Grundprinzip des Kasino-Kapitalismus, das seine Ursache im Institut der Haftungsbeschränkung auf das eingesetzte Eigenkapital hat, trug ebenfalls zu dem Geschehen bei.[21]

Der Effekt wurde noch verstärkt durch das implizite Schutzversprechen, das die Länder der Eurozone aus der Sicht der Kapitalmärkte mit ihrem politischen Verbund gegeben hatten. Sicher, man wusste um das Beistandsverbot des Maastrichter Vertrages,[22] doch man glaubte, dass die starken Länder letztlich doch nicht umhinkommen würden, die schwachen zu retten, wenn es zu Insolvenzen einzelner Staaten und deren Bankensystemen käme. Man hatte immer eine gewisse Angst vor der Insolvenz einzelner Banken, weil man sich nie sicher sein konnte, ob die politische Relevanz für Rettungsaktionen hoch genug sein würde, doch hielt man es für unvorstellbar, dass Staaten der Eurozone in die Insolvenz gehen könnten.

Dieser Glaube war insofern nicht irrational, als ja die EZB auf jeden Fall zur Rettung mit billigen Refinanzierungskrediten zur Verfügung stand. Selbst wenn die Staaten nicht geholfen hätten, was sie dann letztlich doch taten, gab es hier eine Institution, die mit einer unbegrenzten Feuerkraft ausgestattet war, die riesige Geldsummen ins Schaufenster legen konnte, um Liquiditätskrisen zu vermeiden. Das wird in Kapitel 7 im Abschnitt *Der Target-Kredit lag im Schaufenster* noch näher ausgeführt.

Die EZB hat durch ihre bloße Existenz geholfen, zehn Jahre Ruhe zu schaffen und die Zinsen im Euroraum anzugleichen. Zehn Jahre lang reichte es tatsächlich aus, das Geld im Schaufenster zu zeigen. Nur bewirkte leider genau das überzogene Vertrauen, das man so produzierte, die Entstehung der inflationären Blasen, die später platzten und dann doch dazu führten, dass das Geld aus dem Schaufenster genommen wurde.

Dies zeigt das Dilemma bei der Konstruktion des Eurosystems auf. Auf der einen Seite will man Wechselkursstabilität. Dazu braucht man die unbegrenzte Feuerkraft des EZB-Systems. Auf der anderen Seite will man eine sparsame Haushaltsführung ohne Verschuldungsexzesse bei allen Beteiligten. Dafür braucht man enge Budgetbeschränkungen und Zinsspreizungen nach der Bonität der Schuldner. Der Spagat zwischen diesen beiden divergierenden Zielen ist dem Eurosystem offenkundig nicht gelungen. Die Budgetbremsen griffen nicht rechtzeitig genug, der Zug erhielt zu viel Fahrt und entgleiste zum Schluss.

Die meisten europäischen Politiker haben diese Problemlage gar nicht erkannt und hatten offenbar nur die kurzfristigen Vorteile für ihre Länder im Blick. Und diejenigen, die sie erkannt hatten, trösteten sich mit der Hoffnung, der Stabilitäts- und Wachstumspakt werde mit seinen Schuldengrenzen schon rechtzeitig greifen. Diese Hoffnung war aber trügerisch, denn erstens wurden sie von den amtierenden Politikern nicht ernst genommen, und zweitens waren sie ja ohnehin völlig machtlos gegen die exzessive Verschuldung im privaten Sektor, die im Zentrum der Krise steht, wie das spanische und irische Beispiel beweisen. Der Stabilitäts- und Wachstumspakt war ein Placebo, das man den Deutschen zu ihrer Beruhigung gab, während man den Banken mit der Verzerrung der Basel-Regulierung und dem impliziten Schutzversprechen der Europäischen Zentralbank gleichzeitig unter dem Tresen Aufputschmittel zuschob, die sie außer Rand und Band gerieten ließen.

ANMERKUNGEN

1 Vgl. H.-W. Sinn und M. Reutter, »The Minimum Inflation Rate for Euroland«, *CESifo Working Paper* Nr. 377, Dezember 2000, S. 1–17; A. Alesina, O. Blanchard, J. Galí, F. Giavazzi und H. Uhlig, *Defining a Macroeconomic Framework for the Euro Area*, Centre for Economic Policy Research, London 2001, Kapitel 3; É. Balázs, I. Drine, K. Lommatzsch und C. Rault, »The Balassa-Samuelson Effect in Central and Eastern Europe: Myth or Reality?«, *Journal of Comparative Economics* 31, 2003, S. 552–572; K. Rose und K. Sauernheimer, *Theorie der Außenwirtschaft*, 14. Auflage, Vahlen, München 2006, Kapitel 3.

2 H.-W. Sinn, »Rescuing Europe«, *CESifo Forum Special Issue* 11, 2010, http://www.cesifo-group.de/portal/pls/portal/docs/1/1191368.PDF.

3 Vgl. OECD, *OECD.Stat*, Data, Prices and Purchasing Power Parities.

4 1,64 × (1 – 0,39) = 1,00.

5 H.-W. Sinn, *Ist Deutschland noch zu retten?*, Econ, Berlin 2003, Kapitel 2.

6 In Italien wurde der Normalsatz der Mehrwertsteuer am 17. September 2011 von 20 % auf 21 % angehoben. Außerdem wurde im Dezember 2011 die Benzinsteuer erhöht, wodurch der Literpreis um 16 Cent stieg (vgl. »Italien erhöht Benzinsteuer stark«, *Der Standard*, 7. Dezember 2011, http://derstandard.at/1323222432610/Monti-Sparplan-Italien-erhoeht-Benzinsteuer-stark). In Griechenland gab es mehrere Änderungen: Am 15. März 2010 wurden die ermäßigten Mehrwertsteuersätze von 4,5 % bzw. 9 % auf 5 % bzw. 10 % angehoben und der Normalsatz von 19 % auf 21 %. Am 1. Juli 2010 folgte eine Anhebung der ermäßigten Sätze auf 5,5 % bzw. 11 % und des Normalsatzes auf 23 %. Zum 1. Januar 2012 wurden die ermäßigten Sätze nochmals erhöht und betragen seitdem 6,5 % bzw. 13 % (vgl. Europäische Kommission, *Die Mehrwertsteuersätze in den Mitgliedstaaten der Europäischen Union*, 1. Juli 2012).

7 Im Jahr 2010 überstiegen die Importe von Agrarprodukten die Exporte um 46 %. Vgl. World Trade Organization, *Statistics Database*, Trade Profiles, Greece, April 2012, http://stat.wto.org/CountryProfile/WSDBCountryPFView.aspx?Language=E&Country=GR.

8 M. Chrysochoidis, »Die Gesellschaft ist reifer als ihr System«, Interview mit M. Martens, *Frankfurter Allgemeine Zeitung*, 9. Februar 2012, http://www.faz.net/aktuell/politik/europaeische-union/griechischer-wirtschaftsminister-die-gesellschaft-ist-reifer-als-ihr-system-11642768.html. Der Minister hat damit übrigens zum Ausdruck gebracht, was in der ökonomischen Theorie als Holländische Krankheit bezeichnet wird, den Umstand, dass Geldzuflüsse die Exporte entbehrlich machen und die Importe stärken. Im Falle Hollands hatte es sich nicht um Geldzuflüsse von der EU, sondern den Verkauf von Gas an das Ausland gehandelt. Vgl. Kapitel 8, Abschnitt *Die Verletzung des Mandats*.

9 Die Information gibt es nicht für Lettland, weil Lettland noch nicht in der Eurozone ist.

10 V. Dombrovskis, »Managing the Crisis. The Case of Latvia«, 9th Munich Economic Summit, CESifo und BMW Foundation, 30. April 2010. Dombrovskis traf die Aussage in der Paneldiskussion im Anschluss des Vortrages.

11 Vgl. hierzu C. G. Dawes und R. McKenna, *Die Sachverständigen-Gutachten, Der Dawes- und McKenna-Bericht, mit Anlagen*, nach dem Originaltext redigierter Wortlaut, Frankurter Societäts-Druckerei G.m.b.h. Abteilung Buchverlag, Frankfurt am Main 1924, S. 10, Abschnitt VI und S. 12 f., Abschnitte IX und X. Vgl. auch P. Heyde, *Das*

Ende der Reparationen. Deutschland, Frankreich, und der Youngplan; 1929–1939, Schöningh, Paderborn, München, Wien und Zürich 1998, S. 48 und 51.

12 Vgl. K. Borchardt, »Zwangslagen und Handlungsspielräume in der großen Wirtschaftskrise der frühen dreißiger Jahre: Zur Revision des überlieferten Geschichtsbildes«, Festrede vom 2. Dezember 1978, *Jahrbuch der Bayerischen Akademie der Wissenschaften*, Beck, München 1979, S. 85–132.

13 Vgl. J. H. Müller, *Nivellierung und Differenzierung der Arbeitseinkommen in Deutschland seit 1925*, Duncker & Humblot, Berlin 1954.

14 Vgl. Statistisches Bundesamt, *Fachserie 17*, Preise, Reihe 7, S. 2.

15 Vgl. D. Petzina, »Arbeitslosigkeit in der Weimarer Republik«, in: W. Abelshauser, Hrsg., *Die Weimarer Republik als Wohlfahrtsstaat. Zum Verhältnis von Wirtschafts- und Sozialpolitik in der Industriegesellschaft*, Vierteljahrschrift für Sozial- und Wirtschaftsgeschichte, Beiheft 81, Stuttgart 1987.

16 Vgl. A. Maddison, *The World Economy. Historical Statistics*, OECD, Paris 2003.

17 J. M. Keynes, *The General Theory of Employment, Interest and Money*, Macmillan and Company Limited, London 1960 (erste Auflage 1936), S. 267.

18 M. Friedman, *Price Theory*, Aldine Publishing Company, Chicago 1976 (erste Auflage 1962), S. 214 f.

19 J. Kornai, »›Hard‹ and ›Soft‹ Budget Constraint«, *Acta Oeconomica* 25, 1980, S. 231–246.

20 Häufig wird dieser Aspekt dem Basler Abkommen an sich zugeschrieben. Das ist aber nicht ganz richtig. Zwar legt das Basler Abkommen Risikogewichte auch für Staatspapiere fest, die in Abhängigkeit vom Rating oder der Klassifizierung einer Exportversicherungsagentur auch null sein können, doch nur für den Fall, dass sich eine Bank an den Standardansatz für die Risiko-Bewertung hält. Weiterhin sieht der Standardansatz die Option vor, den Forderungen gegen den eigenen Staat niedrigere Risikogewichte zu geben. Nutzen Banken hingegen die Möglichkeit, ein eigenes Risikomodell (IRBA-Ansatz) zu verwenden, so ergeben sich die Risikogewichte für Staatspapiere eigentlich endogen, auch unter Berücksichtigung der Ratings der Länder. Durch die deutsche Solvabilitätsverordnung vom 14. Dezember 2006, die in ähnlicher Form auch in anderen EU-Ländern gilt, wird den Banken jedoch abweichend vom Basler Abkommen und als zeitlich unbeschränkte Ausnahme vom IRBA-Ansatz erlaubt, für Staatspapiere aus dem Euroraum ein Risikogewicht von null zu setzen. Vgl. § 26 Nr. 2 b i.V.m. § 70 Nr. 1 c SolvV bzw. § 80 Nr. 1 i.V.m. § 89 Nr. 1 d der Richtlinie 2006/48/EG. Ich verdanke diesen Hinweis meinem Kollegen Bernd Rudolph. Vgl. auch H.-W. Sinn, *Kasino-Kapitalismus. Wie es zur Finanzkrise kam, und was jetzt zu tun ist*, Econ, Berlin 2009, Kapitel 7.

21 Vgl. H.-W. Sinn, *Kasino-Kapitalismus. Wie es zur Finanzkrise kam, und was jetzt zu tun ist*, a.a.O., Kapitel 4.

22 Vgl. »Vertrag über die Arbeitsweise der Europäischen Union« (AEUV), *ABl.* 53, 2010, Nr. C 83, S. 47–200, Art. 125.

5 Der weiße Ritter

Der Crash – Staatsanleihenkäufe durch die Notenbanken – Umgehung des Maastrichter Vertrages – Vergeblicher Protest – Bundesregierung contra Bundesbank – Auf die Refinanzierungskredite kommt es an – Die Absenkung der Sicherheitsstandards

DER CRASH[1]

Zur Entgleisung des europäischen Zuges, der ohne wirksame private und öffentliche Schuldenbremsen dahinraste, kam es, als die amerikanische Finanzkrise die europäischen Banken erreichte. Die Abschreibungsverluste auf toxisch gewordene amerikanische Wertpapiere beraubten die europäischen Banken ihres Eigenkapitals und der Illusion, dass die AAA-Ratings Sicherheit bedeuten. Die zunehmende Zahl strauchelnder Banken trug erheblich zur Verunsicherung bei. Deshalb änderten sich vom Sommer 2007 an auch die Risikoeinschätzungen für die Wertpapiere der europäischen Peripherie und die Bereitschaft, diese Papiere zu halten, wie es in den wachsenden Zinsspreizungen jener Zeit zum Ausdruck kam (vgl. *Abbildung 3.1*).

Die vielen Bankpleiten waren besonders spektakulär. Nachdem die EZB im August 2007 den ersten kleinen Kollaps des Interbankenmarktes durch die großzügige Bereitstellung von Liquidität geheilt hatte, kam es ab September 2007 zu einem ersten Bank Run bei der britischen Bank Northern Rock. Die Schwierigkeiten der

Bank, sich kurzfristigen Kredit bei anderen Banken zu besorgen, nährten den Verdacht der drohenden Insolvenz. Die Kunden versuchten, sich ihre Sichtdepositen in Bargeld auszahlen zu lassen, aber da keine Bank all das Geld vorrätig hat, das sie auf den Konten ihrer Kunden ausweist, brach alsbald Panik aus. Der britischen Notenbank, die sich erst geweigert hatte zu helfen, blieb in dieser Situation nichts anderes übrig, als das Vertrauen in die Bank durch Finanzhilfen und letztlich im Februar 2008 sogar durch eine Verstaatlichung wiederherzustellen. Dann kam die US-amerikanische Investmentbank Bear Stearns in Schwierigkeiten, und die sächsische Landesbank stolperte über die Geschäfte ihrer irischen Zweckgesellschaft Sachsen Europe LB. Im Juli 2008 meldete der große amerikanische Immobilienfinanzierer IndyMac Insolvenz an, und in Deutschland kam noch im ersten Halbjahr 2008 eine staatliche Bank nach der anderen ins Trudeln: die Westdeutsche Landesbank, die Bayerische Landesbank, die Hessische Landesbank und im August 2007 die halbstaatliche Industriekreditbank IKB, die dann später an die Private-Equity-Gesellschaft Lone Star verkauft werden musste.

Als im September 2008 die Investmentbank Lehman Brothers unterging, brach der Interbankenmarkt weltweit vollends zusammen, und Hunderte von Banken mussten in der Folge Konkurs anmelden.

Zwar erholten sich die Finanzmärkte in den Folgemonaten wegen der umfangreichen Programme zur Bankenrettung, und schon im zweiten Halbjahr 2009 setzte weltweit ein neuer Konjunkturaufschwung ein. Aber die Zeit der niedrigen Zinsen für die Banken und Staaten der peripheren Euroländer und die daraus entstandene wirtschaftliche Überhitzung waren zu Ende. Was als sinnvoller Konvergenzprozess begonnen hatte, erwies sich als Seifenblase, die zum Schluss platzte. Die Zinsen spreizten sich, wie *Abbildung 3.1* gezeigt hatte, wieder so aus, wie es vor der Ankündigung des Euro der Fall gewesen war.

Aber anders als damals hatten die peripheren Länder durch den inflationären Boom ihre Wettbewerbsfähigkeit verloren und brauchten Jahr für Jahr riesige Kreditmittel aus dem Ausland, die zu niedrigen Zinsen nicht mehr zu bekommen waren. Vielfach floh das aus dem Ausland bereitgestellte Kapital sogar wieder in die Heimatländer zurück.

Damit stellt sich die Frage, wer die Leistungsbilanzdefizite finanzierte, wenn es der Kapitalmarkt nicht mehr tat. Wer war der weiße Ritter, der zu Hilfe kam? Irgendwer muss geholfen haben, denn Leistungsbilanzdefizite können nur dann stattfinden, wenn sie finanziert werden. Der Mangel an Finanzmitteln würde die Wirtschaft abrupt abbremsen, die Einkommen senken und die Möglichkeit, Importe zu kaufen, beschneiden.

Die öffentlichen Rettungsschirme kommen als Erklärung nicht infrage, denn der Finanzierungsnotstand begann schon im Herbst 2007 und verstärkte sich im Verlaufe des Jahres 2008. Rettungsschirme, die öffentlichen Kredit an die Stelle der privaten Darlehen hätten setzen können, gab es damals noch nicht. Das erste Paket wurde im Mai 2010 für Griechenland geschnürt, mehr als zweieinhalb Jahre später.

STAATSANLEIHENKÄUFE DURCH DIE NOTENBANKEN

Die Antwort ist: Die EZB kam zu Hilfe. Sie war der weiße Ritter, der die Krisenländer zunächst einmal gerettet hat. Die EZB hat zweierlei getan. Sie hat in großem Umfang Staatspapiere der bedrängten Länder gekauft, und sie hat den Geschäftsbanken dieser Länder großzügig Refinanzierungskredite gegeben. Bekannter sind die Staatsanleihenkäufe, wichtiger sind die Refinanzierungskredite. Aber eins nach dem anderen. Betrachten wir zunächst die Staatsanleihenkäufe, auch weil der Streit um diese Käufe zeigt, wie zerrüttet das Eurosystem mittlerweile ist und wie weit es sich von der in den Sonntagsreden immer wieder zitierten Vorstellung entfernt hat, es sei nach dem Modell der Bundesbank konstruiert und werde die Tradition der Bundesbank nahtlos fortsetzen.

Als die Kurse der Staatsanleihen der Krisenländer ins Straucheln kamen, hat das EZB-System in großem Umfang Staatspapiere auf dem offenen Markt gekauft. Zunächst kaufte es vor allem irische und griechische Papiere. In den Zeitungen war zu lesen, dass für knapp 50 Milliarden Euro griechische Papiere aufgekauft wurden, doch gibt es keine offiziellen Veröffentlichungen dazu.[2] Der Wert der im Rahmen des Programms für die Wertpapiermärkte gehaltenen Staatsanleihen betrug am 27. Juli 2012 211,3 Milliarden Euro.[3]

Manchmal konnte man aus Pressemitteilungen den Eindruck gewinnen, die EZB habe die Papiere selbst gekauft. Aber das ist nicht der Fall. Die EZB selbst hat gar nicht die Möglichkeit dazu. Sie ist eine Kommandozentrale in Frankfurt, die den nationalen Zentralbanken sagt, was sie zu tun haben, und diese sind es, die über die notwendige ökonomische Kraft verfügen, so insbesondere die Bundesbank. Das Eigenkapital der EZB liegt mit 30,8 Milliarden Euro gerade einmal bei einem 16tel des Eigenkapitals des Europäischen Zentralbankensystems (495,6 Milliarden Euro) insgesamt, wie es dem konsolidierten Ausweis des Eurosystems zu entnehmen ist.[4]

Die nationalen Notenbanken sind nach wie vor autonom und gehören keinesfalls der EZB, sondern umgekehrt die EZB den nationalen Notenbanken. Auch sind ihre Gewinne, Verluste, Vermögenswerte und Schulden grundsätzlich nicht Gemeinschaftseigentum der Eurozone. Nur die Gewinne und Verluste aus der Geldschöpfung sind vergemeinschaftet. Zinsgewinne und -verluste, die im Zusammenhang mit der Geldschöpfung entstehen, werden unter allen Notenbanken zu ihren Kapitalanteilen aufgeteilt, die sich nach der Größe der Länder richten.[5]

Somit wurden auch die Staatspapiere der Krisenländer nicht von der EZB gekauft, sondern gemäß ihren Kapitalanteilen von den nationalen Zentralbanken. Die Deutsche Bundesbank hat 27 % der Aufkäufe durchführen müssen und hatte Ende Juli 2012 insgesamt für 57,2 Milliarden Euro Staatspapiere der Krisenländer in ihren Büchern. Auch die Notenbanken der Krisenländer selbst haben mitgekauft. *Abbildung 5.1* stellt den Zeitverlauf des Bestandes an Staatspapieren dar, die von den einzelnen Notenbanken des EZB-Systems erworben wurden. Sie zeigt auch, in welchem Umfang die einzelnen Zentralbanken mitgewirkt haben.

Die Käufe haben zwar die Kurse der Staatspapiere teilweise stabilisieren können, doch die Mitgliedszentralbanken der EZB haben sich damit hohe Ausfallrisiken aufgebürdet, weil sie im Falle eines Staatskonkurses Abschreibungen auf die Papiere vornehmen müssen. Diese Abschreibungen würden das Eigenkapital der Notenbanken verzehren. Die Bundesbank verfügte am Ende des Jahres 2011 noch über ein Eigenkapital in Höhe von 134,4 Milliarden Euro. Würden die von ihr gekauften Staatspapiere wertlos, verlöre sie 43 % dieses Eigenkapitals.

Abbildung 5.1: Der Bestand der von den Notenbanken erworbenen Staatspapiere (bis 27. Juli 2012)

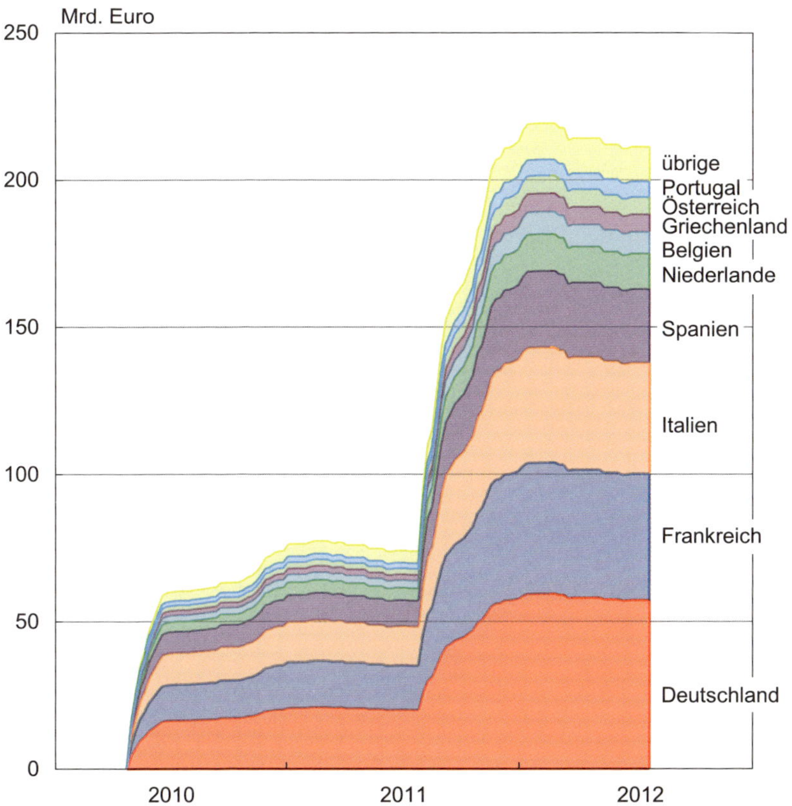

Quelle: Europäische Zentralbank, Pressemitteilungen, *Weekly Financial Statements*, Konsolidierter Ausweis des Eurosystems, Positionen im Zusammenhang mit geldpolitischen Operationen, verschiedene Jahrgänge; Europäische Zentralbank, Pressemitteilungen, *Anpassung des Kapitalzeichnungsschlüssels der EZB und des Beitrags der Slowakei*; Europäische Zentralbank, Organisation, Kapitalzeichnung.

Die Verluste würden im Laufe der Zeit, barwertmäßig korrekt gerechnet, auf Heller und Pfennig auf den Bundeshaushalt durchschlagen, denn die Gewinne der Bundesbank wären entsprechend kleiner und folglich auch die Überweisungen, die sie jährlich an den deutschen Finanzminister durchführt. Schon in der Krise sind die Gewinnausschüttungen der Bundesbank an den Bund dramatisch zurückgegangen. Während diese Ausschüttungen in den Jahren von 2006 bis 2008 noch pro Jahr bei durchschnittlich 4,9 Milliarden Euro lagen, fielen sie über 4,1 Milliarden im Jahr 2009 und 2,2 Milliarden Euro im Jahr 2010 auf nur noch 640 Millionen Euro im Jahr 2011.[6] Fallen noch größere Verluste an, etwa weil auch die noch zu erörternden Target-Kredite notleidend werden (Kapitel 6), dann könnte auch der Fall eintreten, dass die Bundesbank zusätzlich mit Steuermitteln rekapitalisiert werden muss.

Manch ein deutscher Politiker mag sich der Illusion hingeben, Staatspapierkäufe der Bundesbank seien ökonomisch etwas anderes als harte fiskalische Hilfskredite. Da die EZB die Menge Geldes, die sie schafft, ohnehin flexibel wählen könne, würden sich solche Käufe im Laufe der Zeit verwischen und im Laufe der Geschichte in Vergessenheit geraten. Nichts verwischt sich! Wenn die Bundesbank die Käufe inflationsneutral durchführen will, wie sie immer wieder betont,[7] muss sie sich das Geld für die Käufe genauso auf dem Kapitalmarkt leihen, wie es die Finanzminister der Staaten der Eurozone tun müssten, wollten sie die Papiere selbst kaufen. Der Kredit wird dem Euro-Kapitalmarkt in beiden Fällen entzogen, und wenn die Krisenstaaten nicht zurückzahlen, müssen es die Steuerzahler der noch solventen Staaten an ihrer Stelle tun. Auch bei der Haftung gibt es keinen Unterschied.

Da alle Notenbanken des Zentralbankensystems proportional die gleichen Käufe tätigen müssen, hilft es auch nichts, dass die Verluste im EZB-System sozialisiert werden. Die Bundesbank, und damit der deutsche Staat, trägt genau den Verlust der Papiere, den sie selbst gekauft hat. Genauso wäre es, der Bund hätte die Papiere selbst gekauft.

Der einzige Unterschied ist, dass die deutsche Staatsverschuldung, die dabei zustande kommt, im einen Fall verbucht wird und die Statistik verschlechtert, während sie im anderen Fall nur die Verschuldung der Bundesbank erhöht und derweil beim Bundesetat nicht bilanziert werden muss. Bezüglich der Einschränkung des Lebensstandards der Deutschen und ihrer Kinder und Kindeskinder gibt es demgegenüber nicht den allergeringsten Unterschied. Der Unterschied liegt in der Buchhaltung und sonst nirgends.

Politisch sind die Käufe vor allem deshalb umstritten, weil sie an die Monetisierung der deutschen Staatsschulden in und nach dem Ersten Weltkrieg erinnern, aus der die deutsche Hyperinflation entstand. Die Reichsbank hatte den Staat damals mit der Notenpresse finanziert, indem sie immer mehr Staatspapiere mit neu geschaffenem Geld erwarb. Die Folge war, dass immer mehr Geld in Umlauf war, was die Preise bis 1923 so weit ansteigen ließ, dass die Banknoten zum Schluss nur noch ihren reinen Papierwert hatten. Der kleine Mittelstand war damals um seine Ersparnisse gebracht und radikalisiert worden, was ein Jahrzehnt später bekanntlich schlimme Konsequenzen hatte.

Das ist in der Tat eine mögliche Gefahr, aber so weit muss man gar nicht denken. Die Gefahr, die Deutschland droht, wenn die Geldmengenausweitung durch eine Verschuldung der Bundesbank im privaten Sektor neutralisiert wird, ist hoch genug, weil der Vermögensverlust bei einem Ausfall der Gläubiger in Südeuropa auf jeden Fall auftritt. Wenn die Südländer ihre Schulden nicht begleichen oder nur noch durch niedrige Zinsen solvent gehalten werden können, muss die Bundesbank ihre Gewinnausschüttungen an den Bundesetat reduzieren, oder der deutsche Steuerzahler muss die Bundesbank mit neuem Eigenkapital ausstatten. Das ist zunächst einmal die Hauptgefahr, nicht die Inflation.

UMGEHUNG DES MAASTRICHTER VERTRAGES

Deutschland hatte das Verbot der Monetisierung der Staatsschulden durch das EZB-System seinerzeit zu einer zentralen Bedingung für die Aufgabe der D-Mark gemacht, und es schien sich bei der Formulierung des Maastrichter Vertrages durchgesetzt zu haben. Nach Art. 123 Abs. 1 des Vertrages über die Arbeitsweise der Europäischen Union (AEUV),[8] in dem der Maastrichter Vertrag aufging, ist den Notenbanken die Finanzierung des Staates verboten. So heißt es im Vertrag:

> *»Überziehungs- oder andere Kreditfazilitäten bei der Europäischen Zentralbank oder den Zentralbanken der Mitgliedstaaten (im Folgenden als ›nationale Zentralbanken‹ bezeichnet) für Organe, Einrichtungen oder sonstige Stellen der Union, Zentralregierungen, regionale*

oder lokale Gebietskörperschaften oder andere öffentlich-rechtliche Körperschaften, sonstige Einrichtungen des öffentlichen Rechts oder öffentliche Unternehmen der Mitgliedstaaten sind ebenso verboten wie der unmittelbare Erwerb von Schuldtiteln von diesen durch die Europäische Zentralbank oder die nationalen Zentralbanken.«

Dass die EZB die Staatspapierkäufe dennoch hat anordnen können, liegt an dem Wort »unmittelbare« im letzten Satz. Nach dem Motto »Was nicht verboten ist, ist erlaubt« schließen die Juristen der EZB aus diesem Adjektiv, *mittelbare* Käufe, nämlich solche auf dem offenen Markt, seien erlaubt. Danach müssen also die Staaten ihre Papiere erst an Geschäftsbanken verkaufen, und dann darf die EZB den Geschäftsbanken die Staatspapiere abkaufen.

Dies hat der damalige Bundespräsident Wulff in seiner Rede vor den Nobelpreisträgern am 24. August 2011 in Lindau als politisch und rechtlich bedenkliche Überschreitung des Mandats und als Umgehung des Verbots der monetären Staatsfinanzierung bezeichnet.[9]

Auch die Deutsche Bundesbank hat im Jahr 1975 schon einmal Staatspapiere gekauft. Bundesbankpräsident Karl Klasen hatte seinerzeit einen Wunsch der Regierung Schmidt erfüllt, als er seine Behörde für 7,6 Milliarden D-Mark oder 1% des BIP Anleihen des Bundes, der Post und der Telekom kaufen ließ, um die Zinskosten für den Staat zu drücken. Insofern ist die Weste der Bundesbank gar nicht so rein, wie man vielleicht glauben könnte. Indes war die Entscheidung von Klasen damals sehr umstritten, was sogar aus der Bemerkung seines damaligen Chefvolkswirts Helmut Schlesinger abzulesen ist, die Bundesbank dürfe zwar zur Regulierung des Geldmarktes, nicht aber zur Finanzierung des Staatshaushalts Offenmarktpolitik betreiben.[10] Der Sündenfall wurde niemals wiederholt. Er könnte einer der Gründe dafür sein, dass die Bundesbank das Verbot der Monetisierung der Staatsschulden, das es so für sie nicht gab, in den Maastrichter Vertrag aufnehmen ließ. Immerhin war Schlesinger später an den Verhandlungen des Maastrichter Vertrages als Präsident der Bundesbank beteiligt.

VERGEBLICHER PROTEST

Es ist deshalb folgerichtig, dass auch die beiden deutschen Vertreter im EZB-Rat, Bundesbankpräsident Axel Weber und EZB-Chefvolkswirt Jürgen Stark, den Aufkaufbeschlüssen widersprochen haben. Der Widerspruch verhallte aber ungehört und wurde, da er nicht protokolliert wurde, nur in Form von Protestbriefen an den EZB-Präsidenten niedergelegt. Im Endeffekt sind Weber und Stark im Jahr 2011, wie schon in Kapitel 1 berichtet wurde, von ihren Ämtern zurückgetreten. Weber erklärte seine Haltung bereits 2010 mit den Worten:

> *»Der Ankauf von Staatsanleihen birgt erhebliche stabilitätspolitische Risiken, und daher sehe ich diesen Teil des Beschlusses des EZB-Rats auch in dieser außerordentlichen Situation kritisch.«*[11]

Seinen Rücktritt und den damit einhergehenden Verzicht auf eine schon in Aussicht gestellte EZB-Präsidentschaft begründete er später damit, dass er weiterhin zu diesen immer wieder geäußerten klaren Positionen stehe und mit seiner Minderheitsmeinung die Glaubwürdigkeit des Amtes des EZB-Präsidenten beschädigen würde.[12]

Stark erklärte seinen Rücktritt aus Protest in einem Abschiedsbrief an die Mitarbeiter der EZB unter Hinweisen auf die Dehnung des EZB-Mandats »ins Extreme« und die »fiskalische Dominanz« bei den Maßnahmen der EZB-Politik.[13]

Manche hatten wohl gehofft, dass Jens Weidmann, der Nachfolger Webers im Amt des Bundesbankpräsidenten, sich elastischer als Weber erweisen würde. Da haben sie sich aber getäuscht, denn Weidmann hat sich ebenfalls öffentlich gegen die Ausdehnung der EZB-Aktivitäten ausgesprochen, so zum Beispiel im November 2011, als er diese Käufe als Überdehnung des EZB-Mandats und Vereinnahmung der Geldpolitik für politische Zwecke bezeichnete,[14] oder im Juli 2012, als er klarmachte, dass er sie mit dem Mandat der Notenbanken für unvereinbar hält.[15] Weidmanns Proteste haben die Käufe im Februar 2012 erst einmal gestoppt.[16]

Aber dieser Stopp war nur von kurzer Dauer, denn schon am 2. August 2012 beschloss der EZB-Rat gegen den erbitterten Protest der Deutschen Bundesbank, die Staatspapierkäufe wieder aufzunehmen.

Die EZB bekräftigte und spezifizierte ihren Beschluss am 6. September 2012, indem sie ankündigte, von nun an *unbegrenzt* Staatspapiere von bedrängten Ländern zu kaufen, um deren Kurse zu stabilisieren.[17] Beide Beschlüsse wurden im EZB-Rat gegen die Stimme der Bundesbank getroffen.[18] Allerdings erklärte die EZB, dass sie diese Käufe nur dann aufnehmen will, wenn sich zuvor auch der ESM, der neue europäische Rettungsschirm, zu solchen Käufen entschließe, was der ESM nur tun kann, nachdem ein entsprechender Hilfsantrag gestellt und unter Auflagen vom Gouverneursrat des ESM angenommen wurde.[19] Die Bundesbank wandte sich in einer Reihe von öffentlichen Stellungnahmen gegen diese Beschlüsse, und es war die Rede davon, dass nun auch Jens Weidmann seinen Rücktritt erwogen habe.[20]

Mit dieser neuen Entscheidung will sich die EZB rückversichern, dass sie keine fiskalischen Stützungsaktionen durchführt, die nicht demokratisch legitimiert sind. Sie macht sich damit aber zum Erfüllungsgehilfen politischer Instanzen und gibt ihre politische Unabhängigkeit nun auch ganz offen preis, zu der sie im Maastrichter Vertrag verpflichtet wurde.[21] Im Übrigen hält sie sich damit tatsächlich nicht an die Beschlüsse des Gouverneursrates, weil sie die von ihm vorgesehenen Haftungsgrenzen, die ohnehin schon Anlass für große Sorgen bereiteten (vgl. Kapitel 10), unbegrenzt ausweitet.

Manchmal hört man das Argument, dass sich die EZB mit den Beschlüssen genauso verhalte wie die amerikanische Federal Reserve Bank, die »Fed«. Davon kann aber nicht die Rede sein, denn die Fed würde ihre Aufkaufprogramme niemals so gestalten, dass sie sich auf spezielle Anleihen einzelner Bundesstaaten konzentrieren, schon gar nicht von Staaten mit Finanzproblemen. Zum Beispiel kauft sie keine Papiere des Staates Kalifornien, der derzeit in Schwierigkeiten ist. Martin Feldstein, der ehemalige Vorsitzende des amerikanischen Council of Economic Advisors, des Sachverständigenrates des US-Präsidenten, hat deshalb vorgeschlagen, dass die EZB, wenn sie denn aus Gründen der Geldpolitik Staatspapiere kaufen wolle, ein unverzerrtes Portfolio aus den Staatspapieren aller Eurostaaten erwerben solle.[22]

BUNDESREGIERUNG CONTRA BUNDESBANK

Es ist befremdlich, dass die deutsche Bundesregierung dem Präsidenten der Deutschen Bundesbank bei dieser Entscheidung in den Rücken gefallen ist, indem sie sich öffentlich hinter die Entscheidung des EZB-Rates gestellt hat.[23] Befremdlich ist dies nicht nur, weil sich die Bundesregierung damit offenbar von der Stabilitätstradition der Bundesbank abwendet, sondern vor allem auch deswegen, weil die Bundesregierung ein Verfahren gutheißt, das das Kontrollrecht des Parlaments schwächt.

Da es ökonomisch keinerlei Unterschied macht, ob die Bundesbank oder der deutsche Finanzminister die Staatspapiere der Krisenländer kauft, sollte die Bundesregierung eigentlich darauf beharren, dass es der Finanzminister in Koordination mit seinen Kollegen aus den anderen Ländern tut. Der ESM bietet dazu die Möglichkeit. Nur über den ESM zu gehen hat für Deutschland den Vorteil, dass es über eine Sperrminorität verfügt, während die mehrheitliche Entscheidung im EZB-Rat alles andere als demokratisch ist, weil in diesem Rat, wie in Kapitel 1 erläutert wurde, alle Länder, ob groß oder klein, das gleiche Stimmrecht haben. Die deutsche Bundesregierung sollte der Öffentlichkeit erklären, warum sie die EZB zu parallelen Staatspapierkäufen ermuntert, während sie kurz zuvor noch mit den anderen Ländern darum gerungen hat, die Verfügungsmasse für solche Käufe zu begrenzen.

Wenn sie aufgrund neuerer Überlegungen zu der Auffassung gekommen ist, dass diese Verfügungsmasse nicht reicht, dann sollte sie den Deutschen Bundestag davon überzeugen, dass er einer neuerlichen Erhöhung zustimmt, was verfahrensmäßig ohnehin schon im ESM-Vertrag vorgesehen ist.[24] Zumindest der Deutsche Bundestag sollte den Versuch der Bundesbank, den bequemen Weg der EZB zur Monetisierung der Staatsschuld abzublocken, mit Nachdruck unterstützen.

Auch wenn die Bundesbank und die ähnlich orientierten Notenbanken des Nordblocks im EZB-Rat hoffnungslos in der Minderheit sind (vgl. *Abbildung 1.3*), so hat die Bundesbank doch insofern ein gewisses Machtmittel in der Hand, als sie den Beschluss des EZB-Rats möglicherweise nicht umsetzen muss. Denn es gibt die Rechtsmeinung, dass die Weisung der EZB gegenüber der Bundesbank nur »mittelbar bindet«.[25] Demnach könnte sich die Bundesbank weigern, wenn sie die Weisung für unrechtmäßig hält. Wenn die EZB (vertreten durch den EZB-Rat) anderer Meinung sein sollte, müsste sie die Bundesbank in einem solchen Fall vor dem Europäischen Gerichtshof verklagen, um sie zu den Käufen zu zwingen. Was immer dabei herauskommt, es wäre der große politische Knall, vor dem alle Angst haben. Hierin läge ein gewisses Drohpotenzial, über das Jens Weidmann verfügt, wenn er sich gegen eine Mandatsübertretung der EZB wehren möchte. Möglicherweise ist diese implizite Drohmöglichkeit auch der Grund dafür, dass die EZB im letzten Winter nach Weidmanns Protest mit den Staatspapierkäufen aufgehört hat.

AUF DIE REFINANZIERUNGSKREDITE KOMMT ES AN

So umstritten die Staatspapierkäufe der EZB waren, sie sind doch nur die Spitze des Eisbergs der öffentlichen Kreditmittel, die den Krisenländern zukamen. Außerdem können sie gar nicht die Erklärung für die Schlagkraft des weißen Ritters sein, denn die Finanzkrise kam im Sommer 2007 nach Europa, und die Staatspapierkäufe begannen erst im Mai 2010.

Die wirkliche Rettung kam durch die Refinanzierungskredite der Europäischen Zentralbank zustande, die den Geschäftsbanken der Krisenländer von Anfang an großzügig gewährt wurden und es ihnen ermöglichten, die fehlenden privaten Kreditmittel des Kapitalmarktes zu ersetzen.

Ein Refinanzierungskredit ist ein Kredit, den eine nationale Notenbank den Geschäftsbanken ihres Hoheitsgebiets gegen Sicherheiten mit neu geschaffenem Geld gewährt und den diese Geschäftsbanken dann an ihre Kundschaft weiterreichen können. Der Kredit ist zumeist mit einer sehr kurzfristigen Laufzeit ausgestattet – ein paar Tage bis zu maximal drei Monaten waren früher üblich – und muss laufend erneuert werden. Die nationale Notenbank, in Deutschland also die Bundesbank, schafft das benötigte Geld aus dem Nichts, verleiht es den Banken ihres Hoheitsgebietes, die es haben wollen, gegen Zinsen und schreibt es ihnen auf dem Girokonto, das sie bei der Notenbank unterhalten, gut.

Normalerweise besorgt sich eine Bank das Geld, das sie selbst an ihre Kunden verleiht, von den Sparern oder von anderen Finanzinstituten, die es sich zuvor bei den Sparern geliehen haben. Das Geld kommt also aus der privaten Wirtschaft und fließt wieder dahin zurück. Das Problem ist nur, dass in einer wachsenden Wirtschaft ein immer größerer Bestand an Geld für die allgemeinen Transaktionen benötigt wird, weil immer ein Teil des Geldes unterwegs ist und in irgendwelchen Portemonnaies temporär herumliegt. Daher muss jedes Jahr in Proportion zur nominal wachsenden Wirtschaftsleistung zusätzliches Geld geschaffen und über einen Verleih an die Geschäftsbanken in den privaten Geldkreislauf gebracht werden. Der Bestand an Refinanzierungskrediten, der hinter der wachsenden, in der Wirtschaft zirkulierenden Zentralbankgeldmenge steht, muss also ständig erhöht werden. Das verschafft der Notenbank laufend mehr Zinseinnahmen, die sie dann an den Staatsetat abführen muss.[26]

Auch in einer wirtschaftlichen Krise, die mit einem Vertrauensverlust zwischen Gläubigern und Schuldnern verbunden ist, wird neues Geld von der Notenbank benötigt, denn die Gläubiger horten ihr Geld lieber, statt es weiterzuverleihen, weil sie Angst haben, es von ihren Schuldnern nicht zurückzubekommen. Das Horten von Geld ist aber Gift für die Konjunktur, weil im Umfang der zusätzlichen Horte Geld für Investitionsgüterkäufe fehlt, die sonst hätten finanziert werden können. Also muss eine Notenbank in der Krise so viel Geld zusätzlich herstellen und verleihen, wie in die Horte fließt.

Das Horten ist insbesondere dann ein Problem, wenn das Geld des Sparers über viele Stufen laufen muss, bis es beim endgültigen Kreditnehmer angelangt ist, der damit reale Güterkäufe finanzieren möchte. Im Falle eines allgemeinen Vertrauensverlustes werden gleichzeitig viele Geldhorte auf einmal gefüllt. Auf jeder Stufe des Kreditflusses vom Sparer zum Endinvestor verschwindet Geld in den Horten, sodass beim Endinvestor kaum noch etwas ankommt. So entsteht aus einer Finanzkrise eine reale Wirtschaftskrise, die in einer Massenarbeitslosigkeit enden kann, wenn man nicht aufpasst. Der Interbankenmarkt ist ein solches System mit vielen Stufen. Durch das plötzliche Horten von Geld ist er temporär im August

2007 zusammengebrochen und dann ganz massiv nach der Pleite der Investmentbank Lehman Brothers im September 2008. Die Auswirkungen auf die Realwirtschaft waren verheerend. Sie führten die Weltwirtschaft im Jahr 2009 in die schlimmste Rezession der Nachkriegszeit.

Die EZB hat das in die Horte wandernde Geld in der Krise aber nachzufüllen versucht, erst etwas zögerlich, dann in größerem Umfang. Bis auf eine direkte Intervention am 9. August 2007 und den danach folgenden Tagen, bei der sie den Geschäftsbanken über Nacht unbegrenzt Liquidität zur Verfügung stellte,[27] hat sie sich anfangs auf die normalen Refinanzierungsmöglichkeiten verlassen, die den Banken offenstanden. Als sich die Krise aber verschärfte und der Interbankenmarkt nach der Lehman-Pleite zusammenbrach, setzte sie ein umfangreiches Programm der »erweiterten Maßnahmen zur Unterstützung der Kreditvergabe« (Enhanced Credit Support) auf, mit dem sie die Märkte flutete.[28] Nachdem sie bislang stets nur begrenzte Kontingente an Zentralbankgeld versteigert hatte, erlaubte sie den Banken ab Oktober 2008, unbegrenzt Refinanzierungskredite zu einem Zins von nur einem Prozent von ihrer jeweiligen Heimat-Notenbank zu beziehen, wenn sie die entsprechenden Kreditsicherheiten vorweisen konnten. Sie nannte das Vollzuteilungspolitik (full allotment policy).

Die Maßnahmen boten den Banken einen Ersatz für den wegbrechenden Interbankenmarkt. Statt sich ihr Geld bei anderen Banken zu leihen, die es nicht mehr hergeben wollten, holten die Schuldnerbanken das Geld von ihrer jeweiligen nationalen Notenbank.

Zur Komplettierung des Programms erlaubte die EZB den Banken, die Geld zu verleihen hatten, es gegen einen mäßigen Zins direkt bei ihr anzulegen, anstatt es auf ihrem Girokonto zinslos zu horten. Die EZB deklarierte sich mit dieser Politik zum Vermittler zwischen Gläubigern und Schuldnern, der die Kredite durch seine Bücher leitet, um die Sicherheit der Kreditgeschäfte zu gewährleisten. Das ist allerdings nur eine heuristische Beschreibung des Geschehens, denn der Geldverleih des EZB-Systems an die eine Bank ist in keiner Weise davon abhängig, wie viel es sich selbst von der anderen Bank leiht.

Die großzügige Gewährung von Refinanzierungskrediten durch die EZB war ein voller Erfolg. Sie hat dazu beigetragen, zwischen den gesunden Banken der soliden Länder sehr rasch wieder das für einen funktionierenden Interbankenmarkt nötige Vertrauen herzustellen. Schon wenige Monate nach dem Beginn der Maßnahmen, um die Jahreswende 2008/2009, kam der Interbankenmarkt wieder in Gang, sodass die Maßnahmen entbehrlich wurden.

Trotzdem beruhigte sich die Situation in den peripheren Ländern der Eurozone nicht. Das Vertrauen in die Solidität dieser Länder war nachhaltig gestört, weil der Blick der Anleger in der Krise auf die exorbitanten Staatsschulden und Außenschulden gelenkt worden war. Da sich die Geschäftsbanken, wie erläutert, wegen des fehlenden Zwangs, Staatskredite mit Eigenkapital zu unterlegen, mit Staatspapieren vollgepumpt hatten, wurden sie zunehmend als gefährdet angesehen. Sie mussten daher immer höhere Zinsen für die Interbankenkredite zahlen, die sie sich in Deutschland und anderen Ländern, die über einen Sparüberschuss über die Investitionen verfügten, besorgten. Das erhöhte die Nachfrage nach billigen Refinanzierungskrediten der eigenen Zentralbanken beständig, und die EZB kam zunehmend unter Druck, ihre aus der akuten Not geborenen Hilfsprogramme trotz des weltweiten Konjunkturaufschwungs, der im Sommer 2009 einsetzte, aufrechtzuerhalten.

So hatte die EZB zwar mehrfach angekündigt, zu bestimmten Terminen zu ihrer normalen Geldpolitik zurückzukehren, verschob diese Termine dann aber doch immer wieder und verzichtete zum Schluss gänzlich auf eine Befristung ihrer Programme. Der letzte Ausstiegstermin verstrich im Dezember 2009, ohne dass ein neuer Termin verkündet wurde.

Während die EZB-Politik grundsätzlich für den gesamten Euroraum angelegt war und keine Sondermaßnahmen zugunsten einzelner Länder vorsah, wirkte sie nach der Überwindung des Lehman-Schocks dennoch wie eine Spezialmaßnahme zur Finanzierung der peripheren Länder Europas, denn nur dort hielten die allgemeinen Finanzierungsengpässe an. Es handelte sich damit nicht mehr um eine Politik zur allgemeinen Krisenbekämpfung, sondern um eine gestalterische Maßnahme zugunsten der peripheren Länder, die die Selbstkorrektur der Kapitalmärkte unterlief, die sich aus Angst vor der Überschuldung aus den peripheren Ländern zurückziehen wollten. Die EZB bot diesen Volkswirtschaften, staatlichen und privaten Sektoren gleichermaßen, die Möglichkeit, die Mittel, die sie sich auf dem Kapitalmarkt nicht oder nur noch zu hohen Zinsen hätten leihen können, günstig aus dem EZB-System zu beziehen, sich also quasi mit der Notenpresse, über die sie ja alle verfügten, selbst zu finanzieren.

Begriffe wie Notenpresse, Geld drucken oder Geld schreddern sind in diesem Buch übrigens meist als Metapher gemeint, denn das zusätzliche Zentralbankgeld wird in der Regel nicht als zusätzliches Papiergeld zur Verfügung gestellt, sondern als Buchgeld, konkret als Sichtguthaben der Geschäftsbanken auf den Konten, die sie bei ihren nationalen Zentralbanken unterhalten.[29]

Wie noch zu zeigen sein wird, haben sich die peripheren Staaten auch schon vor der Lehman-Krise, seit dem Herbst des Jahres 2007, in gewissem Umfang der Notenpresse bedient. Es gab zwar damals noch nicht die Vollzuteilungspolitik. Das Zentralbankgeld wurde vielmehr gegen das höchste Zinsgebot im Euroraum versteigert. Aber da für die Banken der peripheren Länder die Zinsen am Interbankenmarkt anstiegen, während sich die Banken der Kernländer dort nach wie vor billig finanzieren konnten, waren die Banken der peripheren Länder stets bereit, ihre Wettbewerber aus den Kernländern zu überbieten, was ihnen schon zu minimalen Zinsaufschlägen gelang. Noch einfacher kamen die Banken der peripheren Länder dann ab Herbst 2008 nach der Einführung der Vollzuteilungspolitik an das gewünschte Geld heran, denn nun wurde der Zinssatz von der EZB gesetzt, und zu diesem Zinssatz konnten sie sich so viel neues Geld über Refinanzierungskredite von ihrer jeweiligen nationalen Notenbank besorgen, wie sie wollten – vorausgesetzt, sie konnten die dafür benötigten und von der EZB festgelegten Pfänder hinterlegen.

Faktisch war die Refinanzierungspolitik der EZB ein Rettungsprogramm für die peripheren Volkswirtschaften, das den Rettungsprogrammen der Staatengemeinschaft, mit denen im Mai 2010 begonnen wurde, um zweieinhalb Jahre vorausging. Wenn dieses Buch erscheint (Herbst 2012), wird sich die Eurozone bereits am Ende des fünften Jahres der öffentlichen Kredithilfen für Länder der Peripherie des Euroraums befinden.

Die Möglichkeit der Selbstbedienung mit der Notenpresse hatten die heute zum Euroraum gehörenden Länder früher auch schon, denn vor dem Euro waren sie ja in der Geldpolitik autonom. Nur mussten sie, als sie noch ihre eigenen Währungen hatten, davon ausgehen, dass es im Falle einer exzessiven Finanzierung über die Notenpresse eine Inflation und Abwertung der Währung geben würde, sodass sie ihre Kaufkraft im Ausland auf diese Weise nicht steigern konnten. Der »Vorteil« des Euro ist indes, dass man im Innenverhältnis keine Abwertung befürchten muss, wenn man die eigene Notenpresse exzessiv betätigt, denn es gibt ja keinen Wechselkurs mehr. Außerdem gleicht, wie noch zu zeigen sein wird, die zusätzliche Geldschöpfung einer Notenbank die verminderte Geldschöpfung anderer Notenbanken aus, sodass nicht einmal eine besondere Inflationsgefahr besteht. So konnte man also trotz des Platzens der Kreditblase und der Verweigerung der privaten Kapitalanleger die Leistungsbilanzdefizite auf elegante Weise weiter finanzieren und brauchte seinen Lebensstandard nicht einzuschränken.

Nun wird sich der Leser fragen, ob das so stimmen kann. Ist es tatsächlich möglich, dass die nationalen Notenbanken des Euroraums so viel Geld drucken und dann an die heimische Wirtschaft und den Staat verleihen können, wie sie wollen? Gibt es denn keine Kontingente, durch die die Geldschöpfung an die Größe der Länder gebunden wird, nach dem Motto »kleines Land, kleine Notenpresse – großes Land, große Notenpresse«? Es kann doch nicht sein, dass sich die Südländer bei Bedarf das Geld drucken können, das sie sich nicht mehr günstig leihen können, und dann einfach so weitermachen wie bislang!

Die Antwort ist leider, dass sie es doch können. Eine Kontingentierung der Geldschöpfung nach der Größe der Länder gibt es in den Statuten der EZB oder den europäischen Verträgen nicht.

Es gibt allerdings eine indirekte Proportionierung der Geldschöpfung nach der Größe insofern, als die Geschäftsbanken, die das frisch gedruckte Geld ausleihen wollen, dafür, wie erwähnt, Pfänder in Form von Forderungstiteln wie zum Beispiel Staatspapieren oder auch privaten Schuldverschreibungen hinterlegen müssen. Da man annehmen kann, dass ein kleines Land über nicht so viele Pfänder wie ein großes verfügt, liegt hierin eine gewisse, indirekte Beschränkung für die Gelddruckerei. Indes hat der EZB-Rat, der die Regeln für die zulässigen Pfänder definiert, alles getan, um nun auch diese Beschränkung aufzuheben.

DIE ABSENKUNG DER SICHERHEITSSTANDARDS

Vor der Krise mussten die Pfänder, gemessen am Urteil der Ratingagenturen, eine gute Sicherheit bieten. Ein Pfand musste mindestens mit der Note A– bewertet sein, damit es von der Notenbank als Sicherheit für einen Refinanzierungskredit akzeptiert wurde. Das begrenzte den Refinanzierungskredit und zwang die Defizitländer auf den Kapitalmarkt. Wenn sich ein Land im Ausland mehr Waren kaufen wollte, als es dahin lieferte, konnte es sich nicht einfach seiner Notenbank bedienen, sondern musste sich den Kredit dafür zu wachsenden Zinsen am internationalen Kapitalmarkt beschaffen. Der daraus resultierende Zinsanstieg begrenzte den Importwunsch und erhielt das außenwirtschaftliche Gleichgewicht aufrecht.

Die Politik hoher Standards zur Geldbeschaffung wurde aber vom EZB-Rat in der Krise aufgegeben und durch eine Politik äußerst lascher Sicherheitsstandards ersetzt. Da die Kapitalmarktzinsen als zu hoch erschienen, bezogen die Geschäftsbanken den von der Wirtschaft zur Importfinanzierung gewünschten Kredit lieber von ihrer Notenbank, indem sie mehr Pfänder dort einreichten. Aber die guten Pfänder waren rar und gingen schnell zur Neige. Deswegen senkte die EZB, die mehrheitlich von den Schuldnerländern und Frankreich kontrolliert wird, die Standards für die Bonität der zulässigen Pfänder. Das half für eine Weile, doch ging auch der Vorrat an Pfändern geringerer Bonität alsbald zur Neige, weil für den Importüberhang Monat für Monat neuer Kredit benötigt wurde. Darauf reagierte die EZB, indem sie die Sicherheitsstandards abermals absenkte. Aber auch das half immer nur für eine Weile, bis auch die nächste Kategorie an Pfändern verbraucht war, und so weiter. Im Laufe der Krise arbeitete man sich so sukzessive zu immer schlechteren Sicherheiten voran.

Das ist der Grund dafür, dass der neue Bundesbankpräsident Jens Weidmann einen Brief an den EZB-Präsidenten Mario Draghi schrieb, in dem er seine Besorgnis über die schlechten Sicherheiten zum Ausdruck brachte.[30]

Tabelle 5.1: Veränderungen im Verzeichnis notenbankfähiger Sicherheiten im Eurosystem

Datum	Änderung der Anforderungen
15. Oktober 2008	Bonität der Pfänder wird von A– auf BBB– gesenkt
3. Mai 2010	Kein Mindestrating für griechische Staatspapiere
31. März 2011	Kein Mindestrating für irische Staatspapiere
7. Juli 2011	Kein Mindestrating für portugiesische Staatspapiere
8. Dezember 2011 und 20. Juni 2012	Nicht-handelbare ABS-Papiere werden als Pfänder akzeptiert
9. Februar 2012	Titel aus Unternehmens-krediten werden als Pfänder akzeptiert

Der erste Schritt dieser Strategie wurde mit der Einführung der Vollzuteilungspolitik am 15. Oktober 2008 getan, als die Mindestanforderungen für in Zahlung genommene Papiere von A– auf BBB– gesenkt wurden, was eine Stufe über dem Schrottstatus lag. Sodann wurden im Mai 2010, im März 2011 und im Juli 2011 die Staatspapiere von Griechenland, Irland und Portugal bzw. Papiere, die von diesen Ländern garantiert wurden, nacheinander ganz aus der Mindestbewertung ausgenommen. Obwohl sie von den Agenturen schon zu Investitionsschrott erklärt worden waren (non-investment grade), durften diese Papiere noch immer als Pfänder für die Refinanzierungskredite eingereicht werden. *Tabelle 5.1* gibt einen Überblick über die Abfolge der Politikmaßnahmen.

Die EZB wies wiederholt darauf hin, dass sie trotz des Aussetzens des Sicherheitsstandards kein Risiko für die ausgegebenen Kredite sah, weil sie die bei ihr eingereichten Papiere stets nur mit einem Abschlag auf den Marktwert als Pfänder akzeptierte und im Falle der Kurssenkung eine fortwährende Nachbesicherung der Wertpapiere verlangte. Leider hat sie bislang noch keine Statistik darüber veröffentlicht, welche Papiere mit welchen Abschlägen wann verbucht wurden, und vor allem, wie die Nachbesicherung funktioniert hat. Die prozentualen Abschläge als solche wurden aber in schematischer Form veröffentlicht. Danach ist der Marktabschlag für zehnjährige Nullkupon-Schuldverschreibungen, die von Zentralstaaten oder Nationalbanken emittiert werden, 9,5 %.[31] Angesichts der zum Teil riesigen Kursabschläge auf Staatspapiere während der Krise, wie sie in *Abbildung 5.2* gezeigt werden, kommen doch leichte Zweifel auf, ob man zu dieser Sicherungsstrategie Vertrauen haben darf.

Im Verein mit der laufenden Nachbesicherung dürften die Sicherheitsabschläge für den Fall einer allmählichen Kurssenkung ausgereicht haben. Indes liegt das Risiko ja gerade darin, dass sich überschuldete Länder dazu genötigt sehen können, überraschend einen Schuldenschnitt anzukündigen, was die Kurse der Papiere sofort um ein Vielfaches der vorgenommenen Abschläge verringert, ohne dass eine Nachbesicherung möglich ist.

Dies war offenbar Ende Februar 2012 bei den von der griechischen Notenbank als Pfand genommenen Papieren geschehen, nachdem das griechische Parlament am 23. Februar 2012 seinen Druck auf die Inhaber griechischer Staatspapiere erhöht hatte, einem »freiwilligen« Schuldenschnitt zuzustimmen. Das Parlament kündigte nämlich an, dass es die Vertragsbedingungen für die Staatspapiere (die sogenannten Collective Action Clauses) im Nachhinein so ändern würde, dass man auch diejenigen Anleger, die dem Schuldenschnitt nicht freiwillig zustimmen, zur Beteiligung zwingen konnte.[32] Der Vorstandsvorsitzende der Commerzbank, Martin Blessing, erklärte dazu treffend, der freiwillige Schuldenschnitt, der angeblich bei den meisten Anlegern auf diese Weise induziert wurde, sei genauso freiwillig wie ein Geständnis bei der spanischen Inquisition.[33]

Die Besicherung der ausstehenden Kredite der griechischen Notenbank war zu dem Zeitpunkt offenbar nicht mehr gewährleistet, und den griechischen Geschäftsbanken war es auch nicht möglich, eine Nachbesicherung durch die Verpfändung weiterer Staatspapiere vorzunehmen. Daher sah sich die EZB am 28. Februar 2012 genötigt, auf die Besicherung vollends zu verzichten und einer Umwandlung der pfandbesicherten Refinanzierungskredite in bloße ELA-Kredite zuzustimmen.[34] Nach dem Schuldenschnitt nahm sie die griechischen Papiere wieder an, aber am 25. Juli 2012 gerieten die Kurse erneut so unter Druck, dass die EZB erneut auf ELA-Kredite umschaltete.[35]

Abbildung 5.2: Kursentwicklung der Staatspapiere der Krisenländer*

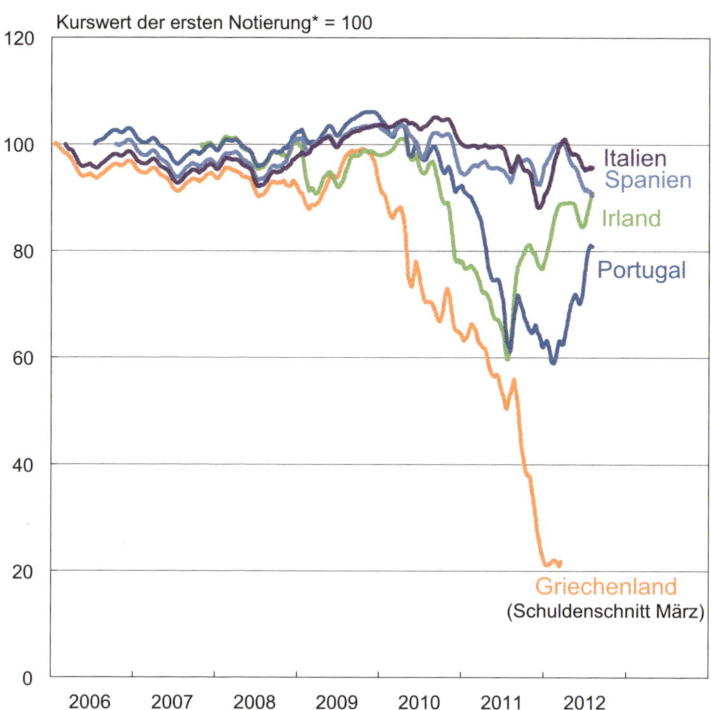

*Zehnjährige Staatspapiere im Jahr 2006 emittiert (Irland 2007).
Quelle: Reuters Datastream, *Bonds & Convertibles*, 3. August 2012.

ELA ist eine Abkürzung für »Emergency Liquidity Assistance«, also »Notliquiditätshilfe«. Dabei handelte es sich um Kredite, die die nationalen Notenbanken ihren Banken auf eigenes Risiko geben dürfen, notfalls auch ohne irgendwelche Sicherheiten, es sei denn, dass zwei Drittel des EZB-Rates widersprechen.[36] Wie erläutert, haftet das EZB-System normalerweise gemeinschaftlich, wenn Banken ihre Kredite nicht zurückzahlen können und sich die eingereichten Sicherheiten als wertlos herausstellen. Fallen ELA-Kredite aus, haftet stattdessen zunächst die emittierende Notenbank und damit der Staat, dem sie gehört, und erst bei einer Staatspleite fällt die Haftung erneut auf die Gemeinschaft der anderen Notenbanken zurück, falls der Staat im Eurosystem verbleibt.[37] Tritt der Pleitestaat aus dem Euro aus, verschwindet freilich der Unterschied zwischen den ELA-Krediten und den normalen Refinanzierungskrediten, weil die

Rechtsbeziehungen des Eurosystems mit den privaten Geschäftsbanken des austretenden Landes ohnehin erlöschen und Verluste aus Bankenpleiten bei der Notenbank dieses Staates liegen.

Faktisch ist der Unterschied zwischen ELA-Krediten und pfandbesicherten Refinanzierungskrediten aber bei einem Verbleib in der Eurozone weniger groß, als es zunächst erscheinen mag, denn ob die Kredite mit griechischen Staatspapieren, die kaum noch etwas wert sind, besichert oder direkt vom griechischen Staat garantiert werden, der ohne laufende Hilfen der Staatengemeinschaft schon lange pleite wäre, ist egal. Der einzige relevante Unterschied liegt allein in der Möglichkeit der kreativen Buchhaltung. Während nämlich das EZB-System ohne Umwidmung in ELA-Kredite größere Abschreibungsverluste auf griechische Refinanzierungskredite hätte vornehmen müssen, machte es die Umwidmung in ELA-Kredite möglich, die Fiktion der Rückzahlung der Refinanzierungskredite in den Büchern vorläufig noch aufrechtzuerhalten und auf Abschreibungen zu verzichten.

ELA-Kredite waren für die griechische Notenbank nichts Neues, denn solche Kredite hatte sie mit Duldung des EZB-Rates auch schon früher vergeben. So waren in Griechenland bis zum Dezember des Jahres 2011 bereits etwa 53 Milliarden Euro an ELA-Krediten aufgelaufen.[38] Auch die Bank of Ireland hatte ihren Banken bis zum Dezember 2011 ELA-Kredite im Umfang von 44 Milliarden Euro gewährt.[39]

Der Wechsel zu den ELA-Krediten zeigt, dass die Sicherheiten, die die EZB für ihre Kredite verlangt, im Fall von Staatskonkursen überhaupt nicht ausreichen, um die Gemeinschaft der Notenbanken vor Verlusten zu schützen.

Die EZB hat daraus die Konsequenz gezogen, dass sie selbst auf dem offenen Markt interveniert, um etwaige Defizite bei der Besicherung und Abschreibungsverluste zu vermeiden. So wird geschätzt, dass sie über die Euro-Notenbanken bis zum Februar 2012 für etwa 40 bis 50 Milliarden Euro griechische Staatspapiere kaufen ließ. Aber mit solchen Aktionen verringert sie ihr Risiko nur scheinbar. In Wirklichkeit führt die Kurspflege durch eigene Käufe nur dazu, dass sie noch größeren Risiken ausgesetzt ist, wenn ein Staat einen Schuldenschnitt durchführt.

Im Falle Griechenlands hat die EZB ihre Abschreibungsverluste freilich noch in letzter Sekunde zu Lasten der privaten Gläubiger verhindern können, indem sie durch einen Trick erreicht hat, dass ihre eigenen Bestände an griechischen Staatspapieren vom sogenannten freiwilligen Schuldenschnitt ausgenommen wurden. Im Einvernehmen mit der griechischen Regierung hat sie ihre griechischen Staatspapiere in neue Papiere mit gleicher Restlaufzeit und gleichen Konditionen, jedoch neuen Nummern umgetauscht, und dann hat der griechische Staat einen allgemeinen Schuldenschnitt verkündet, bei dem er gerade diese Nummern verschonte.

Dieser Trick ist an den Kapitalmärkten natürlich gar nicht gut angekommen und hat die Befürchtung, bei der nächsten Staatsinsolvenz ähnlich benachteiligt zu werden, noch verstärkt. Das ist sicherlich einer der Gründe dafür, dass auch die spanischen und italienischen Staatspapiere im ersten Halbjahr 2012 erneut, wie schon gegen Ende 2011, unter Druck kamen (vgl. *Abbildung 5.2*).

Ob die EZB den bei Griechenland angewandten Trick wiederholen kann, wenn größere Staatskonkurse drohen, kann man angesichts der Größenordnung der Zusatzverluste, die dann den privaten Sektor träfen, bezweifeln. Wenn es nicht zu einem »freiwilligen« Schuldenschnitt, sondern zu einem harten Staatskonkurs kommt, wird sich die EZB nicht ausnehmen können.

Unzureichende Sicherheiten sind auch bei den nicht marktgängigen Wertpapieren zu vermuten, die die nationalen Notenbanken als Sicherheiten akzeptieren durften. So wurde den Banken erlaubt, ihre Kreditforderungen gegenüber privaten Unternehmen und anderen Banken zu ABS-Papieren (Asset Backed Securities) zu bündeln und bei den Notenbanken des EZB-Systems als Sicherheiten zu hinterlegen. Das gab den Banken sehr viel Spielraum für die Untermischung von dubiosen Forderungen, die man traditionell niemals akzeptiert hätte, inklusive der Forderungen, die sie untereinander hatten. Zwei oder drei Banken, denen es an Sicherheiten mangelte, brauchten sich nun nur untereinander im Kreis herum Kredit zu geben, und schon verfügten sie über das Material, das sie zur Konstruktion von ABS-Papieren brauchten, die sie bei ihrer Notenbank als Pfänder für Refinanzierungskredite einreichen durften.

ABS-Papiere hatten bekanntlich in der US-Finanzkrise eine unrühmliche Rolle gespielt, weil sie es ermöglicht hatten, Risiken durch Bündelung vieler Papiere zu verstecken. Auf den Märkten sind sie so gut wie ausgestorben, doch bei den Refinanzierungsoperationen, die die EZB den nationalen Notenbanken erlaubte, feierten sie fröhliche Urstände.

Die Fleischreste, die man in den ABS-Würsten verarbeitete, waren zum Teil nicht mehr genießbar. So wurde beispielsweise in einem spanischen ABS-Papier eine Kreditforderung gegen den Fußballverein Real Madrid verwertet, die aufgrund eines Kredits entstanden war, der dem Ankauf des Spielers Cristiano Ronaldo diente, und in Portugal wurden Wertpapiere mit einer Laufzeit bis zum 31. Dezember 9999 (kein Tippfehler) verwurstet.[40] Es ist bemerkenswert, dass derzeit in Spanien über einen umfangreichen Schuldenschnitt für die total überschuldeten Fußballvereine diskutiert wird.[41] Eine solche Maßnahme würde das EZB-System eines Teils seiner Sicherheiten berauben, und wenn dann auch die ohnehin mit faulen Immobilienkrediten überladenen Banken in Konkurs gehen und ihre Refinanzierungskredite nicht zurückzahlen können, zahlt der deutsche Steuerzahler für die Fußballer von Real Madrid mit.

Auch in Irland hatte man dubiose Immobilienkredite zu Milliardenpaketen verschnürt und bei der EZB als Sicherheit eingereicht. Die ABS-Papiere wurden dann häufig auch noch von den Staaten mit Garantien geschützt, um sie als Sicherheiten für die Refinanzierungskredite tauglich zu machen.

So bestanden im Februar 2012 nach Angaben der Investmentbank Morgan Stanley 77% der bei der griechischen Zentralbank eingereichten Sicherheiten aus Staatspapieren oder staatlich besicherten Papieren. Diese Sicherheiten gehen im Falle eines griechischen Staatskonkurses verloren. Um die restlichen 23% steht es auch nicht viel besser, denn sie bestanden aus nicht besicherten ABS-Papieren oder Pfandbriefen, die die Banken ausgegeben hatten. Da die Bilanzen der griechischen Banken selbst bereits mit griechischen Staatspapieren überladen sind, kann man davon ausgehen, dass auch diese Papiere im Falle eines Staatskonkurses massive Wertverluste erleiden werden, weil auch die Banken in Konkurs gehen.[42]

Seit der Absenkung der Standards durch die EZB reicht der Bestand an noch nicht verbrauchten Pfändern, wie oben beschrieben, immer nur für eine kurze Weile, und wenn er dann knapp wird, senkt man die Standards halt weiter. So hat der EZB-Rat nach kontroverser Diskussion am 8. Dezember 2011 gegen die Stimme der Bundesbank beschlossen, den nationalen Zentralbanken die Möglichkeit zu geben, auf eigenes Risiko Forderungen auf die Rückzahlung normaler Unternehmenskredite als Sicherheiten zu akzeptieren.[43] Der EZB-Rat hat am 9. Februar 2012 für die sieben nationalen Zentralbanken, die entsprechende Vorschläge unterbreitet haben, spezifische nationale Zulassungskriterien und Risikokontrollmaßnahmen bezüglich der temporären Hereinnahme zusätzlicher Kreditforderungen als Sicherheiten für die Kreditgeschäfte des Eurosystems genehmigt, allerdings arbeiten die nationalen Notenbanken noch immer daran, diese Kriterien zur Zufriedenheit der EZB umzusetzen. Man rechnet nach dem Beginn des Programms mit einem Gesamtvolumen an zusätzlichen Refinanzierungskrediten von 500 Milliarden Euro. Sieben der insgesamt 17 Zentralbanken des Eurosystems haben angekündigt, von dieser Möglichkeit Gebrauch zu machen. Die Bundesbank selbst hat erklärt, dass sie die Unternehmenskredite nicht als Sicherheiten akzeptieren wird.[44]

Aber wer weiß, was sich der EZB-Rat noch alles einfallen lässt, um die Standards immer weiter zu senken. Weitere Maßnahmen sind jedenfalls geplant. Auf seiner Pressekonferenz vom 2. August 2012 kündigte EZB-Präsident Mario Draghi die Möglichkeit an, neue langfristige Kredite an die Geschäftsbanken zu vergeben und die Sicherheiten, die die Banken im Gegenzug für Kredite bei der Zentralbank hinterlegen müssen, abermals zu senken.[45] Was er damit gemeint hat, wird man sehen.

Hoffentlich hat der EZB-Präsident nicht den direkten Ankauf von Bankanleihen durch die Notenbanken des EZB-Sytems, den im August 2012 die Investmentbank Goldman Sachs, der ehemalige Arbeitgeber Draghis, ins Spiel gebracht hat, im Sinn.[46] Bankanleihen direkt zu kaufen wäre dasselbe wie die Vergabe eines langfristigen Refinanzierungskredits ohne jegliche Sicherheiten, die Lizenz zum unbegrenzten Gelddrucken. Da die Banken wegen der unzureichenden Regulierung allesamt unterkapitalisiert sind und in den Bankbilanzen der Krisenländer riesige Abschreibungsverluste auf toxische Immobilienkredite zu erwarten sind, sind Bankanleihen die riskantesten Anleihen, die man sich vorstellen kann. Die Umsetzung dieses Vorschlags würde die EZB vollends zu einer Umverteilungsmaschinerie im Euroraum degradieren.

Die EZB half den bedrängten Banken der Krisenländer nicht nur, indem sie die Sicherheitsstandards für die ausgereichten EZB-Kredite senkte, sondern auch, indem sie die Zeiträume der Kreditvergabe drastisch erweiterte. Während die EZB-Kredite zuvor zumeist über Nacht oder für eine Woche und in ganz begrenztem Umfang für drei Monate gewährt wurden, stellte die EZB ihre Kredite seit dem Herbst 2010 für ein ganzes Jahr zur Verfügung. Später, am 21. Dezember 2011, wurde diese Frist dann sogar auf drei Jahre ausgedehnt.[47] In zwei Tranchen, deren letzte am 29. Februar 2012 gewährt wurde, wurden insgesamt 1,019 Billionen Euro verliehen. Präsident Draghi nannte sein Programm die »Dicke Bertha«, in Anspielung auf einen festungsbrechenden Mörser, der im Ersten Weltkrieg eingesetzt worden war.[48] Im Englischen spricht man von der »Big Bazooka«, der großen Panzerfaust. Von der genannten Summe diente der größere Teil, 566 Milliarden Euro, als Ersatz für schon vorhandene Refinanzierungskredite mit geringerer Laufzeit, doch der Rest (453 Milliarden Euro) wurde zusätzlich in Anspruch genommen. Gleichzeitig haben die Banken aber knapp 600 Milliarden Euro von ihren Finanzmitteln zunächst in der Einlagefazilität der EZB geparkt, um darauf in der Zukunft bei Bedarf zurückgreifen zu können.[49] Damit entfernt sich die EZB von der Aufgabe, Liquidität bereitzustellen, und betätigt sich zunehmend als Kapitalmarktfinanzier. Da langfristige Kreditmittel aus der Sicht der Schuldner attraktiver als kurzfristige sind, wird die Vergabe dieser Mittel zusätzlich zur Ausweitung der Refinanzierungskredite in den Krisenländern sorgen und die verfügbaren Pfänder umso schneller verbrauchen, was neuerliche Maßnahmen zur Absenkung der Sicherheitsstandards nötig machen wird. Es sieht derzeit so aus, als könnte der Prozess immer weiter gehen, aber man kann sich eigentlich nicht vorstellen, dass er zu einem guten Ende führt, denn irgendwann wird dieser Prozess von der Verschuldung zur Überschuldung führen, sodass die Schuldnerstaaten zahlungsunfähig werden. Dann werden die fehlenden Sicherheiten auf die Gläubiger zurückschlagen, und damit werden dann die Zentralbanken der noch gesunden Länder und die hinter ihnen stehenden Steuerzahler die Abschreibungsverluste tragen müssen.

ANMERKUNGEN

1 Dieser Abschnitt und nachfolgende Abschnitte enthalten Passagen, die sich anlehnen an H.-W. Sinn, »Die Target-Kredite der deutschen Bundesbank«, *ifo Schnelldienst* 65, Sonderausgabe, 21. März 2012, S. 3–34, http://www.cesifo-group.de/portal/pls/portal/docs/1/1215973.PDF; sie stützen sich außerdem auf H.-W. Sinn und T. Wollmershäuser, »Target Loans, Current Account Balances and Capital Flows: The ECB's Rescue Facility«, *International Tax and Public Finance* 19, 2012, S. 468–508, http://www.springerlink.com/content/rt6673w-t2188346g /fulltext.pdf. Vorfassungen erschienen als *NBER Working Paper* Nr. 17626, November 2011, und *CESifo Working Paper* Nr. 3500, Juni 2011.

2 C. Schömann-Finck und M. Voss, »Womit Deutschland rechnen müsste«, *Focus*, 15. Mai 2012, http://www.focus.de/finanzen/news/staatsverschuldung/tid-25816/griechenland-nach-der-wahl-was-uns-der-euro-austritt-der-griechen-kosten-wuerde-womit-deutschland-rechnen-muesste_aid_753360.html.

3 Vgl. Europäische Zentralbank, »Konsolidierter Ausweis des Eurosystems zum 27. Juli 2012«, *Pressemitteilung*, 31. Juli 2012.

4 Das Eigenkapital ist die Summe der beiden Bilanzpositionen »Kapital und Rücklagen« und »Ausgleichsposten aus Neubewertung«. Zum Eigenkapital der EZB vgl. Europäische Zentralbank, *Jahresbericht 2011*, S. 195; zum Eigenkapital des Europäischen Zentralbankensystems vgl. Europäische Zentralbank, *Monatsbericht Juli 2012*, S. S6.

5 Der Kapitalanteil entspricht dem Mittelwert aus Bevölkerungs- und BIP-Anteil. Er wird nur in längeren Zeiträumen verändert.

6 Vgl. Deutsche Bundesbank, *Geschäftsbericht*, Jahre 2006 bis 2011.

7 Die Bundesbank beschreibt auf ihrem Internetauftritt das für die Staatsanleihenkäufe aufgelegte »Programm für die Wertpapiere« (Securities Markets Programme, SMP) und betont »Das Programm für Wertpapiermärkte hat keinen Einfluss auf den geldpolitischen Kurs des Eurosystems. Um dies sicherzustellen, werden jede Woche gezielte Operationen durchgeführt, um die durch das Programm für die Wertpapiermärkte bereitgestellte Liquidität wieder abzuschöpfen (Hereinnahme von Termineinlagen)«. Im Monatsbericht Mai 2010 der EZB heißt es außerdem konkret »Die Auswirkungen der oben dargelegten Interventionen werden durch gezielte Operationen sterilisiert«. Vgl. Deutsche Bundesbank, Kerngeschäftsfelder, *Geldpolitik*, Outright Geschäfte, http://www.bundesbank.de/Navigation/DE/Kerngeschaeftsfelder/Geldpolitik/Outright-Geschaefte/outright-geschaefte.html, sowie Europäische Zentralbank, *Monatsbericht*, Mai 2010, S. 8, http://www.bundesbank.de/Redaktion/DE/Downloads/Veroeffentlichungen/EZB_Monatsberichte/2010/2010_05_ezb_mb.pdf?__blob=publicationFile.

8 Vgl. »Vertrag über die Arbeitsweise der Europäischen Union« (AEUV), *ABl.* 53, 2010, Nr. C 83, S. 47–200.

9 C. Wulff, »Unser Europa muss uns alle Anstrengung wert sein«, Rede zur Eröffnung der 4. Tagung der Wirtschaftsnobelpreisträger am 24. August 2011 in Lindau, http://www.bundespraesident.de/SharedDocs/Reden/DE/Christian-Wulff/Reden/2011/08/110824-Wirtschaftsnobelpreistraeger.html.

10 Vgl. »Der Freund fehlte«, *Der Spiegel*, 27. Oktober 1975, Nr. 44, S. 27–28, http://www.spiegel.de/spiegel/print/d-41392790.html.

11 A. Weber, »Kaufprogramm birgt erhebliche Risiken«, Interview mit J. Schaaf, *Bör-*

sen-Zeitung, 11. Mai 2010, http://www.boersen-zeitung.de/index.php?li=1&artid=2010089001&titel="Kaufprogramm-birgt-erhebliche-Risiken".

12 A. Weber, »Die Glaubwürdigkeit leidet«, Interview mit A. Mahler und C. Pauly, *Der Spiegel*, 14. Februar 2011, Nr. 7, S. 19–21.

13 Vgl. »Ex-Währungshüter Stark attackiert EZB-Kurs«, *Der Spiegel*, 14. Januar 2012, http://www.spiegel.de/wirtschaft/soziales/brandbrief-ex-waehrungshueter-stark-attackiert-ezb-kurs-a-809199.html.

14 Vgl. M. Frühauf und S. Ruhkamp, »EZB halbiert die Käufe von Staatsanleihen«, *Frankfurter Allgemeine Zeitung*, 14. November 2011, http://www.faz.net/aktuell/wirtschaft/nur-noch-4-5-milliarden-euro-ezb-halbiert-die-kaeufe-von-staatsanleihen-11528894.html.

15 J. Weidmann, »Die Stabilitätsunion sichern«, Dankesrede anlässlich der Verleihung des Ludwig-Erhard-Preises für Wirtschaftspublizistik in Berlin, 5. Juli 2012, www.bundesbank.de/Redaktion/DE/Reden/2012/2012_07_05_weidmann_stabilitaetsunion.html.

16 Vgl. »ECB Halts Purchases of Eurozone Bonds«, *BBC News*, 20. Februar 2012, http://www.bbc.co.uk/news/business-17103843.

17 Europäische Zentralbank, »Technical Features of Outright Monetary Transactions«, *Pressemitteilung*, 6. September 2012, http://www.ecb.de/press/pr/date/2012/html/pr120906_1.en.html.

18 Vgl. beispielsweise S. Afhüppe und N. Häring, »Wie lange noch?«, *Handelsblatt*, 3. August 2012, S. 3, sowie »EZB darf unbegrenzt Staatsanleihen kaufen«, *tagesschau.de*, 6. September 2012, http://www.tagesschau.de/wirtschaft/euro-rettung104.html.

19 Europäische Zentralbank, »Technical Features of Outright Monetary Transactions«, a.a.O.

20 Vgl. beispielsweise G. Braunberger und S. Ruhkamp, »Bundesbank kritisiert Beschluss offen«, *Frankfurter Allgemeine Zeitung*, 6. September 2012, http://www.faz.net/aktuell/wirtschaft/wirtschaftspolitik/ezb-staatsanleihekaeufe-bundesbank-kritisiert-beschluss-offen-11881725.html; außerdem S. Ruhkamp, »Weidmann hat Rücktritt erwogen«, *Frankfurter Allgemeine Zeitung*, 31. August 2012, http://www.faz.net/aktuell/wirtschaft/bundesbankchef-weidmann-hat-ruecktritt-erwogen-11874472.html.

21 Vgl. AEUV, Art. 130.

22 M. Feldstein, »Dos and Don'ts for the European Central Bank«, *Project Syndicate*, Juli 2012, http://nber.org/feldstein/projectsyndicatejuly2012.pdf.

23 Vgl. G. Streiter (Stellvertretender Regierungssprecher), Aussage auf der Regierungspressekonferenz vom 6. August 2012, http://www.bundesregierung.de/Content/DE/Mitschrift/Pressekonferenzen/2012/08/2012-08-06-regpk.html?nn=391850 in Verbindung mit »Bundesregierung: ›Keinerlei Zweifel‹ am Kurs der EZB«, *Frankfurter Allgemeine Zeitung*, 6. August 2012, http://www.faz.net/aktuell/wirtschaft/schuldenkrise-bundesregierung-keinerlei-zweifel-am-kurs-der-ezb-11845645.html; vgl. außerdem Bundesfinanzministerium, »Schäuble begrüßt Maßnahmen zur Stabilisierung der Eurozone und fordert Fortsetzung der Reformanstrengungen«, *Pressemitteilung*, 27. Juli 2012, Nr. 37, http://www.bundesfinanzministerium.de/Content/DE/Pressemitteilungen/Finanzpolitik/2012/07/2012-07-27-PM37.html, in Verbindung mit »EZB-Chef Draghi zieht Bundesregierung auf seine Seite«, *Die Zeit*, 27. Juli 2012, http://www.zeit.de/wirtschaft/2012-07/schaeuble-draghi-ezb.

24 Vgl. Art. 10 Abs. 1 des ESM-Vertrags, »Vertrag zur Einrichtung des Europäischen Stabilitätsmechanismus« in der Fassung vom 2. Februar 2012, enthalten im Ge-

setzentwurf der Fraktionen CDU/CSU und FDP, *Deutscher Bundestag Drucksache* 17, 20. März 2012, Nr. 9045, beziehungsweise Europäischer Rat, »Treaty Establishing the European Stability Mechanism (ESM)«, 2. Februar 2012, http://european-council.europa.eu/eurozone-governance/esm-treaty-signature?lang=de.

25 Vgl. M. Seidel, »Die Europäische Zentralbank«, *ZEI Working Paper* B 01, 2011, S. 5; vgl. auch derselbe, »Konstitutionelle Schwächen der Währungsunion«, *Europarecht* 35, 2000, S. 861–878, insbesondere S. 871, und derselbe, »Währungspolitik als Sozialpolitik«, in: C. Gaitanides, S. Kadelbach und G. Iglesias, Hrsg., *Europa und seine Verfassung. Festschrift für Manfred Zuleeg*, Nomos, Baden-Baden 2005, S. 505–537, insbesondere S. 521. Seidel ist am Zentrum für Europäische Integrationsforschung in Bonn beschäftigt und war ehemals Rechtsberater für Europarecht und Europäische Verfassungsentwicklung im Bundesministerium für Wirtschaft und Bevollmächtigter der Bundesregierung in Verfahren vor dem Europäischen Gerichtshof. Andere Meinungen vertreten zum Beispiel M. Herdegen, in: T. Maunz und G. Dürig, Hrsg., *Grundgesetz Kommentar*, 64. Ergänzungslieferung, Beck, München 2012, zu GG Art. 88, Randnummer 75, oder C. Zilioli und M. Selmayr, »The European Central Bank: Its System and its Law«, *Euredia*, 1999, S. 307–364, sowie C. Zilioli und C. Kroppenstedt, in: H. von der Groeben und J. Schwarze, Hrsg., *Kommentar zum EU-/EG-Vertrag*, 6. Auflage, Nomos, Baden-Baden 2003, zu Art. 110 EG, Randnummer 36.

26 Die deutschen Zinserträge aus den Refinanzierungskrediten sind übrigens unter dem Euro gegen den Trend gerechnet kleiner geworden, weil die Sondergewinne, die die Bundesbank aufgrund der weiten Verbreitung der D-Mark in Osteuropa und der Türkei erzielt hatte, mit dem Euro sozialisiert wurden. Vgl. H. Feist und H.-W. Sinn, »Eurowinners and Eurolosers: The Distribution of Seignorage Wealth in EMU«, *European Journal of Political Economy* 13, 1997, S. 665–689.

27 Vgl. J.-C. Trichet, »Supporting the Financial System and the Economy: Key ECB Policy Actions in the Crisis«, Rede auf einer vom Nueva Economía Fórum und dem Wall Street Journal organisierten Konferenz in Madrid, 22. Juni 2009, http://www.ecb.int/press/key/date/2009/html/sp090622.en.html.

28 Vgl. J.-C. Trichet, »The ECB's Enhanced Credit Support«, *CESifo Working Paper* Nr. 2833, Oktober 2009. Eine Übersicht über die Geldpolitik der Zentralbanken der westlichen Länder und andere Rettungsaktionen findet man in H.-W. Sinn, *Kasino-Kapitalismus. Wie es zur Finanzkrise kam, und was jetzt zu tun ist*, Econ, Berlin 2009, Kapitel 9, insbesondere S. 216 und 233.

29 Auch die internationalen Zahlungsvorgänge, um die es hier geht, sind rein elektronische Überweisungen, die nicht mit physischen Geldtransporten einhergehen. Die Metapher der Notenpresse ist in der Fachdiskussion üblich, wenn über Geldschöpfungs- und Überweisungsvorgänge gesprochen wird, aber man darf sie nicht wörtlich nehmen. Wenn einmal wirklich von physischen Banknoten die Rede ist, wird das aus dem Zusammenhang klar werden.

30 Vgl. S. Ruhkamp, »Die Bundesbank fordert von der EZB bessere Sicherheiten«, *Frankfurter Allgemeine Zeitung*, 29. Februar 2012, http://www.faz.net/aktuell/wirtschaft/schuldenkrise-die-bundesbank-fordert-von-der-ezb-bessere-sicherheiten-11667413.html.

31 Europäische Zentralbank, »Haircut Schedule for Assets Eligible for Use as Collateral in Eurosystem Market Operations«, *Monetary Policy*, Collateral, Risk Mitigation, Liquidity categories, http://www.ecb.int/press/pr/date/2010/html/sp090728_1annex.en.pdf?56d9b9db6fddaf7fcd28ebcd6706e630.

32 Vgl. Griechisches Finanzministerium, »Rules for the Amendment of Securities, Issued or Guaranteed by the Greek Government by Consent of the Bondholders«,

23. Februar 2012, http://www.hellenicparliament.gr/en/Nomothetiko-Ergo/Anazitisi-Nomothetikou-Ergou?law_id=3b426740-db7b-471a-9829-80a89a6518b5.

33 Vgl. »Commerzbank überrascht mit Kapitalerhöhung«, *Frankfurter Allgemeine Zeitung*, 24. Februar 2012, Nr. 47, S. 16.

34 Europäische Zentralbank, »Eligibility of Greek Bonds Used as Collateral in Eurosystem Monetary Policy Operations«, *Presseerklärung*, 28. Februar 2012, http://www.ecb.int/press/pr/date/2012/html/pr120228.en.html.

35 Europäische Zentralbank, »Collateral Eligibility of Bonds Issued or Guaranteed by the Greek Government«, *Presseerklärung*, 20. Juli 2012, http://www.ecb.de/press/pr/date/2012/html/pr120720.en.html, und D. Szarek, »Jetzt drucken sich die Griechen ihre Euro selbst«, *Focus*, 25. Juli 2012, http://www.focus.de/finanzen/news/staatsverschuldung/banken-refinanzieren-sich-ueber-notkredite-die-ezb-schaltet-auf-stur-also-schoepfen-sich-die-griechen-ihr-geld-selber_aid_786691.html.

36 Ebenda.

37 Vgl. W. Buiter, J. Michels und E. Rahbari, »ELA: An Emperor without Clothes?«, *Citi Global Economics View*, 21. Januar 2011, http://www.willembuiter.com/ela.pdf.

38 Central Bank of Greece, *Financial Statements*, Other Assets, Sundry, http://www.bankofgreece.gr/Pages/en/Publications/FinStatements.aspx?Filter_By=9.

39 Central Bank of Ireland, *Financial Statement of the Central Bank of Ireland*, Other assets, http://www.centralbank.ie/polstats/stats/cmab/Pages/Money%20and%20Banking.aspx.

40 Vgl. »Zweifelhafte Werte«, *Der Spiegel*, 6. Juni 2011, Nr. 23, S. 62 f., sowie »Auf schmalem Grat«, *Der Spiegel*, 23. Mai 2011, Nr. 21, S. 60 ff.

41 Vgl. »Fußball Spanien: Spanische Klubs dürfen auf Schuldenschnitt hoffen«, *Handelsblatt*, 12. März 2012, http://www.handelsblatt.com/fussball-spanien-spanische-klubs-duerfen-auf-schuldenschnitt-hoffen/6314162.html.

42 N. Panigirtzoglou, G. Koo, S. Mac Gorain und M. Lehmann, *Flows & Liquidity. Who are the Losers from Greek Debt Restructuring?*, Global Asset Allocation, 6. Mai 2011.

43 Europäische Zentralbank, »EZB-Rat genehmigt Zulassungskriterien für zusätzliche Kreditforderungen«, *Pressemitteilung*, 9. Februar 2012, http://www.ecb.int/press/pr/date/2012/html/pr120209_2.de.html.

44 Ebenda.

45 N. Häring, »Geldschwemme à la Draghi«, *Handelsblatt*, 3./4./5. August 2012, Nr. 149, S. 9.

46 »Kein Zurück für die Euro-Retter«, *Handelsblatt*, 1. August 2012, Nr. 147, S. 12.

47 Die Kredite werden mit dem Kürzel »LTRO« bezeichnet, das für Long-Term Refinancing Operations steht.

48 Vgl. »Stabile Preise ohne monetäre Staatsfinanzierung«, *Frankfurter Allgemeine Zeitung*, 24. Februar 2012, Nr. 47, S. 14.

49 Zwischen Kalenderwoche 50/2011 und Kalenderwoche 10/2012 stiegen die Einlagefazilitäten um 584 Milliarden Euro. Siehe Europäische Zentralbank, Konsolidierter Ausweis des Eurosystems zum 16. Dezember 2011 und 9. März 2012, *Pressemitteilung*, 20. Dezember 2011 beziehungsweise 13. März 2012.

6 Die europäische Zahlungsbilanzkrise

Irrelevante Salden? – Die Target-Salden und Zahlungsbilanzungleichgewichte – Die Explosion der Target-Salden – Warum die Target-Salden Kredite messen – Target-Salden als öffentlicher Kapitalexport – Selbstbedienung mit der Notenpresse

IRRELEVANTE SALDEN?[1]

Die volle Dimension der Rettungsaktionen der EZB wird an den sogenannten Target-Salden deutlich. Die politisch Verantwortlichen auf europäischer oder nationaler Ebene wissen darüber wenig, weil es um Kreditflüsse geht, die durch die verschlungenen Kanäle des Zentralbanksystems laufen, und sie wollen es offenbar auch gar nicht wissen, um sich damit nicht zu belasten. Frei nach dem Motto: Zum Glück sind die Notenbanken unabhängig, und deshalb kann die Politik nicht für das, was die EZB tut, zur Verantwortung gezogen werden.

Deutschland selbst hatte bei der Schaffung der EZB darauf gedrungen, dass diese Institution wie auch die nationalen Zentralbanken unabhängig von politischen Einflüssen agieren kann, um nicht als Staatsfinancier missbraucht zu werden. Der EZB-Rat, in dem auch Deutschland wie Malta grundsätzlich nur mit einer Stimme vertreten ist, zu der im Moment zufällig noch ein deutsches Direktoriumsmitglied hinzukommt, kann deshalb im Rahmen des EU-Vertrages und der Satzung der EZB tun und lassen, was er will, ohne dass sich die Politik offen einmischt.

Die Bundesregierung weigert sich bisher, sich mit der Target-Problematik öffentlich auseinanderzusetzen. In ihrer bislang einzigen Stellungnahme, die dazu bekannt wurde, einem Schreiben des parlamentarischen Staatssekretärs im Finanzministerium, Hartmut Koschyk, an den CSU-Abgeordneten Peter Gauweiler, bezeichnete sie die Target-Salden als bloße »Verrechnungsposten«, die dazu dienten, »die Bilanzen (der Notenbanken) wieder auszugleichen«. »›Target-Kredite‹, wie Prof. Sinn die Forderungen einzelner, nationaler Zentralbanken des Eurosystems nennt, existieren nicht«, ließ sie verlauten.[2]

Diese abwiegelnde Haltung ist verblüffend, denn mittlerweile spricht die gesamte Finanzwelt darüber. Spätestens seit dem Warnschuss, den die Ratingagentur Moody's abgab, kann die deutsche Bundesregierung ihre Position nicht mehr halten. Moody's ist eine der beiden großen Ratingagenturen der Welt. Sie bewertet Wertpapiere, Firmen, Banken und ganze Staaten im Hinblick auf ihre Bonität, damit die Kapitalanleger wissen, mit welchen Risiken sie rechnen und welche Zinsen sie verlangen können, und sie hat schon so manche Regierung ins Zittern gebracht. Moody's hat nun die Target-Salden Deutschlands explizit als einen der Gründe dafür angeführt, dass die Aussicht für Deutschlands Rating von »stabil« auf »negativ« geändert wurde.[3] Das Bundesfinanzministerium erklärte daraufhin, die von Moody's genannten Risiken seien auch ihm »nicht neu«.

In der Tat sind die Risiken der Regierung nicht neu, denn hinter den Kulissen wird schon seit Monaten eifrig darüber debattiert. Dafür hat unter anderem die Deutsche Bundesbank gesorgt, denn Bundesbankpräsident Jens Weidmann hat im Februar 2012 in einem vertraulichen Brief an den Präsidenten der Europäischen Zentralbank, Mario Draghi, der der *Frankfurter Allgemeinen Zeitung* zugespielt und dadurch öffentlich bekannt wurde, seine Besorgnis über die wachsenden Target-Salden im Euroraum zum Ausdruck gebracht und ihre Besicherung verlangt.[4] Weidmann hatte seinen Brief nach einer Phase monatelangen Schweigens der Bundesbank zum Thema Target verfasst, in der die Target-Problematik innerhalb der Bundesbank ausführlich beraten worden war. Mit diesem Schreiben rückte Weidmann von der früheren Position der Bundesbank ab, dass es sich bei den Target-Salden um irrelevante statistische Restposten handele, die eine normale Begleiterscheinung der Geldschöpfung im Europäischen Währungssystem sind.[5] Diese Position war unter anderem von Helmut Schlesinger, dem früheren Präsidenten der Bundesbank, während dessen Amtszeit der Maastrichter Vertrag abgeschlossen wurde, kritisiert worden.[6] Die Bundesbank teilt nun die Besorgnis darüber, dass die Target-Salden zwischen den Zentralbanken sehr stark gewachsen sind, und befürchtet hohe Lasten für die Notenbanken des Euroraums.

Auch aus CDU, CSU und SPD mehren sich mittlerweile die Stimmen, die die möglichen Risiken aus den Target-Salden ansprechen. Das Thema wurde unter anderem von dem CDU-Abgeordneten Klaus-Peter Willsch[7] sowie den CSU-Abgeordneten Peter Gauweiler[8] und Johannes Singhammer[9] problematisiert. Am 14. August 2012 hat auch der haushaltspolitische Sprecher der SPD, Carsten Schneider, in einem Interview für die *Berliner Zeitung* auf die riesigen Haftungssummen hingewiesen, die für Deutschland aus dem Target-System entstehen.[10]

Hinter den Target-Salden verbergen sich dieselben Refinanzierungskredite der nationalen Notenbanken, die im vorigen Kapitel diskutiert wurden. Insofern scheinen sie auf den ersten Blick nichts Besonderes zu sein. Es handelt sich dabei jedoch um einen *Überlauf* an Zentralbankkrediten über jenes Maß hinaus, das der Geldversorgung im Inneren eines Landes dient. Dieser Überlauf wird von der Wirtschaft des jeweiligen Landes benutzt, im Ausland Güter und Vermögensobjekte zu kaufen sowie Schulden zu tilgen. Insofern bedeuten die Target-Salden sehr wohl etwas grundsätzlich anderes, als die nationale Wirtschaft mit einem Bestand an Transaktions- oder Tauschmitteln zu versorgen, der von Konto zu Konto läuft und als Bodensatz an Liquidität immer irgendwo in diesem Land herumliegt. Sie führen nämlich, wie wir in Kapitel 7 noch im Detail feststellen werden, tatsächlich zu einem Nettozufluss an Gütern aus anderen Ländern, die für Konsum- oder Investitionszwecke verwendbar sind.

Dass es zu diesem Überlauf an Liquidität kam, ist das unmittelbare Ergebnis der Absenkung der Sicherheitsstandards für die Pfänder, die Geschäftsbanken bei ihren Notenbanken für Refinanzierungskredite hinterlegen mussten. In ihrem ökonomischen Kern messen die Target-Salden deshalb öffentliche internationale Kredite, die nichts anderes sind als die öffentlichen Rettungskredite EFSF, ESM und wie sie alle heißen, über die die Parlamente Europas unter großen Mühen abgestimmt haben. Diese Kredite sind auch nichts anderes als die Staatspapierkäufe des EZB-Systems, derentwegen zwei deutsche Vertreter im EZB-Rat zurückgetreten sind und der dritte, Jens Weidmann, in die Isolierung geraten ist. Die Unterschiede liegen allein in der Verbuchung in den Kontensystemen des Staates, nicht in der ökonomischen Substanz.

Die Target-Kredite erklären, warum die Kapitalimporte der Krisenländer in der Krise noch immer riesig waren (wie anhand von *Abbildung 3.6* gezeigt), obwohl die Krise ihre Ursache gerade darin hat, dass sich die Kapitalmärkte diesen Ländern verweigern. Sie sind der Rettungsschirm vor dem Rettungsschirm – oder, um das Bild des vorigen Kapitels aufzugreifen, der weiße Ritter, der als Ersatz für den wegbrechenden privaten Kapitalmarkt zur Verfügung stand. Das Volumen der Target-Kredite, die den Krisenländern zugutekamen, ist bald fünfmal so groß wie das der Staatspapierkäufe und mehr als doppelt so groß wie das der offiziellen Rettungskredite.

Der Sachverhalt ist aber komplex, und von einem fachlich nicht vorgebildeten Leser dieses Buches kann man nicht erwarten, dass er ihn auf Anhieb versteht. Er ist jedoch für die Zukunft der Eurozone im Allgemeinen und Deutschlands im Besonderen viel wichtiger als der ganze Rest der Rettungsaktionen. Angesichts der Dynamik in der Entwicklung der Target-Salden steht perspektivisch nicht weniger, sondern eher mehr als das deutsche Auslandsvermögen auf dem Spiel. Dieses und die nachfolgenden Kapitel werden versuchen, die Komplexität Schritt für Schritt aufzulösen und das Thema für jedermann verständlich darzulegen.

DIE TARGET-SALDEN UND ZAHLUNGSBILANZUNGLEICHGEWICHTE

Target ist der Name des Zahlungssystems, über das die internationalen Zahlungen zwischen Banken im Euroraum abgewickelt werden. Er ist das Akronym eines komplexen Ausdrucks, den man am besten sofort wieder vergisst, wenn man ihn gehört hat, weil er nichts zum Verständnis beiträgt.[11] Das Target-System transferiert und misst die Geldüberweisungen zwischen den nationalen Notenbanken der Euroländer aufgrund von internationalen Überweisungsaufträgen, die private und öffentliche Finanzinstitute ihren jeweiligen Geschäftsbanken geben. Ein Target-Defizit einer nationalen Notenbank ist ein Nettoabfluss an Eurogeld in ein anderes Land oder das, was die Ökonomen ein Zahlungsbilanzdefizit nennen. Entsprechend ist ein Target-Überschuss ein Nettozufluss an Eurogeld von anderen Ländern oder ein Zahlungsbilanzüberschuss.[12]

Manchmal wird statt von Target von Target2 gesprochen, um die zweite, im Jahr 2007 betretene Entwicklungsstufe des ursprünglichen Zahlungssystems zu kennzeichnen, das einfach nur Target hieß. Aber das betont einen Aspekt, auf den es gar nicht ankommt. Die Unterschiede zwischen dem ersten Target-System und dem zweiten sind nur technischer Natur und haben nichts mit der ökonomischen Interpretation der Salden als Zahlungsbilanzungleichgewichte zu tun.[13]

Im Target-System wird nur der elektronische Geldverkehr, also die internationalen Geldüberweisungen, erfasst. Über die physischen Geldströme, die quasi im Koffer erledigt werden, gibt es keine Statistiken. Da der Zahlungsverkehr in der Eurozone nicht beschränkt ist, während Bargeldtransporte kontrolliert werden, kann man davon ausgehen, dass der Bargeldtransport zwischen den Euroländern eine vergleichsweise geringe Bedeutung hat. Ein gewisser Bargeldfluss findet aber wohl auch durch den Tourismus und durch Gastarbeiterheimfahrten statt. Dadurch entsteht potenziell eine ähnliche Problematik wie durch die Target-Salden. Darauf wird später (in Kapitel 9) noch eingegangen.[14]

Im Euroraum fließen die auf Euro lautenden Zahlungen der Händler und Finanzinstitute kreuz und quer hin und her, innerhalb der Länder und über die Grenzen, aber nur die grenzüberschreitenden Zahlungsströme werden im Target-System erfasst. Man wohnt im einen Land, kauft Güter im zweiten und liefert ins dritte. Es werden Aktien, Schuldverschreibungen, Immobilien und ganze Fabriken über die Landesgrenzen hinweg gekauft und verkauft. Neue Kredite werden aufgenommen, und alte werden getilgt. Immer führen diese Zahlungsvorgänge zu Geldströmen im Raum, aber es kommt in der Regel nicht zu Nettogeldströmen, weil sich die Zu- und Abflüsse die Waage halten. Eine solche Normalsituation bezeichnet man als Zahlungsbilanzgleichgewicht.

Ein Zahlungsbilanzgleichgewicht zwischen Ländern ist nicht dasselbe wie ein Leistungsbilanzgleichgewicht. Letzteres meint, grob gesprochen, dass ein Land so viele Güter und Leistungen exportiert, wie es importiert. Ein Land kann aber ein Leistungsbilanzdefizit haben, weil es mehr importiert, als es exportiert, und trotzdem kann seine Zahlungsbilanz ausgeglichen sein, weil ihm ausländische Kredite zufließen, die das Defizit finanzieren.

Nehmen wir Griechenland. Griechenland kauft mehr Güter vom Ausland, als es dahin verkauft. Es braucht also Geld. Dieses Geld lieh es sich im Ausland. Geld floss zum Beispiel von einer französischen Bank über eine griechische Bank an einen griechischen Bankkunden, und der überwies es dann wieder nach Deutschland, weil er sich dort ein Auto kaufte. Das Geld kam aus dem Ausland und floss wieder ins Ausland zurück. Die griechische Zahlungsbilanz war im Gleichgewicht. So war es vor der Finanzkrise.

In einem Land wie Deutschland, das einen Exportüberschuss hat, war es umgekehrt. Deutschland kam in den Genuss von Geldzuflüssen aus dem Ausland, weil es mehr Waren verkaufte, als es kaufte, verwendete aber dieses Geld für Käufe von Anleihen, Aktien, Immobilien oder anderen Vermögenstiteln im Ausland oder gab direkt einen Kredit an das Ausland. Viel deutsches Geld floss beispielsweise als Kredit nach Frankreich, von wo es nach Griechenland weitergeleitet wurde.

Bei allen drei Ländern floss Geld in beide Richtungen über die Grenzen, aber es gab keine grenzüberschreitenden Nettoströme von Geld. Die Target- oder Zahlungsbilanzsalden waren (ungefähr) null.

Von einem Ungleichgewicht in der Zahlungsbilanz spricht man, wenn mehr Geld in die eine als in die andere Richtung über die Grenzen fließt, wenn sich also Zuflüsse und Abflüsse nicht aufheben und ein Saldo entsteht. Bekommt also zum Beispiel der griechische Autokunde den Kredit aus Frankreich nicht mehr, will sich aber gleichwohl das deutsche Auto kaufen, indem er in Griechenland vorhandenes Geld überweist, entsteht in Griechenland ein Target- oder Zahlungsbilanzdefizit, denn zwar fließt noch genauso viel Geld aus Griechenland ab wie vorher, doch fließt weniger zu. Wenn sonst nichts weiter passiert, entsteht in Frankreich ein Zahlungsbilanzüberschuss, weil weniger Geld nach Griechenland abfließt, während die deutsche Zahlungsbilanz ausgeglichen bleibt. Freilich kann es sein, dass der Kredit, der von Deutschland nach Frankreich floss, nun auch versiegt. In diesem Fall entsteht der Zahlungsbilanzüberschuss in dem genannten Beispiel nicht in Frankreich, sondern in Deutschland. Ungefähr so ist es wohl tatsächlich in der Krise gewesen.

Abbildung 6.1 verdeutlicht diese Interpretation der Zahlungsbilanz in schematischer Form anhand von Pfeilen, die Zahlungsströme verdeutlichen sollen. Die schwarzen Pfeile sollen den Geldfluss für Güterkäufe symbolisieren, die grünen den Geldfluss aufgrund von Krediten. Es gibt Geldflüsse innerhalb der Länder und grenzüberschreitende Geldflüsse.

Das linke Bild stellt die Situation vor der Krise dar. Es zeigt, wie es in *Abbildung 3.6* schon numerisch belegt wurde, dass die Länder der südlichen Peripherie des Euroraums vor der Krise Nettoempfänger von Krediten waren. Dorthin richten sich viele grüne Pfeile, die von den Kernländern Europas kommen. Zurück in die Kernländer sind schwarze Pfeile gerichtet, die den Geldfluss in diese Länder zum Zweck des Güterkaufs verdeutlichen. Der Nettogüterstrom vom Kern in die Peripherie, der sich in entsprechenden Leistungsbilanzsalden ausdrückt, ist das, was die ehemalige französische Finanzministerin Christine Lagarde mit ihrer Tango-Metapher ausgedrückt hatte (*Abbildung 2.6*).

Das rechte Bild zeigt die Krise. In der Krise versiegten die Kreditströme vom Kern in die Peripherie, was sich daran zeigt, dass die grünen Pfeile fehlen. Es kam zu einem Nettoabfluss von Geld von der Peripherie in den Kern, weil die Güterkäufe weitergingen, aber der Kreditfluss zu ihrer Finanzierung fehlte.

Mehr noch, da viele Kreditgeber ihre schon ausstehenden Kredite nicht mehr verlängerten und die Rückzahlung verlangten, flossen zudem auch Geldbestände für die Tilgung ab, ohne dass Ersatzkredite verfügbar waren, die neues Geld hätten bringen können. Dies ist in der rechten Abbildung durch die roten Pfeile veranschaulicht. Es fand eine Kapitalflucht statt. Das Kapital, das vom Kern in die Peripherie verliehen worden war, floh, so rasch es die Fristigkeit der Kredite zuließ, in die Heimatländer zurück. Das erzeugte den deutschen Investitionsboom und speziell den Bauboom nach der Krise, wie in Kapitel 2, Abschnitt *Bauboom im Heimathafen* erläutert wurde.

Abbildung 6.1: Zahlungsbilanzgleichgewicht und -krise

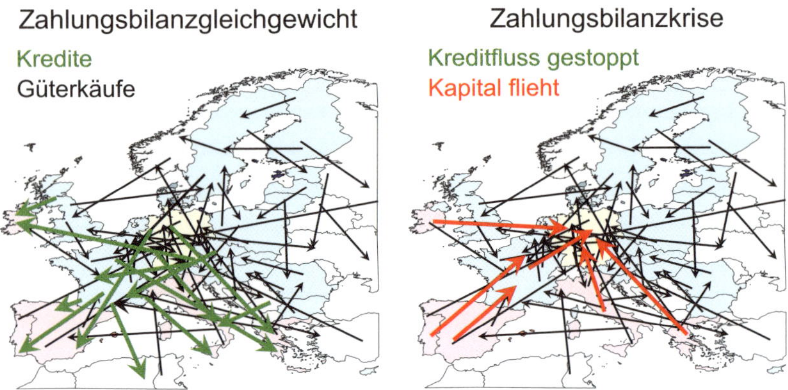

Zahlungsbilanzungleichgewichte wie zwischen den Euroländern kann es im Prinzip auch zwischen Regionen innerhalb der jeweiligen Länder oder auch zwischen der Eurozone und dem Rest der Welt geben. Die Gefahr solcher Ungleichgewichte ist aber klein. Innerhalb der einzelnen europäischen Staaten stellen Finanzausgleichssysteme sicher, dass regionale und lokale Gebietskörperschaften aufgefangen und streng kontrolliert werden, wenn sie Finanzprobleme haben. Insofern ist eine Verweigerung privater Kreditgeber gegenüber bestimmten Einzelregionen nicht zu beobachten. (Anders ist es in den USA, wo es einen solchen formellen Finanzausgleich zwischen den Bundesstaaten nicht gibt, dafür aber Mechanismen, die die Kapitalflucht über eine Zinsspreizung verhindern. Siehe Kapitel 12, Abschnitt *Wie die Target-Salden in den USA getilgt werden.*) Und im Außenverhältnis sorgen im Allgemeinen flexible Wechselkurse und unterschiedliche Währungen dafür, dass sich Güter- und Kapitalströme die Waage halten. Größere Devisenströme über die Grenzen hinweg kommen nur vor, wenn die Notenbanken ausländische Währung horten, um die Kurse zu beeinflussen. Das tun die zum Eurosystem gehörenden nationalen Notenbanken aber nicht. Zwischen Privatsektoren unterschiedlicher Währungsgebiete gibt es keine erheblichen Nettoströme von Devisen, weil man mit ausländischer Währung im Inland im Allgemeinen wenig anfangen kann.

Die internationalen Zahlungsvorgänge werden normalerweise nach Zahlungen im Rahmen der Leistungsbilanz und der Kapitalbilanz unterschieden. In der Leistungsbilanz werden Transaktionen im Zusammenhang mit dem Erwerb von Gütern aus laufender Produktion, Dienstleistungen einschließlich der Zinsen für Kreditgeschäfte sowie Geschenke erfasst. Die Kapitalbilanz misst demgegenüber Zahlungen im Zuge des Tausches von Vermögenstiteln, vor allem zumeist die Entstehung oder Tilgung von Krediten. In offiziellen Statistiken findet man auch noch die Definition, dass die Kapitalbilanz nur langfristige Kredite erfasst. Diese Verengung ist aber im Sprachgebrauch der Volkswirtschaftslehre nicht üblich. Für die Zwecke dieses Buches meint der Begriff Kapitalströme alle Arten von Krediten außer den noch zu erörternden Target-Krediten selbst, egal welcher Fristigkeit sie sind – also auch die kurzfristigen Interbankenkredite, die im Zentrum des Geschehens stehen. Außerdem sind grenzüberschreitende Vermögenskäufe jedweder Art erfasst, denn der Verkauf eines Vermögensobjektes versetzt den Verkäufer genauso in die Lage, mit dem Geld, das er erhält, Güter aus laufender Produktion zu erwerben wie der »Verkauf« eines Schuldscheins, den man als die Aufnahme eines Kredites interpretieren kann.

Verwendet man diese Begriffe, so liegt ein Zahlungsbilanzgleichgewicht vor, wenn Kapitalbilanz und Leistungsbilanz einander ausgleichen, und ein Ungleichgewicht, wenn sie es nicht tun. In der Eurozone lässt sich ein Zahlungsbilanz- oder Target-Defizit somit als jener Teil des Leistungsbilanzdefizits definieren, der nicht durch Nettokapitalimporte finanziert ist, oder, algebraisch äquivalent, als die Summe aus dem Leistungsbilanzdefizit und dem Nettokapitalexport. Diese Definition wird weiter hinten nützlich sein, wenn die Beziehung zwischen den Target-Salden und den Leistungsbilanzsalden studiert wird.[15]

DIE EXPLOSION DER TARGET-SALDEN

Während *Abbildung 6.1* nur dazu dient, das richtige Verständnis für das Geschehen beim Leser zu wecken, zeigt *Abbildung 6.2* exakte Zahlenwerte aus einer Datenbank, die Timo Wollmershäuser und ich aus den Bilanzen der nationalen Notenbanken des Euroraums oder, wenn einzelne Notenbanken die Daten nicht veröffentlichen, aus den Statistiken des Internationalen Währungsfonds (IWF) zusammengestellt haben.[16] Die Zahlenwerte sind in den Bilanzen der nationalen Notenbanken enthalten, weil sie, wie weiter unten noch näher erläutert wird, Schuldverhältnisse zwischen den Notenbanken begründen. Meistens stehen sie dort aber ziemlich versteckt und mit anderen Posten vermengt, sodass es nicht ganz einfach ist, sie herauszurechnen. Manche kleinere Länder geben die Daten nur an den IWF heraus, aus deren Veröffentlichungen man sie dann herausrechnen muss. Auch die Fristen bis zur Veröffentlichung unterscheiden sich. Bis zum heutigen Tage gibt es keine zusammenfassende Primär-Statistik zu den Target-Daten von der EZB selbst, vermutlich, weil sie es für uneuropäisch hält, sie sich überhaupt anzuschauen. Aber die Art, wie wir die Zahlen aus den Bilanzen und ergänzend auch aus den IWF-Statistiken berechnen, wird mittlerweile auch von der EZB verwendet und hat sich weltweit durchgesetzt.[17]

Die Abbildung zeigt, wie sich die Zahlungsbilanz- beziehungsweise Target-Salden im Euroraum für Deutschland, die Niederlande, die GIPSZ-Länder und Italien entwickelt haben. GIIPSZ steht für die sechs Krisenländer mit Italien und GIPSZ mit nur einem »I« für die Krisenländer ohne Italien. (Analog steht GIIPS für die Krisenländer ohne Zypern und GIPS für die Krisenländer ohne Zypern und Italien.) Die deutsche und die niederländische Kurve zeigen akkumulierte Überschüsse, sogenannte Target-Forderungen, wie sie durch die linke Skala gemessen werden, und die anderen beiden Kurven zeigen akkumulierte Defizite, also Target-Schulden. Sie sind auf der rechten Skala abzulesen. Es handelt sich bei den dargestellten Zahlenwerten also um Bestände und nicht etwa laufende Ströme. Die Ströme kommen durch die Steigungen der Kurven zum Ausdruck. Beide Skalen haben die gleiche Einteilung und unterscheiden sich nur durch das Vorzeichen. Man sieht, dass im Euroraum bis etwa zum Sommer 2007 approximativ ein Zahlungsbilanzgleichgewicht vorlag. Zwar waren die Salden nie exakt null, weil die internationalen Zahlungsströme von vielerlei stochastischen Einflüssen abhängen, doch die Abweichungen waren sehr klein. So lag die Summe der Target-Forderungen der Überschussländer bei nur etwa 1,3% des BIP der Eurozone.

Nennenswerte Ungleichgewichte ergaben sich erst nach dem August 2007, weil damals der europäische Interbankenmarkt das erste Mal in Unordnung geriet. Da die Banken Frankreichs, Deutschlands und der Niederlande ihre Kredite nur noch zögerlich ins Ausland vergaben, mussten die GIPSZ-Länder, die allesamt große Defizite in der Leistungsbilanz hatten, ihre Güterkäufe durch die Hergabe von Geld finanzieren, ohne dass ihnen in entsprechendem Umfang Geld aus dem Ausland zufloss. Sie haben dann – wie im nächsten Abschnitt gezeigt wird – die Geldverluste durch die (elektronische) Notenpresse ersetzt. Im Falle Irlands und seit dem Sommer 2011 auch Spaniens und Italiens kam es sogar zu einer Kapitalflucht in dem Sinne, dass die Banken der europäischen Kernländer ihre dorthin verliehenen Kreditbestände repatriierten. Bereits seit dem Sommer 2007 floss Geld aus den GIPSZ-Ländern heraus, während in Deutschland, den Niederlanden, Finnland und Luxemburg wachsende Geldmengen anlandeten. Bis zum Juli 2012 war Deutschland per Saldo ein Geldbestand von 727 Milliarden Euro zugeflossen. In den Niederlanden waren bis zum Juni 126 Milliarden Euro angelandet, in Finnland bis zum Mai 54 Milliarden Euro und in Luxemburg bis zum Mai 128 Milliarden Euro.

Insgesamt ist es bemerkenswert, welche Dramatik die Zahlenreihen aufweisen. Noch im Frühjahr 2011, als die ifo-Zahlen das erste Mal die Runde machten und Deutschland bei etwas mehr als 300 Milliarden Euro lag, hieß es, die Zahlen würden ja bald wieder zurückgehen, und es zeichne sich am aktuellen Rand ja schon eine Beruhigung ab. Davon kann keine Rede sein. In den letzten zwölf Monaten vor Abschluss dieses Manuskripts (Juli 2011 bis Juli 2012) stieg der deutsche Target-Saldo jedes Vierteljahr im Schnitt um etwa 100 Milliarden Euro oder 32 Milliarden Euro pro Monat. Wie der Leser der dargestellten Kurve unschwer entnehmen kann, stieg selbst dieser Zuwachs unter gewissen Schwankungen von Monat zu Monat weiter an. Man spricht manchmal bei solchen Entwicklungen von explodierenden Reihen. Zu hoffen ist, dass das nicht allzu wörtlich zu nehmen ist.

Es ist hilfreich, zum ökonomischen Verständnis des Geschehens zwischen Binnengeld und Außengeld zu unterscheiden. Außengeld nenne ich Geld, das in einem Euroland zirkuliert, doch in einem anderen Euroland geschaffen wurde, indem die Notenbank dort Kredite an den privaten Bankensektor vergab oder Vermögensobjekte von diesem Sektor erwarb. Binnengeld ist Geld, das in einem Land zirkuliert und dort auch geschaffen wurde.[18] Die grünen Kurven messen demgemäß die Bestände an Außengeld, das in Deutschland und den Niederlanden anlandete, und die roten Kurven messen ehemalige Binnengeldbestände der GIPSZ-Länder und Italiens, die diese Länder verließen und dadurch zu Außengeld wurden.

Abbildung 6.2: Akkumulierte Zahlungsbilanzsalden im Euroraum

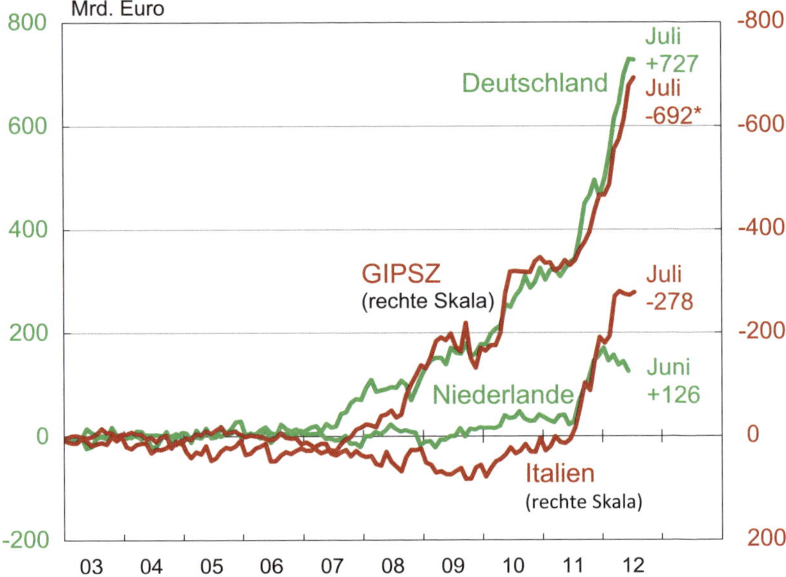

* Die Daten Spaniens waren bei der Erstellung dieses Diagramms bis Ende Juli 2012 verfügbar; jene Griechenlands, Irlands, Portugals und Zyperns bis Ende Mai 2012. Der dargestellte Wert für GIPSZ im Juni und Juli ist mit den Mai-Werten der vier Länder und dem jeweiligen Monatswert für Spanien fortgeschrieben.

Quelle: H.-W. Sinn und T. Wollmershäuser, a.a.O., *Abbildung 1*, Fortschreibung.

Bemerkenswert ist, dass Italien noch bis zum Sommer 2011 einen leichten Zahlungsbilanzüberschuss hatte, dann aber unter massiven Geldabflüssen litt. Innerhalb eines Jahres, von Juli 2011 bis Juni 2012 sind aus Italien 278 Milliarden Euro abgeflossen. Für die Entwicklung der GIPSZ-Kurve seit dem Sommer 2011 ist vor allem Spanien verantwortlich. Aus Italien und Spanien flossen in der genannten Zeitspanne insgesamt etwa 640 Milliarden Euro heraus. Der bloße Stopp der Finanzierung der Leistungsbilanzdefizite hat dazu nur zu einem Zehntel beigetragen, denn etwa so groß war der Anteil der Leistungsbilanzdefizite der beiden Länder in diesem Zeitraum. Der

Löwenanteil der Abflüsse war offenkundig eine reine Kapitalflucht, wie es in *Abbildung 6.1* durch die roten Pfeile veranschaulicht wird.

Die Kapitalflucht bestand, wie erwähnt, im Wesentlichen darin, dass Banken der europäischen Kernländer zurück in den sicheren Heimathafen geflohen sind. Sie verlangten die vertraglich vorgesehene Tilgung von kurzfristigen Krediten, die sie ausgereicht hatten, ohne der Ablösung der alten Kredite durch neue Kredite zuzustimmen. Man holte das verliehene Geld zurück, so schnell es eben ging. Außerdem ist freilich Vermögen geflohen, das den in diesen Ländern ansässigen Vermögensbesitzern selbst gehörte: Sie haben in großem Stil ihre Wertpapiere an die Banken ihrer Heimatländer verkauft und den Erlös dann ins Ausland getragen. So hörte man davon, dass eine griechische Immobiliengesellschaft Anzeigen in einer Berliner Zeitung platziert hat, um dort nach Immobilien als Anlageobjekte zu suchen.

Zum Zeitpunkt der Abfassung dieser Zeilen, im August 2012, ist der Strom der aus Italien und Spanien fliehenden Gelder noch nicht abgeschwollen. Bei Italien ist zwar eine gewisse Beruhigung zu erkennen, doch die spanischen Zahlen steigen mit umso größerer Dynamik.

Abbildung 6.3 gibt ein vollständigeres Bild der Target-Bestände, die sich bis zum aktuellen Rand aufgebaut haben. Man sieht, dass neben Deutschland auch noch Luxemburg, die Niederlande und Finnland nennenswerte Zahlungsbilanzüberschüsse akkumuliert haben, dass aber Deutschland ganz eindeutig der hauptsächliche Gegenpart zu den Krisenländern ist. Neben den GIIPSZ-Staaten gehören auch noch Österreich, Belgien und insbesondere Frankreich zu den Defizitländern. Letztere hatten in der Summe der Jahre aber allesamt nur leichte Geldabflüsse ins Ausland zu verkraften.

In den Monaten August bis Dezember 2011 waren allerdings per Saldo 70 Milliarden Euro aus Frankreich abgezogen worden, was die französische Target-Verbindlichkeit auf 69 Milliarden Euro ansteigen ließ, nachdem Frankreich zuvor ein fast ausgeglichenes Konto gehabt hatte. Die französische Target-Verbindlichkeit ist inzwischen aber schon wieder auf 36 Milliarden Euro gesunken, vermutlich als Folge des Umstandes, dass die französischen Banken selbst aus ihren Engagements in Südeuropa geflohen sind.

Abbildung 6.3: Die Target-Salden nach Ländern (Stand: Ende Mai* 2012)

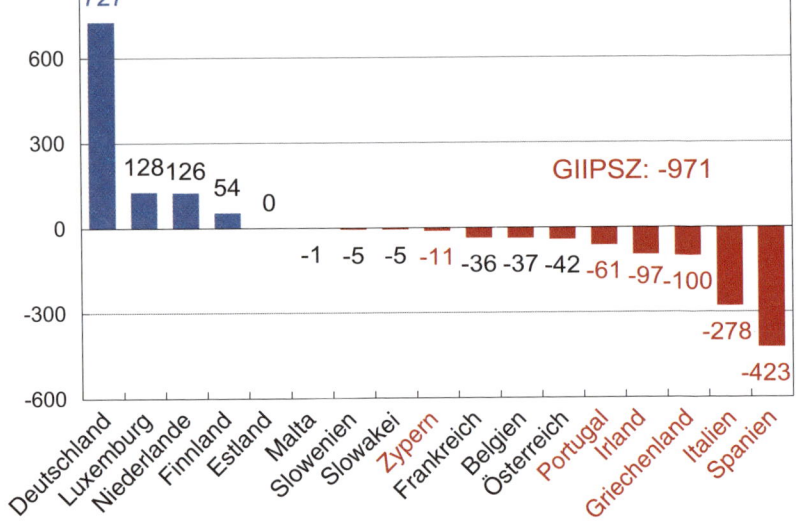

*Ende Juli 2012 für Deutschland, Italien und Spanien; Ende Juni 2012 für die Niederlande.
Quelle: H.-W. Sinn und T. Wollmershäuser, a.a.O., *Abbildung 1*, Fortschreibung.

Abbildung 6.3 zeigt, dass die Deutsche Bundesbank mit ihren Target-Forderungen zu dem bei weitem größten Nettogläubiger des EZB-Systems geworden ist. Nicht weniger als 68 % der gesamten Target-Forderungen des Eurosystems entfielen Ende Mai 2012 auf sie, obwohl sie nur 27 % des Kapitals der EZB hält. Außer ihr sind noch die Niederlande, Finnland, Luxemburg und Estland Target-Gläubiger. Gemessen an den Werten pro Einwohner steht Luxemburg mit 247.000 Euro an der Spitze, gefolgt von Finnland mit 10.100 Euro (jeweils Ende Mai 2012), Deutschland mit 8.900 Euro (Ende Juli 2012) und den Niederlanden mit 7.500 Euro (Ende Juni 2012).

WARUM DIE TARGET-SALDEN KREDITE MESSEN

Obwohl die Target-Salden Zahlungsbilanzsalden sind, messen sie auch Kredite zwischen den Notenbanken des Eurosystems. Das ist auf den ersten Blick nicht offenkundig, denn normalerweise ist mit der Vergabe eines Kredits auch eine Übergabe von Geld verbunden. Man fragt sich also, wo und wie etwa die Deutsche Bundesbank der griechischen Zentralbank Geld gegeben hätte. Das hat sie natürlich nicht. Das Kreditverhältnis entsteht vielmehr dadurch, dass beispielsweise beim Kauf einer deutschen Ware durch einen Griechen die Deutsche Bundesbank eine von der griechischen Zentralbank in Auftrag gegebene Überweisung durchführt. Dazu muss die Bundesbank der inländischen Geschäftsbank des deutschen Lieferanten eine Gutschrift erteilen, die für sie selbst eine Schuld gegenüber dieser Geschäftsbank darstellt. Gleichzeitig gewährt sie der griechischen Notenbank in Höhe der Gutschrift, die sie der inländischen Geschäftsbank erteilt hat, einen Kredit, den sie als Forderung in ihrer Bilanz verbucht. Es ist, als ob ich für meinen Freund, der sein Portemonnaie vergessen hat, eine Handwerkerrechnung bezahle. Ich gebe ihm durch die Ausführung der Zahlung an seiner Stelle einen Kredit und erwerbe dadurch eine Forderung gegen ihn.

Der Unterschied ist nur, dass mein Freund mir das Geld des Abends zurückgibt, während die Target-Forderung im Prinzip unbegrenzt stehen bleibt und niemals fällig gestellt werden kann. Griechenland bezieht also die Ware und lässt anschreiben, ohne selbst eine Ware zurückliefern zu müssen. Und es geht nicht nur um Waren. Es ist egal, was in Deutschland mit dem Geld, das die Bundesbank dem Verkäufer gutschreibt, erworben wird. Ob es eine Ware oder ein Wertpapier, eine Immobilie oder eine mittelständische Firma ist oder ob es nur ein Schuldschein ist, den man zurückkauft, indem man seine Schuld tilgt. Der Vorgang als solcher ist immer derselbe.

Die Analogie zum Freund passt auch insofern nicht, als ich mich jederzeit entscheiden kann, ob ich meinem Freund aus seiner Bredouille helfe oder nicht. Beim Target-Kredit hat die Bundesbank hingegen keinerlei individuelle Entscheidungsfreiheit. Sie kann natürlich im

EZB-Rat, wie sie es ja tut, für eine restriktivere Besicherungspolitik bei der Kreditgewährung und Geldschöpfung der griechischen Nationalbank stimmen, aber dort wird sie laufend überstimmt und kann wenig ausrichten. Sie muss die Zahlungen, die durch die großzügige Kreditpolitik induziert und ermöglicht wurden, ausführen und kann sich nicht verweigern. So ist nun mal das Eurosystem. Durch die Absenkung der Standards für die Besicherung von Refinanzierungskrediten[19] hat der EZB-Rat finanzschwachen Ländern die Möglichkeit gegeben, sich den Überziehungskredit quasi aus dem Kassenautomaten zu ziehen, ohne dass die Bank, in diesem Fall die Bundesbank, in der Lage wäre, ein Limit einzuziehen.

Der Target-Kredit war ursprünglich übrigens nicht beabsichtigt. Wie Helmut Schlesinger, der ehemalige Präsident der Bundesbank, erklärte, sollte das Target-System nur dem Clearing, also der Verrechnung der Finanzströme dienen, ohne dass es zu einer Kreditgewährung kommt.[20] Man dachte damals daran, wie mir Schlesinger einmal erläuterte, dass die Target-Kredite nur über Nacht stehen bleiben, doch dann alsbald glattgestellt werden, und so in etwa war es ja auch bis 2007. Ein anderer Insider sagte mir, dass der damalige Leiter des Zahlungsverkehrs in der Eurozone, Direktoriumsmitglied Tommaso Padua-Schioppa, bei einer Diskussion über die Fragen, ob man die Salden nicht begrenzen solle, gesagt hatte, die Möglichkeit der Saldenbildung würde nie in Anspruch genommen. Das sei ein hypothetischer Fall, um den man sich wirklich keine Sorgen machen müsse. Eine tägliche Glattstellung wäre allerdings nicht so einfach gewesen, wie es sich anhört, weil die nationalen Notenbanken auf die Höhe dieser Kredite nur indirekt durch ihre Refinanzierungspolitik Einfluss nehmen können. Welche Möglichkeiten gleichwohl bestehen, wird in Kapitel 12 unter Hinweis auf die amerikanischen Tilgungsregeln für Target-Kredite diskutiert werden.

Die Bundesbank muss sich mit einer ewigen Buchforderung begnügen. Sie erhält für die Durchführung der Transaktion eine Forderung gegenüber der griechischen Zentralbank, während die griechische Zentralbank eine entsprechende Verbindlichkeit gegenüber der Bundesbank eingeht. Das so entstandene bilaterale Schuldverhältnis ist aber nur von kurzer Dauer, denn es wird jeweils einmal am Tag in ein Schuldverhältnis gegenüber dem System der europäischen Zentralbanken verwandelt.[21] So entstehen durch die netto über die Grenzen geströmten Gelder Target-Forderungen und Target-Verbindlichkeiten in den Bilanzen der nationalen Notenbanken, und aus diesen Bilanzen stammen die Zahlen, mit deren Hilfe die vorigen Abbildungen erstellt wurden.

Da es sich bei den Target-Beständen um Kredite handelt, ist es nur konsequent, dass sie verzinst werden. Weniger einsichtig ist, dass sie nur zum jeweiligen Hauptrefinanzierungssatz verzinst werden, also dem Zins, zu dem auch die Geschäftsbanken die mit frischem Geld ermöglichten Refinanzierungskredite von der jeweiligen nationalen Zentralbank erhalten.[22] Bis zum Oktober 2008 lag dieser Zins bei 4,5 %, doch dann wurde er schrittweise gesenkt und erreichte im Mai 2009 ein Niveau von nur noch 1 %. Seit dem 11. Juli 2012 liegt er bei nur noch 0,75 %. Die letztgenannten Werte liegen weit unter der durchschnittlichen Inflationsrate des Euroraums, die in den Jahren 2008 bis 2011 etwa 2 % betrug und zuletzt einen Wert von etwa 3 % erreichte. Die Zinsen werden jährlich den Beständen zugeschlagen und in das kommende Jahr übertragen.

Die Verzinsung relativiert die obige Aussage zu *Abbildung 6.2* etwas, nach der die dort dargestellten Kurven die Bestände des elektronisch über die Grenzen geflossenen Zentralbankgeldes zeigen. Diese Aussage ist genau genommen um die aufgelaufenen Zinsen zu modifizieren, die ebenfalls in den bilanzierten Beständen erfasst werden. Da der Zins aber in den relevanten Jahren nur bei 1 % lag, ist diese kleine Unschärfe bei der Interpretation der Salden als grenzüberschreitende Geldmengen quantitativ vernachlässigbar. Umso präziser ist demgegenüber freilich die Interpretation der Salden als Kredite, weil man Kredite, die unterschiedlichen Zeiträumen entstammen, erst auf einen einheitlichen Zeitpunkt auf- oder abzinsen und insofern gleichnamig machen muss, bevor man sie addieren kann.

Man fragt sich, warum eine Notenbank mit einem defizitären Target-Konto überhaupt Zinsen an das EZB-System zahlen muss und umgekehrt eine Notenbank wie die Bundesbank, deren Target-Konto im Plus steht, dafür Zinsen vom EZB-System erhält. Schließlich sind ja die Zinszahlungen zwischen den Notenbanken ohnehin irrelevant, weil Zinslasten und Zinseinnahmen zwischen den Notenbanken nach ihren Kapitalschlüsseln umverteilt werden. Das ist so, als wenn man in einer Gütergemeinschaft seiner Frau einen Zins dafür zahlt, dass man ein Auto gekauft hat. Das Geld für die Zinsen ist nicht weg, weil es vor der Zahlung und nach der Zahlung beiden Partnern je zur Hälfte gehörte. Die Antwort kann eigentlich nur darin liegen, dass die Urheber des Systems die Insolvenz einer Notenbank oder den Austritt aus dem Eurosystem als Möglichkeit ins Auge gefasst haben, denn in einem solchen Fall gehen die Zinsen in die Restforderungen des EZB-Systems gegen diese Notenbank ein. Sollte beispielsweise Griechenland aus dem Euroverbund austreten, dann behalten die anderen Länder ihre Forderungen gegenüber Griechenland mit Zins und Zinseszins.

TARGET-SALDEN ALS ÖFFENTLICHER KAPITALEXPORT

Der Grund für die Krediteigenschaft der Salden liegt im Übrigen tiefer als nur in der Notwendigkeit der doppelten Buchführung, denn dem Nettogeldfluss, der zu Target-Salden führt, steht ja ein wirklicher Nettofluss an Gütern und/oder Vermögensobjekten (inklusive des »Rückkaufs von privaten Schuldscheinen«, also der Schuldentilgung) gegenüber. Dieser Nettofluss an Gütern und Vermögensobjekten muss zwischen den Notenbanken durch Forderungen und Verbindlichkeiten erfasst werden, weil es sich dabei sonst um Geschenke der einen Volkswirtschaft an die andere handeln würde. Sicher, die privaten Verkäufer von Exportgütern erhalten Geld und werden insofern zufriedengestellt, aber dieses Geld ist eine Forderung gegen die eigene Notenbank, die auf der Passivseite der Bilanz dieser Notenbank verbucht ist. Erst die Forderung der eigenen Notenbank gegen andere Notenbanken beziehungsweise das EZB-System stellt den Gegenwert für die Gesamtwirtschaft dar, die die Güter oder Vermögensobjekte exportiert hat.

Es ist deshalb folgerichtig, dass die Target-Salden in der Zahlungsbilanzstatistik der Bundesbank tatsächlich als »Kapitalanlage der Bundesbank im Ausland« bezeichnet und als Teil der Nettoauslandsforderungen der Bundesrepublik Deutschland verbucht werden.

Das Nettoauslandsvermögen der Bundesrepublik Deutschland betrug Ende 2011 36 % des BIP des Jahres 2011, wie es schon in *Abbildung 3.6* gezeigt worden war. Davon bestand die Hälfte, 463 Milliarden Euro, aus Target-Forderungen der Bundesbank gegen das EZB-System. Nach den aktuellsten Zahlen vom März 2012, die vor dem Schluss dieses Manuskripts verfügbar waren, lag das Nettoauslandsvermögen der Bundesrepublik bei 39 % des geschätzten BIP des Jahres 2012 oder 1.014 Milliarden Euro. *Abbildung 6.4* zeigt die Beziehung zwischen den Target-Krediten und der Nettoauslandsposition für Deutschland und einige andere Länder als Anteile am BIP.

Abbildung 6.4: Das Nettoauslandsvermögen (Stand: Ende März 2012) und der Target-Anteil (März 2012) daran (grau); relativ zum BIP von 2012

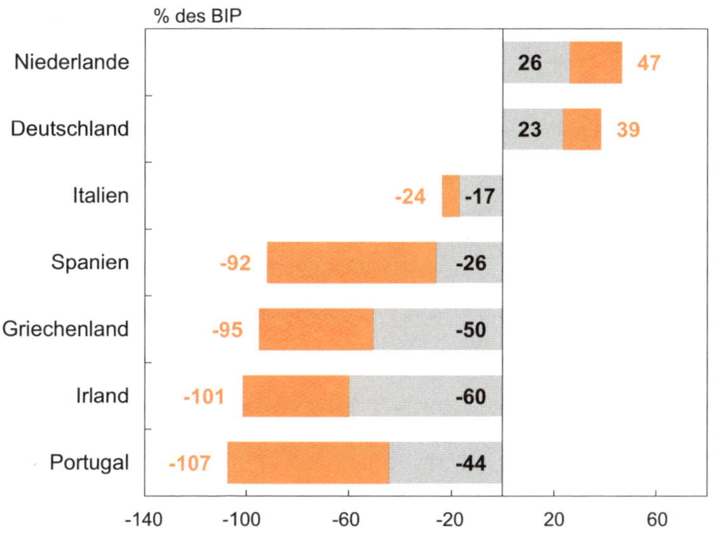

Quellen: Eurostat Datenbank, *Wirtschaft und Finanzen*, Zahlungsbilanz – Internationale Transaktionen; Target-Salden: Vgl. *NBER Working Paper*-Vorfassung von H.-W. Sinn und T. Wollmershäuser, a.a.O.

Bemerkenswert ist, dass die Target-Schulden bei einigen der Krisenländer, vor allem Griechenland und Irland, heute schon riesige Anteile der Nettoauslandsschuld dieser Länder darstellen. Von 95 % Nettoauslandsschuld in Griechenland sind 50 Prozentpunkte Target-Schulden, von 92 % in Spanien 26 Punkte, von 24 % in Italien 17 Punkte, von 107 % in Portugal 44 Punkte und von 101 % in Irland gar 60 Punkte. Wenn man die Länder nach dem Anteil der Target-Schulden an der Nettoauslandsschuld reiht, liegt Italien mit gut zwei Dritteln an der Spitze.

SELBSTBEDIENUNG MIT DER NOTENPRESSE

Es ist nun Zeit, auf den Zusammenhang zwischen den Target-Salden und der Refinanzierungspolitik der EZB zurückzukommen, denn es kann nicht immer mehr Geld aus einer Volkswirtschaft abfließen, ohne dass sie alsbald in eine Liquiditätskrise kommt, weil nicht mehr genug Geld für die inneren Transaktionen des Landes verfügbar ist.

Der Grund dafür ist, dass der Bestand an Zentralbankgeld (und nur darum geht es bei den Target-Salden) in einer Volkswirtschaft zumeist recht klein ist. Während das Vermögen der Bürger typischerweise beim Drei- bis Fünffachen des BIP liegt, hat der Zentralbankgeldbestand im Sinne der sogenannten Geldbasis eine Größenordnung von nur etwa einem Zehntel bis einem Fünftel des BIP.[23] Im Jahr 2011 lag der Bestand an Zentralbankgeld in der Eurozone bei 12,3% des BIP, in Deutschland bei 18,2% und in Griechenland bei 20,8%. Griechenland hatte 2011 aber ein jährliches Leistungsbilanzdefizit von 9,8% des BIP. Selbst wenn es keine Kapitalflucht aus diesem Land gegeben hätte und man nur das Leistungsbilanzdefizit durch Hergabe von bereits vorhandenem Geld hätte finanzieren müssen, wäre der Geldbestand schon nach zwei Jahren verbraucht und die Transaktionen im Inneren des Landes nicht mehr möglich gewesen.

Diese Überlegung macht klar, dass der Geldabfluss, der durch die Target-Salden gemessen wird, durch die Notenpresse kompensiert worden sein muss, ja überhaupt erst ermöglicht wurde. Sicher, eine gewisse Flexibilität ist in der Volkswirtschaft vorhanden, ein gegebenes Sozialprodukt auch mit weniger Bestand an umlaufendem Geld zu bewerkstelligen. Wenn man mehr bargeldlose Überweisungen tätigt und weniger Bargeld im Portemonnaie mit sich herumträgt, kommt man auch zurecht. Ein solches Verhalten könnte durch Zinserhöhungen induziert werden, weil sie die Geldhaltung implizit verteuern. Aber diese Flexibilität reicht bei Weitem nicht aus, den Nettogeldabfluss zu verkraften, wie er in den Krisenländern seit dem Ausbruch der Krise stattgefunden hat.

Es ist wie bei einem Individuum. Wenn man kein Einkommen hat und sein verzinsliches Sach- und Finanzvermögen nicht hergeben will, kann man seinen Konsumstandard noch eine Weile aufrechterhalten, solange die flüssigen Mittel vorhalten. Dann hat man eine negative Zahlungsbilanz, weil sich das Girokonto schnell leert und das Portemonnaie noch schneller. Aber schon bald ist das Geld weg, und man muss etwas tun, um die Zahlungsbilanz zu verbessern, entweder arbeiten oder sich einen Kredit besorgen oder einen Teil seiner Vermögensobjekte verkaufen. Wenn man die Leistungsbilanz nicht durch Arbeit verbessern kann, sein Vermögen nicht verkaufen will und die Bank einen hängen lässt, indem sie die Tilgung der fällig werdenden Schulden verlangt, statt neuen Kredit zu geben, dann hat man ein Problem. Es ist für ein Individuum nicht ratsam, das Problem zu lösen, indem es das fehlende Geld im Keller nachdruckt, denn dafür wird man mit Zuchthaus nicht unter einem Jahr bestraft. Bei den Eurostaaten stellt sich der Sachverhalt etwas anders dar.

Die Eurostaaten brauchten Strafen nicht zu befürchten, denn was sie taten, war ja völlig legal. Sie hatten sich das Gelddrucken selbst im Zentralbankrat genehmigt. Dass einzelne Vertreter wie der Präsident der Deutschen Bundesbank dagegen opponierten, änderte daran nichts.

Was in der Krise geschehen ist, wird in *Abbildung 6.5* gezeigt. Die grüne Kurve zeigt die Entwicklung der in den GIIPS-Ländern vorhandenen Geldbasis, also des dort zirkulierenden Zentralbankgeldbestandes seit dem ersten Krisenjahr.[24] Die Geldbasis eines Landes besteht aus dem Bargeld, das die Notenbank dieses Landes ausgegeben hat, und aus den Sichteinlagen, die die Geschäftsbanken bei der Notenbank halten und für Überweisungen zwischen den Banken benötigen. Man sieht, dass die Geldbasis der GIIPS-Länder trotz der riesigen Zahlungsbilanzdefizite nicht verringert wurde, sondern sich im Laufe der Zeit sogar noch etwas vergrößert hat. Da keinerlei Trendbruch erkennbar ist, muss das Geld nachgedruckt worden sein.

Das abgeflossene Zentralbankgeld selbst wird in der Abbildung durch die Differenz zwischen der oberen roten Kurve und der grünen Kurve dargestellt, denn die rote Kurve gibt an, wie viel Geld in den GIIPS-Ländern ursprünglich geschaffen wurde. Die Differenz zwischen dem Geld, das in den Ländern ursprünglich geschaffen wurde, und dem Geld, das dort zirkuliert, ist offenbar in die anderen Euroländer gewandert. Es zirkuliert dort als Außengeld. Sein Bestand wird durch die Target-Salden gemessen.

Mit dem Begriff »ursprünglich geschaffen« ist in erster Linie die Geldschöpfung durch Refinanzierungskredite gemeint, also auch das Geld, von dem die nationalen Notenbanken der GIIPS-Länder aufgrund der Absenkung der Sicherheitsstandards immer mehr haben schaffen und an die Geschäftsbanken ihres Hoheitsgebiets verleihen können, wie es in Kapitel 5 erläutert wurde. Zu dem ursprünglich geschaffenen Geld gehört aber auch jenes Geld, das durch den Aufkauf von Aktiva, die im Besitz der Geschäftsbanken waren, in Umlauf gekommen ist.

Abbildung 6.5: Binnengeld, Außengeld und Refinanzierungskredite der GIIPS-Länder

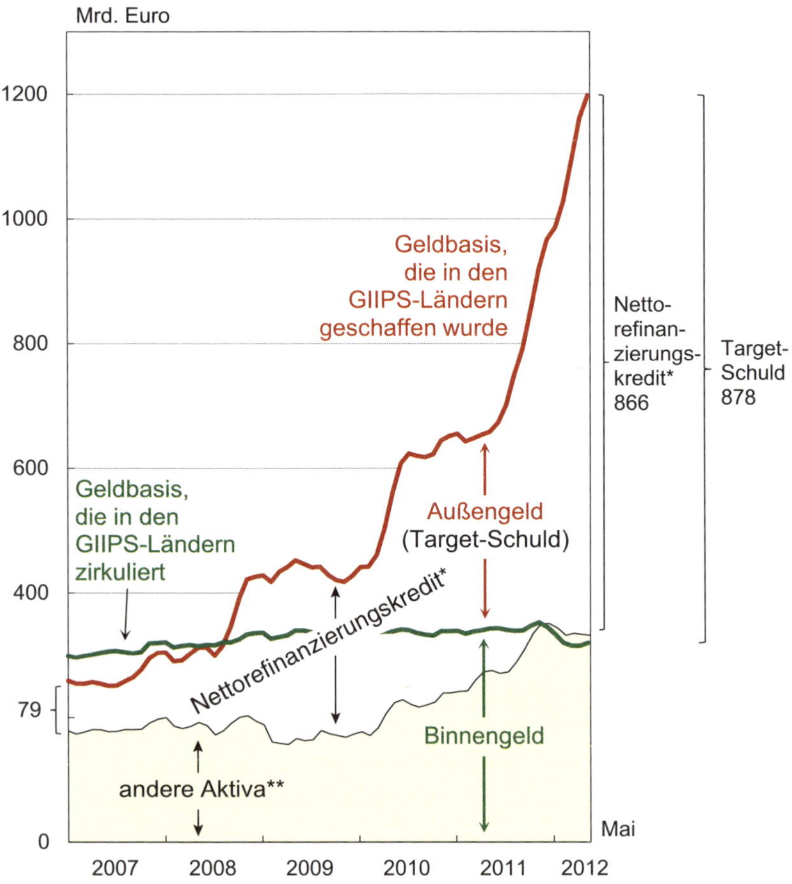

* »Nettorefinanzierungskredit« ist der Bestand an Refinanzierungskrediten, die die Notenbanken den Geschäftsbanken gaben, abzüglich der Kredite, die die Geschäftsbanken ihrer Notenbank gewährten (Einlagefazilität und Termineinlagen bei der Notenbank). Die Refinanzierungskredite umfassen die Hauptrefinanzierungsoperationen, die langfristigen Refinanzierungsoperationen, die Spitzenrefinanzierungsfazilität (Marginal Lending Facility) und andere Liquidität schaffende Geschäfte inklusive der ELA-Kredite. ELA-Kredite sind Notkredite (Emergency Liquidity Assistance), die auf eigenes Risiko von einer nationalen Notenbank ausgegeben wurden (insbesondere den Notenbanken Irlands und Griechenlands) und von den jeweiligen Staaten verbürgt werden.

** »Andere Aktiva« umfassen den Saldo aller übrigen Aktiva (Forderungen) und Passiva (Schulden) der Bilanzen der nationalen Notenbanken, die beim Erwerb oder bei ihrer Tilgung die Geldmenge vergrößert oder verkleinert haben. Bei den Aktiva schließt dies Staatspapiere und Wertpapiere ein, die nicht im Zuge normaler Refinanzierungsoperationen erworben wurden. Bei den Passiva schlagen vor allem das Eigenkapital und Fremdwährungsverpflichtungen zu Buche.

Bemerkung: Binnengeld ist das Zentralbankgeld, das in einem Land geschaffen wurde und dort zirkuliert. Außengeld ist das Geld, das durch die Target-Salden gemessen wird. Es ist jener Teil des in einem Land durch Refinanzierungskredit oder den Erwerb von Vermögensobjekten durch die Zentralbank geschaffenen Geldes, der netto durch Banküberweisungen ins Ausland abfloss. Die in der Grafik dargestellten Daten wurden mit einem gleitenden Dreimonatsdurchschnitt geglättet. Die Daten für die Krisenländer lassen hier Zypern aus, weil es für Zypern keine Daten gibt.

Quelle: H.-W. Sinn und T. Wollmershäuser, a.a.O., *Abbildung 3*, Fortschreibung.

Abbildung 6.5 gibt der bisherigen Analyse der Target-Salden eine tiefere ökonomische Interpretation. Diese Salden sind nicht nur Kredite, weil zum Beispiel die Bundesbank im Auftrag ausländischer Notenbanken Inländern Gutschriften für irgendwelche Leistungen ihrer Firmen und Bürger erteilt, die dem Ausland gewährt wurden. Das sind sie natürlich unmittelbar, und deshalb messen sie den grenzüberschreitenden Überlauf des Geldes präzise, jedenfalls soweit er elektronisch stattfindet. Aber es kann keinen Überlauf von Geld geben, wenn nicht nachgedruckt wird. Indirekt messen die Target-Salden deshalb auch den Nachdruck des Geldes und damit vor allem die zusätzliche Vergabe von Refinanzierungskrediten über die Eigenversorgung der Länder mit Liquidität hinaus, die durch die Absenkung der Standards für die Qualität der Pfänder für Refinanzierungskredite ermöglicht wurde und den Bürgern der bedrängten Länder die Möglichkeit gab, sich weiterhin Güter im Ausland zu kaufen, Auslandsvermögen zu erwerben und ihre Außenschulden zu tilgen.

In den USA macht man sich große Sorgen darüber, dass die amerikanische Zentralbank, die Federal Reserve Bank, das Volumen der Refinanzierungskredite in der Krise verdreifacht hat. Aaron Tornell und Frank Westermann haben zu Recht darauf hingewiesen, dass sich das Volumen der Refinanzierungskredite in den europäischen Krisenländern innerhalb von nur fünf Jahren verzehnfacht hat.[25] Wie die Abbildung verdeutlicht, stieg es von 79 Milliarden Euro zu Beginn des Jahres 2007 auf 866 Milliarden Euro im Mai 2012.

Die Selbstbedienung mit der Notenpresse fand in einem Ausmaß statt, das atemberaubend ist. Am aktuellen Rand hat sie in den fünf Krisenländern, wie die Abbildung verdeutlicht, ein Volumen von 878 Milliarden Euro angenommen. Rechnerisch reichte praktisch schon der Nettoankauf von Vermögensobjekten aus, die Liquiditätsversorgung der GIIPS-Länder sicherzustellen, und der gesamte Refinanzierungskredit der Zentralbanken dieser Länder diente der Finanzierung der Zahlungsbilanzdefizite.

ANMERKUNGEN

1 In diesem Kapitel gibt es Passagen, die sich anlehnen an H.-W. Sinn, »Die Target-Kredite der deutschen Bundesbank«, *ifo Schnelldienst* 65, Sonderausgabe, 21. März 2012, S. 3–34, http://www.cesifo-group.de/portal/pls/portal/docs/1/1215973.PDF; und H.-W. Sinn und T. Wollmershäuser, »Target Loans, Current Account Balances and Capital Flows: The ECB's Rescue Facility«, *International Tax and Public Finance* 19, 2012, S. 468–508, http://www.springerlink.com/content/rt6673wt2188346g/fulltext.pdf; Vorfassungen erschienen als *NBER Working Paper* Nr. 17626, November 2011, http://www.cesifo-group.de/portal/pls/portal/docs/1/1210631.PDF; und *CESifo Working Paper* Nr. 3500, Juni 2011, http://www.cesifo-group.de/ifoHome/CESifo-Group/ifo/ifo-Mitarbeiter/cvifo-sinn-hw/Long-Version/Aktuelle-Texte.html.

2 Brief vom 20. März 2012. Vgl. auch C. Rickens, »Schwierige Suche nach den versteckten Euro-Risiken«, *Der Spiegel*, 25. März 2012, http://www.spiegel.de/wirtschaft/soziales/bunderegierung-sieht-keine-risiken-durch-target-2-a-823559.html.

3 Moody's, »Moody's Changes the Outlook to Negative on Germany, Netherlands, Luxembourg and Affirms Finland's Aaa Stable Rating«, 32. Juli 2012, London, http://www.moodys.com/research/Moodys-changes-the-outlook-to-negative-on-Germany-Netherlands-Luxembourg--PR_251214?lang=de&cy=ger. Wörtlich schrieb die Agentur: »The second and interrelated driver of the change in outlook to negative is the increase in contingent liabilities ... The contingent liabilities stem from bilateral loans, the EFSF, the European Central Bank (ECB) via the holdings in the Securities Market Programme (SMP) and the Target 2 balances, and – once established – the European Stability Mechanism (ESM).«

4 S. Ruhkamp, »Die Bundesbank fordert von der EZB bessere Sicherheiten«, *Frankfurter Allgemeine Zeitung*, 29. Februar 2012, http://www.faz.net/aktuell/wirtschaft/schuldenkrise-die-bundesbank-fordert-von-der-ezb-bessere-sicherheiten-11667413.html; sowie derselbe, »Bundesbank geht im Targetstreit in die Offensive«, *Frankfurter Allgemeine Zeitung*, 12. März 2012, http://www.faz.net/aktuell/wirtschaft/wirtschaftspolitik/f-a-z-gastbeitrag-bundesbank-geht-im-targetstreit-in-die-offensive-11682060.html. Darin heißt es: »In einem Brief, dessen Inhalt der F.A.Z. bekannt ist, nimmt Weidmann ausdrücklich auf die wachsenden Target-Forderungen Bezug. Er schlägt eine Besicherung dieser Forderungen der EZB gegenüber den finanzschwachen Notenbanken des Eurosystems vor, die einen Wert von mehr als 800 Milliarden Euro erreicht hätten.«

5 Deutsche Bundesbank, »TARGET2-Salden der Bundesbank«, *Pressenotiz*, 22. Februar 2011, und dieselbe, »Die Entwicklung des TARGET2-Saldos der Bundesbank«, *Monatsbericht* 63, März 2011, Nr. 3, S. 34–37. Ähnlich äußerte sich die Deutsche Bundesbank in einem Brief an das ifo Institut vom 18. März 2011.

6 H. Schlesinger, »Die Zahlungsbilanz sagt es uns«, *ifo Schnelldienst* 64, 31. August 2011, Nr. 16, S. 9–11. Im selben Schnelldienst gibt es des Weiteren eine ganze Reihe wichtiger Beiträge zur Target-Problematik: P. Bernholz, »Was haben die Leistungsbilanzdefizite der GIPS-Länder mit ihren Target-Schulden bei der EZB zu tun?«, ebenda, S. 29–30; U. Bindseil, P. Cour-Thimann und P. König, »Weitere Anmerkungen zur Debatte um Target2 während der Finanzkrise«, ebenda, S. 79–86; C. B. Blankart, »Der Euro 2084«, ebenda, S. 20–24; C. Fahrholz und A. Freytag, »Ein Lösungsweg für die europäische Zahlungsbilanzkrise? Mehr Markt wagen!«, ebenda, S. 73–78; S. Homburg, »Anmerkungen zum Target2-Streit«,

ebenda, S. 46–50; W. Kohler, »Zahlungsbilanzkrisen im Eurosystem: Griechenland in der Rolle des Reservewährungslandes?«, ebenda, S. 12–19; T. Mayer, J. Möbert und C. Weistroffer, »Makroökonomische Ungleichgewichte in der EWU und das Eurosystem«, ebenda, S. 31–38; G. Milbradt, »Die EZB auf der schiefen Bahn«, ebenda, S. 39–45; M. J. M. Neumann, »Refinanzierung der Banken treibt Target-Verschuldung«, ebenda, S. 25–28; K. Reeh, »Zahlungsbilanzausgleich in der Währungsunion: Eine alte Frage erscheint aus aktuellem Anlass in neuem Licht«, ebenda, S. 90–94; I. Sauer, »Die sich auflösende Eigentumsbesicherung des Euro«, ebenda, S. 58–68; F. L. Sell und B. Sauer, »Geld-, Kapitalmärkte und Wohlfahrt: Eine Wirkungsanalyse der Target2-Salden«, ebenda, S. 51–57; J. Ulbrich und A. Lipponer, »Salden im Zahlungsverkehrssystem Target2 – ein Problem?«, ebenda, S. 69–72, sowie F.-C. Zeitler, »Wege aus der europäischen Staatsschuldenkrise nach den Beschlüssen des Gipfels vom Juli 2011«, ebenda, S. 87–89.

7 Erstmals äußerte sich Klaus-Peter Willsch Anfang 2011 kritisch zu diesem Thema in der *Wirtschaftswoche*. Siehe »Empörung über Bundesbank-Bilanz«, *Wirtschaftswoche*, 26. Februar 2011, http://www.wiwo.de/politik/deutschland/risiko-fuer-steuerzahler-empoerung-ueber-bundesbank-bilanz/5247086.html. Willsch reagierte damit auf H.-W. Sinn, »Neue Abgründe«, *Wirtschaftswoche*, 21. Februar 2011, Nr. 8, S. 35, http://www.wiwo.de/politik/ausland/denkfabrik-deutschland-drohen-neue-belastungen/5245288.html. Mittlerweile hat Willsch die Lösung der Target-Problematik explizit als Forderung aufgenommen, vgl. K.-P. Willsch, »10 Punkte zur Euro-Krise«, http://www.klaus-peter-willsch.de/inhalte/1/start/index.html.

8 Peter Gauweiler hat bereits im März 2011 kritische Fragen zu den aufgelaufenen Target-Salden an die Bundesregierung gestellt, vgl. P. Gauweiler, »Schriftliche Fragen mit den in der Woche vom 28. März 2011 eingegangenen Antworten der Bundesregierung«, *Deutscher Bundestag Drucksache* 17/5322, 1. April 2011, http://www.peter-gauweiler.de/pdf/17-5322%20Schriftliche%20Fragen.pdf. Weiterhin schrieb er im September 2011 einen Brief an den damaligen Bundespräsidenten Wulff, in dem er auf die Target-Risiken hinwies, siehe P. Gauweiler, »Gesetz zur Änderung des Gesetzes zur Übernahme von Gewährleistungen im Rahmen eines europäischen Stabilitätsmechanismus«, Brief an den Bundespräsidenten Wulff, 23. September 2011, http://www.peter-gauweiler.de/pdf/Brief%20an%20Bundespr%C3%A4sident%2023.09.11.pdf.

9 Im Zuge seiner Aufforderung an die Bundesregierung, monatlich mehr Transparenz über die aktuelle Haftungssumme des deutschen Steuerzahlers zu schaffen, wies Johannes Singhammer bereits im Januar 2012 darauf hin, dass auch Target-Verbindlichkeiten berücksichtigt werden müssten, vgl. »CSU und FDP machen Stimmung gegen höhere Griechenland-Hilfen«, *Die Zeit*, 28. Januar 2012, http://www.zeit.de/wirtschaft/2012-01/griechenland-hilfe-widerstand/seite-1. Im August 2012 bekräftigte er: »Die Target-2-Entwicklung bietet Anlass zu großer Sorge, weil damit eine wachsende Haftung für Deutschland außerhalb jeglicher parlamentarischer Zustimmung entsteht.« Deutschland gerate »in eine gefährliche singuläre Position«. Vgl. C. Hulverscheidt und R. Roßmann, »Ein Risiko von 730 Milliarden Euro«, *Süddeutsche Zeitung*, 2. August 2012, http://www.sueddeutsche.de/politik/cducsu-zu-target-ein-risiko-von-milliarden-euro-1.1429253.

10 C. Schneider, »Deutschland haftet für tausend Milliarden«, Interview mit B. Vestring, *Berliner Zeitung*, 14. August 2012, http://www.berliner-zeitung.de/finanzkrise/interview-spd-finanzexperte-deutschland-haftet-fuer-tausend-milliarden,10808234,16886694.html, darin besonders: »In Wahrheit sind wir schon längst

in der Schuldenunion. Wir haften nicht nur im Rahmen der Griechenland-Pakete und der Euro-Rettungsschirme mit insgesamt 310 Milliarden Euro für die Schulden der Defizitländer, sondern mit noch viel größeren Summen für die Transaktionen der Europäischen Zentralbank. An den Risiken innerhalb des Notenbanksystems, die sich in den so genannten Target-II-Salden abbilden, ist Deutschland immer mit einem Anteil von 27 Prozent beteiligt. … Zwei Drittel davon gehen auf das Konto der EZB, die aber ihre Entscheidung auf völlig intransparente und undemokratische Weise trifft. Im EZB-Rat hat Deutschland nur eine einzige Stimme, genauso wie zum Beispiel Malta, und kann jederzeit überstimmt werden.«

11 Target steht für *Trans-European Automated Real-time Gross Settlement Express Transfer System*, was wörtlich auf Deutsch übersetzt nicht besser klingt als auf Englisch: Transeuropäisches automatisiertes Realzeit-Brutto-Zahlungs-Express-Transfersystem. Man spricht das Wort im Englischen, wo es ja eigentlich »Ziel« heißt, genauso mit »g« aus, wie man es im Deutschen liest.

12 Dies wurde zuerst dargelegt in H.-W. Sinn, »Die riskante Kreditersatzpolitik der EZB«, *Frankfurter Allgemeine Zeitung*, 4. Mai 2011, Nr. 103, S. 10, http://www.faz.net/aktuell/wirtschaft/europas-schuldenkrise/target-kredite-die-riskante-kreditersatz-politik-der-ezb-1637926.html; und derselbe, »The ECB's Stealth Bailout«, *VoxEU*, 1. Juni 2011, http://www.voxeu.org/article/ecb-s-stealth-bailout. Eine ausführliche empirische Analyse findet man bei H.-W. Sinn und T. Wollmershäuser, a.a.O.

13 Als das Eurosystem seine Arbeit aufnahm, wurden nur Großbeträge über das Zahlungssystem der EZB geleitet. Zusätzlich zu Target hatten nämlich die Banken der jeweiligen nationalen Länder eigene, private Zahlungssysteme, über die die meisten Zahlungen abgewickelt und ausgeglichen wurden. Da den Zahlungen vom Land A in das Land B zumeist auch Zahlungen vom Land B in das Land A gegenüberstehen, brauchte man das Target-System der EZB tatsächlich nur für den Spitzenausgleich zwischen den privaten Zahlungssystemen. Das hat sich mit der Einrichtung des Target-2-Systems im Jahr 2007 aber geändert. Seitdem werden zunehmend auch kleinere Zahlungen direkt über die Target-Konten der EZB abgewickelt. In letzter Zeit hatten zwei Drittel der Target-Transaktionen ein Volumen von weniger als 50.000 Euro, und der Medianwert der Zahlungen lag bei nur 10.000 Euro. Vgl. Europäische Zentralbank, *Target Annual Report 2010*, Frankfurt 2010; und dieselbe, *The Payment System – Payments, Securities and Derivatives, and the Role of the Eurosystem*, Frankfurt am Main 2010. Diese Umstellung hatte zwar auf das Transaktionsvolumen des Target-Systems einen erheblichen Einfluss, doch waren die dort jährlich neu verbuchten Salden davon nicht betroffen. Sie haben von Anfang an die Nettodefizite und -überschüsse im Zahlungsverkehr zwischen den Banken der einzelnen Euroländer vollständig erfasst. Insofern ist eine konsistente Interpretation der Zeitreihen, wie sie zum Beispiel in *Abbildung 6.2* gezeigt werden, möglich. Der dort gezeigte Anstieg der Target-Salden seit dem Jahr 2007 ist kein statistisches Artefakt.

14 In der Bundesbankbilanz wird zwischen dem »statutarischen« Banknotenumlauf und dem darüber hinaus gehenden Banknotenumlauf unterschieden. Der statutarische Banknotenumlauf bemisst sich nach der Wirtschaftskraft des Landes und kennzeichnet einen Normalwert. Liegt der tatsächliche Banknotenumlauf über diesem Normalwert, unterstellt man einen Bargeldabfluss in andere Länder, der eine ähnliche Schuld wie der elektronische Bargeldabfluss über das Target-System misst. Diese Schuld wird unter der Rubrik »Intra-Eurosystem-Verbindlichkeiten aus der Begebung von Euro-Banknoten« verbucht. Sie hat sich in der Zeitspanne von Ende 2007 bis Ende 2011 von 100 Milliarden Euro auf 170 Milliarden Euro verändert. Diese Veränderung steht einer Veränderung der Target-

Forderungen der Bundesbank gegen das EZB-System um 392 Milliarden Euro (von 71 Milliarden Euro auf 463 Milliarden Euro) gegenüber. Dabei dürfte es sich im Wesentlichen um Bestände von Euro-Banknoten handeln, die im Ausland zirkulieren (vor allem in Osteuropa und der Türkei) und an die Stelle der ehemals dort zirkulierenden D-Mark-Bestände getreten sind, die seinerzeit etwa ein Drittel der deutschen Geldmenge ausmachten. Deutschland hatte mit der Währungsunion sein Seignorage-Vermögen in Form der im Ausland zirkulierenden D-Mark-Banknoten an die anderen Teilnehmerländer verschenkt. Man vergleiche dazu H.-W. Sinn und H. Feist, »Eurowinners and Eurolosers: The Distribution of Seignorage Wealth in EMU«, *European Journal of Political Economy* 13, 1997, S. 665–689; dieselben, »The Accidental Redistribution of Seignorage Wealth in the Eurosystem,« *CESifo Forum* 1, 2000, Nr. 3, S. 27–29, und dieselben, »Der Euro und der Geldschöpfungsgewinn: Gewinner und Verlierer durch die Währungsunion«, *ifo Schnelldienst* 53, 17. November 2000, Nr. 31, S. 14–22. Der Wert dieses Geschenkes wuchs seitdem mit der allgemeinen Wirtschaftsentwicklung. Er dürfte den Löwenanteil der erwähnten 170 Milliarden Euro ausmachen. Insofern wäre es nicht angebracht, die Target-Forderungen der Bundesbank mit den Banknotenschulden zu saldieren, zumal die Banknotenschulden im Gegensatz zu den Target-Forderungen tatsächlich auch *nicht* in die Berechnung der Nettoauslandsposition der Bundesrepublik Deutschland eingehen.

15 Sie wurde zuerst gebracht in H.-W. Sinn, »Die riskante Kreditersatzpolitik der EZB«, a.a.O.; oder auch auf Englisch: H.-W. Sinn, »The ECB's Stealth Bailout«, a.a.O. Eine knappe mathematische Deutung findet man bei H.-W. Sinn und T. Wollmershäuser, a.a.O.; oder auch S. Homburg, a.a.O.

16 Siehe H.-W. Sinn und T. Wollmershäuser, a.a.O.; insbesondere auch die Working-Paper-Vorfassungen. Wichtige Teilaspekte des Target-Systems wurden auch von P. M. Garber erläutert: P. M. Garber, »Notes on the Role of Target in a Stage III Crisis«, *NBER Working Paper* Nr. 6619, 1998; derselbe, »The Target Mechanism: Will it Propagate or Stifle a Stage III Crisis?«, *Carnegy – Rochester Conferences on Public Policy* 51, 1999, S. 195–220; und derselbe, »The Mechanics of intra Euro Capital Flight« *Deutsche Bank Economics Special Report*. Garber verfügte allerdings auch bei seiner letzten Publikation nicht über den Datensatz zu den Target-Salden der Euroländer, und er hat vor allem die makroökonomischen Beziehungen zwischen Kapitalbilanz, Leistungsbilanz und Target-Saldo beziehungsweise die Beziehung zwischen Zahlungsbilanz und Target-Saldo nicht erörtert.

17 Die EZB nahm das erste Mal zur ökonomischen Bedeutung der Target-Salden Stellung in ihrem Bericht vom Oktober 2011. Vgl. Europäische Zentralbank, »TARGET2 Balances of National Central Banks in the Euro Area«, *Monthly Bulletin*, Oktober 2011, S. 35–40, insbesondere S. 37. In Fußnote 5 erklärt sie, dass sie über keine Originalstatistik verfügt und die Daten unter Verwendung von IWF-Daten aus den Bilanzen der Einzelnotenbanken herausrechnet. Dabei wendet sie exakt die Methode an, die auch Sinn und Wollmershäuser in ihrem Working-Paper vom Juni 2011 verwendet haben. Siehe *CESifo Working Paper*-Vorfassung von H.-W. Sinn und T. Wollmershäuser, a.a.O.

18 Die Definition lehnt sich an Gurley und Shaw, ist aber nicht identisch. Vgl. J. G. Gurley und E. S. Shaw, *Money in a Theory of Finance*, Washington, DC, 1960.

19 Siehe dazu Kapitel 5, Abschnitt *Die Absenkung der Sicherheitstandards*.

20 H. Schlesinger, a.a.O.

21 Taxpayers Association of Europe (TAE), »Target2: Die finanzielle Atombombe«, *MMnews*, 24. Februar 2012, http://www.mmnews.de/index.php/wirtschaft/9560-target2-die-finanzielle-atombombe.

22 Antwort 2011/003864 der Bundesbank auf Anfrage des ifo Instituts vom 11. März 2011 und Schreiben der EZB an das ifo Institut vom 15. März 2012. In Artikel 2 Absatz 1 des nicht öffentlichen Beschlusses EZB/2007/NP10 über die Verzinsung von Intra-Eurosystem-Nettosalden heißt es: »Intra-Eurosystem-Nettosalden ... werden zu dem aktuellen marginalen Zinssatz verzinst, der vom Eurosystem bei seinen Tendern für Hauptrefinanzierungsgeschäfte gemäß Anhang I Abschnitt 3.1.2 der Leitlinie EZB/2000/7 über geldpolitische Instrumente und Verfahren des Eurosystems verwendet wird.«

23 Wie in Sinn und Wollmershäuser werden hier und im Folgenden die in den Einlagefazilitäten bei den Notenbanken geparkten Gelder, für die die Banken ja Zinsen erhalten, nicht mit zur Geldbasis gerechnet, sondern wie die Terminanlagen der Banken als Kredite an die Zentralbanken behandelt, die die Geldmenge für sich genommen verkleinern.

24 Zypern ist nicht dabei, weil es für dieses Land keine Daten gibt. Das macht aber nichts, weil es nur 0,6 % der Wirtschaftskraft der Eurozone verkörpert.

25 A. Tornell und F. Westermann, »Europe Needs a Federal Reserve«, *New York Times*, 21. Juni 2012, http://www.nytimes.com/2012/06/21/opinion/the-european-central-bank-needs-more-power.html?_r=1.

7 Die Verdrängung des Refinanzierungskredits im Kern

Inflationsgefahren – Die Zentralbanken der Kernländer werden zu Schuldnern der Geschäftsbanken – Schallmauer durchbrochen – Die Risiken der Gläubigerländer – Die Umwidmung der deutschen Ersparnisse – Der Euro, das Bretton-Woods-Gold und der Schweizer Franken – Der Target-Kredit lag im Schaufenster

INFLATIONSGEFAHREN

Die Frage ist nun, welche Effekte die gewaltige Geldvermehrung in den Krisenländern auf den Rest Europas hat. In der Öffentlichkeit wird meistens das Inflationsthema problematisiert. Politiker und Analysten warnen vor der Gefahr,[1] und die EZB beschwichtigt, dass es keinerlei Anzeichen für einen Inflationstrend gebe.[2] Wie dieses Kapitel zeigen wird, ist das aber nur eine Facette des Themas. Viel wichtiger ist die Frage, ob die Bürger der europäischen Kernländer, allen voran Deutschlands, für die Güter, die sie in den Süden geliefert haben, irgendwann einmal eine reale Gegenleistung bekommen und was die Inhaber der Schuldtitel, die die peripheren Länder mit dem frisch gedruckten Geld getilgt und zurückgekauft haben, anstelle dieser Titel bekommen haben. Immerhin geht es ja um ihre Ersparnis, die von den Banken direkt oder indirekt über Drittstaaten in den Krisenländern angelegt wurde. Um diese Frage beantworten zu können, muss man verstehen, was mit dem Überlauf an Geld, der durch die Absenkung der Sicherheitsstandards erzeugt und dann in die Kernländer gelenkt wurde, geschah. Dieses Kapitel dient der Beantwortung dieser Frage.

Fest steht, dass in den Kernländern des Eurogebiets sehr viel Liquidität anlandete. Das Geld, das vor der Krise auf dem Wege privater Kredite von den Kernländern des Eurogebiets in die GIIPS-Länder geflossen war, floss nicht mehr, und es kam sogar Geld, das die Finanzinstitute der Kernländer in die Krisenländer verliehen hatten, wieder in die Kernländer zurück, weil die Krisenländer es mit der Notenpresse tilgten, was für sie bequemer war als der Versuch, es durch das Angebot höherer Zinsen zu halten.

All dies bedeutete einen Überschuss an Liquidität und Krediten in den Kernländern, der dort die Zinsen auf historische Tiefststände trieb und zumindest in Deutschland einen Bauboom einleitete (vgl. Kapitel 2, Abschnitt *Bauboom im Heimathafen* und Kapitel 3, *Abbildung 3.1*). Der Konjunkturaufschwung in Deutschland absorbierte einen kleinen Teil des Geldes für zusätzliche Transaktionskasse, aber doch lange nicht genug. Die deutschen Banken schwammen in Liquidität und wurden sie nicht los. Insofern spricht alles für die Inflationsthese.

Indes ist das Urteil nicht ganz so eindeutig, wie es zunächst scheinen mag, denn immerhin hatte die Zentralbank die Zinsen am kurzen Ende der Fristigkeitsstruktur unter Kontrolle und setzte sie überall auf das gleiche Niveau. Das begrenzte die Bereitschaft, zusätzliche Liquidität zu halten, und reduzierte auch die Wahrscheinlichkeit für eine Inflation, weil die Banken die überschüssige Liquidität wieder zur Bundesbank trugen, indem sie ihr das Geld liehen oder, was faktisch dasselbe »in Grün« ist, aufhörten, Refinanzierungskredite abzurufen. In der Tat sind die deutschen Banken in der Krise schon lange aus dem Refinanzierungsgeschäft ausgestiegen und mittlerweile zu Nettogläubigern der Bundesbank geworden, wie in diesem Kapitel noch gezeigt wird.

Abbildung 7.1 zeigt, dass die Geldmenge im Euroraum trotz der Aufblähung in den Krisenländern bis zum Ende des Jahres 2011 nicht oder nur wenig gegenüber dem Trend angestiegen ist. Auch die deutsche Geldmenge, deren zeitliche Entwicklung dargestellt wird, hat sich in der Krise nicht wesentlich von ihrem Trend entfernt. Dies bestätigt die von der EZB immer wieder geäußerte Auffassung, dass sie die Inflationsgefahren im Griff habe, weil sie jedwede Finanzierungserleichterung für Problembanken sofort an anderer Stelle des Systems sterilisiere.

Abbildung 7.1: Die Entwicklung der Geldbasis im Euroraum

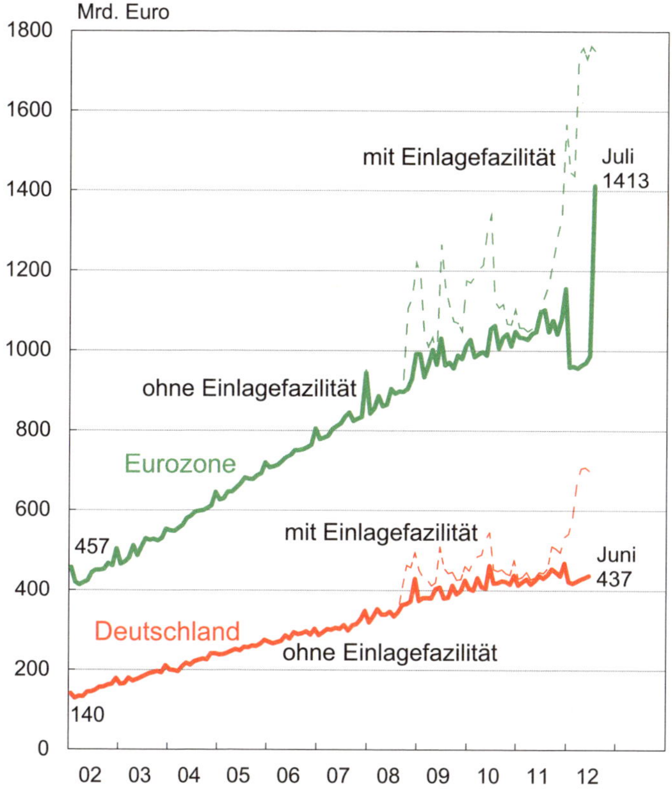

Bemerkung: In diesem Buch ist die Geldbasis als die in einer Volkswirtschaft vorhandene Zentralbankgeldmenge definiert. Sie besteht aus dem Geld, das die Geschäftsbanken unverzinslich auf ihren Konten bei der Notenbank halten, und aus dem Bargeld im Besitz der Banken und Nichtbanken, wie es in den Bilanzen der jeweiligen Notenbanken ausgewiesen ist. Die (verzinslichen) Einlagefazilitäten und die Termindepositen der Geschäftsbanken bei der Notenbank zählen also nicht zur Geldbasis, sondern gehen (zum Beispiel im vorigen und nachfolgenden Diagramm) negativ in die Größe ein, die Netto-Refinanzierungskredit genannt wird. Diese Begriffswahl folgt H.-W. Sinn und T. Wollmershäuser, »Target Loans, Current Account Balances and Capital Flows: The ECB's Rescue Facility«, *International Tax and Public Finance* 19, 2012, S. 468–508, http://www.springerlink.com/content/rt6673wt2188346g/fulltext.pdf.

Quelle: EZB-Bilanz und Bundesbankbilanz.

Allerdings gilt diese Aussage nur, wenn man die Geldbasis netto definiert, nach Abzug der verzinslichen Einlagefazilität bei der Bundesbank, was eine Art kurzfristiges Sparkonto darstellt, auf dem die Banken ihr Geld parken können.[3] Wenn man die Einlagefazilitäten addiert und mit zur Geldbasis rechnet, ergeben sich die gestrichelten Kurvenverläufe. Sie zeugen am aktuellen Rand schon von einer gewissen Dramatik, die Inflationsgefahren aufkommen lässt. Das ist insbesondere deshalb der Fall, weil die Banken das in der Einlagefazilität geparkte Geld jederzeit schnell wieder aktivieren können, wenn sie es benötigen. Sollte also eine Inflation einsetzen, was bei den Banken Anreize setzen würde, die bloß nominal gesicherten Forderungen gegen die Bundesbank in Geld zu verwandeln, um mit dem Geld reale Vermögenswerte zu erwerben oder ihren Kunden das Geld für diesen Zweck zu leihen, dann ergäbe sich ein Verstärkungseffekt für diese Inflation, den die EZB nur dadurch umgehen könnte, dass sie sich längerfristig und zu höheren Zinsen bei den Geschäftsbanken verschuldet. Dass sie das politisch schaffen würde, hat der ehemalige Chefvolkswirt der EZB, Ottmar Issing, kürzlich bezweifelt.[4] Technisch ginge es allerdings, da hat die EZB schon recht.[5]

Die Entwicklung am aktuellen Rand, die in der Abbildung gezeigt wird, gibt aber wohl eher Issing recht. Zwar fiel die Geldmenge zu Beginn des Jahres 2012, weil die Banken die mit der »Dicken Bertha« geschaffene Liquidität (siehe Kapitel 5, Abschnitt *Die Absenkung der Sicherheitsstandards*) zunächst in der Einlagefazilität parkten. Aber schon nach wenigen Monaten nutzten sie das Geld, um damit selbst Kredite an ihre Kunden zu geben. Die Geldmenge entfernte sich daraufhin doch recht weit von ihrem Trend, was durch die Senkung des Refinanzierungszinssatzes von 1 % auf nur noch 0,75 % am 11. Juli 2012 unterstützt wurde. Es bleibt abzuwarten, wie sich diese Dinge weiter entwickeln.

Wie dem auch sei, Fakt ist, dass die Geldmenge im engeren Sinne bis zum Ende des Jahres 2011 ihrem Trend folgte und dass es die deutsche Geldmenge auch darüber hinaus noch tat. Das belegt, dass die überschüssige Liquidität jedenfalls bis dahin von der Bundesbank und den anderen Notenbanken des Kerngebiets sterilisiert wurde. Entweder haben die Notenbanken der Kernländer von vornherein weniger Refinanzierungskredit gegeben, oder sie haben sich bei den Geschäftsbanken verschuldet, indem sie zuließen, dass diese Banken ihre überschüssige Liquidität bei ihnen in Termineinlagen anlegten oder die verzinsliche Einlagenfazilität nutzten.

Damit zeigen die Target-Salden keine Vergrößerung der Geldmenge an, sondern eine Verlagerung von Notenbankkrediten vom Norden in den Süden. Das gibt der Interpretation der Target-Salden als ein Maß für zwischenstaatliche Kredite, die schon aus den Buchungsvorgängen selbst folgt, eine stärkere inhaltliche Fundierung.[6] Während die Notenbanken des Südens in der Krise in riesigem Umfang Geld (elektronisch) gedruckt und verliehen haben, um ihrer Wirtschaft weiterhin die Möglichkeit zu geben, im Norden Importgüter zu kaufen und Schulden zu tilgen, haben die Notenbanken des Nordens das zufließende Geld (elektronisch) geschreddert, indem sie sich bei den Geschäftsbanken verschuldeten oder ihnen weniger Refinanzierungskredit gaben.

DIE ZENTRALBANKEN DER KERNLÄNDER WERDEN ZU SCHULDNERN DER GESCHÄFTSBANKEN[7]

Abbildung 7.2 verdeutlicht die Kreditverlagerung, indem sie *Abbildung 6.5*, die sich auf die GIIPS-Staaten bezieht, um eine analoge Abbildung ergänzt, die, quasi nach oben geklappt, über die vorige Abbildung gesetzt wird. Die Höhe der so entstehenden Box misst die gesamte Zentralbankgeldmenge im Euroraum. Sie wird hier gleich 100% gesetzt, und alle Größen werden ebenfalls als Prozentsätze dieser Zentralbankgeldmenge ausgedrückt.

Von unten nach oben gelesen gibt die grüne Linie wieder die in den GIIPS-Staaten zirkulierende Geldmenge an. Der Abstand von dieser Linie bis zur oberen Bildbegrenzung ist entsprechend die Geldmenge, die in den anderen Euroländern zirkuliert, nennen wir sie der Einfachheit halber, wenn auch etwas unscharf, »Kernländer«.

Die rote Linie hat die gleiche Bedeutung wie in *Abbildung 6.5*. Sie trennt die Geldmenge nach ihrer Herkunft. Von unten nach oben gemessen zeigt sie den Anteil der Geldmenge, der in den GIIPS-Ländern entstanden ist, und von oben nach unten gemessen zeigt sie den Anteil der Geldmenge, der in den Kernländern entstanden ist.

Abbildung 7.2: Die Verlagerung des Zentralbankkredits durch die Geldabflüsse

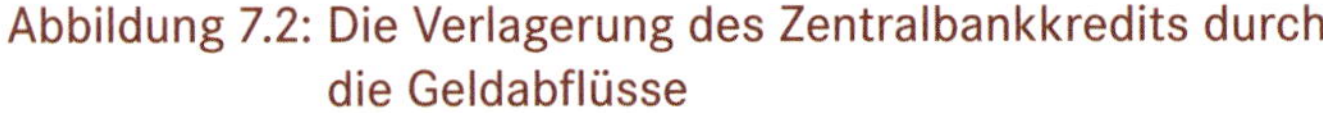

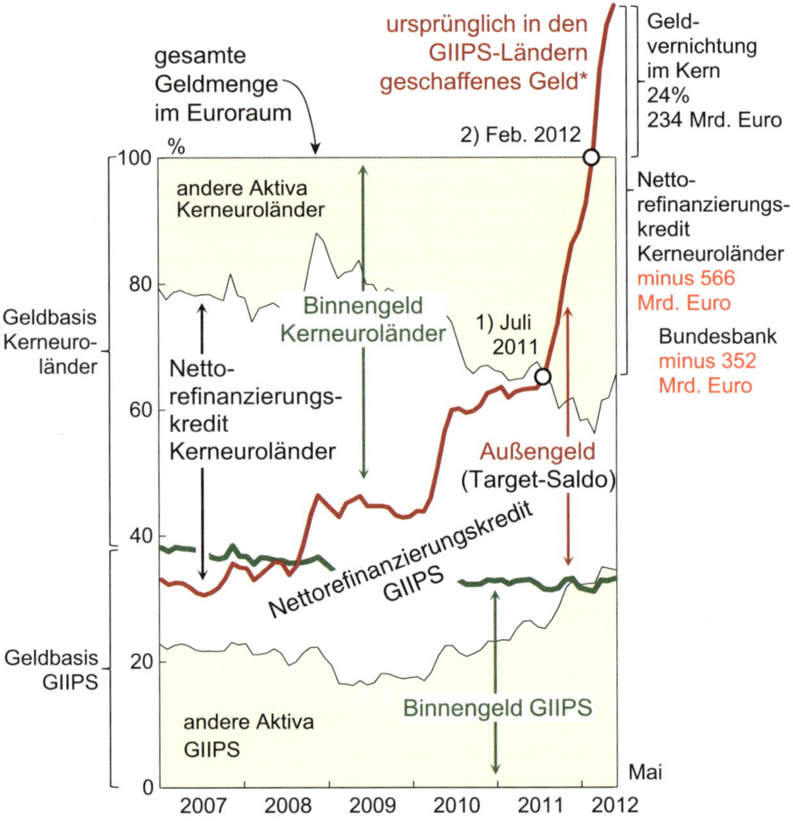

1) Nettorefinanzierungskredit in den Kernländern verschwindet.

2) Binnengeld in den Kernländern verschwindet.

* Geschaffen durch Refinanzierungskredite oder den Erwerb von Aktiva im Geschäftsbankensektor.

Hinweise: Die Zentralbankgeldmenge ist hier unter Abzug der Einlagefazilität definiert, und der Nettorefinanzierungskredit ist gleich dem Bruttorefinanzierungskredit abzüglich der Einlagefazilität und der Dreimonatskredite, die die Geschäftsbanken ihren Zentralbanken geben.

Quelle: H.-W. Sinn und T. Wollmershäuser, »Target Loans, Current Account Balances and Capital Flows: The ECB's Rescue Facility«, a.a.O., Abbildung 9, Fortschreibung.

Das Geld kommt in die Wirtschaft, indem die Zentralbank Vermögensobjekte wie z.B. Gold oder Wertpapiere von den Banken kauft oder indem sie Refinanzierungskredite gibt. Die erste dieser beiden

Komponenten wird jeweils durch die gelben Flächen dargestellt. Dabei steht der Begriff »andere Aktiva« für die Nettogröße aller anderen Bestände von Vermögensobjekten in den Bilanzen der Notenbanken. Die Breite der unteren gelben Fläche zeigt den Teil der Geldmenge, der durch den Erwerb von solchen Aktiva in den GIIPS-Ländern entstand, und die Breite der oberen gelben Fläche zeigt den Teil der Geldmenge, der auf ähnliche Wiese in den Kernländern entstand. Die Refinanzierungskredite, die in den GIIPS-Ländern beziehungsweise im Kern vergeben wurden, werden demgemäß durch den Abstand von der roten Linie bis zur jeweiligen gelben Fläche gemessen.

Die Refinanzierungskredite sind in der Abbildung als Nettogrößen unter Abzug möglicher Einlagen und Anlagen der Banken bei den jeweiligen nationalen Notenbanken definiert. Ob die zufließende Liquidität durch die Verringerung des Refinanzierungskredits an die Geschäftsbanken abgeschöpft wird oder dadurch, dass die Notenbanken sich selbst bei den Geschäftsbanken verschulden, ist einerlei. Das ist ökonomisch fast derselbe Vorgang.

Der Target-Saldo ist wieder der Abstand zwischen der roten und der grünen Linie, nur dass auch er jetzt als Prozentsatz der Zentralbankgeldmenge ausgedrückt ist. Er kann nun sowohl als Target-Schuld der GIIPS-Länder als auch als Target-Forderung der Kernländer interpretiert werden kann. Wie schon erläutert, misst er das Außengeld, das in den GIIPS-Ländern geschaffen wurde, doch nun in den Kernländern zirkuliert, also das, was oben auch schon mal als »Überlauf« bezeichnet wurde.

Im Verein mit der vorigen Abbildung, nach der die Eurogeldmenge ihren Trend zumindest bis Ende 2011 nicht verlassen hat, impliziert *Abbildung 7.2*, dass das vom Süden in den Norden wandernde Geld die im Norden durch Refinanzierungskredite oder Wertpapierkäufe geschaffene Geldmenge eins zu eins verdrängt hat.

Dies ist keine Verdrängung durch eine Angebotsbeschränkung auf dem Kreditmarkt, wie gelegentlich von Kommentatoren gemutmaßt wurde, sondern eine Verdrängung durch die Beschränkung der Nachfrage nach Liquidität.[8] Die Wirtschaft in den Kernländern braucht in Abhängigkeit von ihrem Aktivitätsniveau immer nur eine begrenzte Menge an Liquidität in Form von zirkulierendem Zentralbankgeld. Strömt dieses Geld bereits über die Markttransaktionen gen Norden, dann fließt dort entsprechend viel zu den Notenbanken und wird wieder sterilisiert, indem bei den dortigen Notenbanken weniger Refinanzierungskredit nachgefragt oder mehr Geld angelegt wird.

Die Abbildung zeigt, dass noch Mitte des Jahres 2007, als die amerikanische Finanzkrise Europa ansteckte, etwas mehr Geld in den GIIPS-Ländern zirkulierte, als dort geschaffen worden war. Nach den ersten Störungen des Interbankenmarktes im Sommer des Jahres 2007 verminderte sich der leichte Überhang aber rasch, weil immer mehr Geld aus diesen Ländern abfloss, und schon ab Mitte 2008 wurde aus dem Überhang ein Defizit. Es baute sich seitdem in den Kernländern ein wachsender Bestand an Außengeld auf, das aus den GIIPS-Ländern kam und das in den Kernländern geschaffene Geld verdrängte.

Den ersten öffentlichen Hinweis auf die Existenz der Target-Kredite gab es im Februar 2011.[9] Damals war der Nettorefinanzierungskredit in den Kernländern schon größtenteils verschwunden. Vollends verschwand er im Juli 2011. Das ist der mit der Ziffer 1) bezeichnete Punkt. Aus dem Süden war so viel Geld gekommen, dass die Banken des Nordens sich keines mehr durch Refinanzierungskredite zu holen brauchten bzw. es bei ihren Notenbanken anlegten. Die selbst in den Kernländern geschaffene Geldmenge hatte ihren Ursprung nur noch in Käufen von Wertpapieren, Gold und anderen Aktiva.

Aber die Entwicklung setzt sich weiter fort, indem der Nettorefinanzierungskredit negativ wurde. Das sieht man in der Abbildung daran, dass die rote Kurve rechts vom Punkt 1) in den gelben Bereich hineinstößt. Die Notenbanken der Kernländer hörten nicht nur auf, Refinanzierungskredite zu vergeben, sondern verschuldeten sich immer mehr bei den Geschäftsbanken ihrer Gebiete, um das überschüssige Geld, das aus dem Süden übergelaufen war, abzuschöpfen. Die Target-Salden explodierten geradezu. Am aktuellen Rand, im Mai 2012, lag das Niveau der Nettoschulden der Zentralbanken der Kernländer bei ihren Geschäftsbanken bei 566 Milliarden Euro. Davon entfielen allein auf die Bundesbank 352 Milliarden Euro.

SCHALLMAUER DURCHBROCHEN

Im Februar 2012 wurde die Schallmauer durchbrochen. Zu diesem Zeitpunkt war der Nettorefinanzierungskredit der Kernländer durch das aus dem Süden zuströmende Geld so stark negativ geworden, dass er sogar jenen Teil der Binnengeldmenge der Kernländer vernichtete, der von den Notenbanken dieser Länder durch den Nettoankauf anderer Aktiva geschaffen worden war. Dieser Punkt wird in *Abbildung 7.2* mit der Ziffer 2) gekennzeichnet. Danach gab es überhaupt keine Euros mehr, die nicht ursprünglich in den GIIPS-Ländern geschaffen waren, indem die dortigen Zentralbanken Vermögenswerte erwarben oder Refinanzierungskredite vergaben.[10] Die Zentralbanken des Kerns entwickelten sich vollends zu Einrichtungen zum Schreddern des elektronischen Geldes, das im Süden geschaffen wurde und auf dem Wege des Güterkaufs, der Schuldentilgung und des Erwerbs von Vermögensobjekten in die Kernländer floss. Am aktuellen Rand, im Mai 2012, lag das Volumen des in den Kernländern netto vernichteten Binnengeldes bei 234 Milliarden Euro.

Erneut muss der Leser an dieser Stelle darauf hingewiesen werden, dass mit den Begriffen wie »Geld drucken« und »Geld schreddern« in diesem Buch stets nur elektronische Vorgänge gemeint sind. Die Banknoten, die in Deutschland physisch umlaufen, tragen immer noch hauptsächlich den Buchstaben X. Sie sind natürlich von der Bundesbank ausgegeben worden und machen 404 Milliarden oder 92% der deutschen Geldbasis in Höhe von 437 Milliarden Euro aus. Die restlichen 8 % sind, wie erläutert, Geldbestände, die die Geschäftsbanken auf ihren Konten bei der Bundesbank halten. Der Punkt ist nur, dass heute keine dieser Banknoten mehr durch eine Kreditforderung der Bundesbank gegenüber einer deutschen Geschäftsbank oder durch Vermögenswerte gedeckt ist, die die Bundesbank von den Geschäftsbanken erworben hat. Hinter den Banknoten stehen heute ausschließlich Target-Forderungen gegenüber dem EZB-System, das selbst wiederum entsprechende Forderungen gegen die Notenbanken Griechenlands, Irlands, Italiens, Portugals, Spaniens und noch einiger anderer wackliger Länder hält. Alles Geld, das in Deutschland zirkuliert, ist Außengeld, das in den Krisenländern geschaffen wurde.

Die EZB ist sich des Vorgangs natürlich bewusst, obwohl sie seine Dramatik herunterzuspielen versucht. Sie rechtfertigt das Geschehen damit, dass sie sich als Kreditvermittler zwischen den Banken deklariert. Da die Banken zögern, einander Kredit zu geben, weil sie Angst haben, ihr Geld nicht zurückzubekommen, legen sie es lieber bei der EZB an, und die EZB vergibt den Kredit dann selbst. Das hat für beide Seiten Vorteile, so argumentiert die EZB. Die Banken, die Kredit benötigen, kommen billiger an das Geld heran, und die Banken, die die Kredite vergeben, erhalten mehr Sicherheit für ihre Anlage.[11] Diese Sicht verdeckt freilich den Umstand, dass es sich bei den Aktivitäten der EZB nicht um eine allgemeine Funktionsverbesserung des Kapitalmarktes handelt, sondern um eine systematische Umlenkung des Sparkapitals der Kernländer in die Krisenländer, die die bestehenden Leistungsbilanzungleichgewichte zwischen den Euroländern perpetuiert und einen von der EZB realisierten *öffentlichen internationalen Kapitalexport darstellt.* Das Ausmaß des internationalen Kapitalexports wird durch die Target-Salden gemessen.[12]

Allerdings ist auch die Metapher, dass die EZB als Kreditvermittler nur das Geld der Gläubigerbanken an die Schuldnerbanken weiterreicht, etwas schief, denn der Refinanzierungskredit, den eine Notenbank in einem der GIIPS-Länder vergibt, ist nicht davon abhängig, dass in den Kernländern eine Bank ihr Geld an die Notenbank verleiht. Es wird im EZB-System kein Geld vom einen an das andere Land weitergereicht. Die Zentralbanken verleihen untereinander kein Geld, denn das Geld, das die eine Notenbank als Refinanzierungskredit an ihre Banken verleiht, borgt sie sich nicht von einer anderen. Sie schafft es vielmehr selbst, indem sie den Banken ein Sichtguthaben auf deren Kontokorrentkonten bei sich einräumt oder auch physisch Banknoten druckt. Die Kreditschöpfung aus dem Nichts ist ja nun mal gerade das konstitutive Element einer Zentralbank. Die richtige Heuristik ist daher nicht, dass die Notenbanken einander Geld leihen, sondern dass sie einander die Notenpresse leihen und dass daraus Kreditbeziehungen entstehen. Abgesehen davon, dass die Vorgänge elektronisch statt physisch ablaufen, ist dies die treffendste Metapher, mit der man die Bedeutung der Target-Kredite auf den Punkt bringen kann.

Manchmal wird gemutmaßt, dass die Target-Kredite etwas grundsätzlich anderes als Refinanzierungskredite sind und zu ihnen noch hinzutreten. Auch diese Mutmaßung ist nicht ganz richtig. Sie hat zwar insofern ihre Berechtigung, als die Kredite, die sich die Notenbanken in Form der Gewährung von Gutschriften für Zahlungsvorgänge geben, nicht schon definitorisch aus einer Verlagerung von Refinanzierungskrediten entstehen. Schließlich messen ja die Target-Salden eigentlich nur den internationalen Geldfluss im Sinne der Zahlungsbilanzungleichgewichte. Aber faktisch kommt es eben doch, wie *Abbildung 7.2* in aller Deutlichkeit klarlegt, zu einer Verlagerung der Nettorefinanzierungskredite zwischen den Zentralbanken im Umfang der Target-Kredite, weil die tatsächlich zirkulierende Geldmenge durch den Liquiditätsbedarf bestimmt wird und die Refinanzierungskredite sich endogen an die grenzüberschreitenden Geldströme anpassen. Die Verlagerung des Refinanzierungskredits wird zwar nur indirekt und approximativ durch die Target-Salden gemessen, sie ist aber der ökonomische Kern des Geschehens.

In der ersten Fassung unseres Working Papers vom Juni des Jahres 2011 hatten Timo Wollmershäuser und ich die Kreditverlagerung diagnostiziert und prognostiziert, dass sie die Notenbanken der Kernländer zwingen würde, zu Nettoschuldnern zu werden, die die im Süden geschaffene Liquidität durch Kreditaufnahme bei ihren Banken wieder vernichten. Wir hatten vermutet, dass es dann politische Widerstände geben würde, die den Prozess abblocken. Diese Widerstände gibt es in der Tat, wie der Protest der Bundesbank zeigt, doch da sich die Bundesregierung für diese Dinge nicht zuständig erklärt, um sich nicht mit einem weiteren schwierigen Thema zu belasten, reichen sie nicht aus, den Trend abzubremsen. Im Gegenteil: Es scheint fast, dass die demonstrative Ignoranz der deutschen Regierung gegenüber der Target-Problematik dazu beigetragen hat, der EZB die Zuversicht zu geben, dass sie ihren Kurs ohne politische Widerstände fortsetzen könne. Nur die Bundesbank und ein paar wissenschaftliche Querulanten stören jetzt noch.

DIE RISIKEN DER GLÄUBIGERLÄNDER

Für Gläubigerländer, allen voran Deutschland, sind die Target-Kredite ein Risiko, wie es auch andere öffentliche Hilfskredite sind. Wenn die Schuldner nicht zurückzahlen können, muss man die Forderungen abschreiben, und die Güter und Vermögensobjekte, die mit dem Target-Geld in den Kernländern erworben wurden, kommen nie wieder zurück. Auch die privaten Schulden, die die Krisenländer bei den französischen, deutschen und niederländischen Banken hatten und die mit diesem Geld getilgt wurden, bleiben dauerhaft erlassen, auch wenn die Target-Schulden selbst niemals getilgt werden.

Dabei werden die deutschen Abschreibungsverluste freilich durch die Sozialisierung der Geldschöpfungsgewinne und -verluste im Euroraum reduziert, weil sich alle solvent bleibenden Notenbanken diese Verluste nach ihren Kapitalschlüsseln teilen. So würde zum Beispiel Deutschland bei einem Konkurs und Austritt der GIIPSZ-Länder aus dem Euroverbund nicht seine Target-Forderung von mittlerweile 727 Mrd. Euro (Ende Juli 2012) verlieren, sondern sich die Abschreibungsverluste auf die Target-Schulden dieser Länder, die zuletzt 971 Milliarden Euro betrugen, mit den anderen verbleibenden Euroländern teilen. Konkret würde Deutschland knapp 43 % oder 416 Mrd. Euro verlieren.

Als ich das erste Mal im April 2011 in der *Süddeutschen Zeitung* über die möglichen Verluste schrieb, standen nur die GIPS-Länder im Risiko, also weder Italien noch Zypern, und die Target-Schulden der GIPS-Länder betrugen damals 340 Milliarden Euro (Daten vom Jahresende 2010), was bei einem deutschen Anteil von gut 33 % einen Verlust von 114 Milliarden Euro implizierte.[13] Diese Verluste waren nach der gleichen Methode berechnet, doch eben nur ein gutes Viertel der heutigen Summe, weil die Target-Salden damals noch kleiner waren und vor allem weil Italien noch nicht als Krisenland galt, sodass die Rechnung davon ausging, dass es mitzahlen werde. Das kann man heute nicht mehr ohne Weiteres unterstellen.

Das Risiko bei den Target-Krediten ist für Deutschland exakt dasselbe, als wenn der neue Rettungsfonds ESM Staatspapiere der Krisenländer kaufen würde. Immer ist Deutschland mit seinem Kapitalanteil beteiligt, der eigentlich 27 % beträgt, aber nach einem Ausscheiden der GIIPSZ-Länder auf 43 % hochschnellt.

Die Target-Kredite waren ein Rettungsschirm vor dem Rettungsschirm. Sie haben grundsätzlich die gleichen Wirkungen auf die zu rettenden Länder und bringen für die Retter exakt die gleichen Risiken mit sich. Der einzige feine Unterschied ist nur, dass sie im Gegensatz zu den offenen Rettungskrediten hinter dem Rücken der

Öffentlichkeit vom EZB-Rat gewährt und nicht von den Parlamenten bewilligt wurden.

Noch schlimmer würde es für Deutschland ausgehen, wenn der Euro zerbricht, denn in diesem Fall hat Deutschland eine Target-Forderung gegen ein System, das es nicht mehr gibt. Es kann diese Forderungen dann genauso in den Wind schreiben wie die DDR seinerzeit ihre Transferrubel-Forderungen gegen andere COMECON-Länder, als das Sowjet-System zusammenbrach. Dann liegt der deutsche Target-Verlust auf der Basis der obigen Zahlen im August 2012 nicht bei 416 Milliarden Euro wie beim Austritt der GIIPSZ-Länder, sondern bei 727 Milliarden Euro. Die Rechnungen dazu werden in Kapitel 9 näher erläutert.

Mit den Forderungen aus dem offenen Rettungsschirm ESM wäre Deutschland in diesem Fall noch deutlich besser bedient, denn einerseits wäre es nur mit seinem Kapitalanteil beteiligt und andererseits blieben die Staatspapiere auch dann noch rechtsgültige Forderungstitel, wenn der Euro durch andere Währungen ersetzt werden sollte. Sie sind zwar von einem Schuldenschnitt und einem Abwertungsverlust bedroht, doch nicht vom Ausfall der Rechtsgrundlage.

Für die Bundesbank wäre sowohl der Austritt und Konkurs der GIIPSZ-Länder als auch der Untergang des Euro eine Katastrophe, denn sie verfügt nur über Eigenkapital[14] im Umfang von 134 Milliarden Euro. Zieht man die genannten Verluste ab, so hätte sie bei Austritt und Konkurs der GIIPSZ-Länder ein Eigenkapital von minus 282 Milliarden Euro und beim Zusammenbruch des Euro eines von minus 593 Milliarden Euro.

Dazu hört man manchmal das abwiegelnde Argument, das sei irrelevant, weil sich die Target-Verluste ohnehin alle im virtuellen Bereich bewegten und keine reale Bedeutung hätten. Die Bundesbank könne notfalls auch mit negativem Eigenkapital weiterarbeiten oder man könne sie mit einer unverzinslichen ewigen Ausgleichsforderung gegenüber dem deutschen Staat ausstatten, um ihr wieder Eigenkapital zu verschaffen. Das ist freilich zu schön, um wahr zu sein.

Sicher, man kann die Bundesbank technisch mit solchen Tricks funktionsfähig halten, doch die Forderungen selbst lassen sich so nicht eintreiben. Für die Güter, die Deutschland ins Ausland verkauft hat und für die es bloße Target-Forderungen erhielt, wird es bei einem Konkurs der Krisenländer nie wieder adäquate Gegenwerte in Form anderer Güter zurückerhalten, und das ist kein virtueller Verlust, sondern ein ganz realer, der jeden Bürger betrifft.

DIE UMWIDMUNG DER DEUTSCHEN ERSPARNISSE

Wie erläutert, messen die Target-Forderungen der Bundesbank indirekt auch den Rückgang des Refinanzierungskredits an die Geschäftsbanken und/oder die Zunahme der Kredite, die die Geschäftsbanken an die Bundesbank geben (Einlagefazilität und Termindepositen). Im Umfang von gut 700 Milliarden Euro sind also bis zum Juli 2012 tatsächlich deutsche Ersparnisse, die sonst in fungiblen Anlagen in anderen Euroländern angelegt worden wären, in Forderungen gegen die Bundesbank umgewandelt worden, die selbst wiederum bloße Target-Forderungen gegenüber den anderen Notenbanken des Eurosystems sind und ihre Sicherheit nach Lage der Ding nur aus der Bereitschaft der Steuerzahler der Kernländer beziehen, für Verluste der eigenen Notenbanken und der europäischen Rettungssysteme aufzukommen.[15] 700 Milliarden Euro sind kein Pappenstil. Dafür hätte man über 230 Transrapidstrecken vom Münchner Flughafen bis zum Hauptbahnhof München zu je 3 Milliarden Euro bauen können, aber selbst eine dieser Strecken hätte ja bekanntlich die Finanzkraft des deutschen Staates überdehnt.

Ohne die Krise hätten die deutschen Banken und Kapitalsammelstellen wie insbesondere auch die Lebensversicherer im Umfang der Target-Salden deutsche Ersparnisse in marktfähige Finanztitel der anderen Euroländer investiert beziehungsweise zu risikogerechten Erträgen verliehen. Doch nun, da sie das unter anderem deshalb nicht mehr tun, weil die nationalen Notenbanken sie mit Zinsen unterbieten dürfen, die das Kreditrisiko nicht adäquat widerspiegeln, legen die Banken dieselben Ersparnisse ihrer Kunden bei der Bundesbank an oder holen sich, was ökonomisch ein vergleichbarer Vorgang ist, weniger Refinanzierungskredit von der Bundesbank. Hinter den Target-Forderungen der Bundesbank liegen also tatsächlich in vollem Umfang umgewidmete Ersparnisse der Deutschen, immerhin 8.900 Euro pro Einwohner oder 17.700 Euro pro Erwerbstätigen. Jeder ist mit seinen Ersparnissen dabei, ob er es weiß oder nicht. Seine Altersversorgung besteht heute zu nicht unerheblichen Teilen aus bloßen Ausgleichsforderungen der Bundesbank oder »Verrechnungsposten«, wie die Bundesregierung sagt, die die Bundesbank niemals fällig stellen kann und die sich in Luft auflösen, sollte der Euro zerbrechen.

Offenbar begreifen viele nicht, dass die Target-Forderungen der Wert der Rückflüsse aus den Target-Krediten ist, die die deutschen Sparer über ihre Banken und die Bundesbank anderen Euroländern zur Verfügung gestellt haben und die ihnen nun in vollem Umfang zustehen. Diese Ansprüche sind genauso real wie die Ansprüche, die die Sparer ohne die Herausbildung der Target-Salden aus Krediten gehabt hätten, die ihre Banken auf direktem Wege an Ausländer verleihen. Die Vorstellung, solche Verluste ließen sich durch Buchhaltungstricks ausgleichen, ist grotesk.

Die Anlage der Spargelder bei der Bundesbank mag die einzelne Bank als sichere Anlage ansehen, denn wenn sie allein ihr Geld zurückhaben möchte, wird sie es bekommen. Doch man darf das systemische Risiko nicht übersehen. Die vermeintliche Sicherheit einer Anlage bei der Bundesbank stammt allein aus dem kostenlosen Versicherungsschutz, den die Steuerzahler der Kernländer den Krisenländern über Rettungsschirme oder ihren Notenbanken direkt gewähren, indem sie im Konkursfalle für eine Rekapitalisierung zur Verfügung stehen. So gesehen, ist die Sicherheit wohl im Wesentlichen eine mikroökonomische Illusion, die den systemischen Risiken nichts entgegenzusetzen hat. Im Endeffekt ist die Anlage bei der Bundesbank nicht sicherer als die Anlage in Marktpapieren der von der Krise bedrohten Länder, der Unterschied ist nur, dass man als Anleger jetzt geringere Zinsen verdient und als Vermögensbesitzer der natürliche Kandidat für Steuererhöhungen zur Abdeckung von Abschreibungsverlusten bei den Rettungsinstitutionen ist. Leidtragende dieser Politik sind unter anderem die deutschen Versicherungskunden, die ihre Garantieverzinsung nicht mehr bekommen und sich dem Risiko als Steuerzahler trotzdem nicht entziehen können.

Klar ist jedenfalls, dass die Bundesbank die Forderungen der Banken nicht bedienen kann, wenn sie ihre Target-Forderungen nicht eintreiben kann. Wenn die Sparer später einmal ihr Geld zurückhaben wollen und die Banken sich an die Bundesbank wenden, um die dorthin verliehenen Gelder zurückzuverlangen, wird die Bundesbank ein Problem haben, das ähnlich ist wie das Problem bei den Staatspapierkäufen der Bundesbank, das im vorigen Kapitel schon diskutiert wurde: Die Bundesbank muss nun darauf verzichten, Zinsgewinne an den Bundesetat zu überweisen oder, wenn das nicht reicht, vom Finanzminister eine Rekapitalisierung verlangen, die eine Steuererhöhung, eine Rentenkürzung oder Ähnliches impliziert (oder eine Staatsverschuldung, die selbst nur eine verschobene Steuererhöhung ist). So gesehen, würde die Bundesbank den Sparern nur eben das Geld auszahlen können, das der Staat sich vorher bei den Steuerzahlern und Rentnern geholt hat.

Manche glauben, es gebe auch noch die Möglichkeit, dass der EZB-Rat der Bundesbank die Möglichkeit gewährt, die deutschen Sparer mit frisch gedrucktem zusätzlichem Geld zu bezahlen. Dann bräuchten Steuerzahler und Rentner nicht zur Kasse gebeten werden. Indes gäbe es in diesem Fall eine Inflation, und alle Geldbesitzer würden sich die Kosten der Aktion teilen. Die Last träfe nun den kleinen Mittelstand unseres Landes, Leute, die reich genug sind, um zu sparen, aber zu arm, um Realkapital zu bilden. Das alles hat Deutschland ja in den Jahren bis 1923 schon einmal durchgemacht.

In keinem Fall kämen die deutschen Bürger bei einem Konkurs der Target-Schuldner wieder an die Ressourcen heran, die sie selbst einmal an das Ausland verliehen hatten, um davon später im wohlverdienten Ruhestand zu leben. Was immer sich die Buchhalter an Tricks einfallen lassen, um die Optik des Geschehens zu schönen: Die Ersparnisse sind tatsächlich nur »Verrechnungsposten«, die dann eben mal weg sind.

Leidtragende sind vor allem auch diejenigen, deren Banken und Versicherungen ihre Ersparnisse gar nicht in den Krisenländern angelegt haben, sondern sonst wo auf der weiten Welt, vielleicht sogar in der Eigentumswohnung oder im eigenen Einfamilienhaus. Als Steuerzahler müssen sie die Rettung der Krisenländer und ihrer weltweiten Geldgeber absichern, ohne dafür etwas zu bekommen. Zu den Geldgebern gehören nicht nur deutsche Banken und Versicherungen, sondern insbesondere auch französische Banken (man vergleiche im nächsten Kapitel den Abschnitt *Frankreich in Gefahr*), aber auch Londoner Investoren und die Investoren der Wall Street.

Insofern sind die Rettungsaktionen der EZB mit einer gewaltigen Vermögensumverteilung zu Lasten vieler deutscher Bürger verbunden, die mit der ganzen Sache wenig bis nichts zu tun haben.

Wenn die Verluste dann tatsächlich anfallen, werden einige politische Parteien versuchen, sie über Vermögensabgaben einigen wenigen anzulasten. Entsprechende Vorschläge liegen ja schon auf dem Tisch. Aber niemand sollte sich der Illusion hingeben, dass es ihn nicht auch träfe. Bei knappen öffentlichen Kassen wird man überall einsparen müssen. Auch die Rentner, die Hartz-IV-Empfänger und viele andere Gruppen werden Einbußen hinnehmen müssen, wenn die Staatskonkurse auf die EZB durchschlagen oder mit weiteren steuerfinanzierten Transfers verhindert werden.

DER EURO, DAS BRETTON-WOODS-GOLD UND DER SCHWEIZER FRANKEN

Die Bedeutung der Target-Kredite wird durch den historischen Vergleich mit dem Bretton-Woods-System deutlich, der Währungsordnung der Nachkriegszeit, die die westlichen Länder einschließlich der Bundesrepublik Deutschland bis 1973 innerhalb eines Goldkernsystems durch feste Kurse miteinander verband.[16]

Während der 1960er-Jahre waren die USA in diesem System immer teurer geworden, und es bildeten sich immer größere amerikanische Leistungsbilanzdefizite heraus. Die Europäer fanden damals in den USA immer weniger zu kaufen, und die Amerikaner gingen in Europa auf Shopping Tour. Sie kauften alles, was nicht niet- und nagelfest war, ob es nun Firmen, Autos oder Aktien waren. Auch die amerikanischen Touristen, die überall in Europa zu finden waren, sind noch gut in Erinnerung. Was heute die Chinesen in Rothenburg ob der Tauber sind, das waren damals die Amerikaner, die in good old Germany billig Urlaub machten.

Aber die Amerikaner liehen sich das Geld, das sie dafür im Ausland brauchten, nicht, sondern druckten es sich. Immerhin war der Dollar die Reservewährung, die man weltweit akzeptierte, ja akzeptieren musste, weil es ein Festkurssystem gab, das die nationalen Notenbanken der anderen Länder zwang, Dollars zu kaufen und zu horten, wenn es davon ein Überschussangebot auf den Märkten gab. So konnte die amerikanische Notenbank, die Fed, mehr und mehr Dollars schaffen und über Refinanzierungskredite an die amerikanischen Banken verleihen, die sie dann an ihre Kunden für die Shopping Tour weiterreichten. Amerika entwickelte ein riesiges Zahlungsbilanzdefizit, und die europäischen Länder hatten entsprechende Überschüsse. Die zusätzlichen Dollars flossen vornehmlich nach Europa und wurden von den nationalen Notenbanken gegen heimische Währung umgetauscht. Bei der Banque de France und der Bundesbank sammelten sich von Jahr zu Jahr höhere Dollarguthaben an. Ein Teil davon wurde in amerikanische Treasury Bills verwandelt, die wenigstens ein paar Zinsen brachten, aber im Grunde auch nichts anderes als eine höhere Form amerikanischer Banknoten waren.

Durch den Währungsumtausch kamen in Deutschland und Frankreich D-Mark- und Franc-Bestände in Umlauf, denen kein Kreditgeschäft mit den europäischen Banken zugrunde lag, weil der entsprechende Refinanzierungskredit schon in Amerika vergeben worden war. Die so geschaffenen »Dollar-D-Mark« und »Dollar-Franc«, letztlich aus den USA stammendes Außengeld, verdrängten damals das in Umlauf befindliche Binnengeld, das zu Hause durch Kredite der Bundesbank oder der Banque de France entstanden war.

Die Außengeldbestände, die in Deutschland und Frankreich auf diese Weise in Umlauf kamen, sind von exakt der gleichen Natur wie die Außengeldbestände, die jüngst aus den GIIPS-Ländern nach Deutschland kamen. Und was damals die Bestände an Dollars und US-Treasury-Bills bei den europäischen Notenbanken waren, das sind heute die Target-Forderungen der Kernländer des Eurogebiets gegen das Eurosystem.

Auch damals kam es zur Kreditverlagerung zwischen den Ländern, denn während die Bundesbank ihre Refinanzierungskredite sukzessive zurücknehmen musste, war der Geldzufluss aus den USA zustande gekommen, weil die Fed immer mehr Geld gedruckt und Refinanzierungskredite vergeben hatte. Auch damals gab es einen öffentlichen Kapitalfluss durch das Zentralbankensystem, nur eben nach Amerika statt nach Griechenland. Damals hieß es, Deutschland habe indirekt den Vietnam-Krieg mitfinanziert. Heute kann man sagen, dass die Bundesbank die peripheren Länder des Euroraums mitfinanziert, weil sie ihnen die Rolle des Produzenten der Reservewährung überließ. Zum Ende des Jahres 2011 waren nach den Daten, die *Abbildung 7.2* zugrunde liegen, 93 % der Geldbasis des Euroraums in den GIIPS-Ländern geschaffen worden, obwohl diese Länder nur 34 % der Wirtschaftskraft des Euroraums auf sich vereinen. Am aktuellen Rand, im Mai 2012, lag der Anteil der Euro-Geldbasis, der aus den GIIPS-Ländern stammt, bei 124 % (vgl. *Abbildung 7.2*).

Staatspräsident Charles de Gaulle, dem das Engagement der USA im ehemals französischen Indochina missfiel, hatte 1968 übrigens die Behauptung der USA, die Dollars seien eine Goldkernwährung, wörtlich genommen und den Umtausch der französischen Dollarbestände gegen Gold verlangt. Er schickte seine U-Boote nach Amerika, um das Gold aus den Tresoren in New York abholen zu lassen, wo übrigens auch ein erheblicher Teil des Goldschatzes der Bundesbank (hoffentlich) immer noch liegt. Das war das Ende des Bretton-Woods-Systems, denn da die USA nicht genug Gold gehabt hätten, um alle Umtauschwünsche befriedigen zu können, mussten sie die Golddeckung ihrer Währung aufgeben. Fünf Jahre, nachdem de Gaulle das Gold von U-Booten seiner Kriegsmarine abholen ließ, war das Bretton-Woods-System zu Ende, und die Wechselkurse bestimmen sich seitdem durch Angebot und Nachfrage auf den Märkten.

Die Deutsche Bundesbank hatte demgegenüber zugesichert, dass sie ihre Dollarreserven nicht in Gold umtauschen werde.[17] Sie hatte damals allerdings erhebliche Zahlungsbilanzüberschüsse gegenüber den anderen europäischen Ländern angesammelt, die ebenfalls zum Bretton-Woods-System gehörten. Diese Überschüsse wurden größtenteils mit Gold ausgeglichen.[18] So akkumulierte die Bundesbank im Bretton-Woods-System bis 1968, als de Gaulle die französischen Dollarreserven aus den USA zurückholen ließ, einen Goldschatz von etwa 3600 Tonnen.[19] Dieser Schatz gehört, bis auf die Abtretung von ungefähr sechs Prozent der Menge an die EZB Anfang 1999,[20] noch immer der Bundesbank. Heute verfügt die Bundesbank noch über rund 3400 Tonnen Gold, die mit 136 Milliarden Euro etwa 15 Mal so viel wert sind wie der damalige Bestand (in absoluten Zahlen ist der Wert des Goldschatzes damit um 127 Milliarden Euro gestiegen).[21] Über die Lagerorte macht die Bundesbank keine detaillierten Angaben. Mehr als zwei Drittel lagern aber wohl bei der Federal Reserve Bank of New York, der Bank of England und der Banque de France, in dieser Reihenfolge.[22] Der Goldschatz und die Dollarreserven, die die Bundesbank im Bretton-Woods-Systems ansammelte, sind das Analogon der Target-Forderungen von heute.

Allerdings waren die damals entstandenen Salden auch relativ gesehen viel kleiner als heute im Eurosystem. Im Jahr 1968 lagen die Dollar-Reserven der Bundesbank bei 1,6 % des deutschen BIP, und der Goldschatz betrug 3,4 %. Zusammen waren das 5 % des BIP oder 26,72 Milliarden D-Mark.[23] Die Target-Forderungen der Bundesbank lagen im Juli 2012 jedoch bei 727 Milliarden Euro oder 27,5 % des für 2012 geschätzten BIP.[24]

In einer ähnlichen Situation wie Deutschland im Bretton-Woods-System oder heute wieder im Eurosystem befindet sich auch die heutige Schweiz, denn sie hat ihre Währung an den Euro gebunden, um die Schweizer Industrie gegen die Aufwertung zu schützen. Das in der Krise in den Heimathafen zurückströmende Schweizer Anlagegeld und auch das von außen hineindrängende Fluchtgeld der Ausländer hatten den Schweizer Franken schon erheblich aufgewertet und verringerten die Wettbewerbsfähigkeit der Schweizer Industrie. Das zwang die Schweizer Notenbank, die Notbremse zu ziehen. Am 6. September 2011 verkündete sie, dass sie ab sofort keinen Wechselkurs unter 1,20 Franken pro Euro, also keine Aufwertung des Franken über 83 Eurocent pro Franken, tolerieren werde. Diese Ankündigung war glaubhaft, denn eine Notenbank kann zwar nicht die eigene Währung gegen beliebig viel Abwertungsdruck schützen, weil sie dafür Devisen braucht, wohl aber gegen beliebig viel Aufwertungsdruck, denn um dem standzuhalten, braucht sie ja nur mehr eigene Währung zu drucken oder Schuldscheine ausgeben, um den Bedarf von Schweizer oder ausländischen Kapitalanlegern an Schweizer Geld oder Geldanlagen zu befriedigen. So entstand ein Überschuss in der Schweizer Zahlungsbilanz, der sehr viele Euros in den Besitz der Schweizer Notenbank gebracht hat. Die Notenbank hat die Euros aber nicht als Bargeld gehalten, sondern sie alsbald wieder in europäischen Wertpapieren angelegt, insbesondere in deutschen Staatspapieren. Davon hat sie heute mehr im Portfolio als irgendeine andere Institution auf der Welt.[25]

Die Eurobestände beziehungsweise die Bestände an deutschen Staatspapieren, die sich heute im Besitz der Schweizer Notenbank befinden, sind ebenfalls das Analogon der Target-Forderungen der

Bundesbank.[26] Nur besteht auch hier wieder der feine Unterschied, dass diese Bestände marktfähig sind und jederzeit wieder gegen andere Vermögensobjekte umgetauscht werden können. Die entsprechenden Forderungen, die Finanzinstitute gegen die Schweizer Notenbank aufgebaut haben, hängen anders als die Forderungen der deutschen Banken gegen die Bundesbank nicht in der Luft, sondern lassen sich von der Schweizer Nationalbank bei Bedarf jederzeit bedienen.

DER TARGET-KREDIT LAG IM SCHAUFENSTER

Die Bezahlung von Zahlungsbilanzdefiziten mit echten, fungiblen Vermögenswerten war in der Geschichte immer der Standard unter den Völkern, und wie wir noch sehen werden (Kapitel 12), ist er noch immer der Standard zwischen den Distrikt-Notenbanken des US-Systems. Auch bei dem bis zum Ersten Weltkrieg gültigen Goldstandard wurden Zahlungsbilanzdefizite stets durch Hergabe von Gold ausgeglichen. Das Land, aus dem das Gold abfloss, war zur Kontraktion mit fallenden Preisen gezwungen. Das erhöhte die Wettbewerbsfähigkeit und ließ Leistungsbilanzüberschüsse entstehen, die für sich genommen halfen, die Zahlungsbilanzdefizite wieder abzubauen. Und umgekehrt kam das Land, dem das Gold zufloss, in die Inflation, wodurch seine Wettbewerbsfähigkeit sank und Leistungsbilanzdefizite entstanden, die seinem Zahlungsbilanzüberschuss entgegenwirkten. Dieser Zusammenhang war in rudimentärer Form schon von dem englischen Ökonomen David Hume im 18. Jahrhundert beschrieben worden.[27]

Auch im Eurosystem würden solche Kontraktions- und Expansionseffekte ausgelöst, wenn die Bundesbank Gold für ihre Target-Forderungen von den anderen Zentralbanken des Euroraums erhielte. Aber das Recht hat sie nicht, und deswegen endet die Vergleichbarkeit mit Gold- oder Goldkernwährungen an dieser Stelle. Die Defizitländer können ihre Leistungsbilanzdefizite mit der Notenpresse bezahlen, ohne dass eine sichtbare Grenze eingebaut wäre, die diesen Prozess verhindert. Angela Merkel kann die Target-Forderung der Bundesbank im Gegensatz zu dem, was Charles de Gaulle gelang, niemals fällig stellen. Die Forderung wächst und wächst, wird mit einem Zins unterhalb der Inflationsrate bedient und wird, wenn überhaupt, erst dann wieder verschwinden, wenn Deutschland den Euroländern andere zinsverbilligte Kreditwege zur Verfügung stellt, die den Wettbewerb mit der Notenpresse bestehen können.

Target-Kredite verringern die Gefährdung des Eurosystems kurzfristig, erhöhen sie aber langfristig. Aus dem Umstand, dass die Bundesbank die Target-Forderungen hinnehmen muss und sie nicht fällig stellen kann, folgt zunächst mehr politische Stabilität bei wachsenden Target-Salden. Der Zusammenbruch nationaler Zahlungssysteme nach einer Verweigerung der Kapitalmärkte wird wirksam verhindert. Indes verringern Target-Kredite den Anreiz, strukturelle Reformmaßnahmen zu ergreifen, die die Kreditwürdigkeit eines Landes wieder erhöhen, insbesondere die Flexibilisierung des Arbeitsmarktes, die die Grundvoraussetzung für einen Prozess der realen Abwertung ist, von der allein eine nachhaltige Verbesserung der Wettbewerbsfähigkeit und Leistungsbilanzsalden erwartet werden kann. Deshalb wachsen die Auslandsschulden der Defizitländer immer weiter, die Rückzahlung wird immer unwahrscheinlicher, und der Knall, der entsteht, wenn das System im Endeffekt an der Überdehnung seiner Budgetbeschränkungen zerbricht, wird immer lauter.

Es ist in diesem Zusammenhang bemerkenswert, wie das Bundesfinanzministerium die kurzfristigen und langfristigen Effekte der Target-Kredite einschätzt. Auf die angedrohte Herabstufung der Kreditwürdigkeit des deutschen Staates wegen der Target-Kredite durch die Ratingagentur Moody's hat es geantwortet:[28]

> *»Die von Moody's genannten Risiken in der Eurozone sind nicht neu, wobei die Einschätzung von Moody's vor allem die kurzfristigen Risiken in den Vordergrund stellt, während längerfristige Stabilisierungsaussichten unerwähnt bleiben.«*

Ich vermute einmal, dass auch Moody's die Aussage bezüglich der Fristigkeit der Gefahren wohl eher umdrehen würde, denn natürlich stabilisieren die Target-Salden kurzfristig, während sie die Risiken auf die lange Bank schieben.

Die kurzfristige Stabilisierung und langfristige Gefährdung, die von den Target-Salden ausgeht, gibt auch der Geld-im-Schaufenster-Theorie, die in der Einführung und verschiedentlich zuvor in diesem Buch erörtert wurde, eine tiefere und leider auch dunklere Bedeutung. Nicht nur die heutigen Rettungsschirme sind das Geld im Schaufenster und nicht nur der Euro an sich, wie in Kapitel 4 schon gemutmaßt wurde, sondern ganz konkret sind und waren es die Target-Kredite, die man sich in beliebiger Höhe aus dem EZB-System ziehen kann, wenn sich die Kapitalmärkte verweigern. Die fehlende Begrenzung dieser Kredite, die fehlende Proportionierung der Notenpresse nach der Größe der Länder, ist ein Maximum an Geld, das man überhaupt jemals ins Schaufenster legen kann, oder, um eine weitere beliebte Metapher zu gebrauchen, ein Maximum an Feuerkraft zur Gegenwehr gegen spekulative Attacken auf einzelne Länder des Eurosystems.

Doch trotz aller Rettungsversuche der EZB und der Staatengemeinschaft ist der Euro heute in der Krise. Er ist in der Krise, weil die Budgetbeschränkungen im Eurosystem zu locker waren, weil zu viel Geld im Schaufenster lag, denn dieses Geld hat die Zinsen der heutigen Krisenländer gedrückt und sie in die inflationäre Überhitzung getrieben, die zum Verlust ihrer Wettbewerbsfähigkeit führte. Das wurde in Kapitel 4 ja schon ausgeführt.

Natürlich wussten die Marktteilnehmer nicht im Einzelnen, was Target-Kredite sind, also letztlich der Überlauf der Refinanzierungskredite über die Eigenversorgung der Länder mit Liquidität. Aber sie wussten schon, dass es ein einheitliches Geldsystem mit der Möglichkeit für unbegrenzte Geldschöpfungskredite in potenziellen Krisenländern gab, das Staatsinsolvenzen unwahrscheinlich machte. Die Notenpresse im Keller hat die Kapitalmärkte beruhigt und sie zu ihrer exzessiven Kreditvergabe ermuntert, mehr noch als regulatorische Details wie der Verzicht auf eine Eigenkapitalunterlegung für Staatspapiere in den Bankbilanzen, die in Kapitel 4 erörtert wurde.

Lange Zeit lag das Target-Kreditpotenzial ungenutzt im Schaufenster herum und entfaltete die gewünschte Wirkung durch seine bloße Existenz. Es hat die Märkte bei ihrem sorglosen Treiben stabilisiert und spekulative Attacken wirksam verhindert, aber genau dadurch hat es die Kreditblase erzeugt, die zum Schluss zum Crash einiger Euroländer führte und nun ganz Europa in eine Sackgasse geführt hat.

ANMERKUNGEN

1 Zum Beispiel D. Neuerer, »Draghi ist ein Plünderer des Bürger-Spargroschens«, *Handelsblatt*, 26. Juli 2012, http://www.handelsblatt.com/politik/deutschland/ezb-als-euro-ausputzer-draghi-ist-ein-pluenderer-des-buerger-spargroschens/6925114.html; J. Stark, »Das Vertrauen in die EZB geht verloren«, Interview mit M. Kurm-Engels, G. Steingart und C. Vits, *Handelsblatt*, 25. März 2012, http://www.handelsblatt.com/politik/deutschland/juergen-stark-wir-werden-2012-nicht-unter-zwei-prozent-inflation-liegen/6363952-2.html; T. Mayer, U, Kater und J. Kraemer, »Höhere Inflation ist unvermeidlich«, Interview mit A. Rezmer, A. Cünnen und G. Kokologiannis, *Handelsblatt*, 10. April 2012, http://www.handelsblatt.com/finanzen/boerse-maerkte/anlagestrategie/chef-oekonomen-im-interview-hoehere-inflation-ist-unvermeidlich/6479948.html.

2 M. Draghi, »Stabile Preise ohne monetäre Staatsfinanzierung«, Interview mit H. Steltzner und S. Ruhkamp, *Frankfurter Allgemeine Zeitung*, 24. Februar 2012, http://www.ecb.int/press/key/date/2012/html/sp120224_1.de.html.

3 Der Zins für die Einlagefazilität war bis zum 11. Juli 2012 0,25 %, und ist seit diesem Datum 0 %.

4 J. Pennekamp, »Europa verrät seine Prinzipien«, *Frankfurter Allgemeine Zeitung*, 4. August 2012, http://www.faz.net/aktuell/wirtschaft/europas-schuldenkrise/schuldenkrise-europa-verraet-seine-prinzipien-11843845.html. Vgl. auch F. Westermann, »Bundesbank in der Klemme«, *Frankfurter Allgemeine Zeitung*, 30. Januar 2012, http://www.faz.net/aktuell/wirtschaft/europas-schuldenkrise/geldpolitik-bundesbank-in-der-klemme-11630038.html.

5 Deutsche Bundesbank, *Kerngeschäftsfelder*, Geldpolitik, Outright Geschäfte, http://www.bundesbank.de/Navigation/DE/Kerngeschaeftsfelder/Geldpolitik/Outright-Geschaefte/outright-geschaefte.html, sowie Europäische Zentralbank, *Monatsbericht*, Mai 2010, S. 8, http://www.bundesbank.de/Redaktion/DE/Downloads/Veroeffentlichungen/EZB_Monatsberichte/2010/2010_05_ezb_mb.pdf?__blob=publicationFile.

6 Diese Interpretation wurde zunächst in H.-W. Sinn, »Die riskante Kreditersatzpolitik der EZB«, *Frankfurter Allgemeine Zeitung*, 4. Mai 2011, Nr. 103, S. 10, http://www.faz.net/aktuell/wirtschaft/europas-schuldenkrise/target-kredite-die-riskante-kreditersatzpolitik-der-ezb-1637926.html, sowie H.-W. Sinn, »The ECB's Stealth Bailout«, *VoxEU*, 1. Juni 2011, http://www.voxeu.org/article/ecb-s-stealth-bailout gegeben.

7 Dieser Abschnitt und nachfolgende Abschnitte enthalten Passagen, die sich anlehnen an H.-W. Sinn, »Die Target-Kredite der deutschen Bundesbank«, *ifo Schnelldienst* 65, Sonderausgabe, 21. März 2012, S. 3–34, http://www.cesifo-group.de/portal/pls/portal/docs/1/1215973.PDF.

8 In der Volkswirtschaftslehre gibt es eine lange Debatte um die Verdrängungseffekte, die eine keynesianische Politik der Staatsausgabenerhöhung auslösen könnte. Am Beginn dieser Debatte steht das Argument von Milton Friedman, dass nützliche öffentliche Güter private Güter zurückdrängen, weil sie Substitute der privaten Güter sind. Als Beispiel führte Friedman die freie Schulspeisung an, die die Ernährung der Kinder durch die Eltern verdränge, weil die Nachfrage nach Essen begrenzt sei. Es ist genau diese Verdrängung durch die Begrenzung der Nachfrage, die durch das hereindrängende Target-Geld hervorgerufen wird. Eine ausführliche Diskussion dazu gibt es in H.-W. Sinn und T. Wollmershäuser,

»Target Loans, Current Account Balances and Capital Flows: The ECB's Rescue Facility«, vor allem in den beiden Working-Paper-Fassungen: *NBER Working Paper* Nr. 17626, November 2011 und *CESifo Working Paper* Nr. 3500, Juni 2011.

9 H.-W. Sinn, »Neue Abgründe«, *Wirtschaftswoche*, 21. Februar 2011, Nr. 8, S. 35.

10 Vgl. dazu auch: A. Tornell und F. Westermann, »Has the ECB Hit a Limit?«, *VoxEU*, 28. März 2012, http://www.voxeu.org/article/has-ecb-hit-limit.

11 J.-C. Trichet, »Enhanced Credit Support: Key ECB Policy Actions for the Euro Area Economy«, CESifo und Süddeutsche Zeitung, *Münchner Seminar*, 13. Juli 2009, und J.-C. Trichet, »The ECB's Enhanced Credit Support«, *CESifo Working Paper* Nr. 2833, Oktober 2009, http://www.cesifo-group.de/DocDL/cesifo1_wp2833.pdf.

12 Diese Interpretation wird auch von der European Economic Advisory Group geteilt. Vgl. European Economic Advisory Group at CESifo, »The European Balance-of-Payments Problem«, *Report on the European Economy*, München 2012, S. 65 ff., http://www.cesifo-group.de/portal/pls/portal/docs/1/1215245.PDF.

13 Vgl. H.-W. Sinn, »Tickende Zeitbombe«, *Süddeutsche Zeitung*, 2./3. April 2011, Nr. 77, S. 24.

14 Die Bundesbank nennt ihr Eigenkapital »Grundkapital und Rücklage« sowie »Ausgleichsposten aus Neubewertung«.

15 *Abbildung 7.1* zeigt, dass der Trend der Geldbasis im Jahr 2012 sogar leicht nach unten abknickte und zum Schluss im Juni 2012 ein Niveau von 437 Milliarden Euro erreichte, offenbar weil auch die deutschen Banken mehr Geld in der Einlagenfazilität parkten. Ohne den Knick hätte der Trendwert zu diesem Zeitpunkt ungefähr bei 471 Milliarden Euro gelegen. So gesehen, wurden noch 34 Milliarden Euro an Ersparnissen zusätzlich zu den 727 Milliarden Euro bei der Notenbank angelegt. Der Effekt ist aber vielleicht nicht von Dauer und wird bei der Diskussion im Text vernachlässigt.

16 Vgl. W. Kohler, »Zahlungsbilanzkrisen im Eurosystem: Griechenland in der Rolle des Reservewährungslandes?«, *ifo Schnelldienst* 64, 31. August 2011, Nr. 16, S. 12–19, und C. B. Blankart, »Der Euro 2084«, ebenda, S. 20–24. Für einen Vergleich mit der Mexiko-Krise siehe: A. Tornell und F. Westermann, »Greece: The Sudden Stop that Wasn't«, *VoxEU*, 28. September 2011, http://www.voxeu.org/article/greece-sudden-stop-wasn't.

17 Vgl. Brief des Präsidenten der Deutschen Bundesbank, Karl Blessing, vom 30. März 1967, an den Präsidenten der Federal Reserve Bank, Wm. McC. Martin, http://www.mmnews.de/index.php/gold/7201-der-blessing-brief.

18 Vgl. M. J. M. Neumann, »Geldwertstabilität: Bedrohung und Bewährung«, in: Deutsche Bundesbank, Hrsg., *50 Jahre Deutsche Mark – Notenbank und Währung in Deutschland seit 1948*, Beck, München 1998, besonders S. 400. Danach musste innerhalb der Europäischen Zahlungsunion (EZU) ein wachsender Teil der bilateralen Defizite nach Wahl der Schuldner in Gold oder Dollar ausgeglichen werden. Nach der Gründung der EZU im Juli 1950 lag der auszugleichende Anteil nur bei 25 %, ab 1954 lag er bei 50 % und ab 1955 bei 75 %. Da in dieser Zeit der Goldpreis auf dem Londoner Markt etwas unter der offiziellen Dollarparität lag, wählte man in der Regel die Bezahlung mit Gold. Neumann spricht in diesem Zusammenhang von der »Vergoldung« der Währungsreserven in der Ära von Bundesbankpräsident Vocke.

19 Vgl. Deutsche Bundesbank, Statistiken, Zeitreihen-Datenbanken, *Makroökonomische Zeitreihen*, Zeitreihe BBK01.EU8201: Auslandsposition der Bundesbank-Bestand- / Gold, http://www.bundesbank.de/Navigation/DE/Statistiken/Zeitreihen_Datenbanken/Makrooekonomische_Zeitreihen/its_details_value_node.

html?listId=www_s201_b1005&tsId=BBK01.EU8201; und ebenda, Zeitreihe BBK01.WJ5501: Goldpreis in Frankfurt am Main / Fixing der Frankfurter Wertpapierbörse / 1 kg Feingold = ... DM / bis 1998, http://www.bundesbank.de/Navigation/DE/Statistiken/Zeitreihen_Datenbanken/Makrooekonomische_Zeitreihen/its_details_value_node.html?tsId=BBK01.WJ5501&listId=www_s331_b01015_1. Danach lag der Wert der Goldreserven der Bundesbank 1968 bei etwa 18 Milliarden D-Mark und der Goldpreis bei 5.106,33 D-Mark pro Kilogramm, woraus sich die Menge von etwa 3600 Tonnen ergibt.

20 Es wurden 7 Millionen Feinunzen oder 218 Tonnen des Goldschatzes, der Ende 1998 119 Millionen Feinunzen betrug, an die EZB übertragen, vgl. Deutsche Bundesbank, *Geschäftsbericht 1999*, 6. April 2000, besonders S. 182, http://www.bundesbank.de/Redaktion/DE/Downloads/Veroeffentlichungen/Geschaeftsberichte/1999_geschaeftsbericht.pdf?__blob=publicationFile; sowie dieselbe, *Geschäftsbericht 1998*, 1. April 1999, besonders S. 189, http://www.bundesbank.de/Redaktion/DE/Downloads/Veroeffentlichungen/Geschaeftsberichte/1998_geschaeftsbericht.pdf?__blob=publicationFile.

21 Vgl. Deutsche Bundesbank, *Geschäftsbericht 2011*, 13. März 2012, besonders S. 146, http://www.bundesbank.de/Redaktion/DE/Downloads/Veroeffentlichungen/Geschaeftsberichte/2011_geschaeftsbericht.pdf?__blob=publicationFile; sowie dieselbe, Statistiken, Zeitreihen-Datenbanken, *Makroökonomische Zeitreihen*, Zeitreihe BBK01.TUB600: Gold und Goldforderungen Bundesbank, Juli 2012, http://www.bundesbank.de/Navigation/DE/Statistiken/Zeitreihen_Datenbanken/Makrooekonomische_Zeitreihen/its_details_value_node.html?tsId=BBK01.TUB600; und M. J. M. Neumann, »Geldwertstabilität: Bedrohung und Bewährung«, a.a.O., besonders S. 351, beziehungsweise Deutsche Bundesbank, Zeitreihe BBK01.EU8201: Auslandsposition der Bundesbank-Bestand-/Gold, a.a.O.

22 Vgl. L. Wolf-Doettinchem und J. C. Wiechmann, »Der letzte Schatz der Deutschen«, *Stern*, 1. Juli 2004, http://www.stern.de/wirtschaft/news/maerkte/goldreserve-der-letzte-schatz-der-deutschen-526129.html, und P. Gauweiler, »Wo ist das Gold der Deutschen?«, *Süddeutsche Zeitung*, 20. Mai 2012, http://www.sueddeutsche.de/wirtschaft/deutsche-goldreserven-wo-ist-das-gold-der-deutschen-1.1360882. Kritiker befürchten, dass die Bundesbank Schwierigkeiten haben könnte, den Goldschatz im Bedarfsfall einzufordern. Vgl. P. Gauweiler, »Bundesbank verspielt Vertrauen«, Interview, *Focus*, 30. Mai 2012, http://www.focus.de/finanzen/banken/interview-bundesbank-verspielt-vertrauen_aid_759921.html.

23 Ende 1968 lag der Wert des Goldbestandes der Bundesbank bei 18,156 Milliarden D-Mark oder 3,4 % des BIP, das bei 533,71 Milliarden D-Mark lag. Die Dollarreserven betrugen zu dem Zeitpunkt 8,561 Milliarden D-Mark oder 1,60 % des BIP. Vgl. Deutsche Bundesbank, Zeitreihe BBK01.EU8201: Auslandsposition der Bundesbank-Bestand- / Gold, a.a.O; dieselbe, Statistiken, Zeitreihen-Datenbanken, *Makroökonomische Zeitreihen*, Zeitreihe BBK01.EU8215: Auslandsposition der Bundesbank-Bestand-Devisen und Sorten: US-Dollar Anlagen, http://www.bundesbank.de/Navigation/DE/Statistiken/Zeitreihen_Datenbanken/Makrooekonomische_Zeitreihen/its_details_value_node.html?listId=www_s201_b1005&tsId=BBK01.EU8215; sowie Statistisches Bundesamt, *Bruttoinlandsprodukt, Bruttonationaleinkommen und Volkseinkommen*.

24 2.643,1 Milliarden Euro: *ifo Konjunkturprognose 2012/13: Erhöhte Unsicherheit dämpft deutsche Konjunktur erneut*, 28. Juni 2012, S. 126, http://www.cesifo-group.de/dms/ifodoc/docs/facts/forecasts/forecasts_container/kprog20120628/kprog20120628-ifoKonjunkturprognose.pdf.

25 Die Schweizer Notenbank hält geschätzte 100 Milliarden Franken an deutschen

Staatsanleihen und finanziert damit einen Anteil von 7% bis 8% der deutschen Bundesschuld. Siehe H. Schöchli, »Standfest hinter der Nationalbank«, *Neue Zürcher Zeitung*, 18. Juli 2012, http://www.nzz.ch/aktuell/wirtschaft/wirtschaftsnachrichten/standfest-hinter-der-nationalbank-1.17368206.

26 H.-W. Sinn, »Ohne Wettbewerbsfähigkeit zerbricht der Euro«, Interview mit A. Trentin, *Finanz und Wirtschaft*, 13. Juni 2012, Nr. 47, S. 20, http://www.fuw.ch/article/ohne-wettbewerbsfahigkeit-zerbricht-der-euro/.

27 D. Hume, *Of Money. Essays, Moral, Political, and Literary*, 1742, S. 33, gemäß Nachdruck: in: E. F. Miller, Hrsg., Liberty Fund, Inc., Indianapolis 1987. Vgl. auch M. Burda, »Hume on Hold«, *VoxEU*, 17. Mai 2012, http://www.voxeu.org/article/hume-hold-consequences-not-abolishing-eurozone-national-central-banks.

28 Bundesministerium der Finanzen, »Deutschland bleibt Stabilitätsanker«, *Pressemitteilung*, 23. Juli 2012, http://www.bundesfinanzministerium.de/Content/DE/Pressemitteilungen/Finanzpolitik/2012/07/2012-07-23-PM34.html.

8 Leistungsbilanzsalden, Kapitalflucht und Target-Salden

Die Finanzierung der Leistungsbilanzsalden – Warum Griechenland und Portugal am Euro hängen – Die irische Kapitalflucht – Italienische Ängste – Rekordhalter Spanien – Frankreich in Gefahr – Deutschlands Exportrechnung auf dem Bierdeckel – Eine fundamentale Dichotomie der EZB-Politik – Die Verletzung des Mandats

DIE FINANZIERUNG DER LEISTUNGSBILANZSALDEN

Kapitel 3 und 4 haben gezeigt, dass die Krisenländer durch den billigen Kredit, den der Euro brachte, ihre Wettbewerbsfähigkeit verloren und riesige Leistungsbilanzdefizite aufgebaut haben, die in der Krise von den Kapitalmärkten nicht oder nur noch widerstrebend finanziert wurden. Kapitel 5 bis 7 haben dargelegt, wie und in welchem Sinne sich diese Länder ihrer Notenpressen bedienen konnten, als die Kapitalmärkte sich verweigerten. Dieses Kapitel schaut auf die Länder im Einzelnen und versucht herauszufinden, in welchem Umfang die Finanzierung der Leistungsbilanzdefizite mit der Notenpresse tatsächlich stattfand, welcher Teil über andere Kanäle finanziert wurde und welche Rolle die Kapitalflucht spielte.

Ein Leistungsbilanzdefizit, also der Überschuss der Zahlungen für

Importe und Zinsen an das Ausland über die durch Exporte und Geschenke aus dem Ausland empfangenen Zahlungen, führt zu Geldabflüssen. Zur Gegenfinanzierung dieser Abflüsse gibt es grundsätzlich nur drei Möglichkeiten:[1]

1. Durch einen Nettozufluss von Geld aufgrund von Anlageentscheidungen privater Investoren und der von ihnen beauftragten Finanzinstitute inklusive der Portfolioentscheidungen und Direktinvestitionen (wie zum Beispiel dem Erwerb einer Fabrik). Diese Kompensation ist der Normalfall, und er lag bis zum Sommer 2007 auch tatsächlich vor.
2. Durch einen Nettozufluss von Geld aufgrund von Hilfskrediten anderer Länder. Das sind im Wesentlichen die intergouvernementalen Kredite und die Kredite der internationalen Einrichtungen wie EU, IWF oder ESM. Solche Hilfskredite flossen von Mai 2010 an. Sie werden im Kapitel 9 eingehend behandelt.
3. Durch das Drucken neuen Geldes, also den Target-Kredit. Wie in *Abbildung 6.2* gezeigt, fing das Wachstum der Target-Kredite in der zweiten Jahreshälfte 2007 an.

Der Zusammenhang zwischen diesen Größen und der Leistungsbilanz eines Landes folgt aus einer harten nationalen Budgetbeschränkung, an der sich ohne Diebstahl nichts ändern lässt. Die Frage, die sich im Folgenden stellt, ist, zu welchen Anteilen die Target-Kredite und die anderen Komponenten dazu beigetragen haben. Was immer die Antwort ist, sie sollte nicht so interpretiert werden, dass die Target-Kredite die Leistungsbilanzdefizite verursacht haben oder mit ihnen korreliert sind. Um die Kausalität geht es vorläufig nicht, sondern nur um die Beschreibung der statistischen Fakten. Da das Leistungsbilanzdefizit der Krisenländer irgendwie finanziert worden sein muss, ist es nützlich zu wissen, welchen Beitrag die Target-Kredite dazu geleistet haben, welcher Anteil auf die öffentlichen Rettungsaktionen entfällt und was überhaupt noch von den Kapitalmärkten finanziert wurde.

Um einen ersten Überblick über das Geschehen zu gewinnen, betrachtet *Abbildung 8.1* zunächst die Budgetbeschränkung der sechs Krisenländer Griechenland, Irland, Italien, Portugal, Spanien und Zypern (GIIPSZ) zusammengenommen, womit natürlich nicht gemeint ist, dass diese Länder sich untereinander helfen. Sie zeigt das seit dem

1. Januar 2008 akkumulierte Leistungsbilanzdefizit (schwarz), den Bestand der Target-Schulden (blau) und den Bestand der ausgezahlten Kredithilfen im engeren Sinne, wie sie im Zuge der offiziellen Rettungsaktionen gewährt wurden (grün). Alle dargestellten Kurven erfassen Bestände oder Bestandsänderungen gegenüber einem Basiszeitpunkt und nicht die laufenden Ströme. Letztere zeigen sich in den Steigungen der Kurven.[2]

Abbildung 8.1: Nettoauslandsschulden, Leistungsbilanzsalden und Target-Schulden der GIIPSZ-Länder

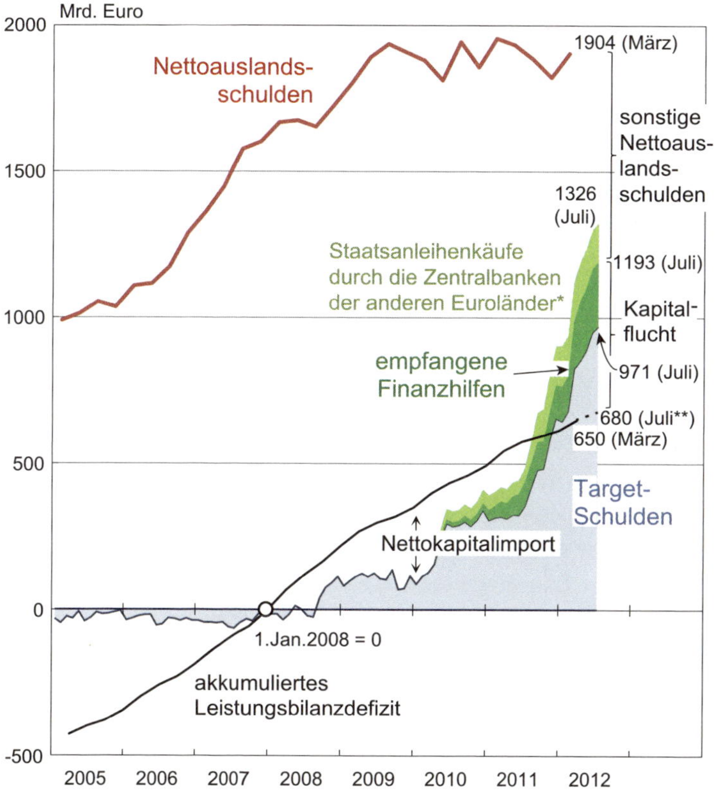

* Berücksichtigt sind die Käufe von Staatsanleihen durch die nicht zur GIIPSZ-Gruppe gehörenden Notenbanken.

** Geschätzt.

Bemerkung: Die Kurve der Nettoauslandsschulden geht hier bis zum März 2012, der Saldo der empfangenen abzüglich der geleisteten Finanzhilfen bis zum Juli 2012, das kumulierte Leistungsbilanzdefizit bis zum März 2012 und die Staatspapierkäufe der EZB und die Target-Kurve bis zum Juli 2012, wobei noch nicht für alle Länder Target-Daten bis zum aktuellen Rand vorliegen. Vgl. die Erläuterung zu *Abbildung 6.2*. Die empfangenen Finanzhilfen sind als Nettogröße berechnet; berücksichtigt werden die bis zum jeweiligen Monat ausgezahlten Finanzhilfen aus dem ersten Hilfspaket der Euroländer und des IMF für Griechenland, aus dem Hilfspaket von EFSF, EFSM und IMF für Irland, aus dem Hilfspaket von EFSF, EFSM und IMF für Portugal und aus dem zweiten Hilfspaket von EFSF und IMF für Griechenland. Die Beiträge, die die Krisenländer selbst zu den Hilfszahlungen geleistet haben, wurden von der Bruttogröße subtrahiert. Am aktuellen Rand ergibt sich dadurch ein Netto-Hilfevolumen von 222 Milliarden Euro. Das Brutto-Hilfevolumen liegt bei 255 Milliarden Euro. Der Beitrag der einzelnen Länder ergibt sich beim ersten Hilfspaket der Euroländer direkt aus dem Hilfsabkommen, bei den EFSM-Zahlungen aus dem Anteil an den Einnahmen des EU-Haushalts und bei den IMF-Hilfen aus dem Beitrag zur Kapitalausstattung des IMF.

Quellen: Eurostat, Datenbank, *Wirtschaft und Finanzen*, Zahlungsbilanz – Internationale Transaktionen; European Commission, *Economic and Financial Affairs*, The EU as a Borrower; dieselbe, *EU Budget 2010*, Financial Report; dieselbe, *The Economic Adjustment Programme for Greece: Fifth Revue*; European Financial Stability Facility, *Lending Operations*; IMF, *Financial Activities*; derselbe, *SDR Exchange Rate Archives by Month*; derselbe, *Updated IMF Quota Data*; und H.-W. Sinn und T. Wollmershäuser, a.a.O.

Wie man sieht, steigt die schwarze Kurve der akkumulierten Leistungsbilanzdefizite anfangs schneller an als die Obergrenze der dunkelgrünen beziehungsweise blauen Fläche. Das zeigt einen Nettokapitalimport an. Im ersten Halbjahr 2010 und dann vor allem ab dem zweiten Halbjahr 2011 ist es aber umgekehrt. Nun steigt die Summe aus Target-Schulden und akkumulierten Hilfskrediten schneller, was man daran sieht, dass die Obergrenze der dunkelgrünen Fläche (Target-Kredite plus intergouvernementale Hilfen) steiler als die schwarze Linie (akkumuliertes Leistungsbilanzdefizit) verläuft. In dieser Zeit floss mehr Geld in die Länder, als zur Finanzierung der Leistungsbilanzdefizite nötig war. Posten (1) in der obigen Abbildung war also negativ. Es gab keinen Kapitalimport mehr, sondern das Kapital wurde exportiert. Man kann auch sagen, es floh.

Rechnet man vom Beginn des Jahres 2008 bis zum aktuellen Rand im Frühjahr 2012, liegt die Summe der Target-Hilfen und der offiziellen Hilfen schon weit über der Kurve des akkumulierten Leistungsbilanzdefizits. Per saldo ist also in der betrachteten Zeitspanne keinerlei privates Kapital mehr in die Krisenländer geflossen, sondern es kam netto zu einer Kapitalflucht. Das Ausmaß der Nettokapitalflucht seit dem Beginn des Jahres 2008 wird durch die entsprechend bezeichnete Klammer am rechten Bildrand gezeigt. (In *Abbildung 6.1* sind also tatsächlich die grünen Pfeile weggeblieben und die roten entstanden.) Die öffentlichen Rettungsgelder haben das gesamte Leistungsbilanzdefizit der Krisenländer finanziert, das in den betrachteten viereinhalb Jahren bis Ende Juli 2012 etwa 680 Milliarden Euro betragen haben dürfte, und außerdem noch im Umfang von (geschätzt) etwa 513 Milliarden Euro Ersatz für das fliehende Kapital geleistet.

Die obere rote Kurve in der Abbildung zeigt die Nettoauslandsschuld der Krisenländer. Ende März lag sie bei 1,904 Billionen Euro. Die Target-Schulden und die Schulden aus den intergouvernementalen Hilfen machten hiervon ca. 52% aus.

Die restlichen 48% sind in der Abbildung als sonstige Nettoauslandsschulden bezeichnet. Das sind Kredite, die staatlichen oder privaten Stellen in den GIIPSZ-Ländern von ausländischen privaten Anlegern und Institutionen gewährt wurden. Darin enthalten sind rechnerisch auch die von anderen Notenbanken erworbenen Staatspapiere der GIIPSZ-Länder, die in der Abbildung durch die hellgrüne Fläche dargestellt sind (vgl. *Abbildung 5.1*). Am aktuellen Rand ist dies ein Betrag in Höhe von 133 Milliarden Euro. Hierbei handelt es sich, wie schon in Kapitel 5 erläutert wurde, ebenfalls um öffentliche Hilfskredite anderer Staaten zugunsten der GIIPSZ-Länder, und insofern ist letztlich von der ökonomischen Wirkung her gesehen kein wirklicher Unterschied zu offenen intergouvernementalen Hilfskrediten vorhanden. Allerdings kaufen die nationalen Notenbanken die ausländischen Staatspapiere niemals im Ausland, da sie nur mit den inländischen Banken Geschäftsbeziehungen unterhalten. Internationale Zahlungsströme können durch diese Käufe deshalb nur indirekt ausgelöst werden, nämlich in dem Sinne, dass zum Beispiel die Bundesbank griechische Staatspapiere von deutschen Banken kauft, die ihrerseits Staatspapiere in Griechenland nachkaufen. Das ist dann formal ein von privaten ausländischen Anlegern finanzierter Kapitalimport Griechenlands, obwohl er durch die Aktion einer staatlichen Instanz, eben der Bundesbank, ermöglicht und ausgelöst wurde.

Rechnet man den Teil der sonstigen Nettoauslandsschulden, der durch den Erwerb der Staatspapiere der Krisenländer durch die Notenbanken anderer Länder zustande kam, noch zu den Target-Hilfen und den intergouvernementalen Hilfen hinzu, dann zeigt sich, dass mittlerweile bereits 60% der Nettoauslandsschulden der Krisenländer bei den restlichen Staaten des Euroraums einschließlich ihrer Notenbanken liegen.

Insgesamt bestätigt die Abbildung die überragende Bedeutung der Target-Kredite bei der Hilfe für die bedrängten Länder. Die Target-Salden sind in der Öffentlichkeit und im Bundestag am wenigsten bekannt, und doch haben sie quantitativ die bei Weitem größte Bedeutung. Sie sind wahrscheinlich der Grund dafür, dass das eine oder andere Krisenland, das eigentlich besser außerhalb des Euro mit einer abgewerteten Währung zurechtkäme, sich so intensiv an den Euro klammert. Den automatischen Überziehungskredit zu weniger als einem Prozent Zins für den Erwerb von Waren in Deutschland und anderswo bietet die eigene Währung natürlich nicht.

WARUM GRIECHENLAND UND PORTUGAL AM EURO HÄNGEN

Die gleiche Analyse wie für die GIIPSZ-Länder in ihrer Gesamtheit kann man auch für die einzelnen Länder durchführen. Beginnen wir mit Griechenland und Portugal, den beiden Ländern, die nach der Analyse des Kapitels 4 am weitesten vom Zustand der Wettbewerbsfähigkeit entfernt sind, was die nötige reale Abwertung betrifft. Nach der dort zitierten Rechnung von Goldman Sachs muss Portugal um 35 % und Griechenland um 30 % abwerten, um den Schuldendienst leisten zu können (vgl. *Tabelle 4.1*). An gleicher Stelle wurden die OECD-Daten zur Kaufkraftparität zitiert, nach denen Griechenland um 39 % und Portugal um 32 % abwerten müsste, um das gleiche Preisniveau wie die Türkei zu erreichen. Leider gibt es, wie in *Abbildung 4.3* gezeigt wurde, auf der Basis der Eurostat-Zahlen zur Preisentwicklung bislang keinerlei Anhaltspunkte dafür, dass eine solche reale Abwertung schon begonnen hat. Beide Länder hatten bereits vor dem Ausbruch der Krise riesige Leistungsbilanzdefizite. Griechenland lag 2007 bei 14,6 % des BIP beziehungsweise 33 Milliarden Euro und Portugal bei 10,1 % des BIP beziehungsweise 17 Milliarden Euro. Und diese Defizite wären noch um etwa 1,5 Prozentpunkte größer gewesen, hätten die Länder nicht in erheblichem Umfang auf Transfers von der EU zurückgreifen können. Mir ist nicht bekannt, dass es irgendwann einmal in der Geschichte unabhängige Länder mit solch anhaltend riesigen Leistungsbilanzdefiziten gegeben hat.

Abbildung 8.2 zeigt die griechische Situation in Analogie zur *Abbildung 8.1.* Alle Kurven haben im Prinzip die gleiche Bedeutung wie vorher. Nur die Kurve der Staatspapierkäufe fehlt, weil die EZB die Information dazu nicht auf die einzelnen Länder herunterbricht.

Abbildung 8.2: Griechenland und die Notenpresse

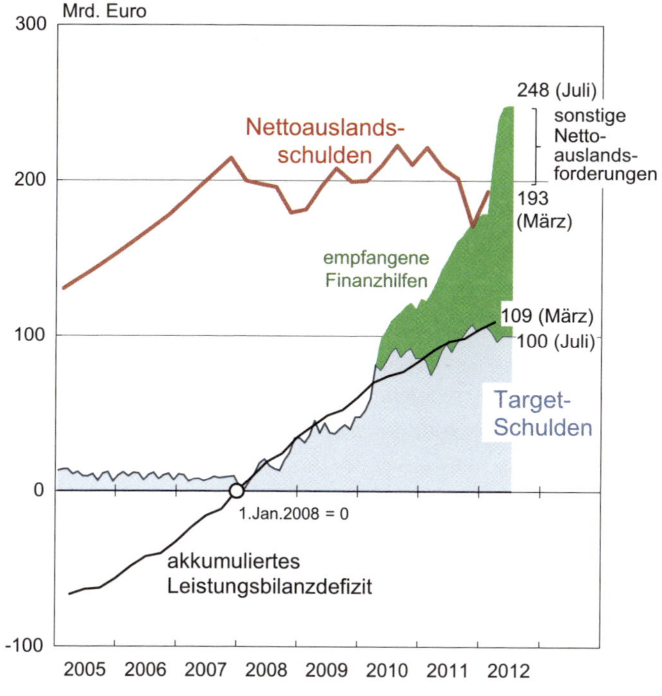

Quellen: siehe *Abbildung 8.1.*

Wie man sieht, hat Griechenland sich von Anfang an exzessiv der Notenpresse bedient. In den ersten vier vollen Krisenjahren 2008 bis 2011 hat es sein Leistungsbilanzdefizit offenbar stets mit Target-Krediten geschlossen. Die Target-Kurve führt nicht nur am Ende des Vier-Jahres-Zeitraums zum selben Punkt wie die Kurve des akkumulierten Leistungsbilanzdefizits, was über die vier Jahre hinweg eine Totalfinanzierung mit der Notenpresse anzeigt, sondern auch zwischendrin. Die Griechen haben also über vier Jahre die Güter, die sie netto aus dem Ausland bezogen, nicht bezahlen können, sondern mussten beim EZB-System anschreiben lassen.

Nur im Jahr 2009 fällt die Target-Kurve geringfügig unter die Kurve des Leistungsbilanzdefizits. Das zeigt temporär in kleinerem Umfang Kapitalimporte normaler Art an. Aber die hielten nicht lange vor, denn schon ein halbes Jahr später floss das Kapital wieder aus Griechenland heraus. Netto ist nichts zugeflossen.

Müsste Griechenland wieder Drachmen drucken, um damit sein Leistungsbilanzdefizit zu finanzieren, hätte es ein Problem, denn anders als mit den Euros könnte es dafür in Deutschland nichts kaufen. Die Handelspartner würden die Drachme vielleicht zunächst als Zahlungsmittel akzeptieren, doch sie würden sie umgehend wieder abstoßen und jemanden suchen, der damit in Griechenland einkauft. Der Kurs der Drachme würde so weit fallen, bis sich genug Interessenten für die Drachme finden, die in Griechenland irgendwas damit kaufen wollen, seien es touristische Dienstleistungen, Ferienhäuser, Agrarprodukte oder auch hochverzinsliche Risikopapiere des griechischen Staates. Umgekehrt würde für die Griechen alles so teuer, dass sie aufhören würden, ausländische Waren zu kaufen, und ihre Nachfrage wieder auf heimische Produkte richten würden. Es wäre den Griechen also nicht möglich, weiterhin mehr Geld zu drucken, als sie für die eigene Geldversorgung der Bevölkerung brauchen, weil das Ausland nicht bereit wäre, dieses Geld bei sich zu behalten. Nur der Euro bietet die Möglichkeit, Geld zu drucken, das man anderswo hingibt, ohne dass es wieder zurückkommt, und nur er ermöglicht die Finanzierung eines realen Nettoimports von Gütern mit der Druckerpresse. Deshalb hängt Griechenland so sehr am Euro, im doppelten Sinne.

Neben den Target-Krediten hat Griechenland in erheblichem Umfang Hilfskredite empfangen. Die Leistungen begannen im Mai 2010 mit dem ersten Hilfspaket in Höhe von 110 Milliarden Euro, an dem auch der IWF beteiligt war und von dem schließlich 73 Milliarden Euro ausgezahlt wurden. Dann wurde im März 2012 ein zweites Paket im Volumen von 173 Milliarden Euro aufgelegt. Bis zum aktuellen Rand, dem Juli 2012, sind ungefähr 148 Milliarden an solchen Hilfsgeldern geflossen, wobei schon berücksichtigt ist, dass Griechenland selbst sich an den Hilfsaktionen für die anderen Länder im Umfang von 1 Milliarde Euro beteiligt hat. In der Abbildung sind diese Hilfen wieder durch die grüne Fläche dargestellt.

Rechnerisch hatten diese offiziellen Hilfen ziemlich genau dasselbe Volumen wie die Kapitalflucht aus Griechenland, denn die Target-Kredite allein reichten gerade aus, das Leistungsbilanzdefizit zu bezahlen. Die intergouvernementalen Gelder, die Griechenland gewährt wurden, führten gar nicht dazu, dass dieses Land weitere Güter aus dem Ausland bezog, denn sie flossen postwendend wieder zurück in die Kernländer, vermutlich zum größten Teil an die Gläubigerbanken, die auf diese Weise einen Teil ihrer Kreditforderungen gegen Griechenland retten konnten. Man hört aber auch viel von einer Kapitalflucht reicher Griechen selbst.

Bemerkenswert ist, dass die Summe aller Hilfskredite inklusive der Target-Kredite, die Griechenland erhielt, die gesamte Nettoauslandsschuld um ca. 50 Milliarden Euro überschreitet. Dieser Überhang ist für sich genommen offenbar eine Nettoforderung Griechenlands gegenüber dem Ausland, denn sonst ginge die Rechnung nicht auf. So gesehen, ist Griechenland bezüglich der Kreditkontrakte mit privaten ausländischen Stellen gar kein Nettoschuldnerland mehr. Würde die Rückzahlung der Hilfen erlassen und bräuchte Griechenland seine Schulden nur zum heutigen Marktwert der Schuldpapiere bedienen, dann hätte es ein erkleckliches Nettoauslandsvermögen.

Das gilt umso mehr, wenn man berücksichtigt, dass zu den intergouvernementalen Rettungsgeldern eigentlich noch die Hilfen hinzugerechnet werden müssen, die Griechenland dadurch erhielt, dass die Notenbanken anderer Länder griechische Staatspapiere gekauft haben. Dazu gibt es keine offiziellen Angaben, denn die EZB veröffentlicht nur die Summe der Staatspapiere der Krisenländer, die sie erworben hat, nicht aber deren Aufteilung. Wenn es stimmt, wie man in der Presse liest,[3] dass andere Notenbanken für ca. 50 Milliarden Euro griechische Staatspapiere gekauft haben, dann liegt der Endpunkt der Kurve aller Hilfsleistungen für Griechenland um ca. 100 Milliarden Euro über der von Eurostat ausgewiesenen Nettoauslandsschuld (negative Nettoauslandsposition). Das wäre dann das Nettoauslandsvermögen Griechenlands, würde man ihm alle staatlichen Schulden erlassen.

Im Lichte dieser Erkenntnis kann man zu der Empfehlung des IWF vom August 2012, dass die öffentlichen Schuldner Griechenlands auf einen Großteil ihrer Forderungen verzichten sollten,[4] doch wohl nur mit dem Kopf schütteln. Würde man diese Empfehlung radikal umsetzen und Griechenland alle öffentlichen Auslandsschulden einschließlich der Target-Schulden erlassen, hätte dieses Land Nettoauslandsforderungen von ca. 100 Milliarden Euro oder 50% des BIP. Damit wäre es unter den Ländern dieser Welt vom Bettelmann zum Krösus mutiert.

Die Situation in Portugal ist nur wenig anders als in Griechenland. Nach der Analyse von Goldman Sachs ist dieses Land eher noch weiter von seiner Schuldentragfähigkeit entfernt als Griechenland, nach dem Vergleich mit dem türkischen Preisniveau mag der Weg bis zur Wettbewerbsfähigkeit geringfügig kürzer sein. Auch zeigte das Leistungsbilanzdefizit nur geringfügig weniger katastrophale Werte an als im Falle Griechenlands. Deshalb ist es kein Wunder, dass auch Portugal sich in riesigem Umfang seiner Notenpresse bedient hat.

Auch *Abbildung 8.3* zeigt, dass Portugal schon des Längeren eine kleinere Target-Schuld vor sich herschob. Als die Krise ausbrach, nahm diese Schuld nur geringfügig zu. Bis zur Mitte des Jahres 2009 konnte man den Eindruck haben, dass das Land das Vertrauen der Investoren noch besaß, denn das Leistungsbilanzdefizit wurde bis zu dem Zeitpunkt noch durch neu nach Portugal hineinströmendes Kapital finanziert. Doch in der zweiten Jahreshälfte, als die Weltwirtschaft schon wieder im Aufschwung war, verweigerten sich die Kapitalmärkte einer weiteren Finanzierung des Defizits, und die Notenpresse übernahm die Finanzierung nun vollständig. In der Abbildung sieht man das daran, dass die Kurve des akkumulierten Leistungsbilanzdefizits in dieser Phase die gleiche Steigung wie die Target-Kurve hat. Der portugiesische Außengeldbestand baute sich genauso schnell auf wie die Außenschuld durch das Leistungsbilanzdefizit.

Dramatisch wurde die Lage im Frühjahr 2010, denn nun floh das Kapital aus dem Land. Die Target-Schuld wuchs von diesem Zeitpunkt an schneller als die Außenschuld durch das Leistungsbilanzdefizit, was anzeigt, dass die Notenpresse zusätzlich das fliehende Kapital ersetzte. Konkret ging es wohl darum, dass nicht nur der Lebensstandard, sondern auch die von den Banken der Kernländer verlangte Tilgung mit der Notenpresse finanziert wurde. Beruhigt hat sich Situation ab dem Sommer 2010, nachdem Portugal unter den intergouvernementalen Rettungsschirm der Euroländer, EFSF, geschlüpft war.

Allerdings zeigt sich auch im Falle Portugals, dass die Geld-im-Schaufenster-Theorie nicht funktionierte. Es reichte nicht aus, die Rettung bloß anzukündigen. Die Rettungssummen mussten tatsächlich fließen, was sie dann auch, wie durch die grüne Fläche verdeutlicht wird, in erheblichem Umfang taten.

Abbildung 8.3: Portugal

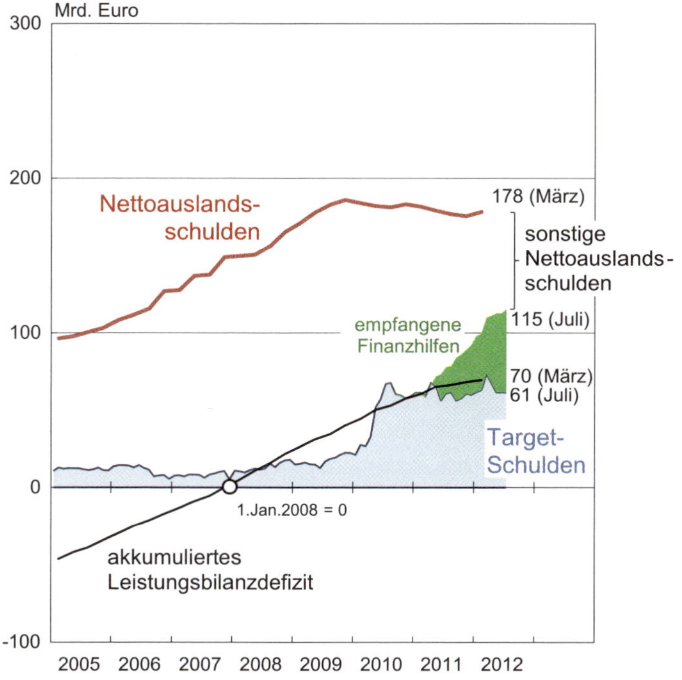

Quellen: siehe *Abbildung 8.1.*

Insgesamt hat Portugal 98 % des durch Leistungsbilanzdefizite verursachten Zuwachses seiner Außenschuld in den viereinviertel Jahren von Anfang 2008 bis März 2012 mit der Notenpresse finanziert. Die zusätzliche Finanzierung durch die offiziellen Rettungsaktionen schloss die verbleibende Lücke von 2 Prozentpunkten und hat zusätzlich noch eine Kapitalflucht in Höhe von 35 Milliarden Euro finanziert und ermöglicht.

Die Hilfen waren aber bislang nicht so umfangreich, dass sie die gesamte, beziehungsweise sogar mehr als die Nettoaußenschuld durch öffentliche Kredite ersetzt haben, wie es in Griechenland der Fall war. Am aktuellen Rand, im Juli 2012, bestanden 65% der portugiesischen Nettoauslandsschuld (Stichtag 31. März 2012) aus Schulden gegenüber öffentlichen Instanzen inklusive dem EZB-System. Freilich kann es sein, dass auch im Falle Portugals ein Teil dieser Restschuld aus Staatspapieren besteht, die andere Notenbanken gekauft haben. Dazu fehlt die Statistik.

DIE IRISCHE KAPITALFLUCHT

Die Verhältnisse in Irland unterschieden sich erheblich von jenen in Portugal und Griechenland, denn das Leistungsbilanzdefizit war kleiner, und die Kapitalflucht spielte eine sehr viel größere Rolle. Im Jahr 2007 lag das Leistungsbilanzdefizit bei 5,3% des BIP und im Jahr 2008 bei 5,6%, was zwar im internationalen Vergleich enorm, aber doch weniger als zwei Fünftel des griechischen und nur knapp die Hälfte des portugiesischen Wertes war. Als Steuerparadies war Irlands Hauptproblem, wie *Abbildung 8.4* zeigt, ganz eindeutig die Kapitalflucht beziehungsweise die Repatriierung des Kapitals aus den Kernländern. Der Berg an Target-Schulden, den Irland aufbaute, war wesentlich größer als das, was zur Finanzierung des Leistungsbilanzdefizits erforderlich war. Der Target-Saldo zeigt also im Falle Irlands im Wesentlichen das Ergebnis der Kapitalflucht.[5]

Wie schon in Kapitel 3 im Abschnitt *Das wahre Schuldenproblem* erläutert wurde, kamen die irischen Banken wegen ihrer Fristentransformation, also der kurzfristigen Gegenfinanzierung langfristig verliehenen Geldes, in enorme Schwierigkeiten. Schulden aufzunehmen wurde immer teurer, weil die Risikokomponente im Zins an Gewicht gewann. Zugleich verloren die langfristigen Anlagen an Wert. Das hat die Nettoauslandsschulden Irlands innerhalb von nur zwei Jahren, vom September des Jahres 2007 bis zum September des Jahres 2009, um 147 Milliarden Euro ansteigen lassen, was in etwa so viel war wie das gesamte BIP des Landes im Jahr 2011 (156 Milliarden Euro im Jahr 2011). Der Staat versuchte, die Situation mit enormen Garantien für die Banken von mehr als 200% des BIP zu beruhigen. Das gelang ihm aber nicht. Stattdessen wurde er, wie schon in Kapitel 3 erläutert wurde, mit in den Strudel gezogen, musste innerhalb eines Jahres ein Budgetdefizit von 30% des BIP hinnehmen und war dann im Jahr 2010 auf den Rettungsschirm der Staatengemeinschaft angewiesen, was ihn eines Teils seiner Souveränität beraubte.

Abbildung 8.4: Irland

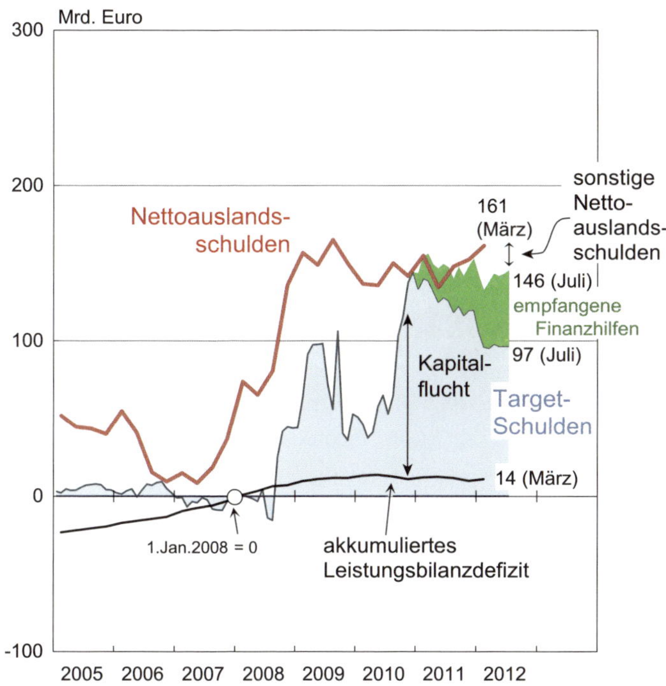

Quellen: siehe Abbildung 8.1.

Die Abbildung zeigt, dass die irische Kapitalflucht in zwei Wellen kam. Die erste fand direkt nach der Lehman-Krise im Herbst 2008 statt. Die Bank of Ireland griff damals zum Instrument der ELA-Kredite, weil es für die enorme Summe der Refinanzierungskredite, die zum Ausgleich nötig waren, an Sicherheiten für normale Kredite fehlte. Dann beruhigte sich die Situation und einiges Kapital floss zurück. Aber schon im Herbst 2010 kam die zweite Welle, die noch heftiger war als die erste und Irland zwang, unter den inzwischen bereitgestellten Rettungsschirm zu schlüpfen. Bis zum aktuellen Stand (Juli 2012) wurden Irland insgesamt brutto 50 Milliarden Euro (netto 49 Milliarden Euro) ausgezahlt. Man sieht, dass dieses Geld die Target-Kredite in entsprechendem Ausmaß reduziert hat.

In der Tat war die Erwartung, dass man die Target-Kredite würde ablösen können, auch der Grund dafür, dass der damalige Präsident der EZB, Jean-Claude Trichet, Irland im Herbst 2010 geradezu gedrängt hat, unter den Rettungsschirm zu schlüpfen. Irland wollte damals das Geld gar nicht haben, weil es dafür 5,8 % Zinsen zahlen musste, während es den Target-Kredit für ein Prozent Zins bekam. Indes beharrte Trichet auf die Ablösung der Notenpresse durch die intergouvernementalen Hilfen der Euroländer und des IWF, um seine Bilanzen wieder halbwegs in Ordnung zu bringen. Noch immer hat Irland freilich eine Target-Schuld von 97 Milliarden Euro oder 62 % seines BIP von 2011.

ITALIENISCHE ÄNGSTE

Das Jahr 2011 war das wahre Schreckensjahr des Euro, denn nachdem man die erste Welle der kleinen Staaten mit den Target-Krediten und den Rettungsschirmen halbwegs unter Kontrolle gebracht hatte, kam nun die Hauptwelle mit Italien und Spanien.

Manch einer fiel aus allen Wolken. Wer wollte Italien schon mit Griechenland vergleichen? Italien ist ein produktives und reiches Land, das 16 % mehr privaten Wohlstand pro Einwohner als Deutschland hat.[6] Die norditalienische Wirtschaft ist eine der produktivsten ganz Europas. Auch der Umstand, dass Italien schon lange mit seiner großen Staatsschuld von über 100 % des BIP zurechtgekommen war und im Gegensatz zu den anderen Krisenländern, die alle in der Gegend von 100 % lagen, Ende 2010 nur über eine minimale Außenschuld von 24 % des BIP verfügte, schien geeignet zu sein, die Kapitalmärkte zu beruhigen.

Und doch strauchelte schließlich auch Italien.[7] Seit dem Juli 2011 vergrößerten sich die Zinsspreads relativ zu Deutschland (vgl. *Abbildung 3.1*), und die ersten Banken zogen ihre Kredite aus Italien zurück, was die Target-Schulden seit dem August 2011 sehr plötzlich hochschnellen ließ. Die Regierung unter Silvio Berlusconi versuchte die Kapitalmärkte durch Sparprogramme zu beruhigen, die sie im August eilig zusammenschusterte, aber das gelang ihr nicht mehr.

Bis zum Jahresende 2011 schoss die Target-Schuld Italiens, die durch die Kapitalflucht entstanden war und mit neuen Refinanzierungskrediten einherging, auf 191 Milliarden Euro hoch. Noch im Juli hatte die Target-Schuld nur bei 16 Milliarden Euro gelegen, und in der Zeit davor hatte Italien sogar lange Zeit eine Nettogläubigerposition bei den Target-Salden inne.

Abbildung 8.5: Italien

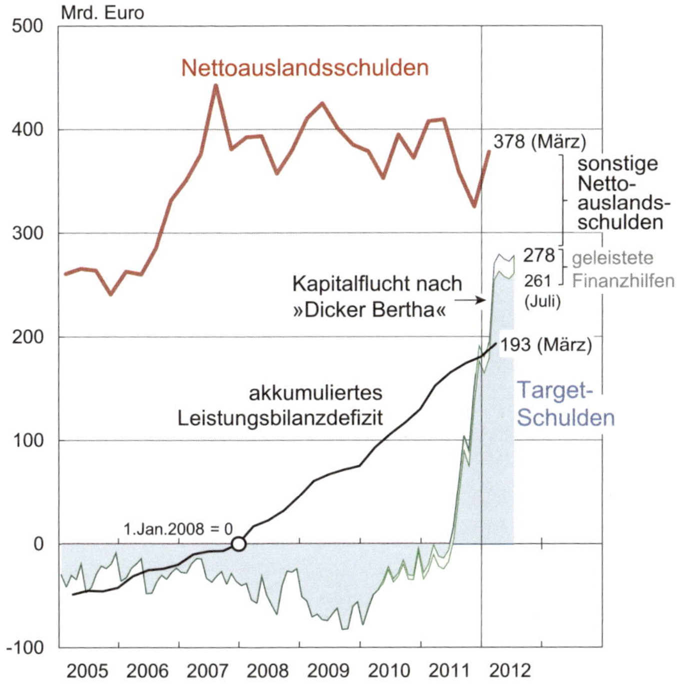

Quellen: siehe *Abbildung 8.1.*

Die Kapitalflucht war so riesig, dass sie den gesamten Kapitalimport Italiens überkompensierte, der seit dem Anfang des Jahres 2008 stattgefunden hatte. Innerhalb eines halben Jahres floh mehr Kapital aus Italien heraus, als in den dreieinhalb Jahren zuvor zugeflossen war. Insofern wurde auch Italiens Leistungsbilanzdefizit in den Jahren von 2008 bis 2011 per Saldo nicht mit privaten Kapitalimporten, sondern im Nachhinein mit der Notenpresse finanziert.

Während Griechenland, Portugal und Irland offizielle Hilfen von der Staatengemeinschaft erhielten, war das bei Italien bislang noch nicht der Fall. Italien sträubt sich dagegen mit Händen und Füßen und sucht, bislang vergebens, nach Möglichkeiten, die Hilfen, die in den offiziellen Rettungsfonds vorgesehen sind, ohne die Auflagen zu bekommen. Derweil setzt es auf die Unterstützung durch die Staatspapierkäufe seitens der EZB.

Italien hat sich bislang sogar offiziell selbst als Retter an den intergouvernementalen Aktionen beteiligt und bis zum Juli 2012 immerhin 17 Milliarden Euro beigesteuert. In der Abbildung ist der italienische Beitrag in Form einer weiß-grauen Fläche (vor allem am rechten Bildrand sichtbar) vom Target-Kredit abgezogen worden.

Man kann nur mutmaßen, was der Grund für die neuerliche Unruhe an den Kapitalmärkten im Sommer 2011 war. Eine mögliche Erklärung könnte darin liegen, dass Italiens Leistungsbilanzdefizit sich seit der Ankündigung des Euro im Jahr 1995 wegen der laufenden realen Aufwertung durch überdurchschnittliche Inflation, die Italien erlebte (vgl. *Abbildung 4.1*), im Laufe der Zeit immer weiter verschlechtert hatte, von gut +2% des BIP auf zuletzt −3%. Zusammen mit dem in der Krise stagnierenden Wachstum und der schier aussichtslosen Situation in Griechenland war dies Grund genug, nun auch Italien zu misstrauen. Und wenn der Keim des Misstrauens erst einmal gesät ist, dann gibt es Ansteckungseffekte zwischen den Kapitalanlegern, die eine Verstärkung der Kapitalflucht auslösen.

Die italienische Krise führte im November 2011 zum Sturz der Regierung Berlusconi. Der neue Ministerpräsident Monti, ehemals EU-Kommissar und Professor für Volkswirtschaftslehre der Universität Mailand, begann mit weitreichenden Reformen. So brachte er im Dezember 2011 sein 30 Milliarden Euro umfassendes erstes Sparpaket durch Senat und Abgeordnetenhaus. Darin waren unter anderem eine Erhöhung des Renteneintrittsalters, Kürzungen der Gesundheitsausgaben und eine Mehrwertsteuererhöhung vorgesehen.[8] Im Januar 2012 kündigte seine Regierung außerdem eine liberalisierende Arbeitsmarktreform an, die im Juni 2012 vom Parlament (allerdings in ziemlich verwässerter Form) bestätigt wurde.[9] Das trug zur Beruhigung der Kapitalmärkte bei. Die Kurse der italienischen Staatspapiere stiegen (vgl. *Abbildung 5.2*), und die italienischen Zinsen auf zehnjährige Staatspapiere, die im November 2011 temporär auf 7,3% hochgeschnellt waren, sanken bis zum Juli 2012 wieder auf 6%. Im

März hatten sie temporär gar bei nur 5% gelegen. Mehr noch half dabei die »Dicke Bertha« der EZB, das offiziell als LTRO bezeichnete Programm.[10] Wie schon in Kapitel 5 erläutert wurde, wurden den Banken im Rahmen dieses Programms für über 1.000 Milliarden Euro dreijährige Refinanzierungskredite zur Verfügung gestellt, um sie in die Lage zu versetzen, zur Kursstützung neue Staatspapiere und andere Wertpapiere zu kaufen. Die italienische Doppelspitze mit Mario Monti und Mario Draghi schien zu funktionieren.

Allerdings war die Konsequenz dieser Politik eine sprunghafte Zunahme der Target-Salden zu Beginn des Jahres 2012, von Ende Januar bis Ende April, um etwa 99 Milliarden Euro, wie es in der Abbildung verdeutlicht wird. Die italienischen Banken nahmen in den Monaten Dezember 2011 bis Juni 2012 von der Banca d'Italia für drei Jahre weitere 201 Milliarden Euro an langfristigen Refinanzierungskrediten im Rahmen des LTRO-Programms zu nur einem Prozent Zins auf.[11] Sie verwendeten das Geld für den Kauf von Wertpapieren, auch Staatspapieren, und sie vergaben neue Kredite.[12] Das Geld floss großenteils ins Ausland, entweder weil die Banken Wertpapiere, darunter auch viele Staatspapiere, direkt von dort erwarben oder weil sie sie Italienern abkauften, die den Verkaufserlös verwendeten, um sich mit dem Geld aus dem Staube zu machen. Insofern hat die »Dicke Bertha« zwar die Kurse der italienischen Staatsanleihen kurzfristig stabilisiert, doch war der Preis dafür die Verstärkung der Kapitalflucht, zu deren Bekämpfung sie eigentlich vorgesehen war.

REKORDHALTER SPANIEN

Wie *Abbildung 8.6* zeigt, setzte im Sommer 2011, zeitgleich mit der Kapitalflucht aus Italien, auch eine Kapitalflucht aus Spanien ein. Bis zum Sommer war die Target-Schuld Spaniens zwar gestiegen, doch blieb sie mäßig. Vom Beginn des Jahres 2008 bis zum Juni 2011 hatte die spanische Notenbank Target-Kredite im Umfang von 42 Milliarden Euro in Anspruch genommen, während das Leistungsbilanzdefizit sich bis dahin auf etwa 227 Milliarden Euro angehäuft hatte. Etwa ein Fünftel des Leistungsbilanzdefizits während der ersten dreieinhalb Jahre wurde also mit der Notenpresse finanziert. Der Rest konnte durch normale Kapitalimporte finanziert werden.

Ab Juli 2011 änderte sich die Situation aber schlagartig. Von Ende Juni 2011 bis Ende Juli 2012 schoss die Target-Schuld von 45 Milliarden Euro auf 423 Milliarden Euro hoch. Der Zuwachs von 378 Milliarden Euro war noch wesentlich größer als jener von Italien in der gleichen Zeitspanne, der bei 284 Milliarden Euro lag. Die Kapitalflucht, die ihn verursachte, war bald doppelt so groß wie die gesamten Nettokapitalimporte der dreieinhalb Jahre zuvor.

Schon zum Jahresende 2011 hatte die Target-Kurve die Kurve des akkumulierten Leistungsbilanzdefizits Spaniens erreicht. Damit hat auch Spanien über die vier Krisenjahre 2008 bis 2011 sein summiertes Leistungsbilanzdefizit von 240 Milliarden Euro nicht mehr mit privaten Kapitalimporten, sondern ausschließlich mit der Notenpresse finanziert. Das Kapital, das bis zum Sommer 2011 importiert worden war, floss innerhalb eines halben Jahres wieder aus Spanien hinaus.

Im Jahr 2012 beschleunigte sich die Kapitalflucht noch. Die Target-Kurve stieg progressiv an und schoss innerhalb von nur vier Monaten, von Februar bis Juni, um 197 Milliarden Euro hoch.

Dies bestätigt die Analyse von Kapitel 3, dass Spanien heute das Hauptproblemland der Eurozone ist. Wie dort schon nachgewiesen wurde, steht die spanische Immobilienkreditblase, die im Wesentlichen über Auslandsschulden finanziert wurde, im Zentrum der europäischen Krise. Die spanische Auslandsschuld war am Jahresende 2011 mit 983 Milliarden Euro größer als die Außenschuld aller anderen Krisenländer zusammen genommen (*Abbildung 3.7*). Kleine Länder wie Griechenland, Irland und Portugal zu retten, ist für die Staatengemeinschaft bereits eine große Herausforderung. Die Rettung Spaniens indes könnte an der schieren Größe der benötigten Summen scheitern.

Diese Erkenntnisse sind den Investoren nicht verborgen geblieben, und deshalb war die Kapitalflucht aus Spanien, obwohl Spanien das kleinere Land ist, in der zweiten Krisenwelle ab Juli 2012 größer als die Flucht aus Italien, ja größer als die Kapitalflucht aus allen anderen Euroländern zusammen.

Allerdings ist auch die Kapitalflucht aus Spanien vermutlich durch die Rettungsaktionen der EZB erst richtig angeheizt worden. Insbesondere das Angebot vom Dezember 2011, im Rahmen der »Dicken Bertha« in zwei Schüben für etwa 1000 Milliarden Euro dreijährige

Abbildung 8.6: Spanien

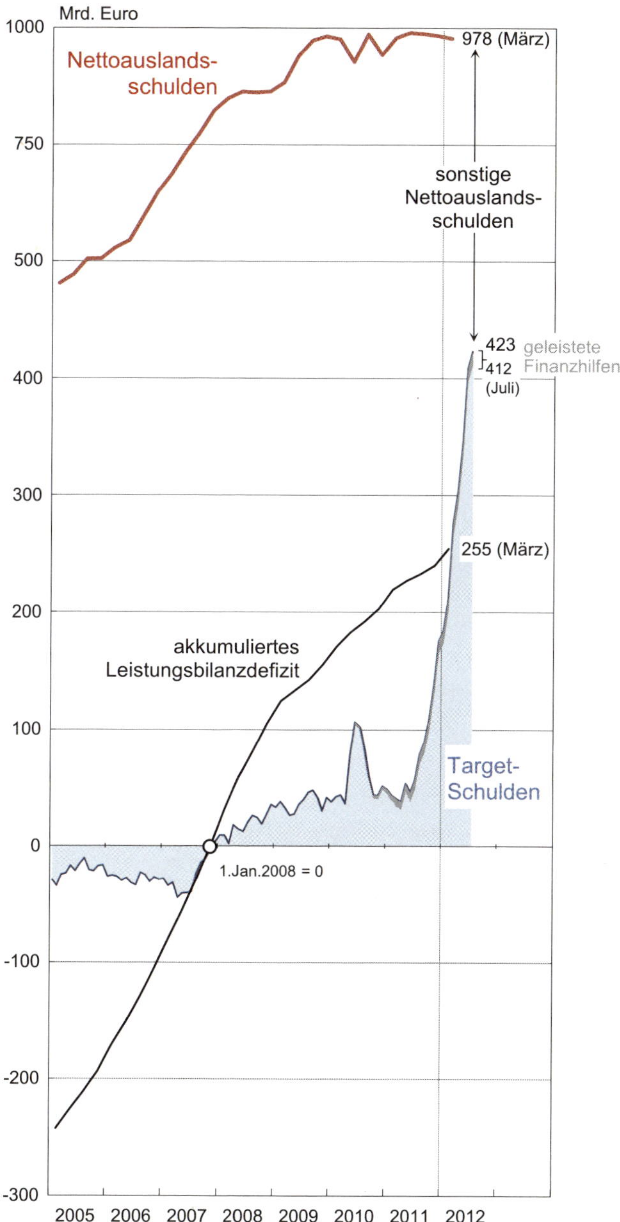

Quellen: siehe *Abbildung 8.1.*

Abbildung 8.7: Längerfristige Refinanzierungsgeschäfte (LTROs) und spanische Staatsanleihen in den Bilanzen der spanischen Banken

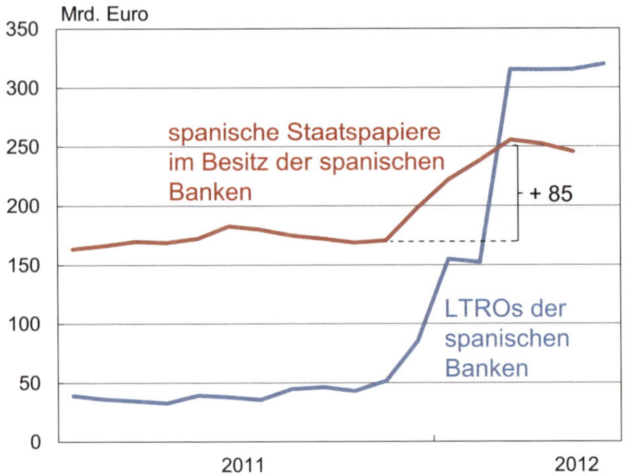

Erläuterung: Die blaue LTRO-Kurve (*Longer Term Refinancing Operations*) zeigt den Bestand an langfristigen Refinanzierungskrediten mit einer Laufzeit von drei Monaten bis zu drei Jahren, die von der spanischen Nationalbank ausgegeben worden sind. Die rote Kurve zeigt den Bestand an spanischen Staatspapieren im Besitz der spanischen Banken.

Quellen: Banco de España, Boletín Estadístico, *Net Lending to Credit Institutions and its Counterparts*, Net Lending in Euro, Open Market Operations, LTROs, Tabelle 8.1.b, http://www.bde.es/webbde/es/estadis/infoest/e0801e.pdf; und dieselbe, Boletín Estadístico, Credit Institutions, *Aggregated Balance Sheet from Supervisory Returns*, Assets, Securities, Domestic, General Government, Total, Tabelle 4.4, http://www.bde.es/webbde/es/estadis/infoest/a0404e.pdf.

Refinanzierungskredite zu gewähren, hat erhebliche Auswirkungen gehabt. Wie *Abbildung 8.7* zeigt, haben die spanischen Banken für über 250 Milliarden Euro langfristige Refinanzierungskredite in Anspruch genommen. Man weiß nicht genau, wie das Geld verwendet wurde. Aber sicherlich haben die Banken damit selbst mehr Kredite an die Privatwirtschaft gegeben und den Anlegern Wertpapiere abgekauft. *Abbildung 8.7* zeigt zum Beispiel, dass sie für etwa 85 Milliarden Euro zusätzliche spanische Staatspapiere gekauft haben. Die Konsequenz war, dass andere Anleger in die Lage versetzt wurden, ihre spanischen Papiere zu verkaufen und ihr Geld stattdessen im Ausland anzulegen. Möglicherweise haben die spanischen Banken das Geld auch selbst schon im Ausland investiert. Auf jeden Fall hat der Refinanzierungskredit den Kapitalexport gefördert und bietet sich als Erklärung für den rapiden Anstieg der spanischen Target-Salden an, der in *Abbildung 8.6* dargestellt ist.

FRANKREICH IN GEFAHR

Die große Unbekannte in der europäischen Rechnung ist Frankreich. Einerseits sollte die Grande Nation über den Zweifel einer finanziellen Instabilität erhaben sein. Frankreich verfügt über ein funktionierendes Staatswesen, das jederzeit die Macht hat, sich die benötigten Finanzmittel von seinen Bürgern zu verschaffen. Ein Staatskonkurs ist deshalb a priori unwahrscheinlich.

Andererseits hat der französische Staat sein Potenzial schon ziemlich weit ausgereizt. Frankreich hatte 2011 nach Dänemark mit einem Wert von 56 % die zweithöchste Staatsquote bezüglich des BIP unter allen entwickelten Ländern dieser Erde (OECD-Länder),[13] und seine Staatsschuldenquote bezüglich des BIP liegt bei 86 %. Die französische Arbeitslosenquote ist heute mit 12 % so hoch wie die deutsche auf dem Höhepunkt der deutschen Eurokrise im Jahr 2005 (Kapitel 2). In der Finanzkrise (2008–2011), in der die Leistungsbilanzen vieler Defizitländer wegen des rezessionsbedingten Rückgangs der Importe verringert wurden, schlug die französische Leistungsbilanz, die in den Jahren vor der Krise ausgeglichen war, in ein Minus von im Mittel 1,7 % des BIP um. Auch Frankreich muss nach der in *Tabelle 4.1* zitierten Analyse der volkswirtschaftlichen Abteilung von Goldman Sachs um 20 % real abwerten, um seine Schulden tragen zu können. Die Ratingagentur Standard & Poor's hat Frankreich im Januar 2012 seine Bestnote genommen und es auf AA+ herabgestuft.

Das besondere Handicap Frankreichs ist es, dass seine Banken wie die keines anderen Landes in den Strudel der südlichen Länder hineingezogen wurden. Während Deutschlands Banken sich auf das Amerika-Geschäft konzentriert hatten, waren die französischen Banken auf Südeuropa spezialisiert. Die deutschen Banken hatten sich schon in der ersten Welle der Finanzkrise eine blutige Nase geholt. Bis zum 1. Februar 2010 hatten sie fast ein Viertel ihres Eigenkapitals durch Abschreibungen auf toxische Wertpapiere eingebüßt und mussten im Jahr 2010 durch die Einrichtung von zwei staatlichen Bad Banks gerettet werden, die ihnen solche Papiere für 240 Milliarden Euro abnahmen, was die deutsche Staatsschuldenquote um knapp 10 Prozentpunkte ansteigen ließ. Demgegenüber hatten die französischen Banken nur einen Verlust von etwa einem Zehntel ihres Eigenkapitals zu verkraften und schienen anfangs vor Kraft zu strotzen.[14] Aber das änderte sich, sobald klar war, dass auch die südeuropäischen Banken in Schwierigkeiten kommen würden.

Wie stark das Engagement der französischen Banken in Südeuropa ist, wird in *Abbildung 8.8* verdeutlicht. Dort ist angegeben, wie viel Geld die Bankensysteme Frankreichs und Deutschlands in Staatspapieren der Krisenländer und auch in Papieren des privaten Sektors einschließlich der Finanzinstitute angelegt haben. Man sieht, dass das Exposure der französischen Banken sowohl im Hinblick auf staatliche (die oberen beiden Balken) als auch im Hinblick auf private Gläubiger (die unteren beiden Balken) größer war als das der deutschen, obwohl Frankreich das deutlich kleinere Land ist.

Noch größer waren die Unterschiede vor zwei Jahren, als die Rettungsaktionen beschlossen wurden. Damals hielten die französischen Banken nach der gleichen statistischen Quelle 95% mehr Staatspapiere der GIPS-Länder in ihren Büchern relativ zu ihrer Wirtschaftskraft als die deutschen. Die französischen Banken haben ihr übermäßiges Engagement inzwischen deutlich abbauen können, doch es ist immer noch größer als das der deutschen Banken.

Bemerkenswert ist ebenfalls das im Vergleich zu Deutschland sehr viel höhere Volumen der Ausleihungen französischer Banken an die griechische Finanzwirtschaft. Auch die riesigen Ausleihungen der französischen Banken an private italienische Kreditkunden, im Wesentlichen die italienischen Banken, stechen ins Auge. Andererseits ist das Volumen der Ausleihungen der deutschen Banken gegenüber den Finanzsektoren von Irland und Spanien ebenfalls beträchtlich.

Für Frankreich stand und steht in der Eurokrise besonders viel auf dem Spiel, und Frankreich muss wie kein anderes Anlegerland darauf bedacht sein, Abschreibungsverluste auf toxische private und staatliche Wertpapiere aus Südeuropa zu verhindern. Das erklärt das überragende Interesse Frankreichs an gemeinsamen Rettungsaktionen und einer Vergemeinschaftung der Staats- und Bankenschulden der südlichen Länder. Alles Geld, das in solche Sozialisierungssysteme floss und weiterhin fließt, ist auch Geld zur Rettung des französischen Staates. Wenn es nach Griechenland zu weiteren Konkursen der Südländer kommt, dann ist dies auch immer ein Problem für die französischen Banken und damit auch für den französischen Staat, der sicherlich zu Hilfe gerufen würde.

Abbildung 8.8: Forderungen deutscher und französischer Banken gegenüber den Staaten und dem privaten Sektor (inklusive Finanzsektor) der Krisenländer (März 2012)

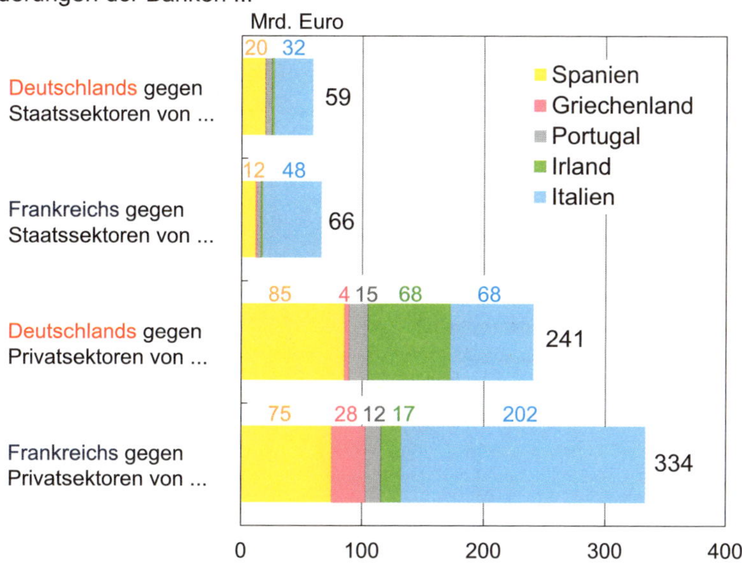

Bemerkung: Die Privatsektoren umschließen die Gesamtwirtschaft einschließlich der Finanzwirtschaft, insbesondere der Banken. Das Gesamtvolumen der Verbindlichkeiten der Banken der Krisenländer ist mit etwa 9,2 Billionen Euro freilich etwa fünfzehnmal so groß wie die Forderungen der deutschen und französischen Banken zusammen genommen.

Quellen: Bank for International Settlements, *BIS Quarterly Review*, June 2010; dieselbe, *Preliminary International Banking Statistics*, first quarter 2012; und Deutsche Bundesbank, *Devisenkursstatistik*, April 2012.

Die Zitterpartie Frankreichs spiegelt sich auch in der Target-Kurve Frankreichs, die in *Abbildung 8.9* dargestellt ist, wider. Offenbar hatte Frankreich in der ersten Welle der europäischen Krise mit einer gewissen Kapitalflucht zu kämpfen, die seine Target-Schuld bis auf knapp über 100 Milliarden Euro ansteigen ließ. Der Saldo ging dann im Jahr 2010 wieder zurück und stieg in der zweiten Welle der

Finanzkrise abermals an. Erstaunlicherweise ebbte er im Frühjahr 2012 wieder ab, obwohl die Kapitalflucht im Euroraum immer weiter ging, wie die steigenden deutschen Target-Salden (vgl. *Abbildung 6.2*) zeigen. Der Grund könnte darin gelegen haben, dass mehr französische Banken selbst aus den Krisenländern zurück nach Frankreich flohen, als sich deutsche und andere Banken aus Frankreich zurückzogen. Frankreich ist in der Krise in der zwiespältigen Lage, für die einen als riskanter Investitionsstandort zu gelten und für die anderen als relativ sicherer Heimathafen. Das kann erklären, weshalb der französische Target-Saldo sehr starken Schwankungen ausgesetzt ist, aber nicht exzessiv in eine bestimmte Richtung dreht.

Abbildung 8.9: Frankreich

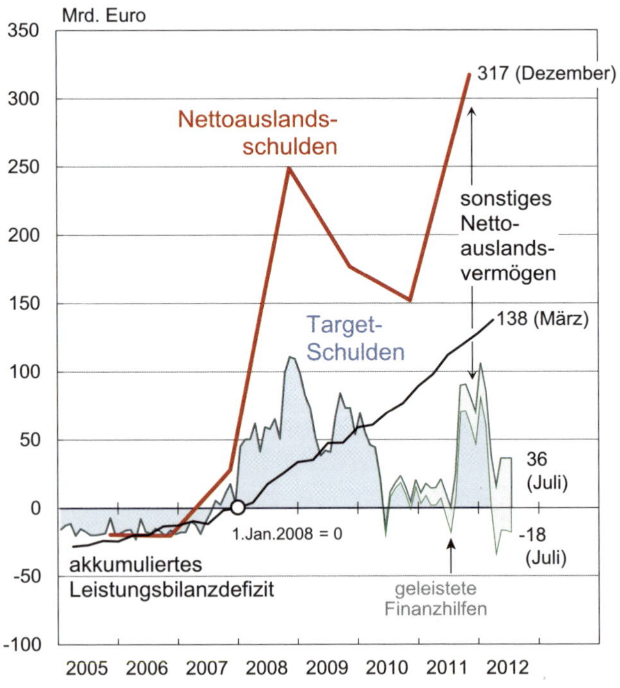

Quellen: siehe *Abbildung 8.1.*

Bemerkenswert ist, dass Frankreich vor der Krise keine Nettoauslandsschulden hatte, wohl aber in der Krise solche Schulden entwickelte. Mit einem Wert von zuletzt 317 Milliarden Euro oder 16 % des BIP ist das schon eine signifikante Änderung im Vergleich zum Beginn der Krise. Dass der Zuwachs dieser Schuld ähnlich wie bei Irland größer ist als der Zuwachs, der durch die Leistungsbilanzdefizite erklärt wird, deutet darauf hin, dass Frankreichs Banken ebenfalls als Kreditvermittler tätig waren, die sich kurzfristig Geld geliehen und es langfristig in Länder ausgeliehen haben, die von der Krise erfasst waren, sodass erhebliche Wertverluste auf die Anlagen anfielen. Wenn man Frankreichs Banken als Institutionen begreift, die sich in den Niederlanden und Deutschland kurzfristig Geld geliehen haben, um es langfristig gutverzinslich in Südeuropa anzulegen, liegt man wahrscheinlich nicht ganz falsch.

DEUTSCHLANDS EXPORTRECHNUNG AUF DEM BIERDECKEL

Was heißt es nun für Deutschland, wenn die Handelspartner im Euroraum sich in solch riesigem Umfang der Notenpresse bedient haben, um ihre Auslandsrechnungen zu bezahlen? Viele Menschen mögen denken, dass das alles den Deutschen egal sein könne. Solange man im Export gutes Geld verdient, die Südländer ihre Schulden mit echten Euros zurückzahlen und es keine Inflation gibt, scheint doch alles in Ordnung zu sein. Warum soll man sich über abstrakte Probleme Gedanken machen, die die Lebenswirklichkeit nicht zu berühren scheinen?

Dass die Target-Problematik die Lebenswirklichkeit sehr wohl beeinflussen kann und höchst wahrscheinlich auch wird, wurde im letzten Kapitel im Abschnitt *Die Risiken der Gläubigerländer* schon dargelegt. Es wurde dort festgestellt, dass im Umfang von über 700 Milliarden Euro deutsche Ersparnisse, die sonst in fungiblen Anlagen in anderen Euroländern angelegt worden wären, in Forderungen gegen die Bundesbank beziehungsweise Forderungen der Bundesbank gegen das EZB-System umgewandelt wurden, die niemals fällig werden und die sich in Luft auflösen, sollte der Euro zerbrechen. Im Alter leben kann man von solchen Ersparnissen dann nicht mehr, weil die Bundesbank die Ersparnisse nur zurückzahlen kann, wenn sie neues Geld druckt und alle Nominalvermögen entwertet oder mit Steuermitteln dazu in die Lage versetzt wird.

Abbildung 8.10: Deutschland

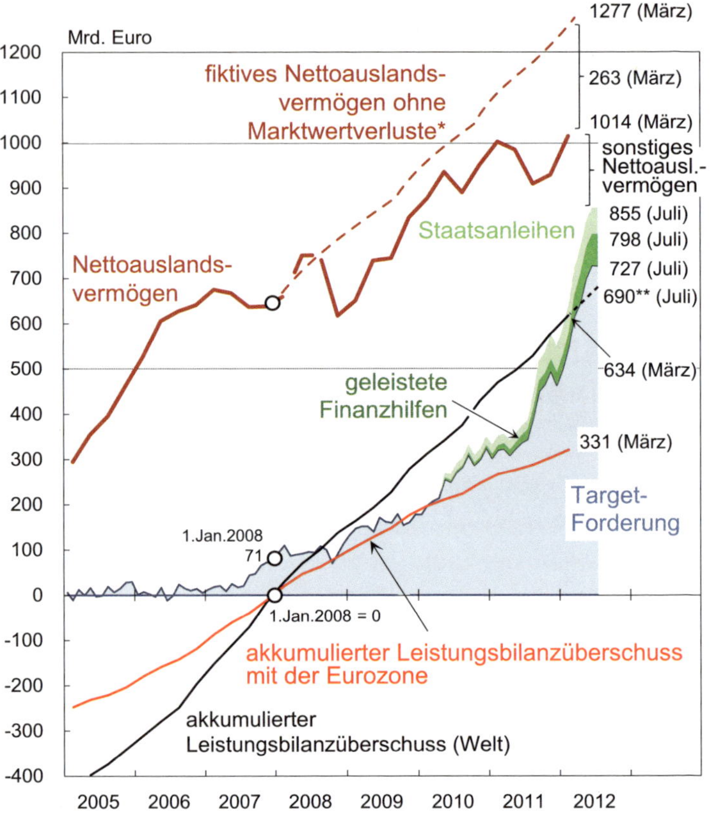

* Rechnerisches Nettoauslandsvermögen ohne Marktwertverluste seit Ausbruch der Krise. Graphisch entsteht diese Kurve durch Parallelverschiebung der (schwarzen) Kurve des deutschen Leistungsbilanzüberschusses gegenüber der Welt nach oben.

** Geschätzt.

Quellen: siehe *Abbildung 8.1* sowie Deutsche Bundesbank, Zeitreihen-Datenbank, *Außenwirtschaft*, Leistungsbilanz nach Ländergruppen und Ländern.

Diese Aussage hat eine unmittelbare Implikation für das Exportgeschehen, denn die Leistungsbilanzüberschüsse eines Landes sind, wie ebenfalls schon in Kapitel 2 festgestellt wurde (Abschnitt *Der europäische Tango: Fehlinterpretation der Leistungsbilanzsalden*), identisch mit den Kapitalexporten eines Landes. Und die Kapitalexporte wiederum sind der Teil der Ersparnisse eines Landes, der nicht zu Hause real investiert wird, sondern gegen Zinsen temporär an Ausländer abgetreten wird, damit sie anstelle der inländischen Investition damit Investitionen oder auch Konsum im Ausland finanzieren können. Wenn also die Ausländer die deutschen Exportüberschüsse mit der Notenpresse bezahlen, dann hängt der Teil der deutschen Ersparnisse, der sich in den Leistungsbilanzüberschüssen niederschlug, in der Luft. Die spannende Frage ist deshalb, welcher Teil der deutschen Leistungsbilanzüberschüsse mit der Notenpresse, also Target-Krediten, bezahlt wurde.

Abbildung 8.10 gibt die Antwort. Diese Abbildung ist wie die vorangehenden Abbildungen konstruiert, nur dass nun alle Vorzeichen vertauscht sind, weil Deutschland ein Nettogläubigerland und kein Nettoschuldnerland ist. Die Beschriftung der Kurven macht die neue Interpretation klar.

Die Target-Kurve Deutschlands ist im Prinzip die gleiche, die der Leser schon aus *Abbildung 6.2* kennt. Sie endet an dem bei der Abfassung dieser Zeilen aktuellen Datenrand (Monat Juli 2012) mit einem Wert von 727 Milliarden Euro, der Target-Forderung der Bundesbank gegen das EZB-System.

Es sind zwei Kurven für den akkumulierten Leistungsbilanzüberschuss Deutschlands eingetragen. Die schwarze Kurve kennzeichnet den Überschuss gegenüber der Welt insgesamt und die rote Kurve den Überschuss speziell gegenüber den Ländern der Eurozone. Interessanterweise erreicht die schwarze Kurve am aktuellen Rand Werte in der Gegend der Target-Kurve. Das zeigt, dass die Notenpresse große Teile der deutschen Leistungsbilanzüberschüsse mit dem Rest der Welt finanziert haben muss.

Betrachten wir für eine genauere Analyse zunächst die rote Kurve des Leistungsbilanzüberschusses gegenüber dem Rest der Eurozone. Diese Kurve reicht bis zum ersten Quartal 2012 und erreicht dort einen Wert von 331 Milliarden Euro. So hoch ist also der akkumulierte Leistungsbilanzüberschuss Deutschlands gegenüber dem Rest der Eurozone seit Anfang 2008. Man erkennt schon mit bloßem Auge, dass der Zuwachs der Target-Kurve in dieser Zeit deutlich größer war. Er betrug genau 545 Milliarden Euro. In der Abbildung sieht man diesen Betrag an der Obergrenze der blauen Fläche, wenn man den Anfangswert von 71 Milliarden Euro zum 1. Januar 2008 abzieht. Die Abnehmer der deutschen Exportüberschüsse in den anderen Euroländern haben ihre Rechnungen also mit der Notenpresse bezahlt und ihre Notenbank dann zusätzlich im Umfang von 214 Milliarden Euro Geld herstellen lassen, um Schulden in Deutschland zu tilgen oder Vermögensobjekte, Aktien, Firmen, Staatspapiere oder dergleichen zu erwerben. Deutsche Banken erhielten zum Ausgleich Forderungen gegen die Bundesbank, der selbst entsprechende Target-Forderungen gegen das EZB-System gutgeschrieben wurden. Im Klartext: Man hat die deutschen Autos abgeholt und sich alte Schuldscheine zurückgeben lassen, und zum Ausgleich hat man dann alles auf dem Bierdeckel der EZB beziehungsweise der Bundesbank anschreiben lassen.

Wie viel anders ist doch dieser Vorgang als das, was man normalerweise bei Außenhandelsüberschüssen beobachtet! Normalerweise kann ein Land mit Überschüssen im Export dafür im Ausland Vermögensobjekte erwerben. Seine Firmen kaufen andere Firmen im Ausland oder Bauland, um dort neue Fabriken zu errichten. Seine Banken erwerben ein wohldiversifiziertes Vermögensportfolio, das zur Risikostreuung aus unterschiedlichen marktfähigen Papieren besteht. Die einzelnen Bürger kaufen sich auch schon mal eine Ferienwohnung im Ausland oder ein Stück Land zur Vermögensanlage. Von dieser Vorstellung muss sich Deutschland verabschieden. Für die harte Arbeit, die hinter den Exportüberschüssen mit den anderen Euroländern stand, gab es nichts als das, was die Bundesregierung in ihrer einzigen offiziellen Stellungnahme zum Target-Thema, wie schon eingangs des Kapitels 6 zitiert worden war, als »Verrechnungsposten« für den Bilanzausgleich deklariert hat. So irrelevant, wie dieser Posten nach der Terminologie der Regierung klingt, so unwahrscheinlich ist es, dass sich die Exportüberschüsse und die Ersparnisse der Deutschen von bloßen Verrechnungsposten irgendwann einmal wieder in reale Dinge zurückverwandeln werden.

Die Rechnung wird nicht viel besser, wenn man statt des Leistungsbilanzüberschusses gegenüber der Eurozone jenen gegenüber der ganzen restlichen Welt betrachtet. Der von Anfang Januar 2008 bis Ende März 2012 (aktueller Rand für die Weltzahlen) akkumulierte Wert des Leistungsbilanzüberschusses gegenüber der Welt lag bei 634 Milliarden Euro. Der Zuwachs der Target-Forderung der Bundesbank in dieser Periode betrug, wie erwähnt, 545 Milliarden Euro. Danach sind also in viereinviertel Jahren nicht weniger als 86% des Leistungsbilanzüberschusses gegenüber der Welt mit frisch gedruckten Euros und Target-Forderungen der Bundesbank bezahlt worden.

Diese Aussage darf man natürlich nicht so verstehen, dass Nicht-Euro-Ausländer sich ebenfalls der Notenpresse hätten bedienen können. Sie haben sich die Euros, mit denen sie die deutschen Exporte bezahlten, durch Verkauf von Gütern oder Wertpapieren an andere Euroländer besorgt, und diese Länder haben an ihrer Stelle die Notenpresse betätigt. Das macht aber für Deutschland keinen Unterschied.

Die deutschen Target-Forderungen machten am Ende des Jahres 2011 übrigens 50% des Nettoauslandsvermögens der Deutschen aus, und wenn man den Trend des Nettoauslandsvermögens während der Krisenjahre linear fortschreibt, lagen sie im Juli 2012 schon bei etwa zwei Dritteln. Dieser Anteil des Vermögens, den sich die Deutschen netto im Laufe ihrer Geschichte im Ausland erarbeitet haben, ist letztlich mithilfe der Notenpresse vom Status des fungiblen, marktfähigen Vermögens in bloße Verrechnungsposten auf dem Bierdeckel des EZB-Systems überführt worden.

Hinzu kommen übrigens, wie die Abbildung durch die dunkelgrüne Fläche ausweist, im Juli schätzungsweise 71 Milliarden Euro oder 6,3 Prozentpunkte Kreditforderungen aus Rettungssystemen und 57 Milliarden Euro oder 5,1 Prozentpunkte Forderungen aus Staatspapieren von Krisenländern im Besitz der Bundesbank. Damit bestehen schon gut drei Viertel des Nettoauslandsvermögens der Bundesrepublik Deutschland oder 855 Milliarden Euro aus öffentlichen Forderungen der Bundesbank und des deutschen Staates aufgrund von Target-Hilfen und intergouvernementalen Hilfen.

Setzt man diese Größen zum Leistungsbilanzüberschuss mit dem Rest der Welt in Beziehung, der seit Anfang 2008 erwirtschaftet wurde, kommt man zu der erschreckenden Feststellung, dass Deutschland für diesen Überschuss nichts anderes als Target-Forderungen, zwangsweise erworbene Staatspapiere anderer Länder und Forderungen aus Hilfskrediten erhalten hat. Vom Jahresbeginn 2008 bis zum Juli 2012 lag der akkumulierte Leistungsbilanzüberschuss Deutschlands bei schätzungsweise 690 Milliarden Euro. Der Zuwachs der Forderungen der Bundesbank (Target und Staatspapiere) und des deutschen Staates aus den öffentlichen Hilfsprogrammen lag demgegenüber zusammen bei 784 Milliarden Euro (855 Milliarden Euro abzüglich des Anfangswertes der Target-Forderung zum 1. Januar 2008 in Höhe von 71 Milliarden Euro).

Dabei muss man leider auch noch berücksichtigen, dass das deutsche Nettovermögen im Ausland, das sich durch die Leistungsbilanzüberschüsse aufbaut, zum Ende des ersten Vierteljahres 2012 bei 1.277 Milliarden Euro hätte liegen müssen, wie es der Endpunkt der gestrichelten dunkelroten Kurve besagt. Von diesem Vermögenswert gingen allein schon durch den Kursverfall der erworbenen Wertpapiere, der im Wesentlichen durch die gestiegenen Konkurswahrscheinlichkeiten zustande kam, 263 Milliarden Euro oder 21% verloren. Das wurde ähnlich schon im Zusammenhang mit *Abbildung 3.6* für das Jahresende 2011 konstatiert.[15] Entsprechend ergibt eine Hochrechnung, dass zum Ende des ersten Vierteljahres 2012 bereits gut 80% des aufgrund der Leistungsbilanzüberschüsse errechneten Nettoauslandsvermögens der Deutschen oder gut 1,1 Billionen Euro in Target-Forderungen, zwangsweise zugeteilte Staatspapiere konkursgefährdeter Länder, Forderungen aus Rettungskrediten und Abschreibungen aufgrund von Marktwertverlusten verwandelt worden sind.[16]

EINE FUNDAMENTALE DICHOTOMIE DER EZB-POLITIK

Die bisherige Analyse hat nur die Fakten beschrieben und (fast) keine Erklärungen zum Zusammenhang zwischen den Hilfskrediten, den Kapitalbewegungen und den Leistungsbilanzsalden gegeben. Was hier was verursacht hat, ist bewusst offengelassen worden. Der Sachverhalt als solcher ist so, wie er dargestellt wurde, und er ist alarmierend genug. Gleichwohl gibt es natürlich kausale Zusammenhänge.

Politiker und viele Notenbanker erwecken häufig den Eindruck, dass die Leistungsbilanzdefizite und die Kapitalflucht exogene Ereignisse seien, auf die man nur mit einer großzügigen Bereitstellung von Liquidität und öffentlichen Rettungsschirmen reagieren könne. Die Krisen-Länder müssten Reformen durchführen, um die Wettbewerbsfähigkeit wiederzuerlangen und das Vertrauen der Märkte zurückzugewinnen. Bis das geschehen sei, müsse man ihnen finanziell unter die Arme greifen.

Diese Position ist im Sinne der Geld-im-Schaufenster-Theorie vertretbar, um kurzfristig spekulative Attacken abzuwehren. Sie übersieht aber die mathematischen Zusammenhänge zwischen den Größen, die in die Budgetbeschränkung eines Landes eingehen. Es ist nun einmal eine unveränderliche Tatsache, dass ein Leistungsbilanzdefizit und ein privater Kapitalexport nur in dem Maße stattfinden können, wie öffentliche Kredite in Form generöser Refinanzierungskredite aus der Notenpresse oder in Form von intergouvernementalen Hilfen die Finanzierungslücke schließen. Hätten die öffentlichen Gelder nicht als Ersatz zur Verfügung gestanden, hätten die Krisenländer nicht gleichzeitig ein Leistungsbilanzdefizit haben und unter einer Kapitalflucht leiden können. Dies ist die fundamentale Dichotomie der EZB-Politik: Die EZB muss entweder die Kapitalflucht ermöglicht haben, die sie zu bekämpfen vorgibt,[17] oder sie muss die strukturelle Verbesserung der Leistungsbilanzdefizite der Südländer verhindert haben, die sie immer wieder einfordert.[18] Mindestens einer dieser für sie etwas unbequemen Schlussfolgerungen muss sie sich stellen.

Das ist keine theoretische Aussage über ökonomische Wirkungsketten, sondern die Beschreibung einer rechnerischen Identität. Man kann sie nicht mit ökonometrischen oder anderen empirischen Methoden prüfen, genauso wenig wie man empirisch prüfen kann, ob eins und eins zwei ist. EZB und Staatengemeinschaft müssen aus logischen Gründen entweder die Leistungsbilanzsalden gestützt oder die Kapitalflucht ermöglicht haben. Eine dritte Möglichkeit gibt es nun einmal nicht.

Vermutlich taten sie beides. Die strukturelle Verbesserung der Leistungsbilanz hat die EZB verhindert, wie in Kapitel 4 schon ausgeführt wurde, weil sie durch ihre Kreditersatzpolitik den Ländern die Möglichkeit gegeben hat, trotz der Verweigerung der Kapitalmärkte in den Jahren 2007 bis 2009 erst noch einmal weiter zu machen wie bisher, und ab 2010 kamen dann die Hilfen der Staatengemeinschaft hinzu, die den gleichen Effekt hatten. Es ist bezeichnend, dass, wie *Abbildung 4.3* zeigte, bis auf Irland, das sich als erstes Krisenland noch selbst helfen musste, keines der anderen Krisenländer in den ersten vier Jahren der Krise real abgewertet hat. Griechenland hat, wie *Abbildung 4.4* zeigte, die Löhne seiner Staatsbediensteten nach Ausbruch der Krise im Sommer 2007 in zwei Jahren noch um 28% erhöht, Spanien um 17% und Portugal um 10%. Die privaten Gehälter stiegen etwas verhaltener, aber auch sie stiegen in der Krise. Kein einziges der Krisenländer außer Irland hatte am aktuellen Rand der Lohnstatistik, drei Jahre nach dem Ausbruch der Krise, niedrigere Löhne in der Gesamtwirtschaft als beim Ausbruch der Krise. Sicher, mittlerweile hat die Krise an Schärfe zugenommen, und vielleicht werden neue Daten bald den Beginn einer realen Abwertung bei den Güterpreisen zeigen. Aber das wäre dann fünf Jahre nach dem Krisenbeginn. Die Kreditersatzpolitik der EZB und die öffentlichen Rettungsschirme haben die notwendigen strukturellen Verbesserungen der Wettbewerbsfähigkeit durch eine reale Abwertung in den Krisenländern um mindestens ein halbes Jahrzehnt aufgehalten.

Man beachte, dass auch dieses keine Aussage zu einer statistischen Korrelation zwischen den öffentlichen Krediten und den Leistungsbilanzsalden ist. Wenn die öffentlichen Kredite die reale Abwertung verhindert und die Leistungsbilanzdefizite aufrechterhalten haben, dann heißt das eben gerade nicht, dass es eine Korrelation zwischen diesen Defiziten und den öffentlichen Krediten gab. Vielmehr heißt es, dass es eine negative Korrelation zwischen den Target-Krediten und den Kapitalimporten gab, weil die seit Beginn der Krise wegbrechenden Kapitalimporte durch die Target-Kredite ersetzt wurden. Irgendetwas muss schließlich die Leistungsbilanzdefizite finanziert haben. Wenn es nicht die normalen Kapitalimporte waren, dann müssen es die öffentlichen Kredite gewesen sein.

Die EZB hat das Fluchtkapital aber nicht nur ersetzt, sondern die Kapitalflucht ermöglicht, denn hätte sie mit einer rigorosen Refinanzierungspolitik verhindert, dass Target-Kredite gezogen werden, und wäre die Leistungsbilanz dennoch nicht eingebrochen, dann hätte das Kapital nicht fliehen können. Die Zinsen wären dann so extrem hoch gewesen oder die Kurse der Wertpapiere so extrem niedrig, dass es für die Kapitalanleger attraktiv gewesen wäre zu bleiben. Erst ihre im Verhältnis zum Kreditrisiko viel zu billigen Refinanzierungskredite haben die Kapitalrenditen so niedrig und die Preise der Vermögensobjekte so hoch gehalten, dass es die Kapitalanleger vorzogen, sich ins Ausland abzusetzen. Mit ihrer überaus großzügigen Refinanzierungspolitik hat die EZB ein natürliches Regulativ der Märkte außer Kraft gesetzt, mithilfe dessen zumindest ein Teil des Fluchtkapitals hätte gehalten werden können.

Das griechische Beispiel macht dies anschaulich. Man konnte davon lesen, dass reiche Griechen allein für 200 Milliarden Euro Geld in der Schweiz geparkt hätten,[19] und man hörte von griechischen Immobilienkäufen in Berlin, München und vor allem London. Das im Ausland angelegte Geld der Griechen kommt so lange nicht nach Griechenland zurück, wie die Preise der Immobilien und sonstigen Anlageobjekte durch die Rettungsgelder aus den Finanzministerien der Euroländer und die Notenpresse der griechischen Zentralbank hochgehalten werden, denn jeder Anleger weiß, dass die Preise fallen werden, sobald die Taschen der Retter sich leeren oder ihnen die Lust am Retten vergeht. Das Fluchtkapital bleibt im Ausland, bis der Crash passiert ist, und wer kann, versucht sich ebenfalls noch rechtzeitig vorher aus dem Staube zu machen.

Hätte es die Rettungsgelder nicht gegeben, wäre es spätestens 2010 zum Crash gekommen, die Preise wären gepurzelt, die Vermögensbesitzer hätten sehr schmerzliche Verluste hinnehmen müssen, Banken wären gefallen und hätten gerettet werden müssen, doch die erwarteten Renditen wären danach sehr hoch gewesen. Nach dem Gewitter hätte die Sonne alsbald wieder geschienen, denn die Flucht nach dem Crash ist nutzlos. Die reichen Griechen wären aus dem Ausland zurückgekommen, um zu Hause auf Schnäppchenjagd zu gehen. Überall hätte man damit begonnen, die Objekte zu renovieren, und ein allgemeiner Bauboom hätte einen neuen Wirtschaftsaufschwung eingeleitet. Es ist schon verwunderlich, mit welcher Persistenz dieses Grundprinzip der Erholung durch und nach dem Crash von den Entscheidungsträgern bei der EZB und in der europäischen Politik beiseitegeschoben wurde.

Der billige Refinanzierungskredit hat vermutlich auch den Interbankenkredit vertrieben, denn warum sollten die Banken der Südländer auf die Zinsforderungen der Banken Frankreichs, Hollands oder Deutschlands eingehen, wenn ihre eigene Notenbank ihnen den Kredit viel billiger zur Verfügung stellte? Und warum sollten die Banken der Kernländer trotz der gestiegenen Anlagerisiken bleiben, wenn sie dafür keine höheren Zinsen bekamen? Weil das alles nicht einzusehen war, bezogen die Banken der Krisenländer den Kredit lieber aus der Notenpresse, und die Banken der Kernländer legten ihr Geld stattdessen lieber bei ihrer nationalen Notenbank an.

Die EZB behauptet, sie habe mit ihren Refinanzierungskrediten nur Ersatz für den Zusammenbruch des Interbankenmarktes und die Flucht des kurzfristigen Anlagekapitels geboten.[20] Das ist eine mögliche Interpretation des Geschehens. Eine andere Interpretation ist, dass sie den Interbankenkredit mit der Notenpresse selbst in die Flucht geschlagen hat.

Man wird empirisch vermutlich nie feststellen können, welche dieser Interpretationen richtig ist, weil die Dinge Hand in Hand gingen. Vermutlich haben beide Interpretationen zu unterschiedlichen Zeiten in mehr oder weniger großem Umfang gestimmt.

Die Sichtweise der EZB hat vermutlich im Herbst 2008 gestimmt, als nach der Pleite der Investmentbank Lehman Brothers Panik auf den Geldmärkten ausgebrochen war. Eine Kernschmelze der Weltwirtschaft stand damals nach Einschätzung vieler Beobachter kurz bevor und konnte durch das Fluten der Märkte mit frischem Geld aus der Notenpresse in letzter Sekunde verhindert werden.[21] Die Sichtweise der EZB hat aber schon ab dem Herbst 2009 nicht mehr gestimmt, weil die Weltwirtschaft da schon wieder Tritt gefasst hatte und sich die Probleme nur noch auf einzelne Euroländer beschränkten. Es war ja nicht so, dass die Banken der Kernländer des Eurogebiets gar nicht mehr bereit waren, kurzfristigen Kredit nach Italien oder Spanien zu geben. Nur hätten sie dafür einen Risikoaufschlag im Zins von vielleicht ein, zwei Prozentpunkten gebraucht, aber den waren die Banken in diesen Ländern nicht mehr zu zahlen bereit, weil ihnen ihre Notenbank das Geld ohne einen solchen Aufschlag anbot.

Damit vervollständigt sich die Interpretation der Krise, die schon in den vorigen Kapiteln, insbesondere Kapitel 2, 3 und 4 gegeben wurde. Erst hat billiger Kredit die peripheren Länder in einen inflationären Boom getrieben, der sie ihrer Wettbewerbsfähigkeit beraubte und riesige Leistungsbilanzdefizite entstehen ließ. Dann verweigerte sich das Kapital diesen Ländern und zog es vor, im Heimathafen zu bleiben, was dort einen Bau- und Investitionsboom erzeugte, während die auf den Kapitalzufluss angewiesenen Länder in die Krise kamen. Obwohl dieser Prozess die Leistungsbilanzungleichgewichte strukturell abgebaut hätte, hielt die EZB dagegen, indem sie dem Sparkapital der Kernländer den Geleitschutz der Steuerzahler eben dieser Kernländer verschaffte, um es doch wieder dort hinzulocken, wo es eigentlich nicht mehr hin wollte. Das gelang aber nur in begrenztem Maße, weil der meiste Refinanzierungskredit, den sie anbot, postwendend als Fluchtkapital in die Kernländer zurückkehrte. Die Leistungsbilanzdefizite und der damit verbundene Kapitalimport wurden mittels riesiger Target-Kredite aufrechterhalten, weil diese Kredite die notwendige reale Abwertung verhindert haben. Dafür wurden bis zum Juli zwei Drittel des Nettoauslandsvermögens der Deutschen von Ende März 2012 verbraucht, und doch kann von einer Abschwächung der Krise bislang nicht die Rede sein.

DIE VERLETZUNG DES MANDATS

Es ist äußerst zweifelhaft, ob die letztlich fiskalische Kreditverlagerung zwischen den Ländern, die die EZB mit den Target-Krediten ermöglicht hat, durch ihr Mandat gedeckt wird. Im Maastrichter Vertrag sind der EZB die Geldpolitik, die Aufrechterhaltung des Zahlungsverkehrs und die Devisenbewirtschaftung als Aufgaben zugewiesen.[22] Öffentlich besicherte Kredite vom einen Land zum anderen zu lenken, wie sie es mit den Target-Krediten tut, gehört gerade nicht zu ihren Aufgaben.

Die EZB rechtfertigt ihre Refinanzierungspolitik damit, dass sie den geldpolitischen Transmissionsmechanismus gestört sieht, wenn die Zinsen der Länder voneinander abweichen.[23] Das ist eine offensichtliche Schutzbehauptung, die juristischen Charakter hat, aber den Kern ihrer Politik, nämlich die Absenkung der Sicherheitsstandards für die Pfänder der Refinanzierungskredite, nicht begründen kann.

Man kann eine expansive Geldpolitik auch ohne die Absenkung der Sicherheitsstandards betreiben. Die EZB kann den Zinssatz für die Refinanzierungskredite senken, sie kann die Fristigkeit dieser Kredite vergrößern und sie kann eine Vollzuteilungspolitik einführen. Ja, sie könnte sogar Wertpapiere auf dem offenen Markt und Staatspapiere kaufen, wie die amerikanische Federal Reserve Bank es macht. Nur müsste sie dabei im Einklang mit der Politik der Fed, wie der ehemalige Vorsitzende des US Council of Economic Advisers, Martin Feldstein, es kürzlich betont hat, die Papiere aller

Staaten und aller Gebiete in Proportion zu ihrer Größe und unter der Voraussetzung einer hohen Bonität erwerben.[24] Das alles ist echte Geldpolitik, denn es würde keine fiskalische Kreditverlagerung zwischen den Ländern betrieben.

Wenn die EZB aber gezielt die Staatspapiere notleidender Länder aufkaufen lässt und durch die fortwährende Absenkung der Sicherheitsstandards bei den Refinanzierungskrediten den Notenbanken der konkursbedrohten Länder hilft, die Zahlungsbilanzdefizite dieser Länder zu schließen, dann ist das eine Politik, die einen grundsätzlich anderen Charakter hat und die Aufgabe der Staaten und ihrer Fiskalsysteme ist, nicht aber Aufgabe der EZB.[25] Für eine solche Politik fehlt ihr das Mandat.

Wenn die EZB sich formell von ihrer Vorstellung verabschieden wollte, Refinanzierungskredit nur gegen sichere Pfänder zu vergeben, dann müsste sie eine grundlegend andere Strategie einschlagen, die darauf hinausliefe, nach Risiko gestaffelte Zinsen für die Refinanzierungskredite zu verlangen, denn die Berücksichtigung des Risikos im Zins ist elementar für die Funktionsfähigkeit des marktwirtschaftlichen Systems. Wie schon in Kapitel 4 (Abschnitt *Lockere Budgetbeschränkungen*) erläutert wurde, ist der Effektivzins eines Kredits (im Sinne der mathematischen Zinserwartung) im einfachsten Fall gleich dem Nominalzins abzüglich der Konkurswahrscheinlichkeit des Schuldners. Er muss für alle Schuldner und alle Investitionsprojekte gleich sein, damit überall der gleiche Rentabilitätsmaßstab angelegt wird und das Anlagekapital durch die Marktkräfte entsprechend effizient unter rivalisierenden Verwendungen in verschiedenen Branchen und Ländern aufgeteilt wird.

Indes wäre die EZB auch mit einer solchen Politik überfordert, weil bei der Einschätzung des wahren Risikos immer wieder politische Erwägungen und Interessen mit ins Spiel kämen. Für die Einschätzung der Risiken kann nur der Markt zuständig sein. Konkret: Diejenigen, die ihr eigenes Vermögen riskieren, müssen entscheiden, zu welchen Zinsen sie welche Risiken tragen wollen. Die EZB, die das Risiko den Steuerzahlern der solventen Länder überträgt und politisch von diesen Ländern gar nicht adäquat mitbestimmt wird, kann und darf diese Aufgabe nicht übernehmen. Deswegen kann ein Geldsystem nur funktionieren, wenn die Zentralbank sich darauf beschränkt, neues Geld als sicheren Kredit in die Wirtschaft zu bringen, was nur durch entsprechend hohe Sicherheitsstandards für die Pfänder, die die Banken einreichen müssen, gewährleistet werden kann.

Offiziell sieht die EZB das genauso. Sie behauptet, dass sie keine Risiken eingehe und dass sie mit ihrer Besicherungspolitik die Rückzahlung der Refinanzierungskredite gewährleiste. Doch es wurde in Kapitel 5 schon dargelegt, dass diese Position eine fadenscheinige Schutzbehauptung ist, die durch die Sachlage in keiner Weise gedeckt wird.

Es zeigt sich hier ein grundsätzliches Problem des Eurosystems. Offenbar neigt dieses System zu Zahlungsbilanzungleichgewichten, die aus exzessiven Kapitalbewegungen resultieren, weil Länder unterschiedlicher Bonität zu gleichen Zinsen vom Notenbanksystem bedient werden, obwohl man ihnen eigentlich unterschiedliche Risikoaufschläge im Zins abverlangen müsste. In einem solchen System zieht sich das Kapital stets aus den Risikogebieten zurück, weil der Zinsmechanismus, der es dort halten könnte, von der Notenbank unterlaufen wird. Der Versuchung, sich der eigenen Probleme mit der Notenpresse zu entledigen, konnte die siebzigprozentige Mehrheit der Profiteure einer solchen Politik im EZB-Rat nicht widerstehen. Durch die fortwährende Absenkung der Sicherheitsstandards, die gegen den Willen der Bundesbank durchgesetzt wurde, wurden aus nominell gleichen Zinsen für alle Euroländer niedrigere Effektivzinsen in den Südländern, weil die Rückzahlungswahrscheinlichkeit für diese Zinsen niedriger ist. Dadurch wurden die Krisenländer unattraktiv für die Anleger, und es kam zu der Kapitalflucht, die in diesem Kapitel dokumentiert wurde und an der der Euro zerbrechen könnte. Auch wenn sich in Zukunft einmal andere Mehrheiten schwacher Staaten im EZB-System ergeben sollten, wird dieses Problem immer bestehen bleiben. Immer wird sich die Mehrheit der Schwachen versucht sehen, ihre Finanzprobleme mit der Notenpresse zu lindern.

Die EZB mindert mit ihrer Politik die akute Finanznot, aber sie unterminiert zugleich den Kapitalmarkt und stützt eine Struktur der Preise und Löhne in der Eurozone, die mit einem wirtschaftlichen Gleichgewicht nicht vereinbar ist und einen nimmer endenden Strom an öffentlichen Krediten verlangt.

Sie erzeugt das, was Ökonomen die *Holländische Krankheit* nennen: die Zerstörung der Wettbewerbsfähigkeit der Wirtschaft durch einen Geldzufluss, den man sich nicht durch Exporte verdienen muss.[26] Ob das Geld durch Gasverkäufe in die Wirtschaft kommt, wie es seinerzeit in Holland der Fall war, als man die großen Gasfunde machte, oder ob es aus der Druckerpresse gezogen wird, wie in Griechenland, ist im Grunde einerlei. In jedem Fall dämpft es die Exporte durch überhöhte Preise und erhöht die Importe. Der Unterschied ist nur, dass im Falle der Kredite aus der Notenpresse die Auslandsschulden immer weiter wachsen, zum Schluss nicht mehr aufrechterhalten werden können und radikale Lösungen mit viel offenem Streit gesucht werden.

Die EZB ist in der Eurokrise zu einer Zentralbehörde zur Verteilung des europäischen Produktionsfonds mutiert, gelenkt vom EZB-Rat, dem wahren Hegemon in Europa, in dem Deutschland formell so viel zu sagen hat wie Malta und nur faktisch etwas mehr Macht hat, weil es mit einem Austritt aus dem Euroverbund der Entwicklung ein jähes Ende bereiten würde. Der Austritt wird aber mit jedem Monat, der ins Land zieht, teurer für Deutschland, weil die Target-Forderungen, die bei einem Austritt wohl uneinbringlich sein werden, immer weiter steigen. Deutschland sitzt in der Target-Falle.

ANMERKUNGEN

1 Vgl. dazu H.-W. Sinn »Die riskante Kreditersatzpolitik der EZB«, *Frankfurter Allgemeine Zeitung*, 4. Mai 2011, Nr. 103, S. 10, http://www.faz.net/aktuell/wirtschaft/europas-schuldenkrise/target-kredite-die-riskante-kreditersatzpolitik-der-ezb-1637926.html; H.-W. Sinn und T. Wollmershäuser, »Target Loans, Current Account Balances and Capital Flows: The ECB's Rescue Facility«, *International Tax and Public Finance* 19, 2012, S. 468–508, besonders Abschnitt 9, vgl. insbesondere *CESifo Working Paper* Nr. 3500, Juni 2011; S. Homburg, »Anmerkungen zum Target2-Streit«, *ifo Schnelldienst* 64, August 2011, Nr. 16, S. 46; G. Milbradt, »Die EZB auf der schiefen Bahn«, *ifo Schnelldienst* 64, August 2011, Nr. 16, S. 39.

2 Die Analyse dieses Kapitels folgt und erweitert H.-W. Sinn und T. Wollmershäuser, »Target Loans, Current Account Balances and Capital Flows: The ECB's Rescue Facility«, a.a.O., die als *CESifo Working Paper* Nr. 3500 schon im Juni 2011 vorgestellt wurde, http://www.springerlink.com/content/rt6673wt2188346g/fulltext.pdf. Sie geht aber darüber insofern hinaus, als sie aktueller ist und die intergouvernementalen Hilfen und Angaben zur Höhe der Nettoauslandspositionen der Länder mit einschließt.

3 Die Angaben schwanken zwischen 45 Milliarden Euro in »Das Ringen um Griechenlands Schuldenschnitt«, *Frankfurter Allgemeine Zeitung*, 26. Januar 2012, Nr. 22, S. 20, und 55 Milliarden Euro in »Banken: Ringen um den Zins für Griechenland«, *Handelsblatt*, 19. Januar 2012, Nr. 14, S. 7.

4 M. Dalton und C. Paris, »IMF Pushes Europe to Ease Greek Burden«, *The Wall Street Journal*, 6. August 2012, http://online.wsj.com/article/SB1000087239639 0443517104577573302911904824.html.

5 Vgl. auch H.-W. Sinn und T. Wollmershäuser, a.a.O., insbesondere die CESifo-Working-Paper-Fassung vom Juni 2011, wo die Sonderrolle Irlands bereits herausgearbeitet wurde.

6 Das Nettofinanzvermögen der privaten Haushalte betrug im Jahr 2010 in Italien 273,9 % des BIP, in Deutschland dagegen nur 199,8 % des BIP, vgl. OECD, *Economic Outlook* 2012, Nr. 91, Statistical Annex, Table 58. Mit den Eurostat-Daten für das BIP und der Einwohnerzahl ergibt sich ein Nettofinanzvermögen je Einwohner von 70.300 Euro in Italien beziehungsweise von 60.500 Euro in Deutschland.

7 H.-W. Sinn, *Kasino-Kapitalismus. Wie es zur Finanzkrise kam und was jetzt zu tun ist*, Econ, Berlin 2009, Kapitel 10: *Bleibt Europa noch stabil?*, Abschnitt *Müssen wir Italien freikaufen?*

8 »Italy Senate Passes Monti's Austerity Package«, *BBC News Europe*, 22. Dezember 2011, http://www.bbc.co.uk/news/world-europe-16301956.

9 »Monti bringt Arbeitsmarktreform durchs Parlament«, *Handelsblatt*, 27. Juni 2012, http://www.handelsblatt.com/politik/international/italien-monti-bringt-arbeitsmarktreform-durchs-parlament/6807276.html.

10 LTRO steht für Longer-Term Refinancing Operation.

11 Banca d'Italia, Central Bank: Assets – Lending to Euro-Area Financial Sector Counterparties Denominated in Euros: Longer-Term Refinancing Operations, *Base Informativa Pubblica*, Supplements to the Statistical Bulletin, Bank of Italy Balance-Sheet Aggregates: Assets, Juni 2012, http://bip.bancaditalia.it/4972unix/homebipentry.htm?dadove=corr&lang=eng.

12 Banca d'Italia, General Government: Securities Held by Other Monetary Financial Institutions *Base Informativa Pubblica*, Supplements to the Statistical Bulletin,

The Public Finances, Borrowing Requirement and Debt, General Government Debt: By Holding Sector, Juni 2012, http://bip.bancaditalia.it/4972unix/homebipentry.htm?dadove=corr&lang=eng.

13 OECD, *Economic Outlook* 2012, Nr. 91, Statistical Annex, Table 25.

14 Zu den Angaben für Frankreich und Deutschland: H.-W. Sinn, *Kasino-Kapitalismus*, 2. Auflage, Ullstein, Berlin 2010, Kapitel 8, *Abbildung 8.6*.

15 Wie dort gezeigt wurde, lag der Verlust zum Jahresende 2011 bei 12 von 48 Prozentpunkten des BIP, betrug also etwa ein Viertel des Nettoauslandsvermögens.

16 Rechengang: Das Nettoauslandsvermögen betrug zum Jahresende 2007 643,5 Milliarden Euro. Fortgeschrieben mit dem kumulierten Leistungsbilanzsaldo (633,6 Milliarden Euro im Zeitraum vom 1. Januar 2008 bis 31. März 2012) wären es am 31. März 2012 1.277,1 Milliarden Euro gewesen. Die Statistik weist mit 1.013,9 Milliarden Euro einen um 263,2 Milliarden Euro niedrigeren Wert aus. Diese Differenz wird als Bewertungsverlust interpretiert. Im ersten Vierteljahr 2012 ist das Nettoauslandsvermögen laut Statistik um 84,8 Milliarden Euro gestiegen, also im Monatsdurchschnitt um 28,3 Milliarden Euro. Unterstellt man Monat für Monat den gleichen Anstieg, so kommen bis Ende Juli 2012 noch einmal 113,1 Milliarden Euro hinzu. Der fortgeschriebene Bestand von 1.277,1 Milliarden Euro erhöht sich also auf 1.390,2 Milliarden Euro, das eigentliche Nettoauslandsvermögen zum 31. Juli 2012. Die Summe aus Target-Forderungen (727,2 Milliarden Euro), gekauften Staatspapieren (57,2 Milliarden Euro), anteiligen Rettungskrediten (71,1 Milliarden Euro) und Bewertungsverlust (263,2 Milliarden Euro) beläuft sich auf 1.118,7 Milliarden Euro, also 80,5 % des eigentlichen Nettoauslandsvermögens.

17 M. Draghi, »The Euro, Monetary Policy and the Design of a Fiscal Compact«, *Ludwig Erhard Vorlesung*, Berlin, 15. Dezember 2011, http://www.ecb.int/press/key/date/2011/html/sp111215.en.html.

18 M. Draghi, »Competitiveness of the Euro Area and within the Euro Area«, *Le Monde*, und die Vereinigung französischer Privatunternehmer (AFEP), *Les défis de la compétitivité*, Paris, 13. März 2012, http://www.ecb.int/press/key/date/2012/html/sp120313.en.html.

19 C. Hecking und T. Bayer, »Schweiz soll Griechen-Geld ausliefern«, *Financial Times Deutschland*, 18. Oktober 2011, http://www.ftd.de/politik/europa/:griechenland-krise-schweiz-soll-griechen-geld-ausliefern/60117780.html.

20 M. Draghi, »The Euro, Monetary Policy and the Design of a Fiscal Compact«, a.a.O.

21 H.-W. Sinn, *Kasino-Kapitalismus. Wie es zur Finanzkrise kam, und was jetzt zu tun ist*, Econ, Berlin 2009, S. 72.

22 Siehe »Vertrag über die Arbeitsweise der Europäischen Union« (AEUV), *ABl.* 53, 2010, Nr. C 83, S. 47–200, insbesondere Art. 127 Abs. 2.

23 Vgl. beispielsweise M. Draghi, »Verbatim of the Remarks Made by Mario Draghi«, *Global Investment Conference*, London, 26. Juli 2012, http://www.ecb.int/press/key/date/2012/html/sp120726.en.html. Darin sagt Draghi: »To the extent that the size of these sovereign premia hampers the functioning of the monetary policy transmission channel, they come within our mandate. So we have to cope with this financial fragmentation addressing these issues.«

24 M. Feldstein, »Dos and Don'ts for the European Central Bank«, *Project Syndicate*, Juli 2012, nber.org/feldstein/projectsyndicatejuly2012.pdf.

25 Kritische Bemerkungen, die auf ein Abdriften der Geldpolitik in die Richtung der Fiskalpolitik schließen lassen, kommen auch vom Präsidenten der Bundesbank,

Jens Weidmann. Siehe zum Beispiel J. Weidmann, »Die Stabilitätsunion sichern«, Dankesrede anlässlich der Verleihung des Ludwig-Erhard-Preises für Wirtschaftspublizistik, Berlin, 5. Juli 2012, http://www.bundesbank.de/Redaktion/DE/Reden/2012/2012_07_05_weidmann_stabilitaetsunion.html. Dort sagt Weidmann: »Letztlich spiegelt sich in den gestiegenen bilanziellen Risiken, dass im Zuge der Krisenbekämpfung die Grenzen zwischen Geld- und Finanzpolitik unschärfer geworden sind. So unvermeidbar diese Verwischung bis zu einem gewissen Grad ist, sie darf nicht so weit führen, dass die Geldpolitik sich vor den Karren der Finanzpolitik spannen lässt. Unbegrenzte Staatsanleihekäufe oder eine Zentralbankfinanzierung der Rettungsschirme (»Banklizenz«), wie sie immer wieder gefordert werden, dehnen nicht bloß das Mandat der Notenbanken, sie sind mit ihm unvereinbar. Denn sie würden mit dem Verbot der monetären Staatsfinanzierung kollidieren: Staatsdefizite dürfen nicht mit Hilfe der Notenpresse finanziert werden.« Öffentlich hat sich Weidmann noch nicht so geäußert, dass er die Target-Salden selbst als fiskalische Maßnahmen tituliert. Indes hat er, wie in Kapitel 5 schon erwähnt wurde, in einem vertraulichen Brief an den EZB-Präsidenten, der dann öffentlich bekannt wurde, seine Sorge über die wachsenden Target-Salden und ihre fehlende Besicherung zum Ausdruck gebracht. Vgl. S. Ruhkamp, »Die Bundesbank fordert von der EZB bessere Sicherheiten«, *Frankfurter Allgemeine Zeitung*, 29. Februar 2012, http://www.faz.net/aktuell/wirtschaft/schuldenkrise-die-bundesbank-fordert-von-der-ezb-bessere-sicherheiten-11667413.html; sowie derselbe, »Bundesbank geht im Targetstreit in die Offensive«, *Frankfurter Allgemeine Zeitung*, 12. März 2012, http://www.faz.net/aktuell/wirtschaft/wirtschaftspolitik/f-a-z-gastbeitrag-bundesbank-geht-im-targetstreit-in-die-offensive-11682060.html.

26 Für eine Übersicht vergleiche man zum Beispiel »Dutch Disease«, in: E. Dichtl und O. Issing, Hrsg., *Vahlens Großes Wirtschaftslexikon*. Band 1, 2. Auflage, Vahlen, München 1993, insbesondere S. 480.

9 Die Target-Falle

Deutschland wird erpressbar – Der Haftungspegel – Die deutschen Verluste bei einem Zusammenbruch des Euro – Was kostet der Konkurs Griechenlands? – Ein Marshall-Plan für Griechenland? – Fällt Europa, wenn der Euro fällt? – Staatskonkurse, Schuldenschnitte und Währungswechsel

DEUTSCHLAND WIRD ERPRESSBAR

Man kann in eine Falle tappen, die einem jemand gestellt hat. Man kann sich auch selbst eine Falle stellen. Welche dieser beiden Möglichkeiten auf die Target-Kredite zutrifft, kann man angesichts der Verve, mit der Helmut Kohl das Europrojekt verfolgt hat, und der Cleverness oder Weitsicht von Jacques Delors dahingestellt sein lassen. Tatsache ist aber, dass Deutschland heute in der Target-Falle steckt.[1]

Das Target-System ist eine Falle, weil die Bundesbank – wie die Notenbanken der Niederlande, Finnlands und Luxemburgs, die sich in einer ähnlichen Lage befinden – nicht die Möglichkeit hat, ihre Target-Forderungen einzutreiben. Die Forderungen entstanden, weil Güter oder Anlagewerte in andere Länder geflossen sind und von der Bundesbank im Auftrag ausländischer Käufer bezahlt wurden oder weil die Bundesbank im Auftrag ausländischer Schuldner Schulden bei deutschen Gläubigern getilgt hat. Man hat die Bundesbank sozusagen für sich auslegen lassen und sie gebeten, den Betrag auf einem Verrechnungskonto zu verbuchen. Dort werden die Forderungen mit dem Hauptrefinanzierungssatz (derzeit 0,75%) verzinst, der nicht einmal der Inflationsrate entspricht.

Getilgt werden die Target-Kredite nur dann, wenn Deutsche wieder neue Kredite ins Euro-Ausland vergeben oder Anlageobjekte und Güter dort kaufen. Tun sie das nicht, weil sie Angst haben, dass die Kredite nicht bedient werden oder die Güter und Anlageobjekte zu teuer sind, bleiben die Forderungen notfalls ewig in der Bilanz stehen und erodieren mit der Inflation.

Sollte der Bundesbank der Kragen platzen und sie versuchen, ihre Schuldner unter Druck zu setzen, indem sie droht, die Überweisungsaufträge aus den Krisenländern nicht mehr oder nur noch gegen Sicherheiten durchzuführen, wäre sie vertragsbrüchig und würde den Zusammenbruch des Eurosystems riskieren. Dann hätte sie erst recht keine Chance, die Target-Forderungen einzutreiben. Wenn das Eurosystem nicht mehr existiert, gibt es für ihre Forderungen wahrscheinlich keine Durchsetzungsmöglichkeiten mehr, denn sie richten sich gegen eine Institution, die es dann nicht mehr gibt.

Bestenfalls wird die Forderung auf eine Nachfolgeinstitution der EZB übertragen, die das Eigenkapital der EZB erbt. Darum darf sich Deutschland dann mit Finnland, den Niederlanden und Luxemburg streiten, die insgesamt über Forderungen in Höhe von 308 Milliarden Euro verfügen (vgl. *Abbildung 6.3*). Wenn das Eigenkapital der Nachfolgeorganisation anteilig zu den Forderungen aufgeteilt wird, erhält Deutschland (727/1029) × 31 Milliarden Euro oder 22 Milliarden Euro. Das sind gerade mal 3% seiner Forderung, und das auch nur, wenn man annehmen kann, dass die EZB überhaupt noch etwas zu vererben hat, was man angesichts der dubiosen Refinanzierungskredite und Staatspapiere in ihrer Bilanz fast schon als heroische Annahme bezeichnen kann.

Die Bundesbank kann bei einem Zerbrechen des Eurosystems zwar versuchen, die Target-Forderungen gegenüber den Notenbanken der anderen Länder zu erheben. Doch wird man dort tausend Gründe dafür finden, warum es für diese Forderungen keine Basis gibt. Die Länder, die nicht im Defizit stehen, werden sich als nicht mehr zuständig erklären, und die Krisenländer werden ihre Target-Schulden als souveräne Schuldner annullieren. Man wird Deutschland vorwerfen, den Untergang des Euro selbst provoziert zu haben, und ihm weiter vorhalten, dass es ja ohnehin der große Profiteur des Euro gewesen ist (was, wie in Kapitel 2 gezeigt wurde, nicht stimmt). Auch die deutsche Vergangenheit, die mit Schuld beladen ist, wird man bei Bedarf heranziehen. Deutschland wird dem nicht viel entgegenzusetzen haben, zumal Bundesbank und Bundesregierung die Salden anfangs selbst zu bloßen Verrechnungsposten deklariert hatten (vgl. Kapitel 6). Kurzum, die deutschen Forderungen sind bei einem Zusammenbruch des Euro uneinbringlich, und die Güter, Vermögensobjekte und Schuldscheine, die man hergegeben hat, werden auch nicht mehr zurückkommen.[2]

Die Verhältnisse sind eben nicht mehr so wie noch zur Zeit des Bretton-Woods-Systems, wo die Bundesbank für die deutschen Zahlungsbilanzüberschüsse gegenüber den anderen europäischen Partnern dieses Systems Gold erhielt. Auch wenn die deutschen Goldbestände aus jener Zeit, die heute fünfzehn Mal so viel wert sind wie damals, großenteils bei anderen Zentralbanken eingelagert und nach Meinung mancher Kritiker gar nicht zugänglich sind, stellen sie doch eine andere Art von Sicherheit dar als die bloßen Target-Forderungen, die unter dem Euro aufgelaufen sind.

Wenn der Euro zerbricht, sind über 700 Milliarden Euro weg, nicht nur für die Deutsche Bundesbank, sondern auch für die deutschen Sparer beziehungsweise deren Finanzinstitute, die in diesem Umfang deutsche Ersparnisse bei der Bundesbank angelegt haben. Die Bundesbank kann sich dann nur in die Inflation retten oder den Finanzminister um neues Eigenkapital zur Erfüllung ihrer Verpflichtungen bitten. Der müsste es sich dann aber von den Bürgern holen. Die Altersrente, die in die linke Tasche fließt, würde der rechten Tasche entnommen.

Das schlimmste Problem ist aber, dass die Target-Salden jener Länder, die bereits in der Target-Falle sitzen, sie zwingen, zum Erhalt ihrer Forderungen Rettungsmaßnahmen zuzustimmen, durch die sie immer tiefer in die Falle hineinrutschen. Das betrifft sowohl die Staatspapierkäufe der EZB als auch die öffentlichen Hilfsprogramme, über die die Parlamente entscheiden. Solche Maßnahmen lenken wieder neues Geld in die Krisenländer, weil sie selbst in Geldform gewährt werden, weil sie Haftung für private Darlehen bieten, die wieder in die Krisenländer vergeben werden, oder weil sie ganz unmittelbar Käufe von Wertpapieren anregen. Sie vermindern die Target-Kredite, indem sie andere Kredite an ihre Stelle setzen.

Auch die unbegrenzten Staatspapierkäufe, mit denen die EZB seit September 2012 einen Befreiungsschlag versucht, können so erklärt werden (vgl. Kapitel 5, *Staatsanleihenkäufe durch die Notenbanken*). Wenn zum Beispiel die Bundesbank auf Geheiß des EZB-Rates italienische Staatspapiere von den deutschen Geschäftsbanken kauft, entsteht auf dem deutschen Markt ein Defizit an solchen Papieren, der die Banken veranlasst, sich in Italien Nachschub zu holen. Dadurch kommt es zu Überweisungen an die italienischen Verkäufer der Papiere. Die Banca d'Italia muss diese Überweisungen durch Gutschriften zu eigenen Lasten erledigen, die den Banken der Verkäufer der Wertpapiere gewährt werden. Sie gibt der Bundesbank insofern einen Kredit und reduziert mit ihm die schon früher aufgebaute Netto-Target-Schuld der Banca d'Italia und die Target-Forderung der Bundesbank. Setzt die EZB ihren Beschluss um wie verkündet, werden sich die Target-Schulden der Krisenländer wieder verringern und überall sonst im Euroraum werden stattdessen die Target-Forderungen zurückgehen beziehungsweise nicht mehr so schnell steigen wie bislang. Das wird man auch in der Bilanz der Bundesbank erkennen können. Dies könnte zu den Gründen gehören, die die Bundesregierung bewogen hat, sich gegen die Bundesbank zu stellen und die Staatspapierkäufe der EZB zu tolerieren (vgl. Kapitel 5, Abschnitt *Bundesregierung contra Bundesbank*).

Je mehr solche Target-senkenden Maßnahmen ergriffen werden, desto eher wird die EZB freilich versucht sein, mit ihrer Niedrigzinspolitik fortzufahren, die selbst wiederum Target-Salden erzeugt, weil sie die Konditionen des Kapitalmarktes unterbietet und eine weitere Kapitalflucht anregt. Die Niedrigzinspolitik sichert eine billige Anschlussfinanzierung für fällig werdende Altkredite, schützt die Schuldner vor einer Insolvenz und die Inhaber der alten Kreditforderungen gegen Vermögensverluste. Aber sie lenkt das Kapital an Orte, wo es eigentlich nicht mehr hin will, und verhindert dadurch die notwendigen realwirtschaftlichen Anpassungen. Auch setzt sie die neuen Sparer, die zum Ersatz herangezogen werden, neuen Risiken aus und beraubt sie ihrer Zinserträge.

Wenn die Zinsen, die die Bundesbank den deutschen Sparern zahlt, die ihr über die deutschen Banken Kredit gegeben haben, weiterhin unter der Inflationsrate liegen, wie es heute der Fall ist, und wenn die Target-Salden nicht abgebaut werden, dann sind die Ersparnisse der Deutschen im Umfang der Target-Forderungen auch dann verloren, wenn der Euro überlebt, denn schließlich ist der ökonomische Wert eines Forderungsbestandes, der keine realen Zinsen bringt und nie getilgt wird, gleich null.

Häufig wird gemutmaßt, die Salden würden in Kürze von selbst verschwinden, weil die Krise wieder abklingen werde.[3] Vor dieser Illusion kann man nur warnen, denn wie in Kapitel 4 bereits ausgeführt, handelt es sich nicht um eine bloße Vertrauenskrise, die aus einer ungerechtfertigten Irritation der Kapitalmärkte resultiert, sondern um einen strukturellen Verlust der Wettbewerbsfähigkeit aufgrund von Überteuerung. Da man den Anstieg der Güterpreise, wenn überhaupt, nicht ohne eine reale Kontraktion der Wirtschaft rückgängig machen kann, wird der Finanzbedarf der Südländer vorläufig ebenso bestehen bleiben wie die Weigerung der Kapitalmärkte, ihn zu Zinsen zu befriedigen, zu denen die EZB es tut. Solange die Niedrigzinskonkurrenz für den Interbankenmarkt durch die Notenpresse nicht abgestellt wird, werden die Salden immer weiter wachsen, es sei denn, sie werden durch andere Rettungskredite innerhalb und außerhalb der EZB ersetzt.

Das ist das wahre Problem der Target-Salden. Das EZB-System gab den Krisenländern die goldene Kreditkarte mit einem unbegrenzten Überziehungskredit, und damit dieser Kredit nicht in Anspruch genommen und bereits bestehender vielleicht sogar zurückgezahlt wird, muss die Platin-Karte her. Die Möglichkeit, sich Güter und Vermögenswerte in Deutschland auf Pump zu besorgen, indem man einfach nur bei der Bundesbank anschreiben lässt, erzeugt eine verhängnisvolle Pfadabhängigkeit der Politik, die in jeder Krise zu neuen Konzessionen gegenüber den Krisenländern zwingt. »Entweder ihr haftet für uns, damit unsere Zinsen fallen, oder wir nehmen die goldene Kreditkarte und ziehen uns das Geld aus den Kassenautomaten, die ja bei unseren nationalen Notenbanken herumstehen«, so lautet die implizite Devise der Staatschefs der Krisenländer und der Vertreter dieser Länder im EZB-Rat.

Bei den Beratungen zum Rettungsschirm ESM im Bundestag im Frühjahr 2012, aber auch schon bei den Diskussionen dazu, die während des ganzen Jahres 2011 stattfanden, stand die Furcht vor EZB-Aktionen immer im Raum. Es ging darum, die Rettungsaufgabe von der EZB auf ein intergouvernementales Gremium zu übertragen, bei dem man sich zumindest eine Sperrminorität und die proportionale Vertretung im Gouverneursrat nach der Ländergröße hat zusichern lassen. Dass es besser sei, diesem Gremium die Entscheidung über Kredite zu überlassen anstatt der EZB, leuchtete jedem ein.[4] Es ging damals nicht um die Target-Kredite. Dieses Thema war damals im Bundestag, anders als heute, noch nicht angekommen. Vielmehr ging es um die Staatspapierkäufe der EZB, die in der zweiten Hälfte des Jahres 2011 von 74 Milliarden Euro auf 212 Milliarden Euro hochgeschossen waren. In der Tat hörte die EZB dann zum Jahresende mit den Käufen auf, weil absehbar war, dass die Regierungen auf dem Gipfel von Brüssel am 2. Februar 2012 einen permanenten Rettungsschirm (den ESM) beschließen würden. Es ist aber bezeichnend, dass im Sommer 2012, als der ESM-Vertrag von den meisten Ländern ratifiziert war, der EZB-Rat eine Wiederaufnahme der Staatspapierkäufe in noch viel größerem Umfang als vorher beschloss.

Dieser Prozess der zwanghaften fiskalischen Integration der Eurozone folgt seinen eigenen politischen Gesetzen und ist mittlerweile von den Volksvertretern kaum noch steuerbar, weil sie der Pfadabhängigkeit der Politik nicht entkommen können. Zu jedem Zeitpunkt muss man die bis dahin schon getroffenen politischen Beschlüsse und vor allem ihre finanziellen Auswirkungen als gegeben annehmen und überlegen, wie es weitergehen soll. Da man immer die Wahl zwischen dem akuten Konflikt, wenn nicht Crash, auf der einen Seite und dem Zeitgewinn durch die Erhöhung der Rettungskredite auf der anderen Seite hat, entscheidet man sich für die Erhöhung der Rettungskredite. Immer ist die Entscheidung alternativlos, weil immer wieder Krise ist, wenn man aufhört zu zahlen. So geht es weiter und weiter, bis zum Schluss der ganz große Crash nicht mehr vermeidbar ist, weil auch die Retter ihre Bonität und das Vertrauen der Kapitalmärkte verlieren.

Die Pfadabhängigkeit begann schon damit, dass der Euro eingeführt wurde, denn das implizite Schutzversprechen, das in der Existenz einer gemeinsamen Zentralbank lag, insbesondere auch die Möglichkeit, etwaige Liquiditätsprobleme mit der nationalen Notenpresse zu beheben, hat das Anlagekapital von den internationalen Kapitalmärkten in die peripheren Länder getrieben und dort über eine Zinskonvergenz die inflationären Kreditblasen erzeugt, die später platzten. Nach dem Platzen sah sich die EZB gefordert, die Notenpresse zum Ersatz für das wegbleibende private Kapital anzuwerfen. Das schien damals auch für die Vertreter der Bundesbank im EZB-Rat alternativlos zu sein.

Als die Notenpresse danach aber nicht zum Stillstand kam, weil die Leistungsbilanzdefizite Jahr um Jahr gestopft werden mussten und im Falle Irlands auch noch eine riesige Kapitalflucht zu kompensieren war, wuchsen bei der EZB Bedenken, ob sie diese Politik beliebig lange würde durchhalten können. Da die Bilanzen ihrer Mitgliedsnotenbanken immer mehr in Unordnung gerieten, hat die EZB die Länder der Eurozone bedrängt, einen temporären Rettungsfonds als Entsatz zur eigenen Entlastung aufzustellen. Ein solcher Fonds wurde unter dem Namen European Financial Stability Facility (EFSF) dann auch in Luxemburg gegründet.

Die Diskussion um den Rettungsfonds begann schon im Winter 2009/2010, und sie gewann im Frühjahr 2010 an Intensität. Notenbankpräsident Trichet bedrängte die Regierungen Europas zunächst, ein Programm zur Rettung Griechenlands aufzulegen, und verlangte dann ein umfangreicheres Dauerprogramm. Deutschland sträubte sich über viele Monate, wohl auch, weil man die wichtige Landtagswahl in Nordrhein-Westfalen nicht mit dem Thema belasten wollte. Doch spreizten sich die Zinsen der Staatspapiere in dieser Zeit immer mehr zuungunsten der Krisenländer aus, allen voran Griechenlands, weil man befürchtete, dass die Schulden nicht bedient werden würden. In dieser Situation wurde dann auf Drängen der EZB ein erstes Hilfspaket zum Schutz der griechischen Gläubiger im Umfang von 110 Milliarden Euro geschnürt, an dem der Internationale Währungsfonds mit 30 Milliarden Euro beteiligt war.

Es war EZB-Präsident Trichet, der sich mit den Regierungen Europas, vor allem aber auch dem damaligen IWF-Chef Dominique Strauss-Kahn, dem französischen Präsidenten Nicolas Sarkozy und dem amerikanischen Präsidenten Barack Obama abstimmte, um auf dem Gipfel in Brüssel am 8. und 9. Mai 2010 den EFSF-Fonds durchzusetzen. Der Fonds wurde mit einer Haftungssumme von 780 Milliarden Euro ausgestattet in der Hoffnung, AAA-bewertete Anleihen im Umfang von 440 Milliarden Euro ausgeben und dann entsprechende Kredite an die Krisenländer weiterreichen zu können.[5]

Deutschland wollte diese Lösung nicht und klammerte sich bis zuletzt an das Beistandsverbot des EU-Vertrages (Art. 125 AEUV).[6] Es konnte sich dem versammelten Druck des damaligen französischen Präsidenten Nicolas Sarkozy, der Krisenländer und des amerikanischen Präsidenten Obama nicht widersetzen und gab schließlich in dramatisch ablaufenden Verhandlungen nach. So wurde der EFSF beschlossen und anschließend, nur 12 Tage später, im Deutschen Bundestag ratifiziert.[7] Der deutsche Bundespräsident Horst Köhler, der seinerzeit als Staatssekretär im Finanzministerium der Regierung Kohl an den Verhandlungen über den Maastrichter Vertrag federführend beteiligt war, hat das Ratifizierungsgesetz widerstrebend unterschrieben und trat nur wenige Tage später von seinem Amt zurück, ohne einen klaren Grund dafür anzugeben.[8] Wie schon in Kapitel 1 zitiert wurde, hatte die damalige französische Finanzministerin Christine Lagarde zu dem EFSF-Vertrag erklärt, man sei sich darüber klar gewesen, dass man das Recht breche. Das sei aber nötig gewesen, um den Euro zu retten (vgl. Kapitel 1, Abschnitt *Der Euro und der Frieden*).

Der neue Fonds ging rasch zur Neige, und er war ja auch nur für drei Jahre konzipiert. Deshalb musste anschließend ein neuer, permanenter Rettungsfonds an die Stelle treten, der schon gleich mit einer Nachfüllautomatik versehen war. Das ist der ESM, über den im nächsten Kapitel noch ausführlich berichtet wird.

Und so wird es wohl noch eine Weile weitergehen, ohne dass sich in den Krisenländern substanzielle Reformen ergeben, die wirklich zu einer realen Abwertung über eine Senkung der Preise führen, denn der dafür notwendige Druck auf die privaten und öffentlichen Budgets wird ja durch die Rettungsaktionen genommen.

In Deutschland, dem Land, das den bei Weitem größten Teil der Lasten tragen muss, stellte sich auf jeder Stufe dieses Entscheidungsprozesses die Frage, ob man es zum Crash kommen lassen oder das Portemonnaie noch weiter öffnen solle. Bekanntlich fiel die Entscheidung immer für Letzteres aus. Das ließ die Schulden der Krisenländer wachsen und kurz darauf wieder eine Situation entstehen, in der man das Portemonnaie noch weiter öffnete, um einen noch größeren Crash zu vermeiden.

Deutschland befindet sich in einer ähnlichen Situation wie der Direktor der Bank, der einem großen ortsansässigen Unternehmen in guten Zeiten reichlich Kredit gegeben hat und nun, da das Unternehmen rote Zahlen schreibt, vor der Wahl steht, den Kredit zu verlängern oder den Konkurs zu provozieren. Da der Konkurs ihn zwingen würde, seine alten Kreditforderungen abzuschreiben, müsste er selbst rote Zahlen in seine Bilanz schreiben. Sein Jahresergebnis wäre total verhagelt, der Aufsichtsrat und die Eigentümer der Bank wären verärgert, die Tantieme flösse nicht, und sein Job wäre gefährdet. Also schweigt er und unterschreibt zähneknirschend die neuen Kreditverträge. Da das Geld weiter fließt, unterbleibt im Unternehmen die notwendige Umstrukturierung und in der Bank die an sich wirtschaftlich gebotene Abschreibung. So vergrößern sich die Schulden des Unternehmens Jahr um Jahr im Ausmaß der Verluste. Der Bankdirektor kommt immer mehr ins Schwitzen, bis dann irgendwann sein Nachfolger die Bilanz von den Altlasten bereinigen möchte und die Kredite nicht mehr verlängert oder die Wirtschaftsprüfer Alarm schlagen. Dann geht das Unternehmen in Konkurs, und die Bank vielleicht mit ihm.

DER HAFTUNGSPEGEL

Abbildung 9.1 zeigt, wie viele Rettungsfonds zugunsten der GIIPSZ-Länder bislang schon eingerichtet wurden und wie groß die Haftungssummen für Deutschland sind. Die Säule oben links zeigt die Hilfen, die schon geflossen sind, die Säule oben rechts die Hilfen, die den einzelnen Ländern schon zugewiesen wurden, die Säule unten links die Haftung Deutschlands auf der Basis der schon geflossenen Hilfe und die Säule unten rechts die Haftung für den Fall, dass die zugesagten Hilfen abgerufen werden.

Beginnen wir mit den oberen beiden Säulen, die zeigen, dass bis zum Stichtag, dem 10. August 2012, insgesamt 1552 Milliarden Euro an Hilfen zugesagt und 1421 Milliarden Euro ausgezahlt wurden. Die blauen Säulenstücke zeigen die Target-Schulden der GIIPSZ-Länder in Höhe von 971 Mrd. Euro, wie sie auch schon in *Abbildung 6.3* zusammengefasst wurden. Die orangefarbenen Säulenstücke darüber erfassen den Marktwert der von der EZB erworbenen Staatspapiere (vgl. *Abbildung 5.1*).

Die grünlichen Säulenstücke geben die Summe der Griechenland-

Hilfen wieder. In der Summe sind, wie man rechts sieht, für Griechenland 246 Milliarden Euro bereitgestellt worden. Davon entfallen 80 Milliarden Euro auf das erste Hilfspaket. Es wurde von den Eurostaaten Anfang Mai 2010 zur Verfügung gestellt. Der Internationale Währungsfonds (IWF) ergänzte es um 30 Milliarden Euro. Faktisch belief sich das Kreditprogramm der Euroländer aber letztlich nur auf 77,3 Milliarden Euro, weil die Slowakei sich von Anfang an nicht daran beteiligte und außerdem Irland (nach Auszahlung der zweiten Tranche) und Portugal (nach Auszahlung der vierten Tranche) als Kreditgeber ausfielen, weil diese Länder selber Finanzhilfen in Anspruch nahmen. Bis Ende 2011 wurden von den Euroländern 52,9 Milliarden Euro und vom IWF rund 20 Milliarden Euro ausgezahlt, insgesamt also 73 Milliarden Euro. Weitere 145 Milliarden Euro entfallen auf das zweite Griechenland-Paket, das am 14. März 2012 im Rahmen des EFSF bereitgestellt wurde. Dabei handelt es sich um Kredite des Luxemburger Fonds EFSF, der im Mai 2010, wie erwähnt, auf Drängen des EZB-Präsidenten Jean-Claude Trichet aufgelegt worden war. Hinzu kommen 28 Milliarden Euro vom IWF.[9]

Da die offiziellen Hilfsmittel nur unter Auflagen und Überprüfung der Reformmaßnahmen der Länder durch die sogenannte Troika, eine gemeinsame Delegation von IWF, EU und EZB, freigegeben werden, liegt die ausgezahlte Kreditsumme unter der zugesagten Summe. Man sieht an dem grünlichen Säulenstück links, dass Griechenland bis zum Stichtag von den zugesagten 246 Milliarden Euro 149 Milliarden erhalten hat.

Eine analoge Rechnung wird in der Abbildung für Irland und Portugal aufgemacht. Auch diese beiden Länder erhielten Hilfen aus dem EFSF und vom IWF. Ferner erhielten sie direkte EU-Mittel aus dem sogenannten EFSM (European Financial Stability Mechanism). Der EFSM ist als Teil des temporären Euro-Schutzschirms ein EU-Gemeinschaftsinstrument und ist mit insgesamt 60 Milliarden Euro ausgestattet. Aus ihm wurden Irland 22,5 Milliarden Euro und Portugal 26 Milliarden Euro bereitgestellt. Insgesamt wurde den beiden Ländern nach einem entsprechenden Hilfeersuchen Mittel im Umfang von 63 Milliarden Euro beziehungsweise 78 Milliarden Euro zuerkannt, von denen, wie durch die entsprechenden Stücke der linken Säule dargelegt wird, bis Juli 2012 50 Milliarden Euro beziehungsweise 56 Milliarden Euro abgerufen wurden.

Abbildung 9.1: Öffentliche Ausleihungen an die GIIPSZ-Länder und deutsche Haftung (Milliarden Euro; Datenstand 10. August 2012)

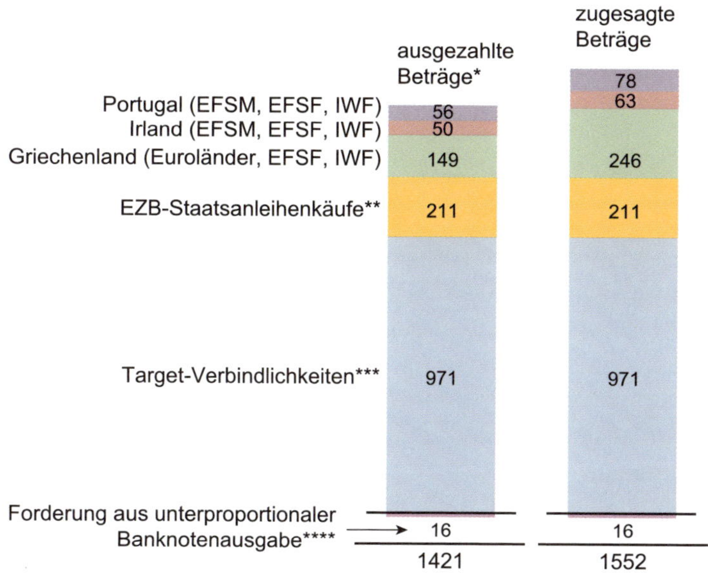

Deutscher Haftungsanteil bei Zahlungsausfall und Austritt der GIIPSZ-Länder

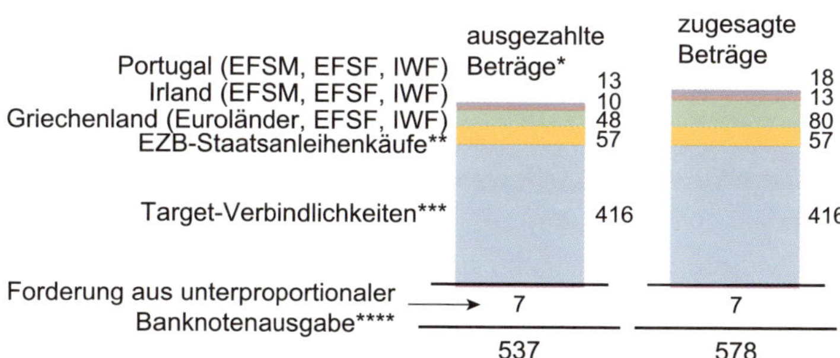

* Bis Juli 2012.

** Datenstand: 10. August 2012.

*** Griechenland, Irland, Portugal, Zypern: Ende Mai 2012; Italien, Spanien: Ende Juli 2012

**** Ende Mai 2012.

Hinweis: Die Abbildung ist nicht im Sinne einer Prognose zu verstehen, sondern im Sinne einer Abschätzung von Extremrisiken. Es wird unterstellt, dass der Euro überlebt, dass aber die Krisenländer die empfangenen (links) beziehungsweise bis zum August 2012 zugesagten und empfangenen (rechts) Hilfen nicht zurückzahlen, ihre Target-Schulden gegenüber dem EZB-System nicht bedienen und aus dem Euro austreten, während die bei ihnen zirkulierenden Euro-Geldbestände in nationale Währung umgewandelt werden und das EZB-System seine Forderungen gegenüber den Geschäftsbanken der Krisenländer verliert. Die Verluste aus den Target-Forderungen und den anderen Forderungen werden je nach Typ der Verluste, anteilig von der Staatengemeinschaft getragen. (Beschreibung im Text.)

Quelle: ifo Haftungspegel.

Wie groß die Haftung ist, die Deutschland durch diese Rettungsaktionen übernimmt, hängt natürlich von den Details eines Katastrophenszenariums mit Staatskonkursen ab und kann nicht im Sinne einer Prognose dargelegt werden. Die Höhe der Haftung hängt unter anderem davon ab, wie viele Länder gleichzeitig in Konkurs gehen. Geht nur ein einzelnes sehr kleines Land in Konkurs, trägt Deutschland beispielsweise von den Target-Verlusten 27%. Gehen aber alle GIIPSZ-Länder in Konkurs, dann trägt es schon 43% der Verluste, weil die möglichen Garantiegeber, insbesondere die großen Länder Spanien und Italien, selbst notleidend sind. Die unteren beiden Säulen zeigen die Maximalverluste auf, die Deutschland treffen würden, wenn alle GIIPSZ-Länder in Konkurs gehen und den Euro verlassen. Dabei wird unterstellt, dass die Eurobestände, die in den jeweiligen Ländern zirkulieren, in die neue heimische Währung umgetauscht werden und nach der Umstellung nicht mehr für Käufe im Eurogebiet zur Verfügung stehen.[10]

Die linke untere Säule zeigt die Verluste auf Basis der bislang realisierten Auszahlungen. Danach würde Deutschland bei einem Ausfall der Target-Schulden der GIIPSZ-Länder 416 Milliarden Euro verlieren. Darüber hinausgehende Verluste aus den normalen Refinanzierungskrediten der Notenbanken dieser Länder, die der Eigenversorgung der Länder mit Liquidität dienen, gibt es nicht, weil die Rechtsbeziehung zwischen der EZB und den Geschäftsbanken dieser Länder erlischt. Das im Inneren der Länder zirkulierende Eurogeld wird in die jeweilige heimische Währung umgewandelt und weiterhin mit Refinanzierungskrediten unterlegt. Ob diese Kredite bedient werden oder nicht, kann den verbleibenden Euroländern gleichgültig sein. Nur der Überlauf der Refinanzierungskredite, der dem Erwerb von Gütern und Wertobjekten sowie dem Rückkauf von Schuldscheinen in den Kernländern diente und der durch die

Target-Salden gemessen wird, begründet eine Forderung des EZB-Systems und Verluste für die verbleibenden Mitglieder, falls diese Forderungen nicht eingetrieben werden können.

Die deutsche Haftung wird aber noch durch andere Posten vergrößert. So ist Deutschland mit 57 Milliarden Euro an den möglichen Verlusten aus dem Ausfall der Staatspapiere beteilig. Da alle Notenbanken nach ihren Kapitalanteilen solche Papiere gekauft haben, verliert Deutschland genau die 27% der Papiere, die die Bundesbank selbst gekauft hat, gleichgültig, wie viele Länder in Konkurs gehen.

Ferner ist Deutschland zu knapp 43% an den Ausfällen der Hilfskredite der EFSF beteiligt. An den möglichen IWF-Verlusten ist Deutschland gemäß seinem Kapitalanteil von 6% beteiligt und an den Krediten, die die EU direkt beigesteuert hat mit seinem Finanzierungsanteil am EU-Budget in Höhe von 20%.

Schließlich ist in Höhe von 7 Milliarden Euro noch der deutsche Anteil an den Forderungen, die die GIIPSZ-Länder wegen der unterproportionalen Banknotenausgabe gegen das EZB-System haben, abzuziehen. Dieser Posten wird durch das dünne rote Balkenstück am unteren Rand der deutschen Haftungssäule dargestellt.

Summa summarum hat Deutschland nach dieser Rechnung, wie unter der unteren linken Säule ausgewiesen, mit Verlusten in Höhe von 537 Milliarden Euro zu rechnen, wenn die GIIPSZ-Länder auf der Basis der bislang ausgezahlten Hilfen pleitegehen und den Euroraum verlassen. Sollten sie erst in Konkurs gehen, nachdem alle zugesagten Mittel ausgeschöpft sind, läge der Verlust bei 578 Milliarden Euro, wie es unter der unteren rechten Säule vermerkt ist. Diese Summe liegt beim 1,72-Fachen des Bundesetats 2012 einschließlich Nachtragshaushalt.

DIE DEUTSCHEN VERLUSTE BEI EINEM ZUSAMMENBRUCH DES EURO

Der Konkurs und Austritt der GIIPSZ-Staaten ist ein mögliches, aber deshalb nicht zugleich wahrscheinliches Ereignis. Wenn es tatsächlich so weit kommen sollte, dass Italien austritt, müsste Frankreich vielleicht mit austreten, und dann wäre der Euro am Ende.

Hört das Eurosystem auf zu existieren, stellt sich die Rechnung insofern etwas anders dar, als dann nicht die Target-Verbindlichkeiten der pleitegehenden Länder anteilig zu tragen sind, sondern die deutschen Target-Forderungen vermutlich nicht mehr einzutreiben sind.

Abbildung 9.2: Die potenziellen deutschen Verluste bei einem Zusammenbruch des Euro (Milliarden Euro)

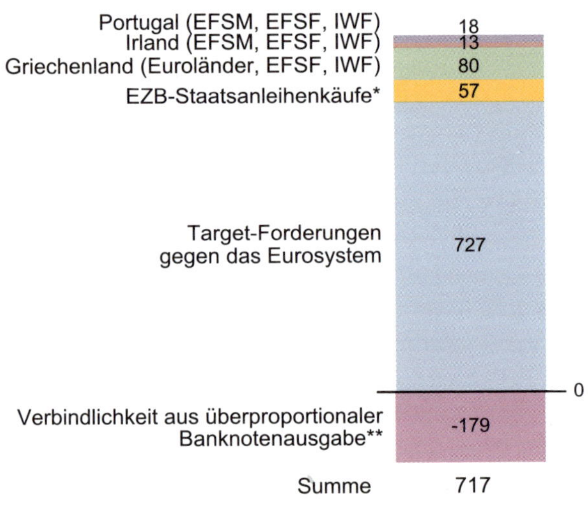

* Datenstand: 10. August 2012.

** Ende Mai 2012.

Hinweis: Die Abbildung ist nicht im Sinne einer Prognose zu verstehen, sondern im Sinne einer Abschätzung von Extremrisiken. Sie bezieht sich auf den Fall eines Zusammenbruchs des Euro nach Auszahlung der den Krisenländern bis August 2012 zugesagten Hilfen. Es wird unterstellt, dass die Krisenländer in Konkurs gehen und diese Hilfen nicht zurückzahlen und dass auch die Target-Forderungen der Bundesbank gegenüber dem EZB-System nicht eingelöst werden. Dargestellt werden die gerundeten Werte der Einzelposten und die gerundete Summe der exakten Einzelposten. Deswegen ist die genannte Summe von 717 Milliarden Euro korrekt, obwohl die Summe der gerundeten Einzelposten 716 Milliarden Euro ist.

Quelle: ifo Haftungspegel.

Abbildung 9.2 zeigt das Ergebnis einer Abschätzung des Extremrisikos unter der Annahme, dass bis zum August 2012 zugesagte Hilfesummen bis zum Zeitpunkt des Zusammenbruchs ausgezahlt und abzuschreiben sind und auch die Target-Forderungen gegen das EZB-System nicht mehr bedient werden. Anders als bei *Abbildung 9.1* erhöht sich nun der potenzielle deutsche Target-Verlust von 416 Milliarden Euro (42,8% von 971 Milliarden Euro) auf 727 Milliarden Euro, die gesamte deutsche Target-Forderung.

In einer solchen Situation hätte Deutschland den Vorteil, dass es seine eigenen Schulden aus der übermäßigen Ausgabe von Banknoten gegenüber den ehemaligen Europartnern verrechnen könnte. Ähnlich wie im Falle Griechenlands stehen in der Bilanz der Bundesbank mehr ausgegebene Banknoten, als es dem deutschen Kapitalanteil entspricht. Diese überschüssigen Banknoten sind eine Verbindlichkeit der Bundesbank gegenüber dem EZB-System. Es handelt sich dabei immerhin um einen Betrag von 179 Milliarden Euro (Mai 2012). So ergibt sich, wie in der Abbildung verdeutlicht, ein Gesamtverlust von 717 Milliarden Euro.

Für die überproportionale Ausgabe an Banknoten durch die Bundesbank gibt es zwei wesentliche Gründe. Zum einen steht dahinter das Geld, das deutsche Touristen ins Ausland getragen haben, zum anderen das Geld, das die Gastarbeiter nach Hause mitgenommen haben. Das Geld zirkuliert größtenteils im Ausland. Außerhalb der Euroländer fungiert es als zweite Währung, innerhalb anderer Euroländer verdrängt es die dort selbst von den Notenbanken durch Refinanzierungskredite in Umlauf gebrachten Banknoten, ähnlich wie das über die Target-Konten überwiesene Buchgeld es tut (vergleiche Kapitel 7).

Auch schon die D-Mark-Banknoten zirkulierten zu etwa einem Drittel außerhalb Deutschlands. Das hatte der Bundesbank seinerzeit einen erheblichen Zusatzgewinn durch Zinsen auf Refinanzierungskredite gebracht, die ohne die Gefahr einer Inflation eingenommen und an den deutschen Finanzminister weitergeleitet werden konnten. Die D-Mark war in der Türkei, auf dem Balkan und in ganz Osteuropa eine wichtige Zweitwährung und rangierte dort großenteils noch vor dem Dollar.

Als der Euro 2002 eingeführt wurde, traten Euro-Banknoten an die Stelle der D-Mark-Banknoten, und der entsprechende Zinsgewinn wurde unter den Euroländern vergemeinschaftet. Diese Vergemeinschaftung steht im Wesentlichen hinter der Verbuchung der zusätzlichen Ausgabe an Banknoten durch die Bundesbank als Verbindlichkeit gegenüber dem Eurosystem. Die Mitgift der Bundesbank bei der Euroheirat wird heute als Verbindlichkeit der Bundesbank verbucht, und beim Untergang des Euro wird man diese Verbindlichkeit einfordern wollen. Die Bundesbank kann sie dann aber zumindest mit den eigenen Target-Forderungen saldieren und insofern zumindest rechnerisch den Target-Verlust etwas begrenzen.

Dennoch sind die deutschen Verluste bei einer Auflösung der Eurozone wegen der riesigen Target-Forderungen der Bundesbank nochmals um 139 Milliarden Euro höher, als sie es wären, wenn nur die GIIPSZ-Länder zahlungsunfähig werden und ausscheiden. Deutschland ist insofern fest an den Euro gekettet und würde sich erheblich schädigen, wollte es den Euroraum verlassen. Die Target-Forderungen Deutschlands sind quasi ein Pfand, das es bei den Mitgliedern der Eurozone hinterlegt hat und bei einem Austritt verliert. Da sich die Pfandsumme derzeit jeden Monat um etwa 30 Milliarden Euro erhöht, rutscht Deutschland immer tiefer in die Falle hinab.

WAS KOSTET DER KONKURS GRIECHENLANDS?

Wahrscheinlicher als der Zusammenbruch aller GIIPSZ-Länder oder gar des Eurosystems ist es freilich, dass Griechenland in Konkurs geht und aus der Eurozone austritt. Die Auflagen, die die Troika aus EZB, EU und IWF für die Auszahlung der restlichen Hilfsmittel festgelegt hat, hat Griechenland offenbar nicht einmal ansatzweise erfüllt,[11] und die Schuldentragfähigkeit ist auch unter optimistischen Annahmen nicht mehr gewährleistet, was den IWF zu einem dringenden Appell an die Staaten der Eurozone veranlasst hat, dem Land weitere Schulden zu erlassen.[12]

Es stellt sich deshalb zunächst die Frage, was ein griechischer Staatskonkurs Deutschland kosten würde. Die Antwort für den Fall, dass dieser Konkurs mit einem Austritt des Landes aus der Eurozone verbunden ist, wird in der linken Säule von *Abbildung 9.3* zusammengefasst. Danach ergäben sich insgesamt Verluste von 84,1 Milliarden Euro.

Der Rechengang, der zu diesem Ergebnis führt, ist grundsätzlich der gleiche wie im vorigen Abschnitt. Der Unterschied ist nur, dass Deutschland nun nicht 43 % der Verbindlichkeiten aus Target- und EFSF-Krediten, sondern nur 27 % verliert, weil Länder wie Spanien oder Italien ebenfalls einen Teil der Lasten tragen müssten.

Abbildung 9.3: Verluste des deutschen Staates bei einem heutigen Zahlungsausfall Griechenlands (nebst Konkurs der griechischen Banken und einem Verlust der Sicherheiten; Milliarden Euro)

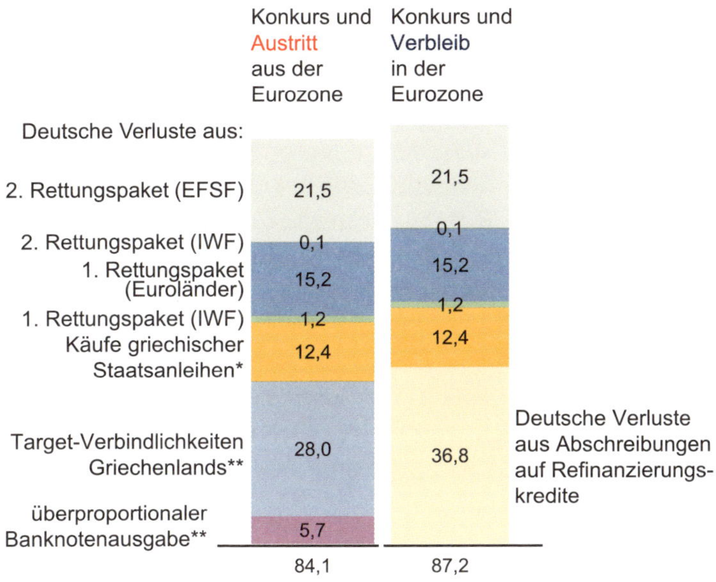

* Geschätzt.

** Ende Mai 2012.

Hinweis: Die Abbildung ist nicht im Sinne einer Prognose zu verstehen, sondern im Sinne einer Abschätzung von Extremrisiken.

Quelle: Fortschreibung der Daten aus der ifo-Pressemitteilung vom 25. Juli 2012.

Der genannte Betrag ist kein Maß für die Kosten des Austritts, sondern für die Kosten des Konkurses Griechenlands, der von einem Austritt begleitet wird. Um die Kosten des Austritts selbst von den Kosten des Konkurses unterscheiden zu können, wird mit der rechten Säule auch noch gezeigt, was es kosten könnte, wenn Griechenland in Konkurs geht, ohne den Euro aufzugeben. Dieser Fall ist zwar kaum vorstellbar, denn ein Konkurs bedeutet, dass die griechische Notenbank keine Refinanzierungskredite mehr vergeben und der Staat seine Gehälter nicht mehr bezahlen kann. Der griechischen Regierung bleibt dann gar nichts anderes übrig, als die Rechnungen wieder mit Drachmen zu bezahlen, und die Refinanzierungskredite der griechischen Notenbank müssen nun zwangsläufig in Drachmen ausgegeben werden. Dennoch ist es nützlich, diesen Fall einmal durchzurechnen.

Die Rechnung zeigt, dass der griechische Konkurs im Falle des Verbleibs in der Eurozone für Deutschland sogar noch etwas teurer werden könnte. Der deutsche Verlust liegt nun bei 87,2 Milliarden Euro. Dass der Verlust nun höher ist, liegt daran, dass die Notenbanken der Eurozone in diesem Fall nicht nur ihre Target-Forderungen und die Forderungen aus der überproportionalen Banknotenausgabe, also den Überlauf der Refinanzierungskredite, verlieren, sondern auch noch die normalen Refinanzierungskredite, die der Eigenversorgung des Landes mit umlaufendem Eurogeld dienen. Diese Refinanzierungskredite werden notleidend, weil der Staatskonkurs unweigerlich den Konkurs der Banken nach sich zieht, deren Bilanzen mit Staatspapieren vollgepumpt sind, und weil die Sicherheiten, die die Banken ihren Notenbanken gegeben haben, dann auch in sich zusammenfallen werden. Immerhin bestehen diese Sicherheiten zu ca. zwei Dritteln selbst aus Staatspapieren Griechenlands oder staatlich besicherten Papieren.

Der Verlust im Falle des Austritts ist unter der Hypothese berechnet worden, dass die in Griechenland zirkulierenden Eurogeldbestände in Drachmen umgetauscht werden. Würde man den Griechen trotz der Umstellung auf Drachmen jene Bestände an Euro-Banknoten belassen, die sie heute schon haben, so wären die deutschen Verluste anteilig in dem Maße größer, wie diese Eurobestände nun durch Kaufakte ins Ausland abdrifteten, in reale Werte umgetauscht würden und dort die durch Refinanzierungskredite geschaffenen Euros verdrängten. Im Extremfall wäre dann auch beim Austritt ein Verlust in Höhe der rechten Säule zu erwarten. Sofern aber ein Teil der so geschenkten Euros auch weiterhin in Griechenland als Parallelwährung zur Drachme zirkuliert, bleiben die Kosten für Deutschland geringer, wenn Griechenland nach dem Konkurs austritt, anstatt im Euro zu verbleiben.

So gesehen, kostet der Austritt Griechenlands nichts, im Gegenteil: Er reduziert die Lasten für Deutschland als Gläubigerland um bis zu 3,1 Milliarden Euro. Der Unterschied ist nicht sehr groß, weil die normalen Refinanzierungskredite, die der Eigenversorgung Griechenlands mit Liquidität dienten, im Verhältnis zu den Refinanzierungskrediten, die die Notenbank zur Importfinanzierung ausgab, klein sind, aber er ist doch vorhanden.

Der Vorteil eines Austritts für die Gläubiger-Länder ist in Wahrheit aber noch viel größer, als es in dieser Rechnung zum Ausdruck kommt, eben weil der Konkurs im Euroraum keine plausible Möglichkeit darstellt. Wenn Griechenland im Euro verbleibt, werden immer mehr Hilfskredite fließen müssen, um den Konkurs zu verhindern und die fehlende Wettbewerbsfähigkeit Griechenlands auszugleichen. Das verhindert die Verluste zunächst scheinbar, weil man sie noch nicht zeigen muss, doch in Wahrheit wachsen sie um die Hilfen mit jedem Jahr, das ins Land streicht.

Nur ein Austritt mit einer Abwertung würde Griechenland auf absehbare Zeit wieder positive Leistungsbilanzüberschüsse verschaffen, und nur solche Überschüsse würden es in die Lage versetzen, seinen Gläubigern überhaupt irgendwann einmal etwas Geld zurückzuzahlen. Insofern verringert der Austritt nicht nur die Kosten des Konkurses, sondern enthebt die Staatengemeinschaft auch noch der Notwendigkeit, ein Fass ohne Boden dauerhaft nachfüllen zu müssen.

EIN MARSHALL-PLAN FÜR GRIECHENLAND?

Manch ein Leser mag solche Rechnungen für engstirnig halten und den Blick auf die Weite des europäischen Gedankens vermissen. Müsste nicht gerade Deutschland, dem nach dem Krieg der Morgenthau-Plan erspart blieb[13] und dem stattdessen die großzügige Hilfe des Marshall-Plans zuteilwurde, nun auch einen neuen Marshall-Plan für Griechenland auflegen?

Die Antwort auf diese Frage ist aus meiner Sicht ein uneingeschränktes Ja. Ich habe es von Anfang an für einen Fehler gehalten, dass sich Deutschland an einer kollektiven Hilfsaktion für Griechenland beteiligt, bei der andere Kräfte über das entscheiden, was man zu zahlen hat, statt in eigener Regie ein Hilfsprogramm für Griechenland aufzulegen.

Das Problem ist nur, dass man mit einem Marshall-Plan nicht sehr weit kommen wird und im Übrigen schon viel mehr als nur ein Marshall-Plan zur Verfügung gestellt wurde. Viele Leute überschätzen die Höhe des Marshall-Plans erheblich und übersehen, dass es sich dabei doch im Grunde nur um eine begrenzte finanzielle Hilfe gehandelt hat, die in der Summe der Jahre gerade mal 5,2% des deutschen BIP des Jahres 1952 ausmachte.[14] Umgerechnet auf das griechische BIP des Jahres 2011 sind das etwa 11 Milliarden Euro.

Tatsächlich hat Griechenland inzwischen aber, wie in *Abbildung 9.4* dargelegt wird, ca. 457 Milliarden Euro an Hilfen erhalten oder fest zugesagt bekommen, wovon die Target-Kredite genau 100 Milliarden Euro ausmachten. Für etwa 45 Milliarden Euro sind von anderen Notenbanken außer der griechischen Notenbank griechische Staatspapiere erworben worden. Über ein erstes Rettungspaket erhielt Griechenland 20 Milliarden Euro vom IWF und 53 Milliarden Euro von den Euroländern. Im Rahmen des zweiten Rettungspaketes wurden vom IWF 28 Milliarden Euro zur Verfügung gestellt und von den Euroländern über den Luxemburger Fonds EFSF 145 Milliarden Euro. Darin enthalten sind insgesamt 83 Milliarden Euro zur Schuldentilgung im Zuge des Schuldenschnitts, zur Zahlung aufgelaufener Zinsen der getauschten Anleihen und zur notwendigen Rekapitalisierung der griechischen Banken. Der Schuldenschnitt selbst brachte Griechenland zu Lasten seiner privaten Gläubiger einen Vorteil von 66 Milliarden Euro. In der Summe hat Griechenland 457 Milliarden Euro oder 212% seines BIP des Jahres 2011 erhalten. Das ist das 41-Fache dessen, was ein auf die heutigen Verhältnisse hochgerechneter Marshall-Plan dem Land gebracht hätte. Deutschland allein hat hierzu übrigens den Gegenwert von zehn Marshall-Plänen beigesteuert.

Nun kann man zu Recht darauf verweisen, dass Deutschland nach dem Krieg noch mehr Hilfen erhalten hat als nur den Marshall-Plan. In der Tat wurden ihm beim Londoner Schuldenmoratorium von 1953 auch noch die Auslandsschulden erlassen. Das war eine Summe, die in den offiziellen Dokumenten auf 30 Milliarden D-Mark oder 22% des westdeutschen BIP des Jahres 1952 beziffert wurde und übrigens die Marshall-Plan-Hilfe, die anfänglich eine Kredithilfe war, umfasste.[15] Auch kann man argumentieren, dass bereits das Schuldenmoratorium großzügig war, weil es einen Teil der im Krieg aufgebauten Schulden mitrechnete,[16] wobei dann freilich auch die Reparationen gegengerechnet werden könnten. Aber auch in dieser erweiterten Rechnung, die nicht mehr viel mit dem Marshall-Plan im engeren Sinne zu tun hat, kommt man niemals auch nur in die Nähe des Prozentsatzes der Hilfen, die Griechenland zuteilwurden.[17] Außerdem war die Hauptsache natürlich, dass Deutschland trotz seiner Kriegsverbrechen wieder in die Staatengemeinschaft integriert wurde. Diesen Vorteil kann man gar nicht in Geld ausdrücken. Aber all dies heißt nicht, dass es bei der Griechenland-Hilfe in irgendeinem Sinne um Hilfen wie beim Marshall-Plan geht. Über das Niveau der Marshall-Hilfe ist die aktuelle Rettungspolitik schon meilenweit hinausgegangen.

Abbildung 9.4: Bisherige Hilfen für Griechenland bis Mai 2012 (ausgezahlt oder zugesagt; Milliarden Euro)

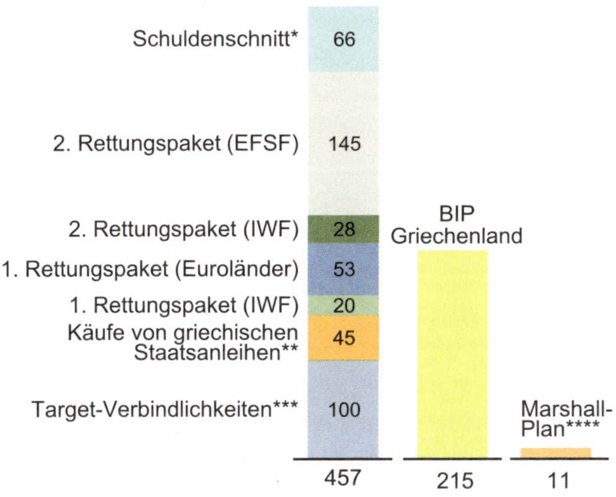

* Ohne Beitrag der griechischen Banken und Versicherungen; geschätzt.

** Geschätzt.

*** Ende Mai 2012.

**** Anteil der von Deutschland über alle Jahre empfangenen Marshall-Hilfen am BIP des Jahres 1952 multipliziert mit dem griechischen BIP des Jahres 2011.

Quelle: Zusammenstellung des ifo Instituts.

FÄLLT EUROPA, WENN DER EURO FÄLLT?

Die deutsche Bundeskanzlerin hat ihre Treue zum Euro bekanntlich dadurch zum Ausdruck gebracht, dass sie erklärte, wenn der Euro fällt, fällt auch Europa.[18] Und sie fügte hinzu, dass sie alles in ihrer

Macht Stehende tun werde, alle jetzigen Mitgliedsländer im Euro zu halten.[19] Diese Aussage hat die Kanzlerin getan, um die Spekulation auf den Märkten abzublocken und das Bild der Einigkeit zu bieten.

Sie hat Deutschland damit aber noch erpressbarer gemacht, als es wegen der Target-Salden ohnehin schon ist, denn wenn jeder im Euroverbund gehalten wird, egal was er tut, dann muss man auch bereit sein, sein Portemonnaie beliebig weit aufzumachen. Je überzeugender man den Austritt zum Tabu erklärt, desto geringer ist der Anreiz der Krisenländer, sich dem schmerzlichen Prozess der realen Abwertung im Euroraum zu unterziehen, und desto mehr Geld müssen die Retter beisteuern, um die Leistungsbilanzdefizite zu finanzieren.

Dass die Vertreter der Finanzwirtschaft behaupten, die Welt ginge unter, wenn man einzelne Länder aus dem Euro entlässt oder in Konkurs gehen lässt, kann man nur vor dem Hintergrund der spezifischen Interessen der Finanzwirtschaft verstehen. Die Finanzindustrie bombardiert die Welt geradezu mit diesem Argument, und die ihr nahestehenden Zeitschriften verbreiten es so, dass es durch permanente Wiederholung in der öffentlichen Meinung schon fast zur Gewissheit wird. Jedes Jahr, um das der Konkurs mit den Mitteln der Staatengemeinschaft hinausgeschoben werden kann, ist ein weiteres Jahr, in dem die fällig werdenden Altschulden des betreffenden Landes noch zurückgezahlt werden, weil die Steuerzahler an die Stelle der bisherigen Gläubiger treten und ihnen noch ein Schlupfloch aus ihrer Fehlinvestition gewähren.

Dass die deutsche Bundeskanzlerin in dieser Richtung argumentiert, ist allerdings weniger verständlich, denn damit verengt sie Deutschlands Bewegungsspielraum in der Eurokrise auf null. Erst sitzt man in der Target-Falle und muss zulassen, dass die Defizitländer für ihre Käufe in Deutschland nicht mehr zahlen, sondern anschreiben lassen, und dann erklärt man es auch noch zum Tabu, dass man diesem Tun jemals einen Riegel vorschieben werde. Das alles mit dem Wunsch zu erklären, die Finanzmärkte zu beruhigen, ist schwer nachvollziehbar, zumal die Beruhigung der Finanzmärkte notwendigerweise eine Beunruhigung der Steuerzahler sein muss, denen man die Rolle der Gläubiger der Krisenländer zuschieben will.

Was die tatsächlichen Konsequenzen eines Austritts einzelner Länder aus der Eurozone betrifft, kann man natürlich unterschiedlicher

Meinung sein. Sicherlich muss man kurzfristig negative Ansteckungseffekte auf andere Länder befürchten, die vielleicht noch in der Eurozone bleiben könnten, aber durch die bloße Spekulation hinausgetrieben werden. Dass diese Gefahr existiert, kann man nicht von der Hand weisen.

Aber es besteht natürlich auch die Gefahr eines negativen politischen Ansteckungseffektes bei einem Verzicht auf einen Austritt, der durch immer wieder neue Rettungsmilliarden ermöglicht wird. Wenn Griechenland nicht befürchten muss, dass ihm der Hahn zugedreht wird, wenn es weiterhin hohe Leistungsbilanzdefizite hat, warum sollten dann die anderen Krisenländer den schmerzlichen Prozess der realen Abwertung durch Preis- und Lohnkürzungen durchlaufen, durch den allein solche Defizite abgebaut werden können? Solange Griechenland mit immer mehr neuem Geld im Euro gehalten wird, müssen auch Zypern, Portugal, Spanien und Italien keine restriktive Rettungspolitik befürchten, die sie zu schmerzlichen Reformen zwingt. Je unantastbarer die Euro-Mitgliedschaft durch politische Deklamationen gemacht wird, desto weniger muss man sich selbst anstrengen, und desto mehr Rettungsgelder werden fließen.

Diese zweite Ansteckungsgefahr wird von den Vertretern der Finanzwirtschaft typischerweise verschwiegen, weil sie es ja genau sind, die von dem öffentlichen Geldfluss profitieren. Zur Durchsetzung ihrer ureigenen Interessen müssen sie dafür kämpfen, dass jedes einzelne Land im Euro verbleibt, weil nur dann sichergestellt ist, dass die Steuerzahler und Rentner der noch soliden Länder die Schulden anstelle der Schuldner zurückzahlen.

Es gibt Ökonomen, die regelmäßig auf die Notwendigkeit der Systemstabilisierung hinweisen, dabei aber nur die Stabilität der Finanzwirtschaft im Blick haben. Das Gesellschafts- und Wirtschaftssystem der westlichen Welt besteht aber nicht nur aus Spekulanten, Banken und Finanzinstituten, die hysterisch reagieren können, wenn sich die Dinge anders entwickeln, als sie es erwarten. Es besteht auch noch aus der Realwirtschaft, aus Menschen, die ihr Vertrauen in das Staatswesen gelegt haben, die ihre Ersparnisse im Alter gerne noch für sich und ihre Kinder verwenden würden und deren Radikalisierung man nicht riskieren sollte. Wenn ein Gesellschaftssystem das Vertrauen seiner Mittelschicht verliert, wird es sicherlich sehr viel stärker destabilisiert, als es bei einer bloßen Finanzkrise der Fall sein könnte.

Im Übrigen gibt es auch noch einen positiven politischen Ansteckungseffekt eines Austritts, den man nicht außer Acht lassen darf. Sollte sich nämlich zeigen, dass Griechenland durch einen Euroaustritt und eine Abwertung wieder zu neuem Wachstum zurückkehrt, was nach der Analyse in Kapitel 4 zu erwarten ist, wird das nicht ohne Wirkung auf die anderen Krisenländer bleiben. Sie werden dann auch aus dem Euro austreten wollen, um die Erfolge Griechenlands zu kopieren. Das wäre einerseits eine Verbesserung für die Arbeitsbevölkerung der Krisenländer, insbesondere die jungen Leute, die nun wieder in den Arbeitsprozess integriert werden können. Andererseits wäre es eine Verbesserung für die anderen Länder in ihrer Gesamtheit, weil die Krisenländer nach der Abwertung wieder eine positive Leistungsbilanz hätten und insofern mit der Schuldentilgung beginnen könnten.[20] Klar: Das würde den Gläubigern zwar nicht so viel nützen, als wenn die Steuerzahler der noch gesunden Länder die Schulden der Krisenländer zurückzahlen würden. Die Dauerrettung ist und bleibt für sie der beste Weg. Aber für die Steuerzahler ist es sicherlich am besten, wenn die Krisenländer austreten, abwerten und positive Leistungsbilanzsalden aufbauen würden, weil sie dann die Defizite nicht mehr bezahlen müssen. Dieser Vorteil wiegt schwerer als die Nachteile für die Finanzwirtschaft. Notfalls wäre es für die Steuerzahler immer noch besser, ihre eigene Finanzwirtschaft zu retten, als mit der angeblichen Rettung ganzer Staaten die erforderlichen inneren oder äußeren Abwertungen zu verhindern.

STAATSKONKURSE, SCHULDENSCHNITTE UND WÄHRUNGSWECHSEL

Wenn die Konkursverschleppung auf dem Wege der fortgesetzten Hilfszahlungen beendet wird, lassen sich Austritte aus dem Währungsverbund, Schuldenschnitte und kurzfristige Erschütterungen auf den Finanzmärkten nicht vermeiden. Das ist zu konzedieren. Der Weg zu wettbewerblichen Preisstrukturen in der Eurozone, von dem allein neue Prosperität zu erwarten ist, ist anfangs kein einfacher Weg. Aber wenn die Überschuldung eingetreten und die Wettbewerbsfähigkeit endgültig dahin ist, dann ist er vielleicht der einzige Weg, der noch verbleibt. Man kann und sollte ihn finanziell abfedern und planmäßig gestalten, wie es im letzten Kapitel dieses Buches gefordert wird, um die Risiken im Übergang zu minimieren, aber man sollte nicht zögern, ihn zu gehen, wenn es denn nötig ist.

Die Welt hat schon viele Staatskonkurse, Schuldenschnitte und platzende Währungsunionen überlebt, ohne dass sie unterging. Seit den 1950er-Jahren gab es weltweit 186 Schuldenschnitte in 95 Staaten, bei dem private Gläubiger den Tausch von Staatsanleihen oder Banken die Umstrukturierung von Krediten hinnehmen mussten.[21]

Mehrere Währungsunionen sind auseinandergebrochen. 1993 trennte sich die Tschechoslowakei in zwei einzelne Staaten, und zugleich wurde die Währung in eine tschechische und eine slowakische Krone getrennt.[22] Der Kapitalverkehr wurde eingeschränkt, und die slowakische Krone stabilisierte sich bei 80 % des Wertes der tschechischen Krone. 1979 trennte sich Irland vom Pfund-Block, da die paritätische Wechselkursbindung zum britischen Pfund wegen des Beitritts zum Europäischen Währungssystem nicht mehr als angemessen erschien.[23] 1924 löste sich die Skandinavische Münzunion auf, der Schweden, Dänemark und später Norwegen angehörten.[24] 1926 zerbrach die Lateinische Münzunion, zu der die Schweiz, Belgien, Frankreich, Italien und vor dem Ersten Weltkrieg auch Griechenland gehörten, weil zwar jedes Mitglied verpflichtet war, die Münzen der anderen anzunehmen, das Gold-Silber-Verhältnis aber nicht strikt geregelt war und sich einige Mitglieder auf Kosten der anderen bereichern konnten.[25] 1918 zerbrach im unterlegenen Kaiserreich Österreich-Ungarn die gemeinsame Währung, unter anderem, weil die Notenbank in Wien die Kriegsschuld mit der Notenpresse finanziert hatte.[26] Nach einer Studie von Volker Nitsch hat es von 1948 bis 1997 nicht weniger als 128 Austritte aus Währungsunionen gegeben.[27] Trotz allem dreht sich die Welt immer noch. Bei solchen Ereignissen gehen immer Vermögensportfolios unter, doch mehr passiert meist nicht. Nach den Konkursen fängt sich alles wieder, so schwierig die Verhältnisse im Übergang auch sind.

Abbildung 9.5: Staatliche Konkurse und Teilkonkurse seit 1978

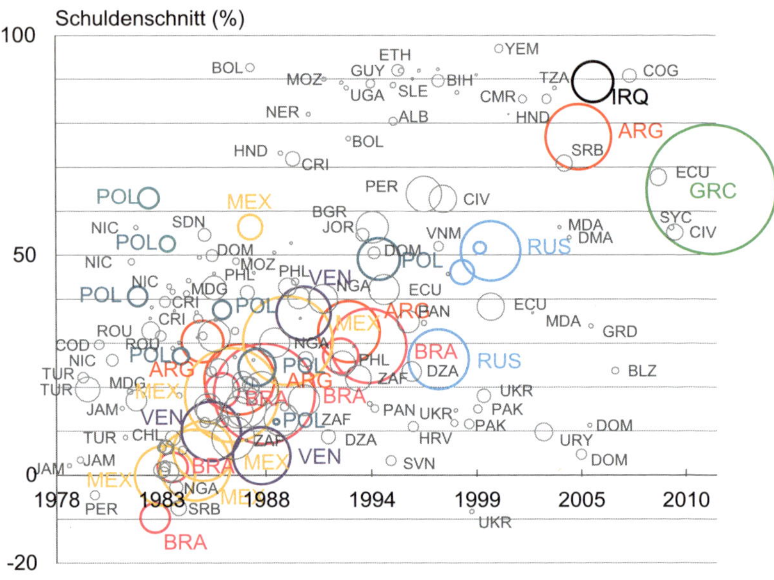

Abkürzungen: ALB: Albanien, DZA: Algerien, ARG: Argentinien, BLZ: Belize, BOL: Bolivien, BIH: Bosnien-Herzegowina, BRA: Brasilien, BGR: Bulgarien, CMR: Kamerun, CHL: Chile, COG: Republik Kongo, CRI: Costa Rica, CIV: Elfenbeinküste, HRV: Kroatien, DOM: Dominikanische Republik, DMA: Dominica, ECU: Ekuador, ETH: Äthiopien, GRC: Griechenland, GRD: Grenada, GUY: Guyana, HND: Honduras, IRQ: Irak, JAM: Jamaika, JOR: Jordanien, MDG: Madagaskar; MEX: Mexiko, MDA: Moldawien, MOZ: Mosambik, NIC: Nicaragua, NER: Niger, NGA: Nigeria, PAK: Pakistan, PAN: Panama, PER: Peru, PHL: Philippinen, POL: Polen, ROU: Rumänien, RUS: Russland, SRB: Serbien und Montenegro/ Jugoslawien, SYC: Seychellen, SLE: Sierra Leone, SVN: Slowenien, ZAF: Südafrika, SDN: Sudan, TZA: Tansania, TUR: Türkei, UGA: Uganda, UKR: Ukraine, URY: Uruguay, VEN: Venezuela, VNM: Vietnam, YEM: Jemen, COD: Demokratische Republik Kongo.

Bemerkung: Die Abbildung bezieht sich auf 181 staatliche Schuldenschnitte in der Periode 1978 bis 2010 inklusive des griechischen Teilkonkurses aus dem Jahr 2012. An der Abszisse ist der prozentuale Abschlag auf den Marktwert der Staatspapiere angegeben. Die Fläche des jeweiligen Kreises zeigt die absolute Größe des jeweiligen Schuldenschnitts an.

Quellen: J. Cruces und C. Trebesch, »Sovereign Defaults: The Price of Haircuts«, *CESifo Working Paper* Nr. 3604, Oktober 2011; J. Zettelmeyer, C. Trebesch und M. Gulati, »The Greek Debt Exchange: An Autopsy«, erscheint als *CESifo Working Paper*.

Abbildung 9.5 gibt einen Überblick über die Schuldenschnitte und Staatskonkurse, die allein seit 1978 stattgefunden haben. Dort ist in der Senkrechten der Anteil der Schulden dargestellt, der durch die Schnitte verloren gegangen ist, und durch die Größe der Kreise wird das Geldvolumen der Schuldenschnitte verkörpert. Man erkennt deutlich die Schuldenschnitte, die in der Weltschuldenkrise der 80er-Jahre stattfanden, als viele Entwicklungsländer wegen exzessiver Kreditaufnahme in den 70er-Jahren in den Konkurs gegangen waren, ebenso wie die Umschuldungen Russlands in den Jahren 1997 und 2000 oder die Pleiten Argentiniens in den Jahren 1987, 1993 und 2005.

Das jüngste Beispiel einer folgenlosen Staatspleite ist Griechenland selbst. Wie man an dem großen Kreis rechts im Bild erkennt, war der griechische Schuldenschnitt vom März 2012 der größte der bisherigen Geschichte. Insofern hätte die Welt ja eigentlich untergehen müssen, und in der Tat sind im Vorfeld des Schuldenschnitts auch schon die schlimmsten Befürchtungen geäußert worden.[28] So erwartete man eine Kettenreaktion über CDS-Versicherungen gegen Staatskonkurse, die sich über die ganze Welt ausbreiten und viele Finanzinstitute in den Konkurs ziehen würde. Doch nichts dergleichen ist passiert, obwohl die Ratingagenturen den griechischen Schuldenschnitt zu einem Versicherungsereignis deklarierten und die Kontrakte erfüllt werden mussten.

Das alles legt es nahe, die Krise gelassener zu betrachten. Wenngleich der Euro erhaltenswert ist, sollte man nicht den Fehler machen, ihn ideologisch so weit zu überhöhen, dass es zum Schluss keine Handlungsalternativen mehr für die Politik gibt. Sollte der Euro fallen, wird Europa nicht untergehen, und weil das so ist, sollte man auch nicht jeden beliebigen Preis für seinen Erhalt zahlen. Es ist an der Zeit, dass die Politik aus ihren ideologischen Überhöhungen auf den Boden der praktischen Vernunft zurückkehrt.

Der Euro ist ein Verrechnungssystem für den Austausch von Waren in Europa. Er ist prinzipiell in der Lage, Wohlstand zu schaffen, weil er die Arbeitsteilung verbessert und den Kapitalverkehr erleichtert. Von diesen Vorteilen können alle Länder in Europa profitieren. Dafür, dass er diese Funktion behält, sollte die Politik kämpfen.

Wenn der Euro allerdings in eine Institution zur Vermögensumverteilung und Schuldensozialisierung in Europa umfunktioniert werden soll, dann sind Zweifel am eingeschlagenen Kurs berechtigt. Die in diesem und dem vorigen Kapital dargelegten Summen sind so gewaltig, dass man die mit ihnen verbundene Problematik nicht mit dem Totschlagargument von der Größe der europäischen Ziele beiseite wischen kann. Es ist Zeit, dass die europäische Öffentlichkeit sich der quantitativen Dimension des Themas zuwendet und der Realität ins Auge blickt.

Diese Forderung ist umso mehr gerechtfertigt, als der Euroraum erst am Beginn des Weges zu stehen scheint, den seine politischen Mehrheiten offenbar einschlagen wollen. Niemand weiß, wie weit die Reise in die Richtung einer Schuldensozialisierung gehen wird. Die in den letzten zwei Jahren beobachtbare Dynamik bei der Erhöhung der Haftungssummen ist aber atemberaubend. Was immer die Politiker in den letzten zwei Jahren an Zahlen aussprachen, sie veralteten, bevor sie die Lippen der Politiker verließen. Man hatte eine Zahl gerade zur Kenntnis genommen, dann hieß es schon wieder, sie sei viel zu klein, und man müsse noch mehr Geld ins Schaufenster legen, um die Märkte zu beruhigen. Das kann so nicht weitergehen.

ANMERKUNGEN

1 Man vergleiche dazu auch B. Blankart, »Deutschland in der Target-Falle«, *Ökonomenstimme,* 27. März 2012, http://diepresse.com/home/wirtschaft/oekonomenstimme/744094/Deutschland-in-der-TargetFalle.

2 H.-W. Sinn und T. Wollmershäuser, »Target Loans, Current Account Balances and Capital Flows: The ECB's Rescue Facility«, *International Tax and Public Finance* 19, 2012, S. 468–508, http://www.springerlink.com/content/rt6673wt2188346g/fulltext.pdf.

3 Man vergleiche dazu auch C. Fahrholz und A. Freytag, »Will TARGET2-Balances Be Reduced Again After an End of the Crisis?«, *Working Papers on Global Financial Markets* Nr. 30, Mai 2012.

4 So sagte beispielsweise der Fraktionschef der CDU / CSU, Volker Kauder: »Ich hoffe, die EZB erkennt ihre Grenzen und sammelt das Geld später auch wieder zügig ein. Wenn der ESM arbeitsfähig ist, werden viele EZB-Maßnahmen nicht mehr nötig sein.« Vgl. H. Krumrey und C. Ramthun, »Unionsfraktionschef besorgt über EZB-Geldschwemme«, *Wirtschaftswoche*, 10. März 2012, http://www.wiwo.de/politik/deutschland/volker-kauder-unionsfraktionschef-besorgt-ueber-ezb-geldschwemme/6310106.html.

5 Council of the European Union, »Extraordinary Council Meeting Economic and Financial Affairs«, *Pressemitteilung*, 9. Mai 2010, http://www.consilium.europa.eu/uedocs/cms_data/docs/pressdata/en/ecofin/114324.pdf.

6 Siehe »Vertrag über die Arbeitsweise der Europäischen Union« (AEUV), *ABl.* 53, 2010, Nr. C 83, S. 47–200.

7 Deutscher Bundestag, »Bundestag beschließt den Euro-Rettungsschirm«, 21. Mai 2010, http://www.bundestag.de/dokumente/textarchiv/2010/29882585_kw20_de_bankenrichtlinie/index.html.

8 Vgl. dazu auch P. Gauweiler, »Erklären Sie sich!«, Ein offener Brief des CSU-Bundestagsabgeordneten Peter Gauweiler an den Bundespräsidenten a. D. Horst Köhler, *Der Spiegel*, 21. Juni 2010, Nr. 25, S. 27, http://www.spiegel.de/spiegel/print/d-71029975.html.

9 Vgl. European Commission, *The Second Economic Adjustment Programme for Greece*, S. 4.

10 Das Thema wird in Kapitel 12 weiter diskutiert. Am einfachsten ließe sich dies erreichen, wenn alle Euro-Banknoten im Eurogebiet in neue Geldscheine umgetauscht werden müssen.

11 Im zweiten Rettungspaket für Griechenland vom März 2012 wurden mehr als 300 konkrete Auflagen vereinbart, von deren planmäßiger Erfüllung die Auszahlung der einzelnen Kredittranchen von IWF und EU abhängt. Die Auflagen umfassen Maßnahmen zur Verbesserung der Wettbewerbsfähigkeit Griechenlands, wie zum Beispiel eine Reduktion des Mindestlohns und der Lohnnebenkosten, Kürzungen der Staatsausgaben und die Intensivierung der Steuereintreibung sowie Maßnahmen zur Rekapitalisierung und Stabilisierung des griechischen Finanzsektors. Insgesamt sollte bis 2014 ein Primärüberschuss von 4,5 % des BIPs und bis 2020 eine Schuldenstand von nur noch 120 % des BIPs erreicht werden. Nach einem vorläufigen Bericht der Troika aus EU Kommission, EZB und IWF vom Juli 2012 sind vor der Auszahlung der nächsten Kredittranchen im August und September 2012 noch 210 Auflagen, also etwa 70 % der Vereinbarungen, offen. Darüber hinaus benötigt Griechenland wohl noch mehr Geld, als ausgehan-

delt wurde. Vgl. »Wie Griechenland gerettet werden soll«, *ARD Tagesschau*, 9. März 2012, http://www.tagesschau.de/wirtschaft/griechenlandrettungspaket102.html; »Sparen an allen Ecken und Enden«, *ARD Tagesschau*, 20. Februar 2012, http://www.tagesschau.de/wirtschaft/sparmassnahmen102.html; IWF, »Request for Extended Arrangement under the Extended Fund Facility«, 9. März 2012, http://www.imf.org/external/pubs/ft/scr/2012/cr1257.pdf; M. Bröcker, »Für Griechenland wird es eng«, *Rheinische Post*, 13. Juli 2012, http://www.rp-online.de/politik/eu/fuer-griechenland-wird-es-eng-1.2908054; und »Griechenland braucht noch mehr Milliarden«, *Der Spiegel*, 18. August 2012, http://www.spiegel.de/wirtschaft/soziales/schuldenkrise-griechenland-braucht-noch-mehr-milliarden-a-850809.html.

12 Vgl. beispielsweise A. Kühnlenz und T. Pache, »IWF pocht auf Schuldenerlass für Griechenland«, *Financial Times Deutschland*, 7. August 2012, http://www.ftd.de/politik/europa/:schuldenkrise-iwf-pocht-auf-schuldenerlass-fuer-griechenland/70073751.html; oder H.-W. Sinn, »Bittere Wahrheit«, *Wirtschaftswoche*, 20. August 2012, Nr. 34, S. 36.

13 Nach dem Morgenthau-Plan, der im Jahr 1944 von Henry Morgenthau der US-Regierung vorgelegt wurde, war beabsichtigt, Deutschland in einen Agrarstaat umzuwandeln, um damit langfristig zu verhindern, dass Deutschland je wieder einen Angriffskrieg führen kann. Von diesem Plan nahm die US-Regierung angesichts der absehbaren Spannungen im Ost-West-Verhältnis und der Notwendigkeit, einen starken westdeutschen Staat als Bollwerk gegen den sich ausbreitenden Kommunismus aufzubauen, wieder Abstand. Vgl. Bayerische Staatsbibliothek, »Vorschlag für ein Deutschland-Programm nach der Kapitulation [›Morgenthau-Plan‹], 6. September 1944«, *100(0) Schlüsseldokumente zur Deutschen Geschichte im 20. Jahrhundert*, http://www.1000dokumente.de/index.html?c=dokument_de&dokument=0104_mop&st=MORGENTHAU&l=de; »Plan der Rache«, *Der Spiegel*, 11. Dezember 1967, Nr. 51, http://www.spiegel.de/spiegel/print/d-46209552.html; und »The Policy of Hate«, 2. Oktober 1944, *Time Magazine*, http://www.time.com/time/magazine/article/0,9171,933072-1,00.html.

14 H. Berger und A. Ritschl, »Die Rekonstruktion der Arbeitsteilung in Europa. Eine neue Sicht des Marshall-Plans in Deutschland 1947–1951«, *Vierteljahreshefte für Zeitgeschichte* 43, 1995, S. 473–519, Tabelle S. 479.

15 C. Buchheim, »Das Londoner Schuldenabkommen«, in: L. Herbst, Hrsg., *Westdeutschland 1945–1955. Unterwerfung, Kontrolle, Integration*, Oldenbourg, München 1986, S. 219–229.

16 A. Ritschl, »Germany, Greece and the Marshall Plan«, *The Economist*, 15. Juni 2012, http://www.economist.com/blogs/freeexchange/2012/06/economic-history.

17 Vgl. die Debatte von H.-W. Sinn und A. Ritschl zu dieser Thematik: H.-W. Sinn, »Why Berlin Is Balking on a Bailout«, *The New York Times*, 12. Juni 2012, http://www.nytimes.com/2012/06/13/opinion/germany-cant-fix-the-euro-crisis.html?_r=1&hp; A. Ritschl, »Germany, Greece and the Marshall Plan«, a.a.O.; H.-W. Sinn, »Germany, Greece and the Marshall Plan, a Riposte«, *The Economist*, 21. Juni 2012, http://www.economist.com/node/21557289; A. Ritschl, »Germany, Greece and the Marshall Plan, another Riposte«, *The Economist*, 25. Juni 2012, http://www.economist.com/blogs/freeexchange/2012/06/economic-history-2; H.-W. Sinn, »Germany, Greece and the Marshall Plan, a final Riposte«, *The Economist*, 29. Juni 2012, http://www.economist.com/blogs/freeexchange/2012/06/economic-history-3.

18 Das Originalzitat ist: »Fällt der Euro, fällt Europa«, nach J. D. Bindenagel, »Warum Deutschland eine historische Führungspflicht hat«, *Süddeutsche Zeitung*, 12. Januar

2012, http://www.sueddeutsche.de/wirtschaft/euro-krise-warum-deutschland-eine-historische-fuehrungspflicht-hat-1.1255885.

19 »Deutschland und Frankreich sind der Integrität der Eurozone zutiefst verpflichtet. Sie sind entschlossen, alles zu tun, um die Eurozone zu schützen.« Vgl. A. Merkel und F. Hollande, Gemeinsame Erklärung zum Schutz der Eurozone, 27. Juli 2012, http://www.bundesregierung.de/Content/DE/Pressemitteilungen/BPA/2012/07/2012-07-27-merkel-hollande-eurozone.html.

20 Der Leser sei an die Analyse des Kapitel 2 (Abschnitt *Der europäische Tango: Fehlinterpretation der Leistungsbilanzsalden*) erinnert, wo gezeigt wurde, warum Leistungsbilanzsalden Nettokapitalströme sind. Nach dieser Analyse sind Leistungsbilanzüberschüsse bereits definitorisch Nettotilgungen von Schulden gegenüber dem Ausland. Sie müssen nicht erst für diesen Zweck eingesetzt werden.

21 U. S. Das, M. G. Papaioannou und C. Trebesch, »Sovereign Debt Restructurings 1950–2010: Literature Survey, Data, and Stylized Facts«, *IMF Working Paper* Nr. 203, 2012. Eine Übersicht über Staatskonkurse im Laufe der Jahrhunderte bietet Streissler. Siehe E. Streissler, »Honi soit qui mal y pense?«, *Österreichische Akademie der Wissenschaften*, Wien August 2011.

22 H. J. Ginsburg, »Wie Tschechien und die Slowakei ihre Krone auflösten«, *Wirtschaftswoche*, 22. November 2011, http://www.wiwo.de/politik/europa/waehrungen-wie-tschechien-und-die-slowakei-ihre-krone-aufloesten/5861066.html; A. Kunz und M. Fischer, »Jetzt hilft nur noch Plan B«, *Wirtschaftswoche*, 21. November 2011, Nr. 47, S. 20.

23 Vgl. beispielsweise J. Kelly, »The Irish Pound: From Origins to EMU«, *Central Bank of Ireland Quarterly Bulletin*, 2003, Nr. Q1, S. 89–115, http://www.centralbank.ie/paycurr/notescoin/history/Documents/spring8.pdf.

24 Vgl. H. R. Krämer, »Experience with Historical Monetary Unions«, *Kieler Diskussionsbeiträge*, 1970, Nr. 5, http://hdl.handle.net/10419/48044.

25 Ebenda.

26 Vgl. beispielsweise C. Muth, *Währungsdesintegration – Das Ende von Währungsunionen*, Dissertation an der Universität München, 1. Auflage, Physica, Heidelberg 1997.

27 V. Nitsch, »Have a Break, Have a ... National Currency: When Do Monetary Unions Fall Apart?«, in: P. De Grauwe und J. Mélitz, Hrsg., *Prospects for Monetary Union after the Euro*, MIT Press, Cambridge MA 2005, S. 319–345.

28 Vgl. beispielsweise J. Aumüller und L. Knappmann, »Wenn Athen wirklich pleitegeht«, *Süddeutsche Zeitung*, 12. September 2011, http://www.sueddeutsche.de/wirtschaft/drohende-pleite-schlacht-um-griechenland-1.1141928; »Schäuble warnt vor Folgen einer Griechenland-Pleite«, *Focus*, 24. September 2011, http://www.focus.de/finanzen/news/staatsverschuldung/eurokrise-schaeuble-warnt-vor-folgen-einer-griechenland-pleite_aid_668561.html; J. Gänger, »Wenn Griechenland pleitegeht«, *N-TV*, 12. September 2011, http://www.n-tv.de/wirtschaft/Wenn-Griechenland-pleitegeht-article4278576.html; F. Bremser, »Die Folgen einer Staatspleite«, *Financial Times Deutschland*, 7. Juni 2011, http://www.ftd.de/finanzen/maerkte/:staatsbankrott-die-folgen-einer-staatspleite/60059864.html; »Angst vor Griechenland-Pleite lässt Dax einbrechen«, *Die Zeit*, 12. September 2011, http://www.zeit.de/wirtschaft/2011-09/dax-boerse-griechenland; H. von der Hagen, »Wenn der Zahlungsausfall zur Erlösung wird«, *Süddeutsche Zeitung*, 27. Oktober 2011, http://www.sueddeutsche.de/geld/schuldenschnitt-griechenland-wenn-der-zahlungsausfall-zur-erloesung-wird-1.1174792; oder »Schuldenschnitt droht zu scheitern«, *N-TV*, 6. März 2012, http://www.n-tv.de/wirtschaft/Schuldenschnitt-droht-zu-scheitern-article5685481.html.

10 Die Fiskalunion

Noch mehr Geld für das Schaufenster – Schulden ohne Grenzen – Kontrolle durch den Bundestag? – Gesamtschuldnerische Haftung – Der Fiskalpakt – Die Bankenunion – Die Schulden der Banken und Staaten – Debt Equity Swaps – Banklizenz für den ESM: Wie sich die Target-Falle schließen würde

NOCH MEHR GELD FÜR DAS SCHAUFENSTER

Die offiziellen Rettungsfonds, insbesondere der Luxemburger Fonds EFSF, die IWF-Hilfen und der EU-Naturkatastrophentopf EFSM haben mitgeholfen, die Krise zweieinhalb weitere Jahre zu verdecken, nachdem man dies mit den Target-Krediten schon zweieinhalb Jahre zuvor versucht hatte. Dennoch reichten auch diese Hilfen nicht. Zum einen war der Luxemburger Fonds nur bis zum Frühjahr 2013 ausgelegt und zum anderen glaubte man nicht, dass größere Länder wie Spanien und Italien notleidend werden könnten.

Um auch für einen größeren Finanzbedarf gerüstet zu sein, wurde schon im Winter 2010/2011 intensiv über die Schaffung eines permanenten Fonds mit einem flexiblen Ausleihvolumen beraten. Ein solcher Fonds wurde unter dem Namen European Stability Mechanism (ESM) bereits am 24. und 25. März 2011 auf einer EU-Regierungskonferenz ins Auge gefasst. Der Gründungsvertrag wurde dann ein knappes Jahr später, am 2. Februar 2012, unterzeichnet.[1] Zusätzlich haben die Staats- und Regierungschefs der Eurozone beim Europäischen Rat am 8. und 9. Dezember 2011 in Brüssel einen neuen Vertrag für eine Fiskalunion mit strengeren Regeln zur Begrenzung der Schuldenaufnahme vereinbart. Er wurde unter dem Namen »Vertrag über Stabilität, Koordinierung und Steuerung in der Wirtschafts- und Währungsunion« am 2. März 2012 unterzeichnet.[2] Gemeinhin nennt man diesen zweiten Vertrag einfach »Fiskalpakt«. Während der ESM seine Hilfe nur für die Euroländer zur Verfügung stellt, gilt der Fiskalpakt im Prinzip für alle EU-Länder.

Die beiden Verträge beschreiben den Weg in eine europäische Fiskalunion, ohne allerdings eine politische Vollunion zu erreichen.[3] Sie bewegen sich auf der intergouvernementalen Ebene unterhalb des EU-Vertrages, weil Großbritannien und Tschechien nicht zustimmen wollten. Zum Zeitpunkt der Schlussredaktion dieses Buches (21. August 2012) war der Ratifizierungsprozess noch im Gange. Damit der Fiskalvertrag für die ihm zustimmenden Länder gültig wird, müssen zwölf Euroländer zusammenkommen, und für die Wirksamkeit des ESM-Vertrages müssen die Länder, deren Ratifikationsurkunden hinterlegt wurden, mindestens 90% des Barkapitals repräsentieren.[4]

In Deutschland haben Bundestag und Bundesrat den beiden Verträgen am 29. Juni 2012 zugestimmt. Allerdings hat das Bundesverfassungsgericht den ESM-Vertrag nur unter Auflagen gebilligt, wie im Epilog zu diesem Buch näher beschrieben wird. Das löst einen Teil der im Folgenden besprochenen Probleme.

Die Aufgabe des ESM besteht im Kern darin, bedrängten Ländern zu helfen. Nach einem Hilfegesuch eines Staates kann der ESM diesem Staat Kredit gewähren. Er darf dazu auch neu emittierte Staatspapiere erwerben.[5] Der ESM darf ferner Staatspapiere indirekt auf dem offenen Markt kaufen, um den Kurs zu pflegen, aber auch das nur, nachdem ein Hilfegesuch gestellt wurde.[6]

Im ESM-Vertrag sind ein Ausleihvolumen von 500 Milliarden Euro und ein haftendes Stammkapital von 700 Milliarden Euro vorgesehen. Jedes Land haftet maximal in Höhe seines EZB-Kapitalanteils, Deutschland also in Höhe von 190 Milliarden Euro. Das Stammkapital wird nur zu 11,4% eingezahlt, um eine Barreserve zu bilden. Im Fall Deutschlands entspricht das einem Betrag von 21,7 Milliarden Euro. Die Teilnehmerländer sind verpflichtet, die Barreserve bis zu der Haftungssumme von 700 Milliarden Euro nachzufüllen, wenn daraus Mittel entnommen werden, um Verluste abzudecken. Die

Mittel für die Ausleihungen an die Staaten sollen nicht der Barreserve entnommen werden, sondern aus Anleihen stammen, die der ESM selbst begibt.[7] Die Barreserve soll die Liquidität sichern, und das haftende Eigenkapital soll die Käufer der Anleihen vor dem Insolvenzrisiko der Staaten schützen, die Hilfe empfangen.

Wie anhand von *Abbildung 9.1* schon dargelegt wurde, waren durch die Vorläufer des ESM inklusive der Mittel der EZB und des IWF bis zum Sommer 2012 bereits für 1421 Milliarden Euro Kredite ausgereicht und für 1552 Milliarden Euro zugesagt worden. Beim Ausfall und Austritt der GIIPSZ-Länder impliziert dies, wie gezeigt, einen möglichen deutschen Verlust von 537 Milliarden Euro bzw. 578 Milliarden Euro. Durch die ESM-Mittel erweitert sich der Haftungspegel der Staatengemeinschaft um das Ausleihvolumen von 500 Milliarden Euro. Addiert man ferner bislang schon in Aussicht gestellte, aber noch nicht abgerufene Kreditmittel des IWF in Höhe von 183 Milliarden Euro, ergibt sich über alle Programme ein Ausleihvolumen von 2236 Milliarden Euro und eine deutsche Haftung im Fall des Austritts und der Pleite der GIIPSZ-Länder von 779 Milliarden Euro. Dabei ist eine Haftung für den deutschen IWF-Anteil in Höhe von 18 Milliarden Euro und für den ESM in Höhe der erwähnten 190 Milliarden Euro angenommen worden.

Bei dieser Rechnung ist berücksichtigt, dass der bisherige Luxemburger Fonds EFSF parallel zum ESM weiterlaufen wird. Ursprünglich hieß es, dass der ESM die Mittel der EFSF umschließt und an dessen Stelle tritt. Aber das wurde mit den Beschlüssen der Finanzminister vom 30. März 2012 geändert. Nun sollen beide Rettungssysteme bis zum 30. Juni 2013 gleichzeitig genutzt werden, und erst einmal soll der alte Fonds verbraucht werden. So gesehen, stehen also auf der Basis des Datenstandes vom 10. August 2012 zusätzlich zu den schon ausgereichten Mitteln in Höhe von 1421 Milliarden Euro weitere 815 Milliarden Euro zur Verfügung, wobei mögliche neue Hilfen über Staatspapierkäufe der EZB und Target-Kredite, die schon absehbar sind, nicht berücksichtigt wurden, weil ihr Volumen von den weiteren Beschlüssen des EZB-Rates abhängt.

Der Verlust Deutschlands läge im Extremfall eines Konkurses und Austrittes der sechs Krisenländer und einer Ausschöpfung des ESM und der vom IWF bereitgestellten Mittel durch diese Länder bei 779 Milliarden Euro. Dabei ist freilich unterstellt worden, dass der Euro diese Konkurswelle überlebt. Wenn er nämlich überlebt, teilen sich die restlichen Euroländer die Lasten nach ihren Kapitalanteilen.

Abbildung 10.1: Der Haftungspegel mit ESM und IWF-Hilfen (Milliarden Euro)

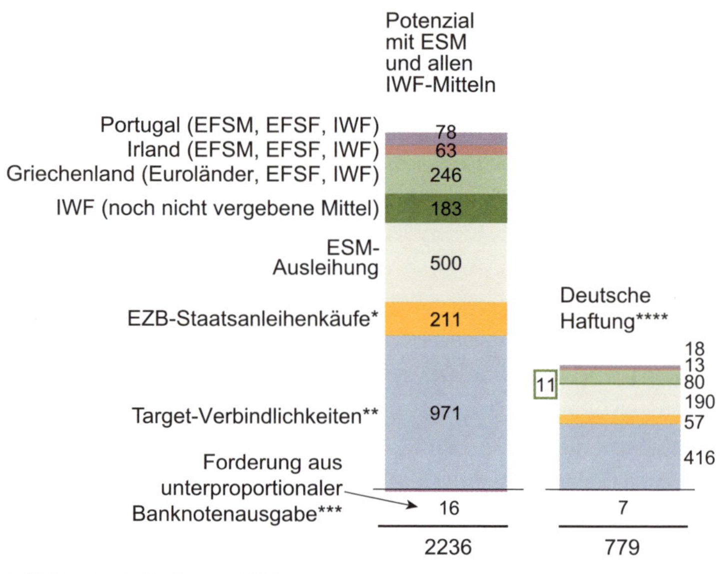

* Datenstand: 10. August 2012.

** Griechenland, Irland, Portugal, Zypern: Ende Mai 2012; Italien, Spanien: Ende Juli 2012.

*** Stand: Ende Mai 2012.

**** Bei Zahlungsausfall und Austritt der GIIPSZ-Länder.

Hinweis: Da die dargestellten Einzelziffern gerundet sind, ist ihre Summe nicht genau gleich der gerundeten Summe der exakten Einzelziffern.

Quelle: ifo Haftungspegel.

Falls der Euro zu Bruch geht, kommen, wie oben in Zusammenhang mit *Abbildung 9.2* schon dargelegt wurde, nochmals 139 Milliarden Euro hinzu. Die Gesamthaftung Deutschlands liegt dann bei 918 Milliarden Euro.

Es sei noch einmal betont, dass diese Rechnungen nicht ausdrücken sollen, dass diese Ereignisse wahrscheinlich stattfinden werden. Vermutlich wird weder das eine noch das andere geschehen. Aber wenn es nicht geschieht, dann möglicherweise nur deshalb, weil die Staatengemeinschaft im Sinne der im vorigen Kapitel analysierten Pfadabhängigkeit der Politik immer wieder genug neue Hilfen bereitstellen wird, um den Kollaps zu verhindern – wie der erwähnte Bankdirektor, der den Konkurs seines notleidenden Kunden mit immer wieder erneuerten Krediten verhindert oder hinauszögert. Die durch diese Pfadabhängigkeit erzwungenen neuen Hilfen machen die Lasten für die Retter aber nicht kleiner, sondern vermutlich eher größer als das, was die Zahlen besagen, weil die Politikmaßnahmen, die dem Fass einen Boden einziehen würden, unterbleiben.

Auch der ESM ist schon auf Wachstum ausgelegt. Sollten seine Mittel nicht ausreichen, kann der Gouverneursrat eine Erhöhung des Haftungskapitals über die zunächst vereinbarten 700 Milliarden Euro hinaus beschließen. Das Ausleihvolumen vergrößert sich entsprechend.[8] So gesehen, braucht der Bankdirektor also vor dem Eklat vorläufig keine Angst zu haben.

Es ist heute schon absehbar, dass eine solche Erhöhung nötig sein wird, denn wenn Italien und Spanien die Mittel des ESM in Anspruch nehmen, wird das jetzt vorhandene Geld nicht lange reichen. Der Finanzierungsbedarf entsteht zum einen durch die laufenden Budgetdefizite, zum anderen durch die Notwendigkeit, die fällig werdenden Staatsschulden zu bedienen. Da kaum ein Land seine Schulden wirklich tilgt, sondern sie bei Fälligkeit stets nur mit den Mitteln aus einer erneuten Kreditaufnahme bedienen kann, liegt hier der Hauptgrund für einen möglicherweise raschen Verbrauch der ESM-Mittel.

Tabelle 10.1 gibt einen Überblick über den Kapitalbedarf der sechs Krisenländer Griechenland, Irland, Italien, Portugal, Spanien und Zypern in den Jahren 2012 bis 2014. Der jährliche Kapitalbedarf liegt bei geschätzten 861, 701 und 707 Milliarden Euro in den Jahren 2012, 2013 beziehungsweise 2014.

Im Jahr 2012 ist der Kapitalbedarf besonders hoch, weil in diesem Jahr im Umfang von 78 Milliarden Euro EFSF-Mittel für eine Sondertilgung der griechischen Staatsanleihen im Zuge des Schuldenschnitts vorgesehen waren.[9]

Auch wenn solche Sondertilgungen in den folgenden Jahren hoffentlich entfallen, ist der mögliche Mittelabfluss mit gut 700 Milliarden Euro pro Jahr immer noch riesig, wenn man ihn mit den Mitteln vergleicht, die verfügbar sind. Die Anfang 2012 verfügbaren beziehungsweise absehbaren Restmittel für Finanzierungshilfen aus dem

ESM, EFSF, EFSM und IWF betrugen 500, 89, 13 beziehungsweise 195 Milliarden Euro, also in der Summe 797 Milliarden Euro. Wenn alle Krisenländer über die offiziellen Rettungsfonds finanziert werden müssten beziehungsweise eine solche Finanzierung vorziehen würden, weil diese Fonds bessere Konditionen als der Kapitalmarkt bieten, würde diese Summe allenfalls für etwa ein Jahr langen. Die im ESM-Vertrag genannte Hilfssumme reicht also hinten und vorne nicht, wenn es darauf ankommt. Man muss deshalb die Möglichkeit in Betracht ziehen, dass die schon im Vertragstext vorgesehenen Möglichkeiten, die ESM-Mittel aufzustocken, genutzt werden, sobald der Vertrag rechtsgültig ist. Die Zahlen, die jetzt im ESM-Vertrag genannt sind, sind leider nur die erste Scheibe einer langen Salami.

Die Möglichkeit der Aufstockung des ESM bezieht sich nicht auf einen unwahrscheinlichen Grenzfall, sondern ist ein Wesensprinzip des ESM, das für die Finanzierung der europäischen Staaten eine fundamentale Bedeutung erlangen könnte. Die Beteuerung des Artikels 8 Absatz 5, die Mitglieder würden nicht schon wegen ihrer Mitgliedschaft für mehr haften als für die im Vertrag genannten Summen, hat die gleiche politische Qualität wie die No-Bail-out-Regel des Artikels 125 des Vertrags über die Arbeitsweise der Europäischen Union.[10] Wenn die Ausleihsummen nicht reichen, muss zwar der deutsche Vertreter im Gouverneursrat zustimmen, doch wird sich Deutschland einer Erhöhung des Stammkapitals genauso wenig widersetzen können wie bislang schon der fortwährenden Ausweitung der Rettungssummen. Da bei einer Verweigerung der sofortige Kollaps der an den Kredit gewöhnten Länder droht oder man zumindest einen solchen Kollaps an die Wand malen wird, ist die Vorstellung, der deutsche Vertreter könne von seinem Vetorecht Gebrauch machen, wirklichkeitsfremd. Das Kesseltreiben, das schon im ersten Halbjahr 2012 gegen die Bundesregierung stattfand, um die Zustimmung zur Lockerung der Bedingungen für die Inanspruchnahme der Hilfsmittel zu erreichen (vgl. Kapitel 1), wird umso intensiver sein, je mehr Geld man ins Schaufenster gelegt hat. Wird neues Geld ins Schaufenster gelegt, ist jeder einen Moment lang zufrieden, doch die Pressionen beim Versuch, es dann auch zu bekommen, werden umso größer, weil ertragreicher, sein.

Tabelle 10.1: Der Finanzbedarf der Krisenländer (Milliarden Euro)

	2012		2013		2014	
	Fällig werdende Staatsschulden	...+ Budgetdefizit*	Fällig werdende Staatsschulden	...+ Budgetdefizit*	Fällig werdende Staatsschulden	...+ Budgetdefizit*
Griechenland	19	116**	16	29	25	33
Irland	6	24	10	24	14	24
Italien	415	451	356	380	365	391
Portugal	37	45	28	34	32	36
Spanien	158	222	171	232	164	222
Zypern		3		2		1
Summe	635	861	581	701	599	707
Akkumuliert	635	861	1216	1562	1815	2269

* Schätzungen des IWF.

** Inklusive der dem EFSF zu entnehmenden Mittel in Höhe von 78 Milliarden Euro zur Sondertilgung der griechischen Staatsschulden im Zuge des Schuldenschnitts.

Hinweis: Da die dargestellten Einzelziffern gerundet sind, ist ihre Summe nicht genau gleich der gerundeten Summe der exakten Einzelziffern.

Quellen: IWF, *Fiscal Monitor* und *Outlook Database*, April 2012; Europäische Kommission, Generaldirektion Wirtschaft und Finanzen, *The Second Economic Adjustment Programme for Greece. March 2012*, S. 46; Republik Zypern, Finanzministerium, *Stability Programme of the Republic of Cyprus 2012–2015*, April 2012, S. 49, http://ec.europa.eu/economy_finance/economic_governance/sgp/pdf/20_scps/2012/01_programme/cy_2012-05-07_sp_en.pdf.

SCHULDEN OHNE GRENZEN

Die Voraussetzung für die Mittelvergabe aus dem ESM ist, dass der betreffende Staat die Hilfe beantragt und dass eine Schuldentragfähigkeitsanalyse, die von der Europäischen Kommission im Benehmen mit der EZB durchgeführt wird, zu dem Schluss kommt, dass mit der Rückzahlung der Mittel zu rechnen ist.[11] Außerdem muss mit der Kommission ein Vertrag ausgehandelt werden, in dem Auflagen für die Gewährung der Hilfen spezifiziert sind.[12] Ziel ist es, die für die Wiederherstellung der Wettbewerbsfähigkeit nötigen Reformen zu erzwingen.

Die Auflagen werden freilich von den Hilfe suchenden Staaten als extreme Eingriffe in die nationale Souveränität empfunden und politisch bekämpft. Mit dem Gipfel der EU-Staaten vom 28. und 29. Juni 2012 glaubt Italien erreicht zu haben, dass eine Konditionalität in Zukunft nicht mehr allgemein bestehen soll.[13] Nach seiner Interpretation seien nun nicht mehr Auflagen vorgesehen, als ohnehin schon im Rahmen des Fiskalpaktes für alle Länder vereinbart wurde.[14] Diese Interpretation des Beschlusses wird von der Bundesregierung aber nicht geteilt.[15] Man darf gespannt sein, was denn im Endeffekt wirklich beschlossen wurde.

Nach Möglichkeit soll auch der IWF bei der Tragfähigkeitsanalyse und der Gewährung der Finanzhilfen mit eingeschaltet werden, zwingend ist das aber nicht.[16] Deutschland hatte seit der Griechenland-Hilfe auf die Einbeziehung des IWF gedrungen, um ein höheres Maß an Objektivität bei der Beurteilung der Tragfähigkeitsanalyse zu realisieren und die Proteste der betroffenen Länder gegen die Auflagen auf eine weiter entfernte Instanz ableiten zu können. Mit diesem Begehren ist es gescheitert. Da Deutschland aus historischen Gründen empfänglicher für Druck ist als andere Länder, bleibt es der Hauptadressat der Bettelbriefe.

Wie beim IWF sollte ursprünglich sichergestellt sein, dass die Kredite des ESM Vorrang vor den privaten Krediten der Länder haben. Angesichts der imminenten Konkursgefahren, denen die Krisenländer schon heute ausgesetzt sind, ist dies eine wichtige Regel zum Schutz der Steuerzahler der in Haftung genommenen stabilen Länder. Sie entspricht auch den normalen Regeln beim privaten Konkurs. Immer hat der Retter im Insolvenzverfahren Vorrang vor den Altgläubigern, weil er sich sonst nicht zur Rettung bewegen ließe. Auch diese Regel ist freilich beim EU-Gipfel am 29. Juni 2012 aufgrund der Intervention der betroffenen Südländer eingeschränkt worden. So heißt es, dass die Unterstützung Spaniens zur Rekapitalisierung des Bankensektors über die EFSF bereitgestellt wird, bis der ESM zur Verfügung steht, und dass sie dann auf den ESM übertragen wird, »ohne den Status der Vorrangigkeit zu erhalten«.[17] Es müssen dazu aber wohl entsprechende Novellen zur Revision des ESM-Vertrages vorbereitet werden.

Etwas unklar ist, wie effektiv das Volumen des ESM begrenzt ist. Bei flüchtiger Lektüre des Vertragstextes könnte man den Eindruck gewinnen, dass die Begrenzung der Ausleihungen in Höhe von 500 Milliarden Euro, die auf der anderen Seite der Bilanz stehen, indirekt auch die Anleihen begrenzt.[18] Das ist aber nicht der Fall, denn die Ausleihungen umschließen nicht die Käufe von Staatspapieren auf dem Sekundärmarkt. Der ESM kann so viele Staatspapiere kaufen, wie er will, und für diesen Kauf Anleihen auf eigene Rechnung begeben.

So gesehen, ist zu befürchten, dass die Hebelung, über die man im Spätsommer des Jahres 2011 diskutierte, weiterhin zu den Absichten der Urheber des Vertrages gehört. Man sprach schon damals davon, dass eine Verdrei- und Vervierfachung des Kreditvolumens gegenüber den Haftungssummen möglich sein könnte. Nach dem Vertragstext wäre es zulässig, diese Hebelung über den anleihefinanzierten Aufkauf der Staatspapiere auf dem Sekundärmarkt laufen zu lassen.

Wenn sich diese Befürchtung bewahrheiten sollte, hat das zwar keinen direkten Einfluss auf die im Vertrag vorgesehenen Haftungssummen, wohl aber auf die Wahrscheinlichkeit, mit der diese Summen fällig werden, denn je größer das in Risikopapiere transferierte Anleihevolumen ist, desto größer werden die möglichen Ausfälle sein, die dann zu Lasten der Garantiegeber gehen.

Man fragt sich, ob nicht wenigstens das deutsche Grundgesetz eine exzessive Verschuldung des ESM ausschließt, denn immerhin enthält es ja eine Schuldengrenze, und die Schulden des ESM werden dem Bundesetat anteilig zugerechnet. In der Tat erlaubt die Schuldengrenze dem Bund heute nicht mehr als 1,6 % des BIP als

Defizit und ab 2016 nicht mehr als 0,35 %. Selbst wenn tatsächlich nur für das nicht eingezahlte Stammkapital des ESM, also 620 Milliarden Euro, Anleihen begeben werden, wüchse die deutsche Staatsschuld um 27 % davon, also 168 Milliarden Euro. Die deutsche Schuldenquote stiege dementsprechend von derzeit 81 % auf 88 % des BIP, also um 7 Prozentpunkte. Da das mehr als die erlaubten 1,6 % (39 Milliarden Euro) ist, sollte man meinen, dass schon das deutsche Grundgesetz die exzessive Begebung von Anleihen durch den ESM ausschließt und dass es Möglichkeiten der Einflussnahme auf die ESM-Politik gibt, die die Verletzung der deutschen Schuldengrenze verhindern.

Aber weit gefehlt. Der Denkfehler bei dieser Überlegung ist, dass das deutsche Grundgesetz keine Schuldengrenze, sondern nur eine Defizitgrenze enthält. Man muss nämlich wissen, dass die Schulden des ESM zwar zu den deutschen Schulden zählen, doch die *Erhöhung* dieser Schulden durch den ESM nicht zum deutschen Budgetdefizit gerechnet wird – und nur das Defizit ist durch die Verfassung begrenzt. Eurostat, die europäische Statistikbehörde, hat das in ihrer Weisheit so entschieden, und so braucht man sich keine Sorgen zu machen, dass die deutsche Verfassung verletzt wird, wenn die Anleihen des ESM aufgenommen werden. Man hat schon nachgedacht, als man die Verfahrensregeln für das Eurosystem konstruierte.

KONTROLLE DURCH DEN BUNDESTAG?

Die Entscheidungen des ESM werden von einem Gouverneursrat getroffen, der aus Repräsentanten der Mitgliedstaaten, vermutlich in der Regel den Finanzministern, besteht.[19] Jeder Gouverneur darf zudem einen Fachmann seiner Wahl in das Direktorium entsenden. Anders als im EZB-Rat, wo Deutschland grundsätzlich nicht mehr zu sagen hat als Malta, werden die Stimmen im Prinzip nach den Kapitalanteilen gewährt. Hier hat man aufgepasst. Eine Ausnahme wird nur bei besonders armen Ländern gemacht, deren Stimmanteil den Haftungsanteil übersteigt.

Die Abstimmungsverfahren sind reichlich kompliziert, weil zwischen einer echten Einstimmigkeit,[20] einer nur deklaratorischen Einstimmigkeit, die in Wahrheit nur 85 % der Stimmen braucht,[21] und einer qualifizierten Mehrheit mit 80% der Stimmen[22] unterschieden wird.

Bemerkenswert ist, dass eine Kapitalerhöhung grundsätzlich nur einstimmig stattfinden kann, während die Verausgabung der Mittel für ein Hilfe suchendes Land nur deklaratorisch einstimmig sein muss, also einer Mehrheit von 85% der Stimmen bedarf. Damit will man verhindern, dass störrische Länder wie Finnland oder die Slowakei in der Lage sind, die Auszahlung zu blockieren.[23]

Die Bundesregierung hat nach dem Urteil des Verfassungsgerichts vom letzten Sommer bei den Vertragsverhandlungen darauf achten müssen, dass die Mitbestimmungsrechte des Bundestages gewahrt bleiben. Immerhin warnte das Gericht ja, dass Deutschland keine Vereinbarungen unterschreiben dürfe, die ihrer Höhe nach unbestimmte und von den Entscheidungen anderer Länder abhängige Verpflichtungen mit sich bringen.[24] Die Bundesregierung hat deshalb in ihrem Zustimmungsgesetz zum ESM vorgesehen, dass der deutsche Vertreter im Gouverneursrat und im Direktorium einer Ausweitung des Katalogs der Maßnahmen, einer Erhöhung des maximalen Darlehensvolumens und vor allem auch Bail-out-Aktionen zugunsten von Problemstaaten (sogenannte »Stabilitätshilfen«) grundsätzlich nur zustimmen darf, wenn er dafür das Plazet des Bundestages hat.[25]

Diese Vorkehrung mag einen gewissen Schutz gegen Pressionen bieten, denen dieser Vertreter im Gouverneursrat oder im Direktorium ausgesetzt sein könnte, wenn wieder einmal Not am Mann ist. Allerdings ist, wie Dietrich Murswiek, einer der Beschwerdeführer vor dem Verfassungsgericht, betont, die Entscheidung dieses Vertreters gegenüber den anderen Euroländern rechtlich auch dann bindend, wenn der Bundestag nicht zugestimmt hat. Es ist nicht einmal klar, ob der Deutsche Bundestag völkerrechtlich überhaupt befugt ist, dem deutschen Vertreter im Direktorium (dem der Gouverneursrat seine Kompetenzen für Bail-out-Entscheidungen übertragen kann) Weisungen zu erteilen, oder ob dieser Vertreter nicht vielmehr unabhängig entscheiden muss.[26]

Unklar ist auch, wie das Gebot der Geheimhaltung der Entscheidungen im Gouverneursrat nach Artikel 34 des ESM-Vertrages mit der Verantwortlichkeit des deutschen Vertreters gegenüber dem Bundestag zusammenpassen soll. Dieser Vertreter kann ja nun einmal nicht gleichzeitig den Bundestag um sein Plazet für eine bestimmte Maßnahme bitten und sich dabei unter Hinweis auf seine Schweigepflicht weigern, diese Maßnahme zu erläutern. Der Bundestag hat versucht, diesen Widerspruch aufzulösen, indem er selbst in seinem Zustimmungsgesetz (§ 7 Absatz 9) erklärt, dass der deutsche Vertreter in diesem Punkt nicht an den ESM-Vertrag gebunden sei, doch hat er dazu nach Ansicht der Kläger vor dem Verfassungsgericht gar nicht das Recht. Wenn die Bundesregierung die Geheimhaltungspflicht einschränken will, hätte es diese Einschränkung den Vertragspartnern schon bei der Unterzeichnung des ESM-Vertrages zur Kenntnis bringen müssen.

Im Übrigen muss der Bundestag nicht jeder Mittelverwendung zustimmen. Der Spielraum für Aktionen ohne Parlamentskontrolle ist erheblich. Wenn der Bundestag erst einmal einem Länderprogramm zugestimmt hat, kann der Vertreter der Bundesregierung frei über die genehmigten Mittel verfügen und entsprechende Haftung für Deutschland übernehmen. Bei Eilentscheidungen durch das Direktorium des ESM können im Notfall sogar Bargeldabflüsse bis zur Höhe des deutschen Haftungsanteils verlangt werden, um als notwendig erachtete Finanzierungsaufgaben zu erfüllen.[27] Der Bundestag kann den deutschen Vertreter im Gouverneursrat und das von ihm bestimmte Direktoriumsmitglied auch nicht im Nachhinein zur Rechenschaft ziehen, da beide Immunität genießen.[28]

Ich fühle mich hier an die Warnung erinnert, die der ehemalige Verfassungsrichter Udo Di Fabio im letzten Sommer *ex officio* aussprach, dass man aufpassen müsse, keine Generalermächtigung auszusprechen.[29]

Im Normalverfahren braucht der ESM freilich keine Barmittel. Er finanziert sich dann mit Mitteln, die er selbst am Kapitalmarkt aufgenommen hat. Zu einem tatsächlichen Mittelabfluss zu Lasten der Mitgliedsländer kommt es erst dann, wenn Verluste abzudecken sind und das eingezahlte Kapital, derzeit 80 Milliarden Euro, wieder aufzufüllen ist. Auch dagegen kann sich der Vertreter der Bundesregierung nicht sträuben, denn dieser Beschluss wird vom Direktorium mit einfacher Mehrheit gefällt.[30]

GESAMTSCHULDNERISCHE HAFTUNG

Die Nachschusspflicht ist insbesondere insofern irritierend, als Deutschland schlimmstenfalls auch für die Zahlungspflichten der anderen ESM-Staaten einzustehen hat. Artikel 25 Absatz 2 besagt, dass der Ausfall einzelner Länder beim Auffüllen des eingezahlten Stammkapitals nach etwaigen Verlusten von den anderen Ländern auszugleichen ist:

> *»Nimmt ein ESM-Mitglied die aufgrund eines Kapitalabrufs gemäß Artikel 9 Absätze 2 oder 3 erforderliche Einzahlung nicht vor, so ergeht an alle ESM-Mitglieder ein revidierter erhöhter Kapitalabruf, um sicherzustellen, dass der ESM die Kapitaleinzahlung in voller Höhe erhält.«*

Nach Artikel 9 Absatz 2 reicht schon ein einfacher Mehrheitsbeschluss des Direktoriums aus, den Kapitalnachschuss zu verlangen, und die ESM-Mitglieder haben nach Artikel 9 Absatz 3 auch keine Möglichkeit, sich dem zu widersetzen. Dort heißt es nämlich:

> *»Die ESM-Mitglieder verpflichten sich unwiderruflich und uneingeschränkt, Kapital, das der Geschäftsführende Direktor gemäß diesem Absatz von ihnen abruft, innerhalb von sieben Tagen ab Erhalt der Aufforderung einzuzahlen.«*

Es ist also theoretisch nicht ausgeschlossen, dass keiner mehr zahlt als seine Bareinlage und Deutschland für den ganzen Rest aufkommt. So gesehen, muss Deutschland gemäß Artikel 8 Absatz 5, der die Haftung begrenzt, gegebenenfalls zusätzlich zu seiner Bareinlage von 11,4 % weitere 88,6 % seiner Haftungsgrenze von 190 Milliarden Euro, also etwa 168 Milliarden Euro allein nachschießen. Das kommt einer gesamtschuldnerischen Haftung nahe.

Stefan Homburg hat aber darauf hingewiesen, dass diese Haftungsgrenze nur gegenüber anderen Vertragspartnern des ESM und nicht im Innenverhältnis gegenüber anderen Eigentümern des ESM gilt.[31] Die Haftungsbegrenzung nach außen ist nicht dasselbe wie eine Begrenzung der Nachschusspflicht zur Kompensation von Verlusten nach innen. Daher muss Deutschland möglicherweise für die gesamte Haftungssumme von 700 Milliarden Euro nach Abzug der Bareinlage der anderen Länder, die etwa bei 60 Milliarden Euro liegt, gesamtschuldnerisch aufkommen, also gegebenenfalls zu seiner eigenen Einlage von etwa 20 Milliarden Euro nochmals 620 Milliarden Euro zuschießen, wenn die anderen Vertragspartner ausfallen und nicht mehr Geld beisteuern können. Das Gleiche gilt theoretisch selbst dann, wenn ein kleines Land wie Finnland allein solvent bleibt und alle anderen Staaten inklusive Deutschlands vorher ausgefallen sein sollten. Dietrich Murswiek, der Beschwerdeführer für die Bub-Gauweiler-Gruppe vor dem Verfassungsgericht, hat dies zum Anlass genommen, seine Beschwerde entsprechend zu erweitern.

Problematisch ist in dem Zusammenhang auch, dass hier ein Zahlungsautomatismus wirkt, dem sich Deutschland nicht entziehen kann, ohne dass irgendwo definiert würde, was überhaupt Verluste sind. Entstehen Verluste schon durch Abschreibungen auf Forderungen, die aus irgendwelchen unbekannten Buchhaltungsregeln folgen? Entstehen Verluste, weil man einem Land aus politischen Gründen seine Schulden erlässt? Entstehen sie, weil man es für unziemlich hält, Zwangsmaßnahmen zur Eintreibung von Schulden zu ergreifen? Entstehen sie vielleicht, weil man keine risikoadäquaten Zinsen verlangt? Entstehen sie durch eine inkompetente Unternehmensführung oder überzogene Gehälter der Bediensteten, die man übrigens selbst festlegen darf?[32] Entstehen sie aus fehlgeschlagenen Finanzgeschäften, die selbst gar nicht spezifiziert sind? Das alles ist nicht definiert, und trotzdem müssen die Mitgliedsländer bedingungslos zahlen, wenn die Verluste verbucht werden und eine einfache Mehrheit des Direktoriums sie feststellt. Hier kann eine einfache Mehrheit anderer Staaten mindestens im Umfang von 190 Milliarden Euro, nach der Interpretation Homburgs sogar über 640 Milliarden Euro, entscheiden und notfalls das ganze Geld bei einem einzigen Mitgliedsland eintreiben, ohne dass dieses Land eine Einrede erheben könnte.

Es scheint, als wurde der Punkt übersehen, oder er war so heikel, dass man ihn lieber ausgeklammert hat. Mit viel Sorgfalt muss die Entscheidung, ob man einem Land Kredit gibt, vorbereitet und dann auch mit einer qualifizierten Mehrheit von 85% der Stimmen beschlossen werden. Dagegen kann sich der deutsche Repräsentant wehren, weil Deutschland über die Sperrminorität verfügt.[33] Aber bei der entscheidenden Frage, wie die Verluste aus dem Geschäftsbetrieb entstehen können und entstehen dürfen, schweigt sich der Vertrag aus. Insofern stellt Deutschland anderen Staaten mit dem ESM einen Blanko-Scheck aus.

DER FISKALPAKT

Die deutsche Bundesregierung hat nun versucht, die Gefahr übermäßiger Belastungen durch politische Schuldengrenzen zu verhindern. Sie wollte dazu den Stabilitäts- und Wachstumspakt härten, den Theo Waigel schon im Vorfeld der Euro-Einführung ausgehandelt hatte. Dazu sollten die Euroländer verbindliche Defizitgrenzen und automatische Korrekturregeln vereinbaren.[34] Wie schon erläutert, gelang es aber nicht, dieses Vorhaben in einem neuen EU-Vertrag zu verankern, weil Großbritannien und Tschechien nicht zustimmen wollten. Stattdessen hat man sich mit dem intergouvernementalen Fiskalpakt beholfen. Aber das hatte den Nachteil, dass dieser Pakt dem EU-Vertrag untergeordnet ist und seine Aufsichtsregeln nur innerhalb des dort gesetzten Rahmens verschärfen kann.

Man hat versucht, das Problem dadurch zu lösen, dass sich die unterzeichnenden Länder verpflichtet haben, den neuen Pakt gesetzlich festzuschreiben und nach Möglichkeit sogar in der jeweiligen nationalen Verfassung zu verankern. Sie haben sogar vereinbart, dass ein jedes Mitgliedsland sie vor dem EuGH verklagen kann, wenn sie das nicht tun.[35] Der EuGH kann dann eine Strafe verhängen.[36] Allerdings macht die Strafe nur ein Promille des BIP aus und wird deshalb niemanden beeindrucken.

Frankreich hat zwar den ESM-Vertrag zügig verabschiedet, tut sich aber schwer mit dem Fiskalvertrag. Wahlsieger François Hollande hatte noch vor seiner Wahl angekündigt, dass er den Fiskalvertrag neu verhandeln und eine Ratifizierung in der jetzigen Form ablehnen werde.[37] Inzwischen hat sich die neue französische Regierung entschlossen, den Fiskalvertrag doch zu ratifizieren, seine Regeln aber nicht wie empfohlen in die Verfassung zu übernehmen, sondern nur eine *loi organique* zu schaffen, die vom Rang her zwischen der Verfassung und einem einfachen Gesetz liegt. Eine loi organique kann mit einer einfachen Parlamentsmehrheit geschaffen und auch wieder verändert werden.

Der Fiskalpakt verpflichtet die Staaten, ihr strukturelles Budgetdefizit auf 0,5 % des BIP zu begrenzen,[38] ähnlich wie es die deutsche Verfassung vorsieht, die dem Bund sogar nur ein Defizit von 0,35 % zubilligt und den Ländern gar keines.[39] Außerdem muss sich aber die Schuldenquote jährlich um etwa 1/20 des Abstandes zur 60 %-Grenze des Maastrichter Vertrages verringern.[40]

Die Einhaltung der Budgetregeln wird von der EU-Kommission überprüft.[41] Die Kommission kann nach Eröffnung eines Defizitverfahrens Strafen verhängen.[42]

Da der Fiskalpakt dem EU-Vertrag rechtlich untergeordnet ist, konnte die von der Bundesregierung angestrebte Automatik bei der Eröffnung des Defizitverfahrens freilich nicht hergestellt werden. Über die Verfahrenseröffnung und die Verhängung von Strafen entscheidet der Ecofin-Rat, also der Rat der Finanzminister, mit qualifizierter Mehrheit.[43] Damit sind die Finanzminister, die ja selbst die potenziellen Sünder sind, ihre eigenen Richter. Bei diesem Verfahren wird in der Zukunft nicht mehr herauskommen als in der Vergangenheit beim Stabilitäts- und Wachstumspakt, der, wie in Kapitel 3 im Abschnitt *Die Verlockung der niedrigen Zinsen* schon dargelegt wurde, 83-mal verletzt wurde, ohne dass auch nur einmal eine Strafe verhängt wurde.

Der Fiskalpakt wird niemals die Disziplinierungswirkung entfalten können, wie sie von den Märkten ausgeübt wird, weil man die Märkte nur mit Taten, nicht mit Worten beeindrucken kann. Als sich die italienischen Zinsen im August 2011 ausspreizten, reagierte die Regierung Berlusconi sofort mit Sparmaßnahmen, aber kaum hatte die EZB geholfen, indem sie die Spreads durch den Ankauf italienischer Staatspapiere wieder verringerte, machte Berlusconi schon wieder einen Schritt zurück und erklärte, so sei das ja alles nicht gemeint gewesen. Mit seinem Lamentieren kam er aber nicht durch und musste sein Amt schließlich an den parteilosen Volkswirtschaftsprofessor und Ex-EU-Kommissar Mario Monti abgeben. Monti griff anfangs hart durch und brachte eine Reihe von nützlichen, aber schmerzlichen Reformmaßnahmen auf den Weg. Doch dann schoss die EZB ihre »Dicke Bertha« (vgl. Kapitel 5) ab, ein 1000 Milliarden Euro umfassendes Langfrist-Kreditprogramm, und die Zinsen fielen wieder. Die Konsequenz war, dass es Monti nicht gelang, seine Pläne durchzusetzen, etwa die Lockerung des Kündigungsschutzes gegenüber den Gewerkschaften. So groß war die Not dann eben doch nicht.

Die Bundesregierung hat den Fiskalpakt als politisches Ziel bei den Verhandlungen eingebracht, aber nirgends in Europa wird ihm das Gewicht gegeben, das er in der deutschen Debatte hat. Man sieht ihn als ein symbolisches Zugeständnis dafür, dass die Bundesregierung dem ESM-Vertrag zustimmt und damit das dringend benötigte Geld zur Verfügung stellt, mehr aber nicht. Innenpolitisch mag er auch insofern nützlich sein, als er die deutsche Öffentlichkeit beruhigt. Dafür gibt es aber leider objektiv wenig Veranlassung, denn selbst wenn sich alle Länder an den Fiskalpakt halten sollten, wird die Schuldensozialisierung über den ESM, mit all ihren Haftungsrisiken und politischen Druckmechanismen zur künstlichen Zinsangleichung, stattfinden.

Wenn Deutschland die eigenen Risiken begrenzen und die Überschuldung von Ländern, die nur noch zu hohen Zinsen Zugang zu den Kapitalmärkten haben, verhindern will, wäre es effektiver, man würde nicht so viel Geld ins Schaufenster stellen. Das Geld erst dorthin zu legen und den Ländern dann zu sagen, dass sie es nicht nehmen dürfen, ist keine überzeugende Politik. Besser ist es, das Geld gar nicht erst dorthin zu stellen, denn Geld, das nicht da ist, führt niemanden in Versuchung. Wenn das Geld erst einmal im Schaufenster liegt, werden Begehrlichkeiten geweckt, und man kann nur noch unter größten Enttäuschungen und mit viel Widerstand verhindern, dass es genommen wird.

DIE BANKENUNION

Etwas eigenartig mutet Artikel 15 Absatz 1 des ESM-Vertrages an, nach dem eine Zweckbindung der intergouvernementalen Hilfen für die Banken eines Staates möglich ist. Da niemand eine solche Zweckbindung dem Hilfe empfangenden Staat hätte verweigern wollen, fragt man sich, was diese Regel eigentlich soll.

Die Antwort gab der EU-Gipfel vom 28./29. Juni 2012, denn es wurde dort vereinbart, dass der ESM seine Mittel auch direkt an die notleidenden Banken eines Landes auszahlen darf. Im Beschlusstext heißt es:

> *»Sobald unter Einbeziehung der EZB ein wirksamer einheitlicher Aufsichtsmechanismus für Banken des Euro-Währungsgebiets eingerichtet worden ist, hätte der ESM nach einem ordentlichen Beschluss die Möglichkeit, Banken direkt zu rekapitalisieren.«*[44]

Das ist weniger harmlos, als es klingt, denn gemeint ist natürlich nicht, auf welches Konto die Hilfsmittel überwiesen werden, sondern wer haftet, wenn etwas schiefgeht und das Kapital, das der Fonds zur Verfügung stellt, verloren geht. Nach der bisherigen Formulierung des Vertrages haftet immer der Staat, der den Hilfsantrag gestellt hat. Im konkreten Fall müsste also Spanien einen Hilfsantrag stellen und müsste ein sogenanntes *Memorandum of Understanding* unterschreiben, mit dem seine Souveränität eingeschränkt wird. Erst dann könnte es Hilfskredite empfangen, die es als Eigen- oder Fremdkapital an seine Banken weiterreicht. Für die Rückzahlung der Kredite bliebe der spanische Staat verantwortlich, unabhängig davon, ob die spanischen Banken zurückzahlen können. Nach der neuen Vereinbarung soll aber nicht mehr Spanien für die Rückzahlung des den Banken zur Verfügung gestellten Kapitals haften, sondern die Staatengemeinschaft.

Deutschland wäre danach mit 27 % an den Verlusten, die der Fonds in Spanien erleidet, beteiligt, doch Spanien selbst nur mit 12 %. Falls Spanien als Garantiegeber für den ESM ausfällt, würde Deutschland gar zu 31 % haften. Falls auch alle anderen Garantieländer ausfielen, was ein sicherlich unrealistischer Fall ist, würde Deutschland, wie im vorigen Abschnitt erläutert wurde, im vollen Umfang der Haftungsgrenze notfalls auch allein für die Verluste haften, die der Fonds durch die Finanzierung der spanischen Banken ansammelt.

Die Haftung für die Banken beginnt allerdings noch nicht sofort, sondern erst, wenn ein gemeinsames europäisches Recht zur Bankenaufsicht nebst einer Behörde geschaffen wurde, die die Bankenaufsicht übernimmt. Diese Behörde, die einige direkt bei der EZB ansiedeln wollen, hätte das Recht, Banken notfalls zu schließen oder zu zerschlagen, aber eben auch das Recht, Finanzmittel zur Verfügung zu stellen.

Grundsätzlich ist die Schaffung einer gemeinsamen Bankenaufsicht für die EU-Länder oder notfalls auch die Euroländer sicher ratsam, denn der Wettbewerb der nationalen Bankenregulierungssysteme droht regelmäßig zu einem Laschheitswettbewerb zu verkommen.[45] Bei der Wahl zwischen einer strengen Regulierung, die die Gläubiger der Banken schützt, und einer laschen Regulierung, die den Banken hilft, entscheiden sich die nationalen Regulierungsbehörden, die im Standortwettbewerb mit anderen nationalen Regulierungsbehörden stehen und das Bankgeschäft ins jeweilige Inland ziehen möchten, allzu häufig für eine Parteinahme zugunsten der eigenen Banken. Auf diese Weise schafft man Arbeitsplätze zu Hause und hilft den Eigentümern der Banken, die politisch zumeist gut organisiert sind. Zu den Gläubigern, zu deren Lasten die lasche Regulierung geht, gehören Banken aus aller Welt, die ihre Interbankenkredite zur Verfügung gestellt haben, und andere internationale Investoren, die die Bankschuldverschreibungen der Banken gekauft haben. Freilich gehören auch lokale Kontoinhaber dazu, die ihre Einlagen geschützt wissen wollen.

Der akute politische Druck, der die EU-Länder zu ihrem Beschluss für eine Bankenunion bewogen hat, resultiert aber weniger aus dem Wunsch, die Aufsicht und Kontrolle der Banken in der Zukunft zu regeln, als aus dem Versuch, die Verluste der Vergangenheit zu vergemeinschaften, konkret die Abschreibungslasten auf die toxischen Immobilienkredite, die die spanischen Banken, aber auch die Banken anderer Krisenländer angehäuft haben. Angesichts des Umstandes, dass die EU sich bislang immer äußerst kritisch gezeigt hat, wenn ein Staat seine eigene Privatwirtschaft subventionierte, und wie zuletzt bei der WestLB sogar die Zerschlagung verlangte, ist es mehr als verblüffend, dass nun sogar eine grenzüberschreitende Quersubventionierung durch den ESM gefordert wird. Der Schritt zu einer Bankenunion mit einer zentralen Instanz zur Rekapitalisierung der Banken mit öffentlichen Mitteln ist ein Quantensprung in der Rettungsphilosophie, weil nun nicht nur die Staaten einander beispringen, sondern der eine Staat die Privatwirtschaft des anderen Staates unterstützen soll.

Wie in Kapital 3 schon ausgeführt wurde, hatte man bei der Finanzierung der spanischen Immobilienblase die Grundsätze des soliden Bankgeschäfts mit Füßen getreten. Zwar hat die spanische Bankenaufsicht die Basel-Regeln restriktiv interpretiert. Insofern ist ihr kein Vorwurf zu machen.[46] Aber den Verlockungen des billigen Geldes, das der Euro für die Banken selbst bedeutete, konnte auch sie nichts entgegensetzen. Genauso wie es in Amerika der Fall gewesen war, haben die spanischen Banken die windigsten Projekte finanziert und viel zu hohe Beleihungsquoten zugelassen, vielfach von mehr als 100 % des Kaufpreises. Das Ergebnis kann man heute mit bloßen Augen besichtigen. Überall im Land stehen halb fertige Häuser herum, und die Städte sind von einem Gürtel rostender Stahlbetonskelette umspannt, aus denen einmal Wohnblocks und Bürogebäude hätten werden sollen. Die Kredite der *Cajas*, der spanischen Sparkassen, also öffentlicher Banken, sind nun großenteils notleidend geworden. Das Eigenkapital der spanischen Banken, das bei 10,9 % der Bilanzsumme des Bankensystems liegt,[47] ist zwar im internationalen Vergleich nicht gering, doch wird es nicht reichen, die Verluste zu tragen, zumal ja schon eine geringfügige Verringerung dieses Kapitals die regulatorischen Mindesteigenkapitalquoten verletzen würde.

Der Sachverhalt erinnert an Deutschland ein Jahrzehnt nach der deutschen Vereinigung, als Banken wie etwa die Bayerische Hypotheken- und Wechsel-Bank oder die Bankgesellschaft Berlin, die sich in den neuen Bundesländern im Übermaß engagiert hatten, durch das Platzen der ostdeutschen Immobilienblase ins Straucheln gerieten. Die Bücher sind voller notleidender Kreditforderungen, die man nicht auf ihren wahren Wert abschreiben möchte, weil so das Eigenkapital unter die regulatorische Mindestgröße getrieben würde und den Verlust der Banklizenz zur Folge hätte. So hilft man sich zunächst mit Buchungstricks über die Runden. Doch wenn die Kredite fällig werden und man die Verluste nicht mehr verheimlichen kann, steht die Bankpleite vor der Tür.

Je nach Fristigkeit der von den Banken vergebenen Kredite dauert es vom Platzen der Blase bis zur Bankpleite einige Jahre. In Ostdeutschland platze die Immobilienblase bereits im Jahr 1995, als der Staat seine großzügige Investitionsförderpolitik zurücknahm, und die Banken kamen etwa drei bis sechs Jahre später in Schwierigkeiten.[48] In Japan hatte es sieben Jahre gedauert. Die japanische Immobilienblase war 1990 geplatzt, nachdem die Grundstückspreise in Tokio in den 1980er-Jahren so weit gestiegen waren, dass man ganz Kanada für Tokio hätte eintauschen können. Nach dem Platzen begann zunächst die Phase der Verschleierung der Krise, und erst im Jahr 1997 kam der Crash. 40 % der japanischen Banken standen damals am Abgrund und mussten durch eine Verstaatlichung in letzter Minute gerettet werden. Wo Japan 1997 stand, könnte Spanien in Kürze stehen.

Es gibt grundsätzlich nur drei Gruppen, die für die Übernahme der Lasten aus der geplatzten Immobilienblase Südeuropas infrage kommen: die Aktionäre und Gläubiger der Banken, die Steuerzahler der Sitzländer der Banken oder die Steuerzahler der noch soliden Länder. Es ist verständlich, dass die Steuerzahler der Sitzländer, die Aktionäre und die Gläubiger der Banken die letzte dieser Lösungen vorziehen und deshalb eine Bankenunion propagieren. Natürlich tun sie das nicht mit der Begründung, dass sie Lasten auf Dritte verschieben wollen, sondern mit objektiven Argumenten wie dem Hinweis auf die Notwendigkeit der Regulierung und der Behauptung, dass sonst die Welt untergehe.

Eine Vergemeinschaftung der Bankrisiken lässt sich aus ökonomischer Sicht mit dem Versicherungsargument begründen. Da man nicht weiß, wer den Schaden haben wird, schließen sich Menschen zu einer Solidar- oder Versicherungsgemeinschaft zusammen, um sich die Lasten zu teilen, wenn ein Schaden auftritt. Das ist ein legitimes volkswirtschaftliches Argument für die Kollektivierung von Risiken, freilich eines, das dort an seine Grenzen stößt, wo die Kollektivierung zu opportunistischem Verhalten führt, das die zu versichernde Gefahr noch vergrößert (moralisches Risiko).

Selbst dieses so eingeschränkte Versicherungsargument greift aber nur, wenn das Schutzversprechen getroffen wird, bevor der Schaden eingetreten ist. Für ein brennendes Haus kann man keine Brandversicherung mehr kaufen.

Natürlich würde man dem Nachbarn in diesem Fall trotzdem helfen und sich an den Löscharbeiten beteiligen. In diesem Sinne sollte man in der EU und in der Eurozone den bedrängten Ländern schon mit Liquiditätshilfen zur Seite stehen. Wie das geschehen kann, wird im nächsten Kapitel noch eingehend erörtert. Aber man würde dem Nachbarn doch nicht so viel Geld geben, dass er sich davon wieder ein neues Haus bauen kann. Das täte man nur, wenn man sich mit ihm und anderen zuvor formell an einer Versicherung auf Gegenseitigkeit beteiligt hätte.

Eine solche Versicherung ist indes in der EU und in der Eurozone bislang nicht zustande gekommen, schon gar nicht für die Geschäfte des privaten Sektors. Sie wird im Gegenteil durch das Beistandsverbot des Maastrichter Vertrages (Art. 125 AEUV) explizit ausgeschlossen. Um eine Versicherung geht es im vorliegenden Fall also nicht, sondern um die Suche nach dem Dummen, der anstelle der insolventen Schuldner die Abschreibungslasten übernimmt.

DIE SCHULDEN DER BANKEN UND STAATEN

Manch einer mag denken, dass es bei all der Schuldensozialisierung in Europa auf die paar Banken der Südländer nun auch nicht mehr ankomme. Man könne die Schulden der Banken nun ebenso absichern wie die Schulden der Staaten und insofern Abschreibungsverluste bei den Inhabern der Forderungen gegen die Banken vermeiden. Aber weit gefehlt: Die Lasten, die hier drohen, sind um ein Vielfaches größer als die möglichen Lasten aus der Vergemeinschaftung der Staatsschulden.

Abbildung 10.2 gibt einen Überblick über die Staats- und Bankenschulden der Krisenländer. Die obere linke Säule zeigt die Staatsschulden. Die Summe dieser Schulden lag zuletzt bei 3,379 Billionen Euro. Die lange Säule rechts davon zeigt die Bankenschulden der Krisenländer, also das Geld, das die Banken sich geliehen haben, um es selbst weiterzuverleihen.

Die Schulden der Banken sind in der Abbildung in drei Kategorien aufgeteilt, die jeweils hellere Farbe zeigt die Einlagen, also die Spar- und Girokonten von Ansässigen des Eurogebiets, wobei der eingerahmte Teil nur die Girokonten zeigt. Die Säulenteile in der jeweils kräftigeren Farbe zeigen jene Schulden der Banken, die nicht zu den Einlagen gehören, also insbesondere Kredite, die die Banken vom Kapitalmarkt bekommen haben, sowie Bankschuldverschreibungen und andere Anlagen, die sie selbst zu ihrer Finanzierung ausgegeben haben. Auch die Refinanzierungskredite, die sie von der jeweiligen nationalen Notenbank bezogen, zählen dazu.

Abbildung 10.2: Staatsschulden und Bankenschulden der GIIPSZ-Länder (Milliarden Euro)

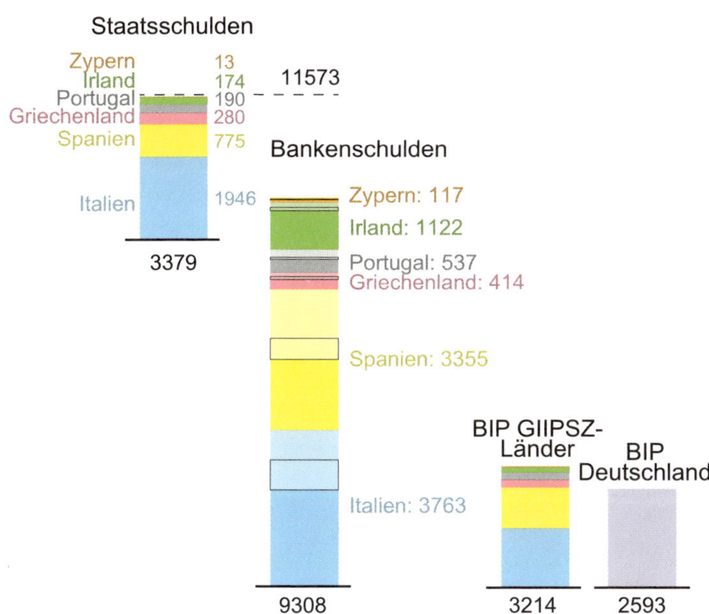

Bemerkung: Der Teil der Bankenschulden, der auf die Einlagen von Ansässigen im Euro-Währungsgebiet (ohne monetäre Finanzinstitute und Zentralstaaten) entfällt, ist jeweils in einer aufgehellten Farbe dargestellt. Diese Einlagen haben ein Volumen von 3715 Milliarden Euro. Bei den besonders hervorgehobenen Teilstücken der Einlagen handelt es sich um Girokonten (insgesamt 1418 Milliarden Euro).

Hinweis: Da die dargestellten Einzelziffern gerundet sind, ist ihre Summe nicht genau gleich der gerundeten Summe der exakten Einzelziffern.

Quelle: Eurostat, *Wirtschaft und Finanzen*, Sektor Staat; Deutsche Bundesbank, *Zeitreihen-Datenbank*, ESZB-Zeitreihen, Bilanzstatistik der MFIs.

Man sieht, dass die Bankenschulden der Krisenländer bei 9308 Milliarden Euro liegen. Da diese Daten aus den konsolidierten nationalen Bankbilanzen stammen, sind die Schulden, die eine Bank bei anderen inländischen Banken hat, schon herausgerechnet worden. Es handelt sich also um Nettoschulden des jeweiligen nationalen Bankensystems. Die Querverflechtungen zwischen den Krisenländern ließen sich allerdings noch nicht herausrechnen. Daher muss man die ausgewiesene Summe der Bankenschulden der GIIPSZ-Länder mit einiger Vorsicht interpretieren.

Banken halten auch Staatspapiere. Insofern taucht ein Teil der

Bankenschulden als Staatsschulden wieder auf. Dieser Teil der Querverflechtungen ist rechnerisch erfasst worden und kommt durch den Überlappungsbereich zwischen den beiden Säulen zum Ausdruck. Zieht man ihn ab, liegt die Summe der Banken- und Staatsschulden in den GIIPSZ-Ländern bei 11.573 Milliarden Euro, wie es durch die Zahl oberhalb der gestrichelten Linie veranschaulicht wird. Das sind 360% des gemeinsamen BIP der Krisenländer oder auch 446% des deutschen BIP, die zu Vergleichszwecken durch die rechten beiden Säulen dargestellt sind.

Wie immer man die Bankenunion konstruieren wird: Deutschland sollte aufpassen, dass es die angedachte Sozialisierung der Bankenschulden effektiv begrenzt, denn die Summen, um die es perspektivisch geht, sind zu groß, als dass man sie kollektiv absichern könnte. Die Sozialisierung der Staatsschulden wäre schon eine Herkulesaufgabe, an der die noch soliden Staaten Europas zerbrechen könnten. Nun gar auch noch erhebliche Anteile der Bankenschulden zu vergemeinschaften, indem man die notleidenden Banken mit Gemeinschaftsmitteln rekapitalisiert, ist ein gefährliches Unterfangen, dessen Dimensionen manch einer, der sich für eine Bankenunion starkmacht, nicht zu überschauen scheint. Die Vorstellung, dass die Bundesrepublik mit ihrem BIP von nur 2½ Billionen Euro und einem Bundesetat von 313 Milliarden Euro durch die Mithilfe bei der Rekapitalisierung der Banken eine zentrale Funktion bei der Absicherung der Bankenschulden der GIIPSZ-Länder übernehmen könnte, ist verwegen. Selbst wenn nur ein Verlust von beispielsweise 20% auf die Staats- und Bankenschulden der GIIPS-Länder anfiele und Deutschland hiervon nach einer entsprechenden Aufstockung des ESM seinen Kapitalanteil von 43% zu tragen hätte (nach Ausfall der GIIPS-Länder als Garantiegeber), es also noch nicht zu einer gesamtschuldnerischen Haftung käme, müsste Deutschland einen Betrag von 995 Milliarden Euro aufbringen. Das wäre mehr als das Dreifache des Bundesetats oder eine Last, wie für Westdeutschland in den ersten 14 Jahren der deutschen Vereinigung entstanden ist.

Manch ein Kommentar, den man zum Thema der Bankenunion las, interpretiert die Bankenunion nur im Sinne einer gemeinsamen Einlagensicherung der europäischen Banken, die die Banken auf Gegenseitigkeit selbst abschließen können. Ganz abgesehen davon, dass diese Interpretation nicht durch den Gipfelbeschluss gedeckt ist, der eindeutig von einer Rekapitalisierung der Banken spricht, würden sich die deutschen Banken auch herzlich bedanken, wenn ihnen die Beteiligung an einer solchen Einlagensicherung angeboten würde. Ihr Eigenkapital liegt in der Summe bei 354 Milliarden Euro, doch die Summe der Einlagen der Krisenländer beträgt 3715 Milliarden Euro. Sie ist also mehr als zehnmal so groß.

Optimisten mögen denken, dass die gemeinsame Bankenaufsicht vor einer übermäßigen Beanspruchung des ESM schützen werde. Man könne ja nicht einfach mit der Schuldensozialisierung beginnen, sondern erst, nachdem man durch eine gemeinsame Aufsichtsbehörde ein höheres Maß an Solidität im Bankengeschäft hergestellt hat. Doch auch sie übersehen, dass es nicht um die Zukunft, sondern um die Vergangenheit geht. Die Abschreibungsverluste aus den früheren Immobilienkrediten fallen den Banken jetzt auf die Füße, und die Frage ist, wer sie übernimmt. Keine Regulierung der Welt kann den Banken das Eigenkapital verschaffen, mithilfe dessen man die Verlagerung der Lasten auf andere Länder des Euroraums vermeiden kann. Selbstverständlich wird man, sobald die gemeinsame Bankenregulierung notdürftig steht, um den formalen Bedingungen des Gipfelbeschlusses Genüge zu tun, sofort damit beginnen, dem ESM die Abschreibungslasten zu übertragen, um die Eigentümer und Gläubiger der Banken zu schützen. Man wird dies sicherlich nicht in der platten Weise tun, dass man die Banken mit Geldgeschenken rekapitalisiert. Man wird erst Kredite geben, diese Kredite ein paar Mal verlängern und sie dann gegebenenfalls zu einem späteren Zeitpunkt abschreiben, wenn die Politiker, die heute die Entscheidungen treffen, alle schon nicht mehr im Amt sind. Auf jeden Fall wird man die Kredite zinsverbilligt zu Konditionen geben, die den Kapitalmarkt unterlaufen, weil sie die wirklichen Risikokosten eines Engagements nicht abbilden. Die strukturelle Mehrheit, die die Krisenstaaten und ihr großer Gläubiger Frankreich (vgl. *Abbildung 8.8*) in allen Eurogremien haben, wird schon dafür sorgen, dass das passiert. Jedenfalls kann man nicht erwarten, dass die zu schaffende Aufsichtsbehörde ihren Aufgaben auf eine Weise nachkommt, die die Interessen der Bundesrepublik als des hauptsächlichen Garantiegebers des ESM hinreichend berücksichtigt. Gerade auch demokratische Entscheidungsstrukturen schützen nicht vor der Ausbeutung der Minderheit durch die Mehrheit.

DEBT EQUITY SWAPS

Was also tun? Angesichts des riesigen Umfanges der möglichen Abschreibungslasten kommt eine substanzielle Beteiligung der öffentlichen Hand auf dem Wege über den ESM eigentlich nicht infrage. Wer so etwas fordert, der kann sich über die Größenordnung der Risiken offensichtlich keinen halbwegs zutreffenden Überblick verschafft haben.

Gerade weil die Bankschulden so groß sind und vom ESM nicht abgesichert werden können, gibt es aber doch eine Gruppe von Menschen, die die absehbaren Vermögensverluste tragen kann. Das sind die Inhaber der entsprechenden Forderungstitel selber. Jede Schuld ist eine Forderung und ein Stück Vermögen für den Inhaber dieser Forderung. Wenn es also in der Größenordnung um über 10 Billionen Euro Staatsschulden und Bankschulden bei den GIIPSZ-Ländern geht, dann stehen dahinter, weltweit verteilt, auch über 10 Billionen Euro an Vermögenswerten bei irgendwelchen Anlegern, Sparern und Kontoinhabern. Diese Personengruppen, mit Einschränkungen vielleicht die Kontoinhaber, denen ein Drittel dieser Summe gehört, verfügen über das Vermögen, das die Abschreibungsverluste tragen kann, sie haben die Anlageentscheidungen getroffen, und sie müssen das Risiko, das sie damit eingegangen sind, tragen. Das ist nicht nur gerecht, sondern auch für die Effizienz der zukünftigen Anlageentscheidungen unerlässlich. Wenn man die Schulden heute vergemeinschaftet, wird die Erwartung der Anleger aufgebaut, dass das auch zukünftig so sein wird, und die europäische Wirtschaft wird von einer Schuldenkrise in die nächste stolpern.

Es gibt ein einfaches Mittel, durch das sich die Banken Südeuropas retten und stabilisieren lassen, ohne dass man die Steuerzahler zur Mitfinanzierung heranziehen muss, und das ist der Debt Equity Swap, wörtlich: die Umwandlung von Schulden in Eigenkapital. In dem Maße, wie Bankverluste das Eigenkapital unter das regulatorische Minimum drücken, werden festverzinsliche Schulden der Banken in Bank-Aktien verwandelt. Dadurch werden die Gläubiger der Banken Aktionäre und Miteigentümer, verlieren aber ihre festverzinslichen Forderungen.

Eine Lösung der Bankenkrise durch Debt Equity Swaps habe ich im Juni 2012 in mehreren Zeitungskommentaren gefordert.[49] Die Forderung wird in einem Aufruf von Walter Krämer unterstützt, der von über 270 deutschsprachigen Ökonomieprofessoren unterschrieben wurde,[50] wie auch in einem parallelen Aufruf von Frank Heinemann, dem sich 220 deutschsprachige Ökonomieprofessoren, Assistenten und Vertreter der Finanzwirtschaft angeschlossen haben.[51] Im letztgenannten Aufruf heißt es:

> *»Es darf dabei keinesfalls um eine Vergemeinschaftung der Haftung für Bankschulden gehen. Vielmehr kommt es darauf an, dass die europäische Bankenaufsicht wirksame Durchgriffsrechte auf insolvente Banken in den Krisenländern bekommt. Die europäische Behörde muss mit der Kompetenz ausgestattet sein, eine ernsthafte Rekapitalisierung solcher Banken durch Ablösung der bisherigen Anteilseigner und durch die Umwandlung von Bankschulden in Eigenkapital durchzusetzen.«*

In der Presse sind in diese Aufrufe zum Teil Gegensätze hineininterpretiert worden, die es in Wahrheit gar nicht gab, was sich schon daran zeigt, dass 14 Professoren beide Aufrufe unterschrieben haben.[52] Es ist ein Faktum, dass sich mittlerweile fast 500 deutsche Fachökonomen für diese Lösung einsetzen. Auch die von der zweiten Ökonomengruppe richtigerweise betonte Notwendigkeit, eine europäische Regulierungsbehörde zu schaffen, die die notwendige Umstrukturierung der insolventen Banken umsetzt, steht nicht im Widerspruch zum Aufruf der ersten Gruppe, ganz im Gegenteil.[53] Ein gemeinsamer Text von Unterzeichnern der beiden ersten Aufrufe im Rahmen des Ökonomenplenums bestätigt dies in aller Deutlichkeit.[54]

Debt Equity Swaps machen es möglich, Banken zu retten, ohne zugleich die Aktionäre der Banken zu retten und den Bankgläubigern ihre Risiken abzunehmen. Wenn Banken die von ihnen ausgereichten Kredite abschreiben müssen, weil ihre Kunden nicht zurückzahlen, entstehen Verluste. Diese Verluste sind eigentlich vom Eigenkapital zu tragen. Faktisch geht das aber nicht, weil kaum eine Bank mehr Eigenkapital hat, als sie braucht, um die regulatorischen Mindestanforderungen zu erfüllen. In der Not kommt meistens der Steuerzahler zu Hilfe. Die Asymmetrie bei der Beteiligung der Aktionäre an den Gewinnen und Verlusten, die aus dieser Hilfe entsteht, ist ein wesentlicher Grund dafür, dass Banken dazu neigen, viel zu riskante Geschäfte zu finanzieren. Ja man kann das gerade als das implizite Geschäftsmodell eines Großteils der Bankenwelt ansehen.[55]

Debt Equity Swaps verhindern die Möglichkeit, ein solches Spiel mit dem Steuerzahler zu spielen. Sind die Verluste der Banken kleiner als das Eigenkapital, das auf diese Weise wieder aufgefüllt wird, ändert sich nur die Eigentümerstruktur der Bank. Den Altaktionären gehört nun ein kleinerer Teil des Eigenkapitals als vorher, und die Gläubiger werden zu Neuaktionären. Im Idealfall tragen jetzt nur die Alteigentümer die Verluste, und die Gläubiger erhalten gerade so viel an zusätzlichen Aktienwerten, wie sie an festverzinslichen Forderungen verlieren.

Sind die Verluste freilich größer als das ursprünglich vorhandene Eigenkapital, dann erleiden auch die Gläubiger Verluste. Die Altaktionäre verlieren nun alles, und die Gläubiger werden mit Aktien entschädigt, die weniger wert sind als ihre bisherigen festverzinslichen Forderungen.

Auch in diesem Fall wird freilich die Bank gerettet und vollständig rekapitalisiert, ohne dass es hierzu auch nur eines Cents öffentlichen Geldes bedarf. Das ist der Charme einer solchen Lösung. Zwar ist es auch für die Gläubiger eine Last, wenn sie Verluste tragen müssen, doch erstens haben sie das dafür nötige Vermögen, und zweitens haben sie ihre Investitionsentscheidung freiwillig getroffen. Für die Funktionsweise der Marktwirtschaft ist es von fundamentaler Bedeutung, dass derjenige, der eine Investitionsentscheidung in der Hoffnung auf künftige Gewinne fällt, auch die Konsequenzen der Entscheidung zu tragen hat und nicht etwa unbeteiligte Dritte, wie hier die Steuerzahler oder Rentner der betroffenen oder gar noch ganz anderer Länder. Denn nur so werden Investoren sich das nächste Mal vorsehen, wenn sie ihr Geld verleihen.

Es wird manchmal argumentiert, die Staatengemeinschaft solle zumindest für den Notfall auch noch die Mittel des ESM bereithalten. Nach den Eigentümern müsse man zwar zunächst die Gläubiger der Bank zur Kasse bitten, um das nötige Eigenkapital wieder beizubringen, aber wenn das nicht reiche, müsse die Staatengemeinschaft zumindest denjenigen Banken helfen können, deren Probleme nach Einführung einer gemeinsamen Regulierung entstanden seien. Deswegen müsse der Zugang zum ESM prinzipiell möglich sein. Die Staatengemeinschaft könne sich dann ja durch eine strikte Konditionalität bei der Vergabe von Hilfsmitteln gegen den Missbrauch schützen. Dieses Argument ist aus zweierlei Gründen nicht überzeugend.

Erstens übersieht es, welch riesige Volumina an Bankenschulden als Verteilungsmasse vorhanden sind. Selbst wenn man die Einlagen der im Eurogebiet ansässigen Bürger schonen möchte, bleiben bei den Banken der GIIPSZ-Länder immer noch 5593 Milliarden Euro oder 60% ihrer Schulden an sonstigem Fremdkapital übrig, das man in Eigenkapital umwandeln könnte. Banken, bei denen die Verluste so groß sind, dass das über die Einlagen hinausgehende Fremdkapital nicht ausreichen würde, sind schwer vorstellbar. Für diesen extrem unrealistischen Eventualfall braucht man keine zentralen Töpfe zu schaffen. Natürlich sind unter den Gläubigern auch andere Banken des Euroraums, die dann selbst in Schwierigkeiten kommen könnten. Aber dann muss man dort halt nach dem gleichen Muster verfahren und auch deren Gläubiger mit Debt Equity Swaps beteiligen. Im Kern ändert die Möglichkeit von Kettenreaktionen nichts an der grundsätzlichen Erkenntnis, dass das Geld, das verliehen wurde und nun nicht mehr zurückkommt, irgendjemandem gehört haben muss, und dass diese Person über das Vermögen verfügt, das für die Übernahme der Abschreibungsverluste erforderlich ist.

Zweitens krankt das Argument daran, dass man keine verlässlichen Schranken in Form strikter Konditionen politisch vereinbaren kann, die einen wirksamen Schutz vor Missbrauch bieten würden. Nach den Erfahrungen mit der Minorisierung der Bundesbank im EZB-Rat, nach deren Modell die EZB ja angeblich konstruiert war, der Umdeutung des Maastrichter Vertrages und der fortwährenden Abschwächung der Konditionalität bei den bisherigen Rettungsaktionen muss man vielmehr damit rechnen, dass alle Bedingungen im politischen Prozess aufgeweicht werden. Wenn das Geld ins Schaufenster gelegt wird, wird es auch genommen werden!

Man braucht kein öffentliches Geld, um Banken zu restrukturieren, wenn sie insolvent sind. Das zeigen die Insolvenzordnungen aller Industriestaaten. Bei seinem Versuch, das insolvente Unternehmen zu sanieren, verlangt der Insolvenzverwalter zunächst, dass die Eigentümer die Verluste tragen, und wenn das Eigenkapital nicht reicht, müssen auch die Gläubiger Verzicht leisten. Es kommt niemand zu Hilfe, um die Gläubiger zu schützen. Bisweilen schafft es ein Insolvenzverwalter, neues Fremdkapital auf dem Markt zu aktivieren, aber dann muss er attraktive Zinsen bieten und gewährt dem neuen Kapital für den Fall des Konkurses strikten Vorrang vor dem Altkapital.

Richtig ist der Einwand, dass es systemische Risiken in Form einer sich rasch verbreitenden Angst, die zum Horten von Krediten führt, geben kann, wenn man die Abschreibungsverluste den Gläubigern der Banken aufbürdet, die damit nie haben rechnen können. Das Beispiel der Lehman-Pleite wird in diesem Zusammenhang nicht ohne Berechtigung angeführt.

Für dieses Problem bieten sich zwei Lösungsansätze an. Kurzfristig könnte man den Sitzstaaten Zugang zu gemeinschaftlichen Liquiditätshilfen von der Art des ESM gewähren, wenn sie ihre Banken mit öffentlichem Kapital stützen wollen. Da die Probleme unter der nationalen Regulierung entstanden sind, gibt es keine Veranlassung die Banken direkt durch die Staatengemeinschaft aufzufangen und den Nationalstaat von der Haftung zu befreien.

Langfristig, wenn nämlich Probleme bei Banken entstehen, die bereits von einer gemeinsamen Euro-Behörde reguliert wurden, kann man ein vereinfachtes Verfahren für die Umwandlung von Bankschulden in Eigenkapital schaffen. Dazu bieten sich die sogenannten CoCos (Contingent Convertible Bonds) an. CoCos sind bedingte Pflichtwandelanleihen, die im laufenden Geschäftsbetrieb einer Bank wie normale Schulden der Bank behandelt werden, bei bestimmten vorher festgelegten Ereignissen aber automatisch in Eigenkapital mit allen dazu gehörenden Rechten und Pflichten verwandelt werden. Zu den auslösenden Ereignissen kann es zum Beispiel gehören, wenn der Verlust der Bank, der Kursverfall der Aktie oder auch Indikatoren für die Stabilität des Finanzmarktes im Allgemeinen bestimmte Schwellenwerte überschreiten.[56]

Wenn CoCos in Eigenkapital umgewandelt werden, wird es nicht zu einer Krise vom Lehman-Typus kommen können, weil das Risikoereignis schon von den Marktteilnehmern antizipiert und einkalkuliert wurde. Die Umwandlung wird genauso wenig zu Ansteckungseffekten und Kettenreaktionen führen können, wie es das Schadensereignis bei einem Versicherungsunternehmen tun kann. Vorhersehbare und wohlspezifizierte Verluste können schwerlich eine Panik auslösen, wenn sie auftreten.

Konkret könnte man den Banken vorschreiben, in kurzer Frist in einem erheblichen Umfang ihrer Bilanzsumme, vielleicht 30 %, ausstehende Bankschuldverschreibungen in CoCos zu verwandeln. Das kann zunächst freiwillig probiert werden, indem die Banken für den Umtausch entsprechend attraktivere Zinsen bieten. Wenn die Krise einer Bank schon so weit vorangeschritten ist, dass eine Bank es nicht schafft, freiwillige Umtauschaktionen zu organisieren, dann müsste die Bank durch die Aufsichtsbehörde zur Umwandlung der vorhandenen Schuldverschreibungen in solche CoCos gezwungen werden, sodass im Falle der tatsächlichen Insolvenz der Debt Equity Swap mit den CoCos wirklich durchgeführt werden kann.

BANKLIZENZ FÜR DEN ESM: WIE SICH DIE TARGET-FALLE SCHLIESSEN WÜRDE

Der Verteilungskonflikt zwischen den Gläubigern, den Schuldnern und den Steuerzahlern, die für den ESM haften müssen, ist alles andere als angenehm für die Politik. Die Gläubiger sehen ihre Bilanzen in Gefahr und bedrängen ihre Regierungen, die Schuldner fürchten die dramatische Einschränkung im Lebensstandard, und die Steuerzahler der noch stabilen Länder Europas werden zunehmend nervös. So spricht zum Beispiel der Europäische Steuerzahlerbund von einem »sittenwidrigen ESM-Vertrag«, der »eine Gefahr für den europäischen Frieden«[57] bedeute und einer »Verhöhnung und Verspottung des gesunden Menschenverstandes und der europäischen Rechtstradition schlechthin«[58] gleichkomme.

In einer solchen Situation liegt es nahe, wieder einmal den Weg über die Notenpresse zu suchen. Bislang hat die EZB schon geholfen, indem sie den Banken der Krisenländer billigen Refinanzierungskredit zur Verfügung stellte, der über die Eigenversorgung der Länder mit Liquidität hinausging, um die heimische Wirtschaft und den Staat mit Krediten zur Abdeckung ihrer ausländischen Verpflichtungen zu versorgen. Dieser Überlauf an Refinanzierungskrediten wird, wie bereits ausführlich beschrieben, durch die Target-Salden gemessen. Auch hat die EZB den Staaten geholfen, indem sie die Zentralbanken der stabilen Länder angewiesen hat, die Staatspapiere der Krisenländer zu kaufen. Warum sollte man nicht, so fragen sich viele, noch einen Schritt weiter gehen und dem ESM eine Banklizenz geben? Dann kann sich auch der ESM die für Ausleihungen an die Staaten, für Staatspapierkäufe und die Rekapitalisierung der Banken nötigen Mittel direkt über Refinanzierungskredite bei der EZB besorgen, und das ewige Gezerre um das Geld hätte ein Ende. Die EZB würde sich mit minimalen Sicherheiten begnügen und bei gegebenem Stammkapital des ESM eine praktisch unbegrenzte Hebelwirkung bei der Kreditaufnahme zum Zwecke des Erwerbs von Staatspapieren hinaus erlauben, weit über das Niveau, bei dem private Geldgeber kalte Füße kriegen würden. [59]

In der Tat braucht der ESM die Bankenlizenz gar nicht mehr, denn nach Artikel 32 Absatz 9 des ESM-Vertrages hat er sie schon. [60] Dort heißt es nämlich:

> *Der ESM ist von jeglicher Zulassungs- oder Lizenzierungspflicht, die nach dem Recht eines ESM-Mitglieds für Kreditinstitute, Finanzdienstleistungsunternehmen oder sonstige der Zulassungs- oder Lizenzierungspflicht sowie der Regulierung unterliegende Unternehmen gilt, befreit.*

Wenn der Gouverneursrat es möchte und der EZB-Rat zustimmt, kann der ESM also bereits mit Refinanzierungskrediten aus der Notenpresse bedient werden. Offenbar hat bei der Formulierung des Vertrages schon jemand weiter gedacht, als der Bundestag es ahnen konnte, als er das ESM-Gesetz am 29. Juni 2012 verabschiedete. Ein Studium der Sitzungsprotokolle des Bundestages zeigt, dass bei den Beratungen zum ESM-Vertrag nicht ein einziger Redner auf diese Problematik hinwies. [61]

Viele sehen die Gefahr einer solchen Lösung in einer unkontrollierten Geldvermehrung, die zur Inflation führt. Aber so wird der Prozess, jedenfalls zunächst einmal, nicht ablaufen, weil es nun ganz ähnlich wie bei den Target-Krediten in den Kernländern wieder zu einer gegenläufigen Geldvernichtung kommt. Die Staaten, Banken und Privatsektoren der Krisenländer werden mit dem neu bei der EZB gedruckten und über den ESM an sie ausgereichten Geld wiederum in den Kernländern Güter und Vermögensobjekte kaufen und Schulden tilgen. Das Geld, das den Banken der Kernländer auf diese Weise zufließt, wird, da man den Überschuss an Liquidität dort nicht benötigt, an die jeweiligen Zentralbanken verliehen und damit dem Kreislauf entzogen werden, genauso wie es in Kapitel 7 für die Target-Kredite beschrieben wurde. Die Geldmenge wird sich also zunächst gar nicht sonderlich ausweiten.

In der Tat läuft die Vergabe der Banklizenz an den ESM darauf hinaus, dass sich der ESM über Target-Kredite finanzieren kann, nur mit dem Unterschied, dass diese Kredite nicht von der Notenbank eines anderen Landes, sondern vom ESM bezogen werden. Für die Krisenländer entsteht nun kein Target-Saldo mehr, weil ja Geld vom ESM kommt, das für Käufe von Gütern und Wertobjekten sowie für die Schuldentilgung wieder an andere Länder abgegeben wird. Dafür hat nun der ESM selbst einen negativen Target-Saldo. Für die Bundesbank und andere nationale Notenbanken in ähnlicher Position, die die Überweisungsaufträge durchführen müssen, ändert sich freilich nichts. Sie bauen nun weiterhin Target-Forderungen auf. Auch diese Target-Forderungen verlören wahrscheinlich ihre rechtliche Grundlage, sollte der Euro zerbrechen.

Hierin liegt die Hauptgefahr einer Bankenlizenz für den ESM. Wenn der ESM sich über Anleihen am Markt finanziert, dann kommen die Finanzinstitutionen der kapitalexportierenden Länder, so die deutschen Banken und Versicherungen, in den Besitz von marktgängigen Vermögenstiteln, die Marktzinsen tragen, jederzeit veräußerbar sind und einen dauerhaften Rechtsanspruch begründen, der auch beim Untergang des Euro nicht erlöschen würde. Der Zins ist zwar niedriger, als er angesichts der Risiken der Empfängerländer sein müsste, doch nicht die Banken und Versicherungen tragen die Last, sondern die Steuerzahler der noch stabilen Länder, die den ESM durch ihre Haftung umsonst versichern. Wenn sich der ESM indes über Refinanzierungskredite finanziert, dann erhalten die kapitalexportierenden Länder nur die Target-Forderungen, und die Banken dieser Länder erhalten entsprechende Forderungen gegen ihre nationale Notenbank, weil sie die Überschussliquidität dort abladen. Diese Forderungen werden nicht einmal mit dem Hauptrefinanzierungssatz verzinst. Der Höchstzins betrug im August 2012 für Termineinlagen 0,75 % und für die Einlagefazilität nur noch 0,0 %, während die Inflationsrate des Euroraums zuletzt bei 2,4 % (Juli) lag.

Doch auch die von vielen befürchtete Inflation bei einer Finanzierung des ESM über die Notenpresse ist eine Gefahr, die man für die Zukunft nicht ganz von der Hand weisen kann. Sie würde drohen, wenn die europäische Wirtschaft wieder in einen Boom käme und die Banken die bei der EZB geparkten Gelder wieder abrufen, ohne dass die EZB mit steigenden Zinsangeboten dagegenhält. Die viel größere Gefahr ist freilich, dass über den ESM die Target-Maschinerie weiter ausgedehnt wird und immer mehr Ersparnisse der Deutschen in bloße Ausgleichsforderungen der Bundesbank gegen die EZB verwandelt werden, die im Falle des Zusammenbrechens des Euro verloren wären und auch so eigentlich nicht viel wert sind, weil sie keinerlei reale Zinsen bringen. Ließe man das zu, würde die Target-Falle vollends zuschnappen.

ANMERKUNGEN

1 Europäischer Rat, »Treaty Establishing the European Stability Mechanism (ESM)«, 2. Februar 2012, http://european-council.europa.eu/eurozone-governance/esm-treaty-signature?lang=de, (im Folgenden ESM-Vertrag).
2 Europäischer Rat, »Treaty on Stability, Coordination and Governance in the Economic and Monetary Union (TSCG)«, 2. März 2012, http://european-council.europa.eu/eurozone-governance/treaty-on-stability?lang=de, (im Folgenden SKS-Vertrag).
3 Vgl. dazu H.-W. Sinn, »Die Europäische Fiskalunion«, *ifo Working Paper* Nr. 131, Juli 2012, erscheint in *Perspektiven der Wirtschaftspolitik* 2012. Hier und im Folgenden gibt es Passagen, die sich mit Erlaubnis des Herausgebers eng daran anlehnen.
4 ESM-Vertrag, Art. 48.
5 ESM-Vertrag, Art. 14.
6 ESM-Vertrag, Art. 13 i. V. m. Art. 17 u. Art. 18.
7 ESM-Vertrag, Art. 8 u. Art. 21.
8 ESM-Vertrag, Art. 10 Abs. 1.
9 Dem EFSF-Fonds sollen für die Sondertilgung der griechischen Staatsschulden und zur Rekapitalisierung der Banken insgesamt 83 Milliarden Euro entnommen werden, im zweiten wirtschaftlichen Anpassungsprogramm für Griechenland waren dafür vorläufig 78 Milliarden Euro eingetragen worden. Bis zum 3. August waren 60 Milliarden Euro bereits ausgezahlt. Im Einzelnen sind 30 Milliarden Euro für die Tilgung vorgesehen, 5,5 Milliarden Euro, um aufgelaufene Zinsansprüche für die am Anleihetausch teilnehmenden alten Anleihen abzudecken, und 48 Milliarden Euro für die Bankenrekapitalisierung. Vgl. European Financial Stability Facility, *Lending operations*, http://www.efsf.europa.eu/about/operations/index.htm, und Europäische Kommission, Generaldirektion Wirtschaft und Finanzen, *The Second Economic Adjustment Programme for Greece. March 2012*, S. 46.
10 Siehe »Vertrag über die Arbeitsweise der Europäischen Union« (AEUV), *ABl.* 53, 2010, Nr. C 83, S. 47–200.
11 ESM-Vertrag, Art. 13 Abs. 1.
12 ESM-Vertrag, Art. 13 Abs. 3.
13 Europäischer Rat, *Gipfelerklärung der Mitglieder des Euro-Währungsgebiets*, Brüssel, 29. Juni 2012, http://www.consilium.europa.eu/uedocs/cms_data/docs/pressdata/de/ec/131365.pdf.
14 »Italien bereitet den Weg für EU-Hilfen«, *Frankfurter Allgemeine Zeitung*, 29. Juni 2012, http://m.faz.net/aktuell/wirtschaft/eu-gipfel-italien-bereitet-den-weg-fuer-eu-hilfen-11803660.html.
15 Vgl. Bundesregierung, *Große Prinzipientreue und etwas Flexibilität*, Berlin, 3. Juli 2012, http://www.bundesregierung.de/Content/DE/Artikel/2012/07/2012-07-03-europaeischer-rat-nachlese.html.
16 ESM-Vertrag, Art. 13 Abs. 1 Buchst. b.
17 Europäischer Rat, *Gipfelerklärung der Mitglieder des Euro-Währungsgebiets*, a.a.O.
18 ESM-Vertrag, Art. 21.
19 ESM-Vertrag, Art. 5.
20 ESM-Vertrag, Art. 4 Abs. 3.
21 ESM-Vertrag, Art. 4 Abs. 4.
22 ESM-Vertrag, Art. 4 Abs. 5.
23 Vgl. zu Abstimmungsregeln und Entscheidungsbefugnissen ESM-Vertrag, Kap. 2.

24 Bundesverfassungsgericht, *Pressemitteilung*, 7. September 2011, Nr. 55.
25 ESM-Vertrag, Art. 10 Abs. 1, sowie »Entwurf eines Gesetzes zur finanziellen Beteiligung am Europäischen Stabilitätsmechanismus (ESM-Finanzierungsgesetz – ESMFinG)«, *Deutscher Bundestag Drucksache* 17, 20. März 2012, Nr. 9048, 10126 und 10172, Art. 2 Abs. 1. Bei der 188. Sitzung des Deutschen Bundestages, am 29. Juni 2012, stand dieser Text zur Abstimmung.
26 Vgl. D. Murswiek, »Vorläufige Stellungnahme zu den Parlamentsvorbehalten gemäß Änderungsantrag Arbeitsgruppen Haushalt CDU/CSU und FDP zum ESMFinG und gemäß Zustimmungsgesetz zum ESMV (ESMG)«, unveröffentlichtes Manuskript, 9. Mai 2012.
27 ESM-Vertrag, Art. 4 Abs. 4 S. 4 i. V. m. Art. 9, der die fast automatische Nachschusspflicht bei einem Verbrauch der Barreserve regelt.
28 ESM-Vertrag, Art. 35.
29 Bei der Anhörung zu den Verfassungsbeschwerden vom 5. Juli 2011, die sich gegen deutsche und europäische Rechtsakte sowie weitere Maßnahmen richten, die im Zusammenhang mit der Griechenland-Hilfe und dem Euro-Rettungsschirm im Raum der Europäischen Währungsunion stehen.
30 ESM-Vertrag, Art. 9 Abs. 2.
31 Vgl. S. Homburg, »Retten ohne Ende«, *Frankfurter Allgemeine Sonntagszeitung*, 29. Juli 2012, Nr. 30, S. 33, http://www.faz.net/aktuell/wirtschaft/europas-schuldenkrise/schuldenkrise-retten-ohne-ende-11832561.html.
32 ESM-Vertrag, Art. 33.
33 ESM-Vertrag, Art. 13 i. V. m. Art. 5 Abs. 6 u. Abs. 7.
34 SKS-Vertrag, Art. 3 Abs. 2.
35 SKS-Vertrag, Art. 8.
36 SKS-Vertrag, Art. 8 Abs. 2.
37 M. Kaczmarek, »Bundestag: Fiskalpakt wird mit Hollande nachverhandelt«, *EurActiv.de*, 23. April 2012, http://www.euractiv.de/wahlen-und-macht/artikel/bundestag-fiskalpakt-wird-mit-hollande-nachverhandelt-006232.
38 SKS-Vertrag, Art. 3 Abs. 1 Buchst. b.
39 »Grundgesetz für die Bundesrepublik Deutschland«, *BGBl. I*, 23. Mai 1949, Nr. 1, S. 1–19, zuletzt geändert durch das »Gesetz zur Änderung des Grundgesetzes (Artikel 91e)«, *BGBl. I*, 21. Juli 2010, Nr. 38, S. 944, darin Art. 109 Abs. 3.
40 SKS-Vertrag, Art. 4.
41 AEUV, Art. 126.
42 SKS-Vertrag, Art. 4 i. V. m. AEUV, Art. 126.
43 Siehe H.-J. Blanke, »Die Europäische Wirtschafts- und Währungsunion zwischen Krisenanfälligkeit und Reform«, erscheint in A. Scherzberg, Hrsg., *Zehn Jahre Staatswissenschaften in Erfurt*, de Gruyter, Berlin 2012, insbesondere S. 69, sowie Ch. Calliess und Ch. Schoenfleisch, »Auf dem Weg in die europäische ›Fiskalunion‹? – Europa – und verfassungsrechtliche Fragen einer Reform der Wirtschafts- und Währungsunion im Kontext des Fiskalvertrages«, *Juristenzeitung* 67, 2012, Nr. 10, S. 477–528, insbesondere S. 479–482.
44 Vgl. Europäischer Rat, *Gipfelerklärung der Mitglieder des Euro-Währungsgebietes*, a.a.O. Siehe auch W. Mussler, »Krisenfonds soll Banken direkt kapitalisieren«, *Frankfurter Allgemeine Zeitung*, 30. Juni 2012, Nr. 150, S. 11.
45 Vgl. H.-W. Sinn, *The New Systems Competition*, Yrjö Jahnsson Lectures, Basil Blackwell, Oxford 2003, Kapitel 7, sowie die im *Finanzarchiv* erschienene Debatte mit E. Baltensperger und P. Spencer zur Bankenregulierung, in der ich mich im Gegensatz zu meinen Kritikern für eine internationale Harmonisierung der Bankenregulierung aussprach. Siehe H.-W. Sinn, »Risk Taking, Limited Liability and

the Competition of Bank Regulators«, *Finanzarchiv* 59, 2003, S. 305–329; E. Baltensperger, »Competition of Bank Regulators: A More Optimistic View. A Comment on the Paper by Hans-Werner Sinn«, *Finanzarchiv* 59, 2003, S. 330–335; P. Spencer, »Can National Banking Systems Compete? A Comment on the Paper by Hans-Werner Sinn«, *Finanzarchiv* 59, 2003, S. 336–339; und H.-W. Sinn, »Asymmetric Information, Bank Failures, and the Rationale for Harmonizing Banking Regulation. A Rejoinder on Comments of Ernst Baltensperger and Peter Spencer«, *Finanzarchiv* 59, 2003, S. 340–346.

46 Zum Beispiel ließ sie das außerbilanzielle Geschäft in ausländischen Zweckgesellschaften nicht zu, das sich für einige deutschen Banken in der ersten Welle der Finanzkrise als verhängnisvoll erwies.

47 Stand: Ende Juni 2012, vgl. Banco de España, *Boletín Estadístico*, Table 4.2.

48 Die Bayerische Hypo wurde 1998 von der Vereinsbank und die Dresdner Bank 2001 von der Allianz AG übernommen. Die Bankgesellschaft Berlin kam 2001 in Schwierigkeiten und musste vom Land Berlin gestützt werden.

49 H.-W. Sinn, »The European Banking Union?«, *Project Syndicate,* 13. Juni 2012, http://www.project-syndicate.org/commentary/the-european-banking-union- (mit Übersetzung und Publikation in 12 Millionen Exemplaren in vielen Tageszeitungen weltweit). Ebenso: derselbe, »Den Steuerzahler schonen«, *Handelsblatt*, 15./16./17. Juni 2012, Nr. 114, S. 67, http://www.cesifo-group.de/de/ifoHome/policy/Viewpoints/Standpunkte-Archiv/stp-2012/Ifo-Viewpoint-No-136-The-European-Banking-Union.html; sowie derselbe, »Gefährliche Illusion«, *Wirtschaftswoche*, 25. Juni 2012, Nr. 26, S. 37, http://www.cesifo-group.de/de/ifoHome/policy/Staff-Comments-in-the-Media/Press-articles-by-staff/Archive/Eigene-Artikel-2012/medienecho_ifostimme-hdbl-25-06-2012.html Internet-Adresse.

50 »Der offene Brief der Ökonomen im Wortlaut«, *Frankfurter Allgemeine Zeitung*, 5. Juli 2012, http://www.faz.net/aktuell/wirtschaft/protestaufruf-der-offene-brief-der-oekonomen-im-wortlaut-11810652.html. Siehe auch »Aufruf der Ökonomen an die Bürger«, http://www.statistik.tu-dortmund.de/kraemer.html. Dort heißt es: »Die Steuerzahler, Rentner und Sparer der bislang noch soliden Länder Europas dürfen für die Absicherung dieser (Bank-) Schulden nicht in Haftung genommen werden, zumal riesige Verluste aus der Finanzierung der inflationären Wirtschaftsblasen der südlichen Länder absehbar sind. Banken müssen scheitern dürfen. Wenn die Schuldner nicht zurückzahlen können, gibt es nur eine Gruppe, die die Lasten tragen sollte und auch kann: die Gläubiger selber, denn sie sind das Investitionsrisiko bewusst eingegangen, und nur sie verfügen über das notwendige Vermögen.«

51 Vgl. M. Burda, H.-P. Grüner, F. Heinemann, M. Hellwig, M. Hoffmann, G. Illing, H.-H. Kotz, J. P. Krahnen, G. Müller, I. Schnabel, A. Schabert, M. Schularick, D. Snower, U. Sunde und B. Weder di Mauro, »Zur Europäischen Bankenunion«, *Frankfurter Allgemeine Zeitung*, 5. Juli 2012, http://www.faz.net/aktuell/wirtschaft/oekonomen-aufruf-im-wortlaut-zur-europaeischen-bankenunion-11815081.html, oder http://www.macroeconomics.tu-berlin.de/fileadmin/fg124/allgemein/Stellungnahme_zur_Europaeischen_Bankenunion.pdf.

52 Warum die beiden Aufrufe komplementär statt substitutiv zu sehen sind, wird von Wolfram Richter dargelegt. Siehe W. Richter, »Is Europe Ready to Give up Autonomy for the Sake of the Euro?«, *The Guardian*, 15 Juli 2012, http://www.guardian.co.uk/commentisfree/2012/jul/15/europe-economists-letters-national-autonomy.

53 Vgl. W. Krämer und H.-W. Sinn, »Eine Antwort auf die Kritiker«, *Frankfurter Allgemeine Zeitung*, 10. Juli 2012, Nr. 158, S. 11, http://www.cesifo.de/Kraemer-Sinn-

AntwortaufdieKritiker-FAZ-Juli2012. Der Umstand, dass ich diese Replik gemeinsam mit Krämer geschrieben habe, wurde von vielen Kommentatoren offenbar so gedeutet, dass ich einer der Initiatoren des ersten Aufrufs der Ökonomen war. Das war nicht der Fall. Ich habe ihn aber unterschrieben und halte ihn für richtig. Vgl. dazu Presseerklärung des ifo Instituts vom 18. Juli 2012, http://www.cesifo-group.de/de/ifoHome/presse/Pressemitteilungen/Pressemitteilungen-Archiv/2012/Q3/press_20120718_Ifo-press-release-regarding-the-economists--appeal.html.

54 Ökonomenplenum, *Stellungnahme zur Europäischen Bankenunion*, Aufruf vom 3. September 2012, http://www.wiso.uni-hamburg.de/lucke/.

55 H.-W. Sinn, *Kasino-Kapitalismus. Wie es zur Finanzkrise kam, und was jetzt zu tun ist*, Econ, Berlin 2009, Kapitel 4.

56 Vgl. B. Rudolph, »Die Einführung regulatorischen Krisenkapitals in Form von Contingent Convertible Bonds (CoCos)«, *Zeitschrift für das gesamte Kreditwesen* 63, 2010, S. 1152–1155, besonders S. 1153.

57 R. von Hohenhau, Präsident der Taxpayers Association of Europe (TAE), »Der ESM-Vertrag ist sittenwidrig«, Interview mit S. Backs und G. Anastasiadis, *Münchner Merkur*, 14. März 2012, Nr. 62, S. 2.

58 R. von Hohenhau, »ESM–Rechtliche und wirtschaftliche Analyse, Zusammenfassung und kritische Würdigung«, 14. Februar 2012, http://www.taxpayers-europe.com/images/stories/ESM_-_Zusammenfassung__und_kritische_Wrdigung_der_TAE.pdf.

59 Der Vorschlag wurde zuerst von D. Gros und T. Mayer gemacht. Siehe D. Gros und T. Mayer, »How to Deal With Sovereign Default in Europe: Create the European Monetary Fund Now!«, *CEPS Policy Brief*, 2010, Nr. 202, http://www.ceps.eu/ceps/download/2912.

60 Vgl. S. Homburg, »Retten ohne Ende«, a.a.O.; G. Beck, »Die wundersame Wandlung des Euro zur Lira«, *Der Standard*, 25. August 2012, S. 42, http://derstandard.at/1345165144143/Gunnar-Beck-Die-wundersame-Wandlung-des-Euro-zur-Lir; H. Kube, *Refinanzierung des ESM bei der EZB. Welche Grenzen setzt das Recht?*, Rechtsgutachten im Auftrag des Verbandes der Familienunternehmer (ASU), 29. August 2012.

61 Vgl. »Plenarprotokoll der 172. Sitzung von Donnerstag, dem 29. März 2012«, Deutscher Bundestag, *Endgültige Plenarprotokolle*, http://www.bundestag.de/dokumente/protokolle/plenarprotokolle/plenarprotokolle/17172.txt; sowie »Plenarprotokoll der 188. Sitzung von Freitag, dem 29. Juni 2012«, Deutscher Bundestag, *Endgültige Plenarprotokolle*, http://www.bundestag.de/dokumente/protokolle/plenarprotokolle/plenarprotokolle/17188.txt.

11 Der falsche Weg

Risse im Geschäftsmodell – Unsere marktwirtschaftliche Ordnung wird unterhöhlt – Exit, Voice and Loyalty – Eurobonds – Blaue und rote Schulden – Hamilton und die Staatskonkurse

RISSE IM GESCHÄFTSMODELL

Heute, 17 Jahre nach den Beschlüssen des Gipfels von Madrid, mit denen der Euro endgültig in die Welt gesetzt wurde, zeigen sich ernsthafte Risse im Geschäftsmodell der Eurozone. Die südeuropäischen Länder stecken in einer strukturellen Wirtschaftskrise. Spanien und Griechenland sind von einer tiefen Rezession erfasst. Die Hälfte der jungen Leute und ein Viertel aller Erwerbstätigen haben keine Arbeit. Vier von 17 spanischen Provinzen sind insolvent. Italien und Portugal schrumpfen bei wachsenden Arbeitslosenzahlen. Selbst Frankreich stagniert und leidet unter einer hohen Arbeitslosigkeit (vgl. *Abbildung 2.5*), die bald schon wieder das Niveau der Zeit vor dem Euro erreicht. Die Nerven liegen blank, weil diese Krise nicht mehr lange durchzuhalten ist und man keinen Ausweg weiß. Nie zuvor seit dem Krieg war das Verhältnis der europäischen Staaten so angespannt wie heute. Man sucht nach Schuldigen.

Die Krisenländer leiden unter der inflationären Überhitzung, die der Euro ihnen gebracht hat und die sie ihrer Wettbewerbsfähigkeit beraubt hat. Zur Korrektur müssten sie die Preis-Uhr wieder zurückstellen, aber diese Uhr kennt nur den Vorwärtsgang. Selbst die Kontraktion der realen Wirtschaft hat in den meisten Krisenländern in dieser Hinsicht noch nicht viel bewirkt. Mit Ausnahme von Irland sind die relativen Preise in der Krise noch nicht zurückgegangen, ja sie haben sich zum Teil sogar noch während der Krise weiter erhöht (*Abbildung 4.3*). Deshalb sind die strukturellen Leistungsbilanzdefizite immer noch vorhanden (*Abbildung 2.6*). Nur die Zinsverbilligung durch die Rettungskredite sowie der Importrückgang wegen der Kontraktion haben eine gewisse Verbesserung der Leistungsbilanzen gebracht. Beides hat aber wenig mit einer nachhaltigen Verbesserung der Wettbewerbsfähigkeit zu tun. Die Exporte folgen bestenfalls dem Vorkrisentrend.

Für strukturelle Verbesserungen bräuchte man einen inflationären Boom in Deutschland und/oder noch mehr reale Kontraktion in den Krisenländern, genug, um dort eine Deflation zu erzeugen. Ließe man die Marktkräfte gewähren, würde das auch in hinreichendem Umfang passieren. Da das Kapital nicht mehr in den Süden will, sondern angesichts der stürmischen See lieber im Heimathafen bleibt, ist alles darauf angelegt, dass Deutschland über einen Investitionsboom immer teurer wird, während die Südländer nun stagnieren, deflationieren und dadurch wettbewerbsfähig werden. Die Entwicklung würde fast spiegelbildlich zur Vorkrisenzeit verlaufen, als Deutschland durch seine Eurokrise in die reale Abwertung gezwungen wurde, während anderswo Party war. Nun, nach der Krise, wird das Schlusslicht zum Vorreiter, und die ehemaligen Tiger werden zu lahmen Enten.

Das Problem ist nur, dass diese Selbstkorrektur der Märkte die Wirtschafts- und Gesellschaftssysteme der südlichen Länder einer so hohen Belastung aussetzt, dass man Zweifel haben kann, ob sie sie tatsächlich ein Jahrzehnt und länger durchhalten würden. So lange wird es wohl dauern (vgl. Kapitel 4, Abschnitt *Warum offene Abwertungen leichter sind*), bis sich die relativen Preise hinreichend stark geändert haben.

Also hält die Politik dagegen und ersetzt den Kapitalmarkt, der die Ineffizienz nicht weiter finanzieren will: die EZB mit ihren Target-Krediten und Staatspapierkäufen und die Staaten mit den intergouvernementalen Rettungsschirmen. Dabei ist der Target-Kredit, den die Notenbanken der Krisenländer aus ihrer Druckerpresse gezogen haben, der bei Weitem größte Posten von allen. Beim Redaktionsschluss für dieses Manuskript (August 2012) war er mit etwa einer Billion Euro ungefähr viermal so groß wie die offiziellen Rettungskredite, über die die Parlamente entschieden haben (vgl. *Abbildung 9.1*): ein Rettungsschirm über dem Rettungsschirm, der alles dominiert, doch ohne die Beteiligung der Parlamente vom EZB-Rat, dem Hegemon der Eurozone, beschlossen und toleriert wurde.

Alles Geld, das heute in der Eurozone zirkuliert, ist ursprünglich durch Kredite und Wertpapierkäufe der Notenbanken in Griechenland, Irland, Italien, Portugal und Spanien entstanden und dann als Außengeld durch den Kauf von Gütern, die Schuldentilgung und den Erwerb von Vermögensobjekten in die anderen Euroländer gewandert. In den Krisenländern wurde sogar um etwa ein Viertel mehr Zentralbankgeld geschaffen, als in der Eurozone insgesamt in Umlauf ist. Die Notenbanken des Nordens müssen pausenlos (elektronisch) schreddern, um den Geldüberschuss durch eigene Kreditaufnahme vom Markt wieder abzusaugen und zu vernichten. Bereits im Februar 2012 wurde die Schallmauer einer vollständigen Verdrängung des außerhalb der Krisenländer geschaffenen Geldes durchbrochen (vgl. *Abbildung 7.2*).[1] Seitdem rast die Eurozone mit Überschall dahin.

Der Prozess findet kein Ende. Im Süden laufen die elektronischen Notenpressen heiß, man kauft sich im Norden, was einem beliebt, und die Notenbanken des Nordens saugen das Geld im Austausch gegen weitere Target-Forderungen wieder auf. So geht es immer weiter, bis irgendwem irgendwann einmal der Kragen platzt.

Ökonomisch bedeuten die Hilfen der EZB und der Staatengemeinschaft, dass dem störrischen Sparkapital der nördlichen Länder öffentlicher Geleitschutz gewährt wird, damit es doch wieder in den Süden gehe, wo es eigentlich nicht hinwill. Das dämpft die Rezession im Süden, und es verhindert die Anpassung der relativen Preise.

Weil er die falschen Preise aufrechterhält, perpetuiert der Geleitschutz freilich die Leistungsbilanzdefizite, was im Gegensatz zu den öffentlichen Beteuerungen steht, man wolle sie durch Reformen verringern. Man kann eben nicht gleichzeitig dafür sorgen, dass das Kapital wieder in den Süden fließt und die Leistungsbilanzdefizite fallen, weil eben Leistungsbilanzdefizite und Kapitalimporte zwei Seiten der gleichen Medaille *sind* (Kapitel 2, Abschnitt *Der europäische Tango: Fehlinterpretation der Leistungsbilanzsalden*). Ob die EZB den Kapitalimport über die Target-Salden organisiert, ob sie ihn anregt, indem sie die Notenbanken der Kernländer zwingt, die Staatspapiere der südlichen Länder zu kaufen, oder ob die Regierungen ihn über den Luxemburger Rettungsfonds ESM organisieren: All dieser öffentliche oder öffentlich induzierte Kapitalstrom in die südlichen Länder ermöglicht und verlängert die Leistungsbilanzdefizite dieser Länder, denn soweit er nicht die Kapitalflucht ersetzt, ist er ihnen ja schon definitorisch gleich.

Im Süden mag man den Weg über den öffentlichen Geleitschutz derweil für die beste Zwischenlösung halten, weil erst einmal alles so weitergehen kann wie bislang. Man muss die Gehälter der Staatsbediensteten und die Sozialleistungen nur ein bisschen kürzen, und man muss nicht mit den Gewerkschaften über eine Lockerung des Kündigungsschutzes streiten. Für Deutschland droht dieser Weg aber zur Katastrophe zu werden, weil dabei das Auslandsvermögen der Deutschen und vielleicht noch viel mehr als das verspielt wird. Über 700 Milliarden Euro deutscher Ersparnisse sind, wie in Kapitel 8 (Abschnitt *Deutschlands Exportrechnung auf dem Bierdeckel*) schon gezeigt wurde, inzwischen in Target-Forderungen der Bundesbank verwandelt worden. Das sind zwei Drittel des gesamten Nettoauslandsvermögens, das die Deutschen in ihrer Geschichte durch Exportüberschüsse erarbeitet haben, bald halb so viel, wie die deutsche Vereinigung gekostet hat. Die Ersparnisse der Bürger, die dahinterstehen, haben die Banken bei der Bundesbank angelegt oder zur Verringerung der Refinanzierungskredite benutzt, weil sie mit den Konditionen, zu denen sich die Banken der Südländer das Geld aus dem Kassenautomaten der EZB ziehen durften, nicht konkurrieren konnten.

Wenn der Euro zerbricht, werden sich die deutschen Forderungen wohl weitgehend in Luft auflösen. Dann kann die Bundesbank die Ansprüche der deutschen Banken nicht bedienen, und die Banken können die Ansprüche der Sparer nicht bedienen, die direkt oder indirekt, zum Beispiel über Lebensversicherungsverträge, dahinterstehen. Die Banken selbst haben nur ein Eigenkapital von 354 Milliarden Euro, und das brauchen sie auch weiterhin für den geordneten Geschäftsbetrieb.

Daher bleibt der deutschen Regierung nichts anderes übrig, als ein Rettungspaket nach dem anderen zu unterschreiben und im Zuge der Nachverhandlungen eine Forderung nach der anderen aufzugeben, wie der Bankdirektor, der schwitzend den Vertrag zur Verlängerung des Kredits an die konkursreife lokale Firma unterschreibt, weil er weiß, dass auch seine eigene Bank ins Straucheln gerät, wenn er dem faulen Geld kein frisches hinterherwirft. Deutschland sitzt in der Falle und rutscht mit all seinen Aktionen immer tiefer dort hinein.

Deutschlands Anteil an den Target-Krediten und den öffentlichen Hilfskrediten lag im Juli 2012 bei 855 Milliarden Euro oder drei Vierteln seines Nettoauslandsvermögens. Seit dem Ausbruch der Krise hat Deutschland für seinen Leistungsbilanzüberschuss mit dem Rest der Welt nichts anderes als Target-Forderungen und Forderungen aus Hilfskrediten erhalten (*Abbildung 8.10*). Wenn der Euro zerbricht, haben seine Bürger umsonst für die Exportüberschüsse gearbeitet. Den Finnen und Holländern geht es nicht besser.

Aber auch wenn der Euro nicht zerbricht, ist das Geld wahrscheinlich verloren, denn wenn die Target-Forderungen stehen bleiben, verdampfen sie durch die Inflation im Laufe der Zeit von ganz alleine. Der Zins, den die Bundesbank für ihre Target-Forderungen erhält und den die Bundesbank den Banken für ihre Termineinlagen zahlt beziehungsweise für Refinanzierungskredite eingenommen hätte, liegt derzeit bei 0,75 %. Für die Einlagefazilität, also das kurzfristig der Bundesbank geliehene Geld, erhalten die Banken inzwischen überhaupt keinen Zins mehr. Aber die Inflation übersteigt schon heute den Wert von 2 %. Der reale Zins, den die deutschen Banken für die Sparer im Umfang ihrer Anlagen bei der Bundesbank erwirtschaften, ist in jedem Fall negativ. Ein Vermögen, an das man nicht herankommt und das keine Zinsen bringt, hat keinen ökonomischen Wert, egal wie kreativ es verbucht wird.

Leider besteht wenig Hoffnung, dass das Target-Vermögen der Deutschen ohne größeres politisches Umlenken jemals wieder in fungibles Vermögen zurückverwandelt wird. Wenn die Target-Salden überhaupt jemals wieder verschwinden sollten, dann wohl nur deshalb, weil sie durch öffentliche deutsche Rettungskredite, Eurobonds, Staatspapierkäufe der Bundesbank oder andere Formen nicht fungiblen Vermögens ersetzt werden. Denn damit sie wieder durch privates Kapital ersetzt werden, müsste die EZB damit beginnen, ihre übermäßigen Refinanzierungskredite wieder einzusammeln, indem sie Bedingungen setzt, die etwas schlechter für die Kreditnehmer als die Bedingungen des Kapitalmarktes sind. Doch solange der EZB-Rat von den Schuldenländern dominiert wird (vgl. *Abbildung 1.3*), kann man das nicht erwarten. Man muss im Gegenteil davon ausgehen, dass der Rat die Konditionen, zu denen die Kapitalmärkte bereit wären, die anstehenden Risiken zu tragen, weiterhin unterlaufen wird und die Target-Kredite noch weiter ansteigen, weil die Kreditnehmer der südlichen Länder die Gelegenheit nutzen, immer mehr hochverzinsliche private Schulden in niedrigverzinsliche Schulden beim EZB-System zu verwandeln.

UNSERE MARKTWIRTSCHAFTLICHE ORDNUNG WIRD UNTERHÖHLT

Das ist das nächste Problem der Rettungsstrategie. Sie verhindert nicht nur die Änderung der relativen Güterpreise, die die Voraussetzung für einen Abbau der außenwirtschaftlichen Ungleichgewichte ist, sie vertreibt auch noch das private Anlagekapital, indem sie die Gläubiger veranlasst, ihre Kreditschulden zu tilgen, anstatt die Kredite durch höhere, risikogerechte Zinsen im Land zu halten. Insofern rettet sie gar nicht wirklich. Sicher, sie schützt bereits investiertes Vermögen vor Verlusten, indem sie es möglich macht, dieses Vermögen aus den Krisenländern herauszuziehen. Deswegen ja das überragende Interesse der Banken und Anleger aus aller Welt an der Fortsetzung der Rettungsaktionen. Indes hilft sie den normalen Menschen in den betroffenen Ländern nicht, weil fast das gesamte Rettungsgeld postwendend wieder aus den Krisenländern zurückkommt.

Die EZB hat eine ganz andere Sicht der Dinge. Sie behauptet, sie würde den wegbrechenden Interbankenkredit ersetzen. Das mag kurzfristig nach der Lehman-Pleite im Herbst 2008 so gewesen sein. Damals konnte man ihre Politik nachvollziehen. Inzwischen befindet sich Europa aber schon lange in einem Regime, in dem die EZB den Interbankenkredit mit der Notenpresse in die Flucht schlägt. Keine private Bank aus den Kernländern kann heute mit der Notenpresse konkurrieren. Niemand kann Kredite für drei Jahre zu einem Zins von nur 0,75 % zur Verfügung stellen, wenn die Sicherheiten so schlecht sind wie die, die die EZB mittlerweile akzeptiert. Den riesigen Zuwachs der Target-Kredite hätte es nicht geben können, wenn die EZB ihre Kredite zu den gleichen Konditionen wie der Kapitalmarkt zur Verfügung gestellt hätte.

Der billige öffentliche Kredit aus der Notenpresse bietet nicht nur eine verlockende Möglichkeit, die Auslandsschulden zu tilgen, er verschafft den Banken und anderen durch sie finanzierten Institutionen die Liquidität, die trotz der Krise immer noch für ein recht hohes Niveau der Nachfrage nach verzinslichen Anlagen wie Aktien, Schuldverschreibungen und Immobilien sorgt. Je mehr öffentlicher Kredit den Banken zur Stützung der Nachfrage nach Vermögensobjekten zur Verfügung gestellt wird, desto höher sind die Preise dieser Vermögensobjekte, und desto attraktiver ist es für andere private Anleger, sich von diesen Objekten zu trennen. Am Beispiel der Staatspapiere, die den spanischen Banken verkauft wurden, nachdem diese von der spanischen Notenbank mit frischen Refinanzierungskrediten der EZB ausgestattet worden waren (»Dicke Bertha«), sah man diesen Effekt ganz deutlich (*Abbildung 8.7*). Inländische Besitzer von spanischen Staatspapieren nutzten die Chance, diese Papiere an die spanischen Banken zu verkaufen und sich mit dem Geld ins Ausland abzusetzen, und Ausländer nutzten die Chance, bisher in Krisenländern investiertes Kapital wieder in ihre sichereren Heimatländer zurückzubringen. Dort wartet man auf den Zeitpunkt, bis den Rettern die Puste ausgeht und die Preise der Anlageobjekte in den Krisenländern endlich fallen. Dann kehrt man zur Schnäppchenjagd zurück.

So gesehen, ist mit den Target-Krediten eine riesige Vermögensumschichtung im Euroraum verbunden. Den Ländern des Südens gelingt es im Austausch für niedrigverzinsliche Target-Schulden, ihre alten, zu Marktbedingungen verzinsten Schulden bei den Gläubigern der Kernländer loszuwerden und stattdessen marktfähige Vermögensobjekte im sicheren Ausland zu erwerben (griechische Investoren kaufen unter anderem Immobilien in London, Berlin oder München). Im gleichen Schritt wird das Sparvermögen der Kernländer von marktfähigen Vermögenstiteln in bloße Target-Forderungen umgetauscht, die niemals fällig gestellt werden können, noch nicht einmal Zinsen in Höhe der Inflationsrate bringen und sich in Luft auflösen, sollte der Euro zerbrechen.

Das alles passiert, weil die EZB den Kapitalmarkt mit ihren Target-

Krediten unterbietet und die Zinsen auf das Niveau senkt, das ihr politisch opportun erscheint. Ihre Zielsetzung ist ganz offenkundig, bestehende Vermögensanlagen vor der Entwertung zu schützen und die privaten und öffentlichen Budgets der Krisenländer von hohen Zinszahlungen an die stabileren Länder zu entlasten. Das sind keine geldpolitischen Ziele, sondern fiskalische und letztlich verteilungspolitische Ziele,[2] die vom Mandat der EZB überhaupt nicht erfasst sind.

Wie sehr die EZB von dieser Auffassung beherrscht wird, zeigt sich besonders deutlich an ihren neuerlichen Überlegungen, Zinsobergrenzen für Staatspapiere einzuziehen, bei deren Überschreiten sie durch Staatspapierkäufe notfalls grenzenlos intervenieren würde, um die Kurse der Papiere hoch und die Effektivzinsen entsprechend niedrig zu halten.[3] Nachdem die Bundesregierung diesen Plan, der insbesondere auch von der italienischen Regierung propagiert wurde, kritisiert hat,[4] nimmt die EZB davon Abstand, die Zinssätze zu nennen, bei denen sie intervenieren wird. Indes verkündete sie am 6. September 2012, wie schon erwähnt, den gegen die Bundesbank getroffenen, aber von der Bundesregierung offenbar tolerierten Beschluss, in Zukunft unbegrenzt Staatspapiere der Krisenländer zu kaufen, um die Zinsen zu stabilisieren.[5] Damit tritt das Eurosystem endgültig in eine neue Phase seiner Geschichte ein.

Die Unterbietung der Zinsen für Interbankenkredite und der Kredite für Staaten durch die EZB verfälscht die Lenkungsfunktion des Kapitalmarktes. Das Kapital ist der Produktionsfaktor, der der menschlichen Arbeitskraft die Hebelwirkung gibt, die die ungeahnte Steigerung der Arbeitsproduktivität der letzten zweihundert Jahre hervorgebracht hat. Das Kapital wird, aufgeteilt in kleine und kleinste Anlagebeträge, von seinen Eigentümern beziehungsweise den von ihnen beauftragten Finanzinstituten unter sorgsamer Abwägung von Risiken und Chancen auf konkurrierende Verwendungen verteilt. In der Sorgfalt der Portfolioentscheidung der Eigentümer liegt das zentrale Erfolgsgeheimnis des kapitalistischen Systems. Jeder will sein Vermögen vermehren, und keiner will es in Fehlinvestitionen verlieren. Es ist genau diese Zielsetzung, die das knappe und über Generationen aufgesparte Kapital den besten möglichen Verwendungen zuführt. Greifen Instanzen in diese Portfolioentscheidung ein, die von Personen gesteuert werden, die gar nicht die Eigentümer sind und die mit einem Federstrich in der Lage sind, die Vermögenswerte von Millionen von Menschen anderswohin zu lenken, als diese Menschen es selbst eigentlich wollen, dann sind volkswirtschaftliche Fehlinvestitionen stets zu erwarten.

Konkret bedeuten die Entscheidungen der EZB, dass sie den Finanzinstituten der Kernländer in den Krisenländern eine Niedrigzinskonkurrenz bereitet und ihnen dann anbietet, ihr Geld bei ihr selbst anzulegen, um die zusätzliche Liquidität, die mit den Staatspapierkäufen und den zusätzlichen Refinanzierungskrediten verbunden ist, wieder einzusammeln. Auf diese Weise zwingt sie, wie in Kapitel 7, Abschnitt *Die Umwidmung der deutschen Ersparnisse* beschrieben wurde, die Ersparnisse der Sparer der Kernländer in Anlagen, die aus der Sicht dieser Sparer und ihrer Portfoliomanager unattraktiv sind.

Der Kommunismus hat in extremer Form unter diesen Fehlinvestitionen gelitten. Da hat ein »weises, allwissendes« Zentralkomitee mit seinen sehr begrenzten Vorstellungen von dem, was rentable Investitionen sind, versucht, es besser zu machen als die Millionen und Abermillionen von privaten Vermögensbesitzern. Herausgekommen sind Chaos, Armut, Unfrieden und Gewalt.

Nun ist der EZB-Rat kein kommunistisches Zentralkomitee. Zum Glück gibt es noch viele Aspekte der privaten Investitionsentscheidungen, die er nicht kontrolliert. Indes zeigt das kommunistische Beispiel die Natur des Problems. Niemals kann eine noch so wohlmeinende Zentralinstanz über das Detailwissen verfügen, das die private Investitionsentscheidung der Anleger ersetzt. Der Zins ist der Preis des Kapitals. Er ist neben dem Lohn, dem Preis der Arbeit, der wichtigste Preis der Marktwirtschaft. Da er Einkommen ist und Einkommen nimmt, ist die Versuchung groß, ihn politisch zu beeinflussen. Aber dieser Einfluss unterminiert die Lenkungsfunktion, den dieser Preis für den Wirtschaftsablauf hat. Eingriffe in die Preisstruktur gehören zu den schlimmsten Schäden, die die Politik im Wirtschaftsablauf anrichten kann. Die sinnvolle Verwaltung der knappen Ressourcen kann der Marktwirtschaft nach den Erkenntnissen der Volkswirtschaftslehre, insbesondere auch nach der mit dem Nobelpreis anerkannten Forschung von Gérard Debreu und Kenneth Arrow, nur gelingen, wenn die Politik darauf verzichtet, in das freie Spiel der Preise einzugreifen, und ihre Verteilungsziele stattdessen anderweitig zu erreichen versucht.[6]

Mit ihrer Politik bereitet die EZB den Systemwechsel vor und verlässt den Boden der marktwirtschaftlichen Ordnung, der bislang noch immer das Fundament der EU und des Eurosystems zu sein schien. Für einen solchen fundamentalen Systemwechsel fehlt ihr aber jedwedes Mandat. Die EZB soll Geldpolitik betreiben und die Inflation bekämpfen. Viel mehr als das hat sie nicht zu tun. Auf keinen Fall darf sie lenkend in die Verteilung des Kapitals im Raum eingreifen, wie sie es mit den Target-Krediten und ihren Staatspapierkäufen tut. Das ist ein glatter Bruch europäischen Rechts.

Solche Eingriffe bringen Europa nicht voran, wie die Rettungseuropäer verkünden, sondern werfen unseren Kontinent weiter zurück. Konkret: Indem die EZB den Kredit unabhängig vom Risiko überall zum gleichen nominalen Zins zur Verfügung stellt, verlangt sie in den Risikogebieten niedrigere Effektivzinsen. Damit ermöglicht sie die Realisierung von wenig rentierlichen Projekten in den Ländern der Peripherie zu Lasten von hoch rentierlichen Projekten in den Kernländern. Das bedeutet, dass das Kapital durch eine falsche Aufteilung auf rivalisierende Verwendungen einen kleineren Beitrag zum Sozialprodukt der Eurozone liefert, als es bei einer optimalen Aufteilung möglich wäre. Wenn Europa unter dem Euro nicht, wie die EU es proklamierte, zur dynamischsten Region der Welt, sondern zur lahmen Ente wurde (*Abbildung 1.1*), dann kann das auch daran gelegen haben, dass der implizite Anlegerschutz des Euro und die unbegrenzte Feuerkraft der EZB, letztlich der Target-Kredit im Schaufenster (Kapitel 7, Abschnitt *Der Target-Kredit lag im Schaufenster*), zu viel Zinsangleichung bedeuteten und damit zu viel Kapital von den europäischen Kernländern in die Peripherie gelenkt haben, wo es wenig produktive Wirkungen hat entfalten können. Diesen groben Politikfehler verlängert die EZB mit ihrem erklärten Versuch, die Kapitalmärkte zu unterbieten.

Die Politik der Zinsunterbietung hilft den Schuldnerländern des Südens und schädigt die kapitalexportierenden Länder des Nordens, indem die Zinseinkommen der Sparer dieser Länder durch die Niedrigzinspolitik der EZB reduziert werden. Es ist erstaunlich, mit welchem Gleichmut das in der deutschen Politik bisher hingenommen wird. Nur in Finnland und den Niederlanden wächst der Widerstand. Viele sehen offenbar nicht, dass der Zins der Sparer genauso Einkommen ist wie der Lohn der Lohnbezieher. Oder ihnen fehlt das

Problembewusstsein, weil man die Sparer zur Gruppe der wenigen Reichen rechnet. Wahrscheinlich verstehen sie das Thema auch deshalb nicht, weil die Verluste heute noch nicht offenbar sind, sondern erst später sichtbar werden, wenn sie von dem Ersparten leben wollen. Aber der Effekt ist in Wahrheit erheblich. Er betrifft diejenigen, die in ihre Lebensversicherungspolicen einzahlen, diejenigen, die einen Anspruch auf eine betriebliche Altersrente haben, die Riester-Rentner und alle anderen Sparer. Dabei geht es um riesige Effekte. Wer zum Beispiel einen Sparbetrag zu 2 1/3 % realer Verzinsung anlegen kann, hat nach dreißig Jahren doppelt so viel Geld zum Konsum zur Verfügung wie ein anderer, der keinerlei reale Verzinsung erhält. Die Vermögensumverteilung, die damit verbunden ist, ist alles andere als trivial.

EXIT, VOICE AND LOYALTY

Wenn eine Institution in der Krise ist und offenkundig nicht mehr funktioniert, gibt es für die davon betroffenen Menschen und die Politik im Prinzip drei Handlungsmöglichkeiten. Man kann die Institution verlassen, offenen Widerspruch leisten oder die Institution loyal und unter Vermeidung öffentlicher Kritik weiterhin unterstützen. So hat es der berühmte Soziologe und deutsch-jüdische Emigrant Albert O. Hirschman in seinem Buch *Exit, Voice, and Loyalty – Responses to Decline in Firms, Organizations, and States* (Austritt, Widerspruch und Loyalität – Reaktionen auf den Niedergang von Firmen, Organisationen und Staaten) formuliert.[7] Diese drei Möglichkeiten bieten sich angesichts der sich anbahnenden Euro-Katastrophe auch heute an. Man kann dem Euro den Rücken kehren und austreten, man kann seine Probleme zur Diskussion stellen und radikale Reformen verlangen, oder man kann sich gegenüber der herrschenden Politik loyal erweisen und die Vergemeinschaftung der Schulden perfektionieren.

Viele namhafte Ökonomen und Wirtschaftsvertreter votieren mittlerweile für den Austritt. Dazu gehören auf liberaler Seite Ökonomen und Juristen wie Hans-Olaf Henkel[8], Wilhelm Hankel[9], Wilhelm Nölling, Joachim Starbatty oder Dieter Spethmann[10], Historiker wie Arnulf Baring[11] oder auch der eher links zu verortende Ökonom Heiner

Flaßbeck[12], der gerade erst kürzlich ein flammendes Plädoyer für die Abschaffung des Euro hielt.

Auch aufseiten der Analysten gibt es zunehmend Stimmen, die für den Austritt plädieren, so zum Beispiel Charles Dumas von Lombard Street Research[13] oder Jacques Sapir von der Fondation Maison des sciences de l'homme[14].

Dieses Buch ist eher der Kategorie des Widerspruchs zuzuordnen: Es weist mit dem Ziel einer Verbesserung und Stabilisierung des Eurosystems öffentlich auf die Missstände hin, die sich unter dem Euro eingeschlichen haben. Der Austritt Deutschlands wird hier aus den in Kapitel 1 genannten Gründen nicht erwogen, wohl aber der temporäre Austritt von Ländern, die sich im Euro allzu schwertun.

Viele Ökonomen der Krisenländer und interessanterweise auch der angelsächsischen Länder neigen zu einem loyalen Kurs: Sie wollen die Vergemeinschaftung der Risiken, die mit dem Target-System angefangen hat und durch die Rettungssysteme fortgesetzt wurde, perfektionieren, freilich nicht zu eigenen Lasten. Sie argumentieren, die Kapitalmärkte irrten, wenn sie die Finanzkraft der südlichen Länder in Zweifel ziehen und höhere Zinsen zum Ausgleich des Konkursrisikos verlangen. Deshalb seien die kollektiven Rettungsaktionen zu intensivieren und in die Richtung einer Sozialisierung der Schulden in Europa auszubauen. Wenn alle Länder gemeinschaftlich für die Schulden haften würden, ließen sich die Kapitalmärkte beruhigen.[15] Diese Position ist auch die offizielle Position der EU-Kommission und der Regierungen der Krisenländer.

EUROBONDS

Als Mittel der Wahl zur Herstellung der gemeinsamen Haftung gelten Eurobonds. Eurobonds sind Anleihen, für die die Euroländer entweder im Verhältnis zu ihrer Größe oder, in einer Extremversion, sogar gesamtschuldnerisch haften. Danach würde ein Fonds wie der in Kapitel 10 diskutierte ESM seine Kredite nicht mehr unter Auflagen, die einen Souveränitätsverlust bedeuten, und in Form begrenzter Kontingente gewähren, sondern sie jedem Euro-Staat als normale Finanzquelle im Rahmen der gemeinsamen Verschuldungsgrenzen, wie sie im Fiskalpakt formuliert sind, zur Verfügung stellen. Der

Fonds würde sich, wie es heute schon beim ESM vorgesehen ist, durch die Begebung von gemeinsamen Anleihen auf dem Kapitalmarkt finanzieren.

Alle Länder würden nun unabhängig von ihrem Konkursrisiko die gleichen Zinsen zahlen und bräuchten sich nicht mehr der Notenpresse zu bedienen, um den Kredit zu niedrigen Zinsen zu erhalten. So wie die EZB ihre kurzfristigen Refinanzierungskredite ohne eine Differenzierung der Zinsen nach dem Risiko zur Verfügung stellt, täte es auch der gemeinsame Fonds bei den langfristigen Krediten. Beide Systeme passen gut zusammen, ja die Möglichkeit, den Target-Kredit aus dem EZB-System ziehen zu können, erzwingt die Eurobonds geradezu, denn die Zinsen unterscheiden sich dann nur noch nach der Fristigkeit der Kredite, aber nicht mehr nach der Bonität der Kreditnehmer. Es gäbe insofern keinen Anreiz für die überschuldeten Staaten mehr, sich unter Mithilfe des Bankensystems, dem man seine Staatspapiere verkauft, des Kredits aus der Notenpresse zu bedienen.

Dieser Logik kann man wenig entgegensetzen. Die deutsche Politik wird sich drehen und wenden, um diese Konsequenz zu vermeiden, doch die Macht der einfachen ökonomischen Arbitragegesetze wird obsiegen. Es gibt im Rahmen des bestehenden Systems der Target-Kredite, also des freien Zugangs zu den Refinanzierungskrediten der nationalen Notenbank, keine Möglichkeit, Eurobonds zu vermeiden!

Indes ist dies die Logik der Target-Falle, die in Kapitel 9 schon erörtert wurde. Weil am Anfang die politischen Weichen in eine bestimmte Richtung gestellt wurden, gibt es keine Möglichkeit, später noch anderswohin zu fahren. Die Pfadabhängigkeit der Politik macht die jeweils aktuell gewählte Politikmaßnahme alternativlos. So wie die vielen öffentlichen Rettungsprogramme durch die Furcht vor einer Überdehnung des EZB-Systems erzwungen wurden, werden zum Schluss auch die Eurobonds erzwungen werden. Und in der Tat: Wenn man nicht will, dass die goldene Kreditkarte, die mit den Target-Krediten im Eurosystem auf den Tisch gelegt wurde, übernutzt wird, muss man die Platin-Karte danebenlegen.

Es ist verständlich, dass die überschuldeten Länder Südeuropas die Platin-Karte wollen. Eurobonds sind im Grunde nur die konsequente Fortentwicklung eines Euro, vom dem man sich ja gerade, wie in Kapitel 3 erläutert wurde, erhebliche Zinssenkungen versprach und temporär auch bekam. Dass die Phase der niedrigen Zinsen schon nach zehn Jahren vorbei war, hat verständlicherweise große Enttäuschungen hervorgerufen. Nun steckt man im Euro fest, kann nicht mehr inflationieren und abwerten, um sich der Schuldenlast zu entledigen und die Wettbewerbsfähigkeit wiederherzustellen, und zu allem Unglück sind die Zinsen wieder so hoch wie früher. Es ist nachvollziehbar, dass die bedrängten Länder der Versuchung nicht widerstehen konnten, die Notenpresse, die ja bei ihnen im Keller stand, zu bedienen, und nun auch noch Eurobonds fordern.

Aber Eurobonds hätten fatale Auswirkungen für die Schuldendisziplin in Europa, weil nun alle Dämme brechen würden, die die Verschuldung bislang noch zurückgehalten haben. Da kein Land, das sich über Gebühr verschuldet, befürchten müsste, dafür von den Kapitalmärkten abgestraft zu werden, ließe sich nirgends mehr die schmerzliche Reformpolitik durchsetzen, die zur Wiederherstellung der Wettbewerbsfähigkeit durch Preissenkungen nötig ist. Die Leistungsbilanzungleichgewichte blieben bestehen und vergrößerten sich wahrscheinlich noch. Nach wie vor flösse viel Kapital in falsche Verwendungen. Die Verschuldung der Südländer nähme Jahr um Jahr im Umfang dieser Leistungsbilanzdefizite weiter zu, und das System würde unweigerlich auf einen großen Kollaps hinsteuern.

Die Kapitalmärkte wären im Moment natürlich beruhigt, doch ihre Unruhe wüchse schon nach wenigen Jahren von Neuem, weil überall in der Eurozone die Schulden zunähmen. Die bislang soliden Länder sähen keine Veranlassung, ihren Sparkurs fortzusetzen, und da sie zudem die Lasten der anderen Länder mitübernehmen müssten, würden sie unweigerlich in den Abwärtsstrudel mit hineingezogen. Dann müssten alle Länder höhere Zinsen bezahlen, und im Endeffekt litte die Eurozone insgesamt unter einer ähnlichen Verschuldungskrise, wie es nun einige ihrer Mitglieder tun.

Für Deutschland würden die Eurobonds einen großen Schaden bedeuten, weil sie die Zinslasten für den deutschen Staat hochtreiben würden. Nach einer Schätzung des ifo Instituts wäre auf der Basis des heutigen Schuldenstandes mittelfristig mit einer zusätzlichen jährlichen Zinslast im Umfang von knapp 50 Milliarden Euro zu rechnen.[16]

Diese Schätzungen basieren auf der Annahme, dass Eurobonds mit einer anteiligen Haftung ausgestattet sind, da eine gesamtschuldnerische Haftung nach allgemeiner Interpretation des Urteils des Bundesverfassungsgerichts vom September 2011 nicht mit dem Grundgesetz kompatibel wäre.[17] Bei einer anteiligen Haftung muss sich der Zins der Eurobonds auf dem Niveau des gewogenen Durchschnitts der Staatspapiere der einzelnen Euroländer bewegen, denn wäre er niedriger, könnte jeder private Fonds selbst aus den Staatspapieren der Euroländer einen Eurofonds konstruieren, der exakt dieselbe Risikocharakteristik wie die echten Eurobonds hat, aber höhere Zinsen bietet und insofern von den Marktparteien vorgezogen würde.

Bei einer gesamtschuldnerischen Haftung wäre der Zins, zu dem sich die Länder der Eurozone verschulden könnten, natürlich niedriger, denn die Anleger hätten mehr Sicherheit, dass sie ihr Geld zurückbekommen. Freilich wäre dies nur ein scheinbarer Vorteil für die Schuldner, denn es würde ja die Wahrscheinlichkeit steigen, dass man nicht nur für seinen eigenen Kredit, sondern auch für den Kredit anderer Länder zahlen muss. Insbesondere für die solideren Länder könnte sich der vermeintliche Vorteil niedrigerer Zinsen wegen der wesentlich höheren Rückzahlungslasten bei einem Konkurs der schwächeren Länder als riesiger Nachteil herausstellen.

BLAUE UND ROTE SCHULDEN

Vielfach herrscht die Vorstellung vor, man könne die gemeinschaftliche Haftung auf die neuen Schulden eines Landes beschränken. Da die Altschulden nicht sozialisiert würden, sei das Ausmaß der Belastung der solideren Länder mit höheren Zinsen vorläufig nur gering.[18] Dieses Argument verkennt indes, dass auch die alten Schulden sehr schnell zu neuen Schulden werden, weil ihre Laufzeit begrenzt ist und man sie stets mit dem Geld aus neuen Schulden tilgt. In *Tabelle 10.1* wurde schon gezeigt, dass derzeit bei den GIIPSZ-Ländern pro Jahr Altschulden von etwa 600 Milliarden Euro zu ersetzen sind, was etwa einem Fünftel bis Sechstel der vorhandenen Staatsschulden in Höhe von etwa 3,4 Billionen Euro entspricht. Die Neuverschuldung pro Jahr liegt demgegenüber nur bei gut 100 Milliarden Euro. Eurobonds würden deshalb in erster Linie dem raschen Ersatz der Altschulden dienen. Schon nach einem halben

Jahrzehnt würde der Löwenanteil der ausstehenden Staatspapiere eines Landes aus Eurobonds bestehen.

Dennoch ist die Vorstellung einer Beschränkung der Eurobonds populär, um die Lasten für die solideren Länder zu begrenzen. Viel diskutiert wurde ein Vorschlag des Brüsseler Wirtschaftsforschungsinstituts Bruegel, der auf der Unterscheidung zwischen *blauen* und *roten* Anleihen basiert.[19] Blaue Anleihen sind Eurobonds. Ein jedes Land darf sie bis zu 60 % seines BIP ausgeben. Rote Anleihen sind Anleihen für darüber hinausgehende Staatsschulden. Für sie muss das Land selbst haften. Konkret darf sich ein Land nach Einführung des Bruegel-Systems so lange mithilfe von Eurobonds verschulden, bis das 60 %-Kontingent für die blauen Anleihen erschöpft ist. Will es sich danach noch weiter verschulden, muss es auf die roten Anleihen umsteigen, die sehr viel mehr Zinskosten verursachen. Die höheren Zinskosten würden einen Anreiz bieten, die Zusatzschulden rasch abzubauen. Insofern lassen sich nach Meinung der Autoren zwei Vorteile vereinen. Zum einen können die Zinskosten der Staaten durch die blauen Anleihen gesenkt werden, zum anderen setzen die roten Anleihen hohe Anreize zum Schuldenabbau.

Die Schuldenländer mögen den Vorschlag, denn die Belohnung kommt vor der Anstrengung. Der Kreditnehmer darf sich erst einmal eine Weile mithilfe der blauen, zinsverbilligten Anleihen verschulden und muss erst später, wenn das Kontingent erschöpft ist, auf die roten umsteigen. Die Autoren hätten den Vorschlag natürlich auch umgekehrt machen können, aber dann hätten sie sicherlich nicht so viel Applaus in Brüssel dafür bekommen.

Man kann sich lebhaft vorstellen, was passiert, wenn bei hoch verschuldeten Ländern wie Italien oder Griechenland die rote Phase beginnt. Dann wird sich ein riesiger politischer Druck aufbauen, nun die 60 %-Grenze hinauszuschieben oder ganz aufzuheben. Es ist kaum vorstellbar, dass die Länder auf die blauen Anleihen verzichten, wenn sie sich mit ihrer Hilfe erst einmal für ein paar Jahre haben günstig verschulden dürfen und sich an die niedrigen Zinsen gewöhnt haben.

Dass man bereit wäre, nach der Erschöpfung des Kontingents der blauen Anleihen wieder auf die roten Anleihen umzusteigen, ist insbesondere auch deshalb nicht zu erwarten, weil für die Staaten der Anreiz bestehen bliebe, sich unter Mithilfe der Banken über die Notenpresse zu finanzieren. Man würde kurzfristige Anleihen ausgeben, die die Banken fristenkongruent bei der nationalen Notenbank als Pfand für Refinanzierungskredite einsetzen könnten, und so würde man sich auch weiterhin billiges Geld aus der Notenpresse leihen können. Schon um weitere Target-Kredite zu vermeiden, müssten die Politiker der Gläubigerländer die 60%-Grenze für die blauen Anleihen aufheben und eine Dauerfinanzierung mit Eurobonds erlauben. Der Bruegel-Vorschlag ist ungeachtet der sicher löblichen Absichten der Autoren der sichere Einstieg in die vollständige Vergemeinschaftung der Staatsschulden der Euroländer.

Eine Variante des Bruegel-Vorschlages ist vom deutschen Sachverständigenrat entwickelt worden.[20] Auch nach dieser Variante hätten die Länder die Möglichkeit, sich zunächst mit Eurobonds zu finanzieren (auch wenn der Rat den Begriff vermeidet), nur würde das Limit nicht bei 60% liegen, sondern bei dem zu einem anfänglichen Stichtag festgestellten Überschuss der tatsächlichen Schuldenquote über 60%. Hat also ein Land eine Schuldenquote von 100%, dann darf es 40% seines BIP an blauen Anleihen akkumulieren, die der Sachverständigenrat *Schuldentilgungsfonds* nennt. Darüber hinausgehende Schulden werden nicht mehr gemeinschaftlich besichert.

Das Besondere am Vorschlag des Sachverständigenrates ist, dass er den beteiligten Ländern zur Auflage machen will, seinen so gebildeten Fonds an blauen Anleihen innerhalb von 25 Jahren zu tilgen, sodass danach bei jedem Land nur noch normale, nicht mehr kollektiv besicherte Schulden in Höhe von 60% des BIP vorliegen. Der gemeinsame Fonds schafft sich also selbst wieder ab.

Obwohl die Haftung für den Fonds vergemeinschaftet ist, muss ein jedes Land seine Schulden selbst tilgen. Tut es das nicht, drohen ihm Strafen, zum Beispiel in Form des Entzugs eines Teils des durch die kollektive Haftung erzielten Zinsvorteils. Das alles hört sich gut an.

Wie der Bruegel-Vorschlag würde aber auch der Vorschlag des Sachverständigenrates als Einstieg in die vollkommene Vergemeinschaftung der Schulden missbraucht werden. Insofern kann das Urteil aus der Sicht der politischen Ökonomie nicht viel anders lauten als beim Bruegel-Vorschlag, denn natürlich wird es auch hier zu einem maximalen politischen Druck zur Ausweitung des Kontingents der Eurobonds (Tilgungsfonds beziehungsweise blaue Anleihen) kommen, sobald der Zeitpunkt der Erschöpfung dieses Kontingents (in der Sprache des Rates: das Ende der Roll-in-Phase) gekommen ist.

Der Sachverständigenrat will die Bundesregierung gegen diese Pressionen schützen, indem er die Regeln für den Schuldentilgungsfonds an das Grundgesetz bindet und die Bundesregierung verpflichtet, die gemeinsame Haftung aufzugeben, wenn die anderen Länder sich nicht an die Regeln halten.[21] Das mag auf den ersten Blick helfen. Freilich ist zu befürchten, dass der Bundestag die Bindung an das Grundgesetz unter hinreichendem ausländischem Druck wieder aufhebt oder sie von vornherein gar nicht vornimmt.

Außerdem gibt es auch beim Vorschlag des Sachverständigenrates den vollen Anreiz, die normalen Anleihen nach der Erschöpfung des Kontingents für die gemeinschaftlichen Anleihen unter Mithilfe des Bankensystems durch die Notenpresse finanzieren zu lassen. Schon wegen der Notwendigkeit, die Übernutzung der Notenpresse zu verhindern, wird man das Kontingent für den Tilgungsfonds erweitern, sobald seine Erschöpfung droht.

Es kommt hinzu, dass die Drohung, eine Strafe in Form einer Zinserhöhung zu verhängen, wenn ein Land seine Tilgung nicht planmäßig durchführt, nicht glaubhaft ist. Wenn ein Land nicht tilgen kann, weil es in finanziellen Schwierigkeiten ist, wird es alle politischen Hebel in Bewegung setzen, um eine Ausnahmeregelung oder eine allgemeine Streckung der Tilgungsphase, wenn nicht den Verzicht auf Tilgung zu erwirken. Sollte sich Deutschland verweigern, würde es wieder öffentlich an den Pranger gestellt werden wie schon so häufig in letzter Zeit.

Glaubhafte Strafen spricht nur der Kapitalmarkt aus, nie politische Instanzen, die dem Votum der potenziellen Straftäter unterstehen. Wenn ein Land wirklich einen Tilgungsplan durchsetzt, bei dem der Überschuss der Schulden über 60 % in 25 Jahren vollständig getilgt wird, dann wird es mit diesem Plan auch die Kapitalmärkte überzeugen können. Die Umsetzung des Plans durch tatsächliche Tilgungsleistungen wird die Kapitalmärkte so beeindrucken, dass die Zinsen fallen, sodass es der kollektiven Haftung nicht mehr bedarf.

Das ist die Krux all der Vorschläge, die sich manche Ökonomen ausdenken. Sie glauben, man könne ein Regelwerk mit Ge- und Verboten schaffen, das festlegt, wie sich die beteiligten Länder später verhalten sollen. Aber sie berücksichtigen nicht, dass die Euroländer offenbar außerstande und jedenfalls nicht willens sind, sich an diese Regeln zu halten, weil es Regeln sind, die sie sich selbst gegeben haben und untereinander umsetzen müssen, ohne einer neutralen Justiz gegenüber verantwortlich zu sein. Das war so mit dem Beistandsverbot des Maastrichter Vertrages; das war so mit der Beitrittsschranke für den Euro, die eigentlich Länder mit mehr als 60 % Schulden hätte ausschließen sollen; das war so, als man beim Beitritt von Griechenland und Italien beide Augen zugedrückt hat; das war so mit dem Stabilitäts- und Wachstumspakt, der immer wieder verletzt wurde, ohne dass je die vorgesehenen Strafen verhängt wurden; das war so mit dem schleichenden Abbau der Konditionalität bei den Rettungsfonds; das war so mit dem Versprechen, die Hilfsgelder würden hohe Zinsen bringen, das beim Gipfel am 21. Juni 2011 klammheimlich gekippt wurde; das war so mit dem Versprechen, es werde immer nur Geld eingesetzt, wenn der IWF es tue, und so weiter und so weiter. All diese Ankündigungen hatten meist ein Verfallsdatum von nur ein paar Monaten. Man kann die schönsten Verfahrensvorschläge mit tausenderlei Kautelen machen, die theoretisch den Missbrauch vermeiden würden, aber die Politik pickt sich schon bei der Formulierung des Regelsystems aus den Vorschlägen immer nur das heraus, was ihr passt, und später, wenn die vereinbarten Regeln angewandt werden sollen, findet sie tausend Schlupflöcher, um sich aus den eingegangenen Verpflichtungen herauswinden zu können. Man hat auch keine Scheu, notfalls Verträge und Gesetze zu brechen, da das ja sanktionslos geschehen kann. Der Rechtsstaat, bislang noch das Fundament der Ordnung der westeuropäischen Staaten, verkommt mit der Begründung »Not kennt kein Gebot« zu einer Farce.

HAMILTON UND DIE STAATSKONKURSE

Der Sachverständigenrat bezieht sich bei seinem Vorschlag interessanterweise auf die Erfahrungen, die die USA mit der Schuldensozialisierung gemacht haben. Der erste amerikanische Finanzminister Alexander Hamilton hatte 1790 die Schulden der Bundesstaaten der im Vorjahr gegründeten USA zusammengefasst und zu Bundesschulden gemacht, die er sodann mit den gemeinsamen Importzöllen, die die USA beschlossen hatten, tilgen wollte.[22] So wie man damals einen Schlussstrich unter die Vergangenheit gezogen habe, als das neue Bündnis begründet wurde, solle es nun auch Europa tun.[23]

Dabei übersieht der Sachverständigenrat aber zweierlei. Zum einen waren die Schulden teilweise durch den gemeinsam geführten Unabhängigkeitskrieg gegen England entstanden (1775–1783). Es erschien deshalb als nur folgerichtig, sie zu vergemeinschaften. Die Schulden der Euroländer sind aber nicht in einem gemeinsamen Kampf entstanden, sondern durch die Konsumentscheidung einer jeden einzelnen Regierung. Wie in Kapitel 3 (Abschnitt *Die Verlockung der niedrigen Zinsen*) gezeigt wurde, hatte man den Zinsvorteil, den der Euro brachte, verfrühstückt, anstatt ihn zu sparen.

Zum anderen hat Europa noch keinen gemeinsamen Staat gegründet, sondern ganz im Gegenteil mit dem Euro nur eine gemeinsame Verrechnungseinheit für die Transaktionen eingeführt, was insbesondere auch durch das Beistandsverbot des Maastrichter Vertrages (Art. 125 AEUV) zum Ausdruck kam.[24] Wie in Kapitel 1 erläutert wurde, sind die deutschen Vorstellungen, die Eurozone zu einer politischen Union zu machen, von französischer Seite strikt abgelehnt worden.

Die amerikanischen Erfahrungen mit der Vergemeinschaftung der Schulden waren im Übrigen alles andere als glücklich. Da die anfängliche Vergemeinschaftung bei den Staaten die Erwartung weckte, sich auch in Zukunft ihrer Staatsschulden entledigen zu können, regte sie eine übermäßige Kreditaufnahme an, zumal in den Jahren 1812 bis 1814 beim zweiten Krieg gegen Großbritannien abermals Schulden von Einzelstaaten sozialisiert worden waren.[25]

Die Mechanismen waren die gleichen, wie sie später auch bei der exzessiven Kreditaufnahme der untergeordneten Gebietskörperschaften in Argentinien und Brasilien beobachtet wurden. Man verschuldete sich, weil man das Geld für wichtige Projekte benötigte, und verdrängte das Thema der Rückzahlungslasten in der Erwartung, im Fall des Falles mit der Vergemeinschaftung der Schulden rechnen zu können. In Argentinien und Brasilien kam es auf diese Weise zum Staatskonkurs.[26] Was in den USA damals passierte, war nicht viel besser.

Dort blieben die Schulden bis etwa Mitte der 1820er-Jahre niedrig und fingen erst dann an zu steigen, auch weil man in dieser Zeit dazu übergegangen war, handelbare Staatspapiere auszugeben. Der Schuldenanstieg resultierte wesentlich aus den notwendigen Ausgaben für Infrastrukturprojekte wie Straßen, Kanäle und später auch Eisenbahnen, die sehr viel Geld verschlangen. Speziell in den südlichen Staaten wurde zudem sehr viel Geld benötigt, weil man den Eigentümern der privaten Banken Kredite gab, mit denen sie das notwendige Eigenkapital einzahlen konnten.[27] Die Schulden der Einzelstaaten wuchsen aus diesen Gründen vor allem in den 1830er-Jahren immer schneller, bis es 1837 zu einer Panik auf den Kapitalmärkten kam, die die Mehrzahl der US-Bundesstaaten temporär zwang, ihre Zahlungen an Bedienstete oder Lieferanten einzustellen. Nach der Panik kam der Kapitalmarkt zwar temporär wieder in die Gänge, doch mit dem Jahr 1839 kam die Neuverschuldung auf dem offenen Markt praktisch zum Erliegen.[28]

In dieser Situation erwarb der amerikanische Bundesstaat sehr viele Staatspapiere der Einzelstaaten und hielt sie so trotz der Weigerung der Kapitalmärkte liquide. Die allgemeine Erwartung war, dass der Bundesstaat sich gegenüber den überschuldeten Einzelstaaten großzügig erweisen und die Schuldenlast schließlich selbst übernehmen würde.[29]

Aber die Hilfen reichten nur für eine Weile. Dann war die Geduld des Zentralstaates erschöpft.[30] Im Jahr 1841 gingen Florida, Mississippi, Arkansas und Indiana formell in Konkurs. 1842 folgten Illinois, Maryland, Michigan, Pennsylvania und Louisiana. Andere Staaten wie Alabama, New York, Ohio und Tennessee konnten ihre Zahlungsschwierigkeiten ebenfalls nicht überwinden, sie schrammten aber gerade noch am formellen Konkurs vorbei.

Die Hoffnung, der Bundesstaat werde den konkursreifen Staaten noch mehr Geld leihen, als er es ohnehin schon tat, um die Konkurse abzuwenden, erfüllte sich nicht. Dafür reichte die Kapazität des Bundesetats nicht, und dafür waren die Ungleichgewichte zu groß geworden. Auch kam es zunehmend zu Spannungen und Unfrieden unter den Staaten, was die Bereitschaft zu weiteren Hilfen schwinden ließ.

Der amerikanische Historiker Harold James von der Universität Princeton bemerkte zur amerikanischen Fiskalunion, was als »Zement« geplant gewesen sei, habe sich zum »Sprengstoff« entwickelt.[31] James argumentiert, dass die Schuldensozialisierung zu den auch noch aus vielen anderen Gründen wachsenden Spannungen in den USA beitrug, die die ersten Jahrzehnte des neuen Staates belasteten und sich zum Schluss im Sezessionskrieg von 1861 bis 1865 entluden.

ANMERKUNGEN

1 Der Geldbestand ist definiert als der Bestand an Zentralbankgeld im engeren Sinne, also unter Ausschluss der verzinslichen Einlagen der Geschäftsbanken bei der Notenbank.

2 Allerdings versteht man üblicherweise unter einer Verteilungspolitik eine Verteilung von oben nach unten, was wohl in diesem Falle genau umgekehrt ist, denn der normale Steuerbürger der noch stabileren Staaten soll die international agierenden Anleger subventionieren.

3 Vgl. »Notenbank plant Kampfansage an Zinsspekulanten«, *Der Spiegel*, 20. August 2012, http://www.spiegel.de/wirtschaft/soziales/euro-krise-ezb-plant-zinsschwellen-fuer-kaeufe-von-staatsanleihen-a-850842.html; und J. Hildebrand und S. Jost, »Geheime Zinsziele der europäischen Notenbanker«, *Die Welt*, 23. August 2012, http://www.welt.de/wirtschaft/article108749303/Geheime-Zinsziele-der-europaeischen-Notenbanker.html.

4 Vgl. »EZB verbittet sich Kritik der Bundesregierung«, *Der Spiegel*, 20. August 2012, http://www.spiegel.de/wirtschaft/soziales/euro-rettung-ezb-verbittet-sich-kritik-der-bundesregierung-a-851049.html.

5 Europäische Zentralbank, »Technical Features of Outright Monetary Transactions«, *Pressemitteilung*, 6. September 2012, http://www.ecb.de/press/pr/date/2012/html/pr120906_1.en.html.

6 Arrow erhielt im Jahr 1972, Debreu im Jahr 1983 den Nobelpreis für Volkswirtschaftslehre.

7 A. O. Hirschman, *Exit, Voice, and Loyalty. Responses to Decline in Firms, Organizations, and States*, Harvard University Press, Cambridge 1970.

8 H.-O. Henkel, »Euro-Fanatismus ignoriert humanitäre Katastrophe«, *Handelsblatt*, 9. April 2012, http://www.handelsblatt.com/meinung/kolumnen/kurz-und-schmerzhaft/henkel-trocken-euro-fanatismus-ignoriert-humanitaere-katastrophe/6488856.html; und derselbe, »Beim Euro bin ich für ein Ende mit Schrecken«, Interview mit H. Achatz, *Focus*, 2. Februar 2012, http://www.focus.de/finanzen/news/staatsverschuldung/tid-24914/interview-mit-ex-bdi-chef-henkel-beim-euro-bin-ich-fuer-ein-ende-mit-schrecken_aid_708903.html.

9 W. Hankel, »Die Abwahl des Euro«, 24. Mai 2012, http://www.dr-hankel.de/2012/05/24/die-abwahl-des-euro/.

10 W. Nölling, J. Starbatty, D. Spethmann, W. Schäfer, K. A. Schachtschneider, R. Hasse, B. Bandulet, A. Cotta, J. P. Gérard, J.-L. Gréau, R. Hureaux, G. Lafay, P. Murer und M. Robate, »Appell an die Regierungen der Europäischen Union«, *Deutschlands Bürgerseite*, 27. April 2012, http://www.deutschland.net/content/appell-die-regierungen-der-europaeischen-union.

11 A. Baring, »Der Euro war und ist eine Schnapsidee«, *Handelsblatt*, 5. Mai 2012, http://www.handelsblatt.com/meinung/kommentare/gastkommentar-der-euro-war-und-ist-eine-schnapsidee/6590282.html.

12 H. Flassbeck, »Trennt euch!«, *Wirtschaft und Markt*, September 2012, nachzulesen unter http://www.nachdenkseiten.de/?p=14227.

13 C. Dumas, »Germany Should Not, Maybe Cannot, Afford the Euro«, *Lombard Street Research Monthly Review* 282, 2012.

14 J. Sapir, »Pour l'Euro, l'heure du bilan a sonné. Quinze leçons et six conclusions«, *FMSH Working Paper*, 2012, Nr. 12.

15 O. Blanchard, »Eurobonds gegen den Teufelskreis«, Interview mit W. Proissl, *Fi-*

nancial Times Deutschland, 23. April 2012, http://www.ftd.de/finanzen/:iwf-chefoekonom-im-ftd-interview-eurobonds-gegen-den-teufelskreis/70026539.html; B. Eichengreen, »Die Zentralbank als vorläufiger Retter«, *Handelsblatt*, 6. Juni 2012, http://www.handelsblatt.com/meinung/gastbeitraege/gastkommentar-die-zentralbank-als-vorlaeufiger-retter/6716448.html; P. De Grauwe, »Why the EU Summit Decisions May Destabilise Government Bond Markets«, *VoxEU*, 2. Juli 2012, http://www.voxeu.org/article/why-eu-summit-decisions-may-destabilise-government-bond-markets; P. Ghezzi, »ECB Limited and Conditional Lending is not ›What it Takes‹«, *VoxEU*, 19. August 2012, http://www.voxeu.org/article/ecb-limited-and-conditional-lending-not-what-it-takes; D. Gros, »The Eurozone Crisis: Only the Unlimited Firepower of the ECB Will Stop Market Panic«, Interview mit V. Davies, *VoxEU*, 12. August 2011, http://www.voxeu.org/vox-talks/eurozone-crisis-only-unlimited-firepower-ecb-will-stop-market-panic; P. Krugman, »Wie der Euro gerettet werden kann«, *Der Spiegel*, 23. April 2012, http://www.spiegel.de/wirtschaft/soziales/nobelpreistraeger-paul-krugman-ueber-den-ausweg-aus-der-euro-krise-a-828724.html; R. Shiller, »Der Euro muss überleben«, Interview mit T. Jahn, *Handelsblatt*, 27. November 2011, http://www.handelsblatt.com/politik/international/us-oekonom-shiller-der-euro-muss-ueberleben/5893726.html; J. Stiglitz, »Merkel Needs a Change in Attitude to Save Euro«, Interview mit BBC Radio 4, *The Week*, 29. Juni 2012, http://www.theweek.co.uk/eurozone/eurozone-crisis/47713/joseph-stiglitz-merkel-needs-change-attitude-save-euro; und C. Wyplosz, »They Still Don't Get it«, *VoxEU*, 25. Oktober 2011, http://www.voxeu.org/article/eurozone-leaders-still-don-t-get-it.

16 T. O. Berg, K. Carstensen und H.-W. Sinn, »Was kosten Eurobonds?«, *ifo Schnelldienst* 64, 2012, Nr. 12, S. 25–33, http://www.cesifo-group.de/portal/pls/portal/docs/1/1211447.PDF. Der hier gewählte Schätzansatz folgt im Prinzip dem Ansatz in H.-W. Sinn, *Kasino-Kapitalismus. Wie es zur Finanzkrise kam, und was jetzt zu tun ist*, Econ, Berlin 2009, Kapitel 10, S. 275. Dort war auf der Basis der damals noch geringen Zinsspreizung eine jährliche Zusatzbelastung für Deutschland von 13 Milliarden Euro berechnet worden.

17 Bundesverfassungsgericht, 2 BvR 987/10, 7. September 2011, Absatz-Nr. 128, http://www.bundesverfassungsgericht.de/entscheidungen/rs20110907_2bvr098710.html.

18 J. Mallien und A. Cünnen, »Was Eurobonds Deutschland wirklich kosten«, *Handelsblatt*, 17. August 2011, http://www.handelsblatt.com/politik/international/euro-schuldenkrise-was-eurobonds-deutschland-wirklich-kosten/4506262.html; und A. Kaiser, »Euro-Rettung zum Nulltarif für Deutschland«, *Manager Magazin*, 12. August 2011, http://www.manager-magazin.de/politik/artikel/0,2828,779513-2,00.html.

19 J. Delpla und J. von Weizsäcker, »The Blue Bond Proposal«, *Bruegel Policy Brief* 2010/03, Mai 2010, http://www.bruegel.org/publications/publication-detail/publication/403-the-blue-bond-proposal/; und dieselben, »Eurobonds: The Blue Bond Concept and its Implications«, *Bruegel Policy Contribution* 2011/02, März 2011, http://www.bruegel.org/publications/publication-detail/publication/509-eurobonds-the-blue-bond-concept-and-its-implications/.

20 Sachverständigenrat zur Begutachtung der gesamtwirtschaftlichen Entwicklung, *Verantwortung für Europa wahrnehmen*, Jahresgutachten 2011/12, 9. November 2011, Kapitel 3.IV; sowie derselbe, *Nach dem EU-Gipfel: Zeit für langfristige Lösungen nutzen*, Sondergutachten, 5. Juli 2012, Kapitel II, http://www.sachverstaendi-

genrat-wirtschaft.de/fileadmin/dateiablage/download/publikationen/sg2012.pdf.

21 Sachverständigenrat zur Begutachtung der gesamtwirtschaftlichen Entwicklung, *Verantwortung für Europa wahrnehmen*, a.a.O., S. 114, Ziffer 192; und derselbe, *Nach dem EU-Gipfel: Zeit für langfristige Lösungen nutzen*, a.a.O., S. 15.

22 A. Hamilton, J. Jay und J. Madison, *The Federalist. A Commentary on the Constitution of the United States*, in: J. und A. M'Lean, New York 1788, gemäß Nachdruck, in: The Modern Library, New York 2001.

23 Sachverständigenrat zur Begutachtung der gesamtwirtschaftlichen Entwicklung, *Verantwortung für Europa wahrnehmen*, a.a.O., S. 111–113.

24 »Vertrag über die Arbeitsweise der Europäischen Union« (AEUV), *ABl.* 53, 2010, Nr. C 83, S. 47–200, Art. 125.

25 Siehe J. Rodden, *Hamilton's Paradox: The Promise and Peril of Fiscal Federalism*, Cambridge University Press, New York 2006. Vgl. auch B. U. Ratchford, *American State Debts*, Duke University Press, Durham 1941, insbesondere S. 74 f.

26 J. Rodden, a.a.O., vor allem Kapitel 8, sowie A. Markiewicz, M. D. Bordo und L. Jonung, »A Fiscal Union for the Euro: Some Lessons from History«, *CESifo Delphi Conference*, Hydra, 23.–24. September 2012, *NBER Working Paper* Nr. 17380, September 2011.

27 B. U. Ratchford, a.a.O., S. 89.

28 Ebenda, S. 80.

29 Ebenda, S. 85, insbesondere Fußnote 22.

30 Ebenda, S. 98–100. Vgl. auch A. Grinath, J. J. Wallis und R. E. Sylla, »Debt, Default and Revenue Structure: The American State Debt Crisis in the Early 1840s«, *NBER Working Paper* Nr. 97, 1997.

31 H. James, »Lessons for the Euro from History«, *The European Crisis: Historical Parallels and Economic Lessons*, Julis-Rabinowitz Center for Public Policy and Finance, Conference, 19. April 2012, http://www.princeton.edu/jrc/events_archive/repository/inaugural-conference/Harold_James.pdf. Vgl. auch: H.-W. Sinn, »Die Europäische Fiskalunion«, *ifo Working Paper* Nr. 131, Juli 2012, S. 1–42, http://www.cesifo-group.de/portal/pls/portal/docs/1/1217428.PDF, erscheint in *Perspektiven der Wirtschaftspolitik*, 2012.

12 Der richtige Weg

Harte Budgetbeschränkungen in den USA – Wie die Target-Salden in den USA getilgt werden – Warum nun die deutsche Bundesregierung gefordert ist – Der Vorschlag der EEAG – Die offene Währungsunion – Die Vereinigten Staaten von Europa

HARTE BUDGETBESCHRÄNKUNGEN IN DEN USA

Amerika ist ein Lehrstück für Europa, denn die Probleme des Fiskalföderalismus, die es zu lösen hatte, ähneln denen, vor denen die Eurozone heute steht. Die Irrungen und Wirrungen der ersten Jahrzehnte der neuen Nation sollten eine Warnung für all jene sein, die nun das Rad der Geschichte neu erfinden wollen. Europa muss aber den Fiskalföderalismus nicht neu erfinden, denn er ist in den USA bereits erfunden worden. In einem leidvollen Iterationsverfahren, das sich über viele Jahrzehnte, ja zwei Jahrhunderte erstreckte, ist ein Staatengebilde entstanden, das, abgesehen von der hohen Verschuldung des Zentralstaates, einigermaßen zu funktionieren scheint und zumindest Anhaltspunkte dafür gibt, wie man Europa entwickeln könnte. Bevor man blindlings dahinstolpert und die Dinge dem Zufall oder dem Druck der Interessen der Finanzanleger überlässt, sollte man sich bei der Konstruktion des neuen Europa an Amerika ein Beispiel nehmen. Dann ist man eher auf der sicheren Seite.

Nach der Episode, in der die USA die Konsequenzen der Schuldensozialisierung durchlitten, und nach dem Sezessionskrieg war ein für alle Mal klar, dass ein jeder Bundesstaat für seine Schulden selbst aufkommen muss. Das Thema der Vergemeinschaftung der Schulden ist seitdem in den USA tabu, was insofern erstaunt, als insbesondere auch amerikanische Politiker Deutschland immer wieder zur Vergemeinschaftung der Schulden in Europa drängen.

Kalifornien steht am Rande der Staatspleite. Die Gehälter von Lehrern und anderen Staatsbediensteten wurden mehrfach ausgesetzt, und Stellen werden im Staat nur noch auf Zeit und unter Ankündigung der baldigen Kündigung besetzt. Im Sommer 2009 bezahlte der kalifornische Staat Rechnungen und Gehälter im Umfang von 2,6 Milliarden Dollar mit bloßen Schuldscheinen, weil er kein Geld mehr hatte und von den Banken auch keinen Kredit mehr bekam. Für diese Schuldscheine hat sich der Begriff der IOUs eingebürgert, was eine lautmalerische Kurzform des Ausdrucks »I owe you« ist. IOUs wurden eine Zeit lang wie Geld benutzt, denn man konnte sie zur Bezahlung von Rechnungen auf andere übertragen.

Minnesota ergeht es kaum besser. Der Staat lebt von der Hand in den Mund und war im Sommer des Jahres 2011 zahlungsunfähig. Infrastrukturprojekte wurden eingestellt, und mitten in der Feriensaison blieben die Nationalparks geschlossen, weil man kein Geld für die Wärter hatte. Tausende von Staatsbediensteten warteten auf ihr Gehalt, das der Staat nicht mehr zahlen konnte.

Die Situation in manchen amerikanischen Staaten ist heute so brenzlig wie in Griechenland, und doch kommt niemand in den USA auf die Idee, ein gemeinschaftliches Programm zu ihrer finanziellen Unterstützung aufzulegen oder ein System gemeinschaftlicher Staatsanleihen vorzuschlagen, das diesen Staaten unter dem Schutz der Kollektivhaftung wieder Zugang zum Kapitalmarkt verschaffen würde.

Ein Lehrstück war auch der Beinahe-Konkurs der Stadt New York im Jahr 1975, die wegen ihrer Wirtschaftskraft fast mit dem Staat New York gleichzusetzen ist. Bürgermeister John Lindsay hatte Ende der 60er-Jahre versucht, in New York einen Sozialstaat nach europäischem Muster zu errichten. Die Konsequenz war, dass die Armen Amerikas in Scharen in seine Stadt kamen, um an den sozialen Segnungen zu partizipieren. Das trieb die Stadt in den Ruin. Lindsay musste sein Programm wieder einstellen, doch die Stadt litt weiter unter den Schulden, die er gemacht hatte. 1975 war New York praktisch bankrott und konnte in allerletzter Minute nur durch einen Kredit vom Pensionsfonds der Lehrergewerkschaft gerettet werden. Die US-Regierung verweigerte damals jegliche Hilfe. Legendär ist die Zeitungsüberschrift der *New York Daily News* »Ford to City: Drop Dead«, die die Position des damaligen US-Präsidenten Gerald R. Ford überspitzt (und nicht wörtlich) zusammenfasst.[1] Ford konnte seine harte Position dann doch nicht ganz durchhalten und gewährte im darauffolgenden Jahr eine gewisse Unterstützung aus Bundesmitteln. Das reichte aber bei Weitem nicht. New York gelang es erst durch die Ausgabe von Anleihen, die mit zukünftigen Steuereinnahmen besichert waren, wieder an frisches Geld zu kommen.[2]

So wie es New York passierte, geschieht es in den USA immer wieder mit untergeordneten Gebietskörperschaften des Staates. Immer wieder gehen einzelne pleite und stellen dann den Schuldendienst ein. Danach wird ein Arrangement mit den Gläubigern gesucht, und anschließend geht der Betrieb weiter. Das regt in den USA niemanden auf, weil es zum Alltag gehört, ähnlich wie in Europa die Firmenkonkurse.

Da die Ressourcen knapp sind und das Geld nicht auf den Bäumen wächst, haben sich die USA nach der misslungenen Anfangsphase der lockeren Budgetbeschränkungen ein System harter Budgetbeschränkungen verschafft. Das ist im Einzelfall unangenehm, so unangenehm, wie die wirtschaftliche Realität dieser Welt nun einmal sein kann, aber es funktioniert und führt zur Schuldendisziplin, ohne die es stets zur Katastrophe kommt. Die Erfahrungen der ersten Jahrzehnte nach Hamilton will in den USA niemand wiederholen.

Harte Budgetbeschränkungen sind wie Bremsen im Auto. Wenn man bergab fährt, ist es sicher verlockend, den Wagen einmal laufen zu lassen, statt ihn abzubremsen, doch die Konsequenz einer solchen Fahrweise ist die Vollbremsung, wenn nicht gar der Unfall. Unter dem Euro hat die Eurozone eine Phase lockerer Budgetbeschränkungen durchlebt. Der Wagen raste ungebremst voran, und auch heute traut sich der Fahrer nicht, energisch auf die Bremse zu treten. Einige wollen sogar, dass die Fahrt ungebremst weitergeht. Sie fordern Eurobonds, eine Sozialisierung der Bankschulden und andere Maßnahmen zur weiteren Lockerung der Bremsen. Damit riskieren sie ähnliche Unfälle, wie die USA sie durchlebt haben.

WIE DIE TARGET-SALDEN IN DEN USA GETILGT WERDEN

Die USA haben sich in ihrer über zweihundertjährigen Geschichte erst allmählich zu dem Gebilde entwickelt, das wir heute kennen. Auch das Geldsystem ist nicht auf dem Reißbrett entstanden, sondern hat sich evolutorisch entwickelt. Von Anfang an gab es den Dollar als Münze. Da der Gold- und Silbergehalt gesetzlich genau festgelegt war, durften die staatlichen Münzämter der Bundesstaaten die erforderlichen Münzen prägen. Dollar-Banknoten wurden erstmals zur Finanzierung des Sezessionskrieges im Jahr 1861 ausgegeben. Und erst 1913 wurde die heute bestehende amerikanische Zentralbank, die Federal Reserve Bank (»Fed«), gegründet. Zuvor waren schon in den Jahren 1791 und 1816 Zentralbanken gegründet worden, doch waren sie jeweils nur für 20 Jahre lizenziert und wurden dann wieder geschlossen. Zeitgleich mit der Gründung der Fed wurden 12 Distrikt-Zentralbanken oder »District Feds« geschaffen, die die Geldschöpfung nach den Regeln der Fed tatsächlich durchführten und Banknoten druckten und verliehen. Die Struktur des amerikanischen Geldsystems ist insofern mit dem Eurosystem durchaus vergleichbar. Auch von der Größe her ähneln die District Feds den 17 nationalen Notenbanken im Eurosystem.

Das amerikanische Zentralbankensystem ist allerdings kein staatliches System. So gehören die District Feds den privaten Geschäftsbanken und werden für sie tätig. Die Distriktgrenzen haben auch wenig mit den Staatsgrenzen zu tun. Teilweise gehören mehrere Bundesstaaten zu einer District Fed, und umgekehrt kann es sein, dass das Territorium eines Bundesstaates zwei Fed-Distrikte überlagert.[3]

Diese Historie mag erklären, warum das Thema der Target-Salden in den USA nie die Bedeutung hatte, die es heute in der Eurozone gewonnen hat. Zum einen erklärt sie, warum sich das Notenbanksystem nicht in den Dienst der Finanzierung einzelner Bundesstaaten hat stellen lassen, anders als im Eurosystem, wo die nationalen Notenbanken Geld drucken und an die Geschäftsbanken des Landes verleihen, damit die mit ihm Staatspapiere kaufen können.

Zum anderen konnten die Salden nie entstehen, weil die privaten Banken immer argwöhnisch darauf geschaut haben, dass im

Zahlungsverkehr keine ungedeckten Kreditpositionen aufgebaut wurden.

Bevor es das Federal Reserve System gab, wurden natürlich auch schon Dollar-Überweisungen von einer zur anderen Bank quer über den Kontinent vorgenommen, ohne dass dabei Geld physisch transportiert wurde. Man verschickte Schecks, und zur Einlösung der Schecks mussten die Überweisungen zwischen den Banken durchgeführt werden. Auch damals haben die Banken diese Überweisungsaufträge saldiert und sich temporär auch kreditiert, doch die Salden mussten in der Zahlungsbilanz in regelmäßigen Abständen physisch ausgeglichen werden, zumeist mit Gold, das dann zwischen den Banken transportiert wurde. Mit dem Thema ist jeder Liebhaber von Wild-West-Filmen bestens vertraut.

Mit dem neuen System der Federal Reserve Bank wurde der Zahlungsverkehr insofern vereinfacht, als nun bei der Fed ein Clearing-Portfolio an goldbesicherten verzinslichen Wertpapieren geschaffen wurde, das den einzelnen District Feds anteilig gehört und dessen Eigentumsanteile für die Begleichung der Verrechnungssalden zwischen den District Feds verschoben werden. Das macht den physischen Goldtransport überflüssig.

Im Laufe der Zeit hat man statt goldbesicherter Wertpapiere auch Bundesanleihen in das Clearing-Portfolio übernommen, und in der Finanzkrise wurden sogar strukturierte Wertpapiere privaten Ursprungs erlaubt. Das ändert aber nichts an der Natur des Vorgangs.

Mit den Eigentumsanteilen werden in den USA natürlich auch die Dividendenansprüche zwischen den District Feds verschoben. Für die Berechnung der Dividenden wird ein fester Zins von 6 % festgesetzt – genug, um den Verlust von Vermögensanteilen als schmerzlich zu empfinden und Defizite in der Zahlungsbilanz klein zu halten.

Das Instrument zur Verringerung der Defizite ist die Refinanzierungspolitik der jeweiligen District Feds. Kommt es zu Geldabflüssen durch Nettoüberweisungen an andere Zentralbanken, zum Beispiel weil die Wirtschaft des Distrikts überhitzt und einen Importüberhang entwickelt, den die Kapitalmärkte nicht mehr finanzieren wollen, verzichtet die betroffene District Fed darauf, den Abfluss in vollem Umfang durch neue Refinanzierungskredite zu kompensieren. Die Folge ist, dass das Geld knapp wird und die lokalen Zinsen steigen. In der Geschichte gab es zwischen den Distrikten immer wieder nennenswerte Zinsunterschiede. Der Zinsanstieg wiederum hat zwei Effekte. Zum einen wird es für Kapitalanleger aus anderen Distrikten attraktiv, Kredit und Geld in den Distrikt zu leiten. Zum anderen schwindet der Anreiz, Kredit für Güterkäufe aufzunehmen, was die Überhitzung und den Importüberhang dämpft. Beides begrenzt das Zahlungsbilanzdefizit, stabilisiert die Wirtschaft und vermeidet allzu große Ungleichgewichte in den Handelsströmen zwischen den Regionen.

Die Überweisungsaufträge zwischen den Geschäftsbanken laufen im US-System grundsätzlich über die District Feds, von denen jede ein Verrechnungskonto mit jeder anderen der übrigen elf District Feds unterhält, das sogenannte Interdistrict Settlement Account (ISA). Der Saldo auf diesem Konto ist im Prinzip dasselbe wie der Target-Saldo einer nationalen Notenbank, denn er zeigt an, wie viele Überweisungen die eine District Fed netto im Auftrag der anderen ausgeführt hat, wie viel Kredit sie ihr also gegeben hat, indem sie dem Empfänger der Überweisungsaufträge zu eigenen Lasten eine Gutschrift erteilte. Der Unterschied ist nur, dass die ISA-Salden zu bilateralen Schuldverhältnissen führen, während die Target-Salden Schuldverhältnisse mit dem EZB-System als Ganzem begründen, weil die bilateralen Target-Salden jeweils am Ende eines Tages in Forderungen und Verbindlichkeiten gegenüber dem gesamten Eurosystem verwandelt werden.

Hat eine District Fed eine negative Summe von ISA-Salden mit anderen District Feds, dann hat sie ein Zahlungsbilanzdefizit, weil sie netto Geld, das von ihr vorher durch Refinanzierungskredite oder Wertpapierkäufe geschaffen und an die Privatwirtschaft übertragen wurde, anderswohin überwiesen hat. Das ist exakt dieselbe Größe, wie sie im Euroraum durch einen negativen Target-Saldo gemessen wird, und völlig analog verhält es sich natürlich umgekehrt mit den positiven Salden.

Auch in den USA ist es möglich, dass eine District Fed mehr Geld durch Refinanzierungskredite schafft, als für die Geldzirkulation in ihrem Distrikt benötigt wird, dass es also einen Überlauf von Zentralbankgeld in andere Distrikte gibt, der andere Zentralbanken zwingt, Geld im Zuge von Überweisungsaufträgen auszureichen, ohne dafür Kreditforderungen gegenüber den Geschäftsbanken zu erwerben. Das führt bei der geldschöpfenden District Fed zu einem negativen ISA-Saldo, also einer Schuld gegenüber den anderen Zentralbanken.

Anders als in Europa bleibt die Schuld in den USA aber nicht stehen und baut sich von Jahr zu Jahr weiter auf, sondern wird im April eines jeden Jahres getilgt, indem die Eigentumsrechte an dem Clearing-Portfolio zwischen den District Feds entsprechend neu verteilt werden unter Berücksichtigung der Veränderung in den ISA-Salden. Das ist der entscheidende Unterschied. Nur in Europa können sich die Einwohner einer Region das Geld nach Belieben aus der Notenpresse ziehen, um anderswo einzukaufen und dann zu einem Zins von derzeit 0,75 % anschreiben lassen. In den USA kann man nicht anschreiben lassen. Dort muss man stattdessen echte, marktfähige Wertpapiere abtreten, die mit 6 % verzinst sind.

Genau genommen wird das ISA-Konto allerdings nicht vollkommen getilgt. Vielmehr wird nach einer komplizierten Formel und auch unter dem Einfluss von Einzelentscheidungen des Federal Reserve Board im Wesentlichen die Differenz zwischen dem aktuellen Jahresdurchschnittswert des Saldos und dem Restbestand des Saldos im jeweils letzten April ausgeglichen. Das ist nicht unerheblich, denn es bedeutet, dass sich auch in den USA während einer Krise Salden aufbauen können. Aber die Salden steigen nicht dauerhaft und systematisch, sondern werden stets wieder abgebaut.

Was wirklich passiert ist, zeigt die blaue Kurve aus *Abbildung 12.1*, die die Brutto-Summe der ISA-Salden, also die Summe aller Forderungen der District Feds (oder, was dasselbe ist, die Summe aller Schulden) relativ zum US-BIP darstellt. Man erkennt, dass die Summe der ISA-Salden vor der Finanzkrise nur bei etwa 0,2 % bis 0,3 % des BIP lag, dann in der Krise auf 2 % bis fast 3 % hochschoss und am aktuellen Rand wieder auf das Vorkrisenniveau zurückging.

Man erkennt auch deutlich, dass die Zahlenwerte jeweils zum April zurückgingen. Vor dem April des Jahres 2009 sanken sie allmählich, Monat für Monat, weil sich die District Feds offenbar bemüht hatten, den Verlust von Vermögensanteilen am Clearing-Portfolio der Fed zu vermeiden, indem sie weniger Refinanzierungskredit vergaben. Der Rückgang des Refinanzierungskredits erzeugte einen Rückfluss von Geld aus anderen Distrikten, weil sich die Wirtschaftssubjekte den gewünschten Kredit auf dem amerikanischen Markt leihen mussten.

Im April des Jahres 2010 gingen die ISA-Salden sehr rasch zurück, offenbar weil in diesem Monat tatsächlich getilgt wurde, indem die

Notenbanken der Defizit-Distrikte Eigentumsrechte am Clearing-Portfolio der Fed an die Notenbanken der Überschuss-Distrikte abtraten.

Einzig im April des Jahres 2011 ist demgegenüber nichts Wesentliches passiert. Das liegt, wie man hört, daran, dass das Federal Reserve Board beschloss, die Tilgung ein Jahr auszuset-

Abbildung 12.1:
Target- und ISA-Salden* als Anteil des BIP der Eurozone beziehungsweise der USA

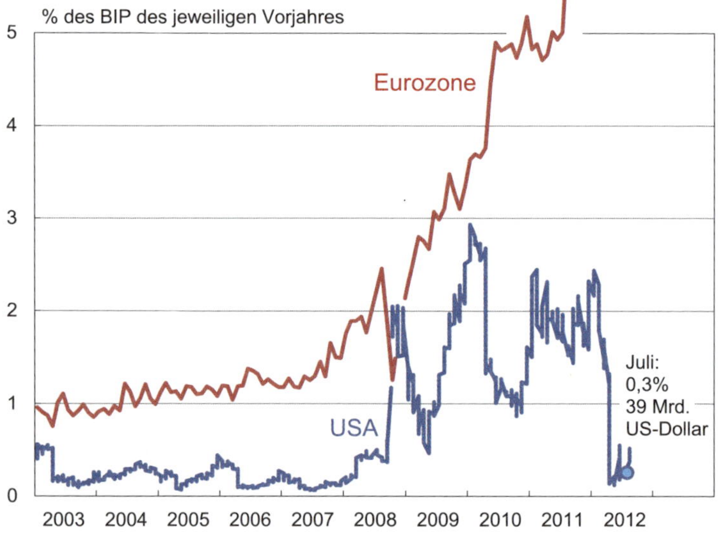

*Summe der Brutto-Target-Forderungen beziehungsweise Summe der Brutto-ISA-Forderungen der Notenbanken des Euro- beziehungsweise Fed-Systems.

Hinweis: Die Daten entsprechen dem Kenntnisstand vom August 2012. Da die Länder ihre Target-Salden zu unterschiedlichen Zeitpunkten veröffentlichen, ist die Datenlage am aktuellen Rand noch etwas uneinheitlich. Die Daten für den Brutto-Saldo der Eurozone umfassen die Überschussländer, also Deutschland (Juli 2012), die Niederlande (Juni), Finnland (Mai) und Luxemburg (Mai). Vgl. *Abbildung 6.3*.

zen. Umso größer war freilich der Rückgang der Refinanzierungskredite der defizitären District Feds vor dem April 2012 und die tatsächliche Tilgung in diesem Monat. Am aktuellen Rand, im Juli 2012, lag deshalb die Brutto-Summe der ISA-Salden in den USA nur noch bei 0,3 % des BIP oder 39 Milliarden Dollar.

Wie anders ist doch die Situation in Europa! In der Eurozone, dargestellt durch die rote Kurve, lag die Brutto-Summe der Target-Salden bis zur Finanzkrise bei 1 % des BIP, stieg dann mit dem Beginn der Krise im Jahr 2007 fortlaufend an, erreichte im Jahr 2010 ein Zwischenplateau von etwa 5 % und schoss anschließend raketenhaft hoch auf mittlerweile 11 % des Eurozonen-BIP oder 1035 Milliarden Euro. Der Löwenanteil dieser Target-Forderungen entfällt, wie schon in *Abbildung 6.3* gezeigt wurde, mit 727 Milliarden Euro auf Deutschland. Auf der anderen Seite der Bilanz steht Spanien mit 423 Milliarden Euro Target-Schulden vorn, gefolgt von Italien mit 278 Milliarden Euro.

Hinter dem raketenhaften Anstieg der Target-Kurve steckt die riesige Umschichtung der Ersparnisse der Deutschen von fungiblen marktfähigen Anlagen, die man im Alter bei Bedarf verbrauchen möchte, zu bloßen Verrechnungssalden, die Deutschland niemals fällig stellen kann und die durch die Inflation allmählich verdampfen, wie es in Kapitel 7 beschrieben wurde (Abschnitt *Die Umwidmung der deutschen Ersparnisse*).

Der Vergleich mit den USA zeigt den Konstruktionsfehler des Eurosystems in aller Deutlichkeit auf. Wenn man ein System schafft, in dem für die schwachen Länder unbegrenzte Geldbeträge im Schaufenster des Währungssystems liegen, dann wird zwar ein Maximum an Vertrauen erzeugt, das die Kapitalmärkte stabilisiert und Zinsunterschiede zwischen den Regionen minimiert. Aber genau deswegen werden die Volkswirtschaften destabilisiert, indem sie zur übermäßigen Kreditaufnahme angeregt werden. Das führt zur inflationären Überhitzung, zu riesigen Außenhandelsungleichgewichten und zum Verlust der Wettbewerbsfähigkeit, bis die Außenschulden dann so groß werden, dass Kapitalmärkte eine Sprengung der Systemgrenzen erwarten, sich zurückziehen und die vom Kredit abhängigen Volkswirtschaften das Geld aus dem Schaufenster nehmen. Das Geld, das genommen wurde, wird durch die rote Kurve verdeutlicht.

Es ist eben nicht richtig, den Kapitalmärkten durch künstliche Schutzvorrichtungen wie eine unbegrenzte Geldmenge im Schaufenster oder eine unbegrenzte Feuerkraft der Notenbank ein Maximum an Vertrauen zu geben. Vielmehr lebt das kapitalistische System vom gesunden Misstrauen der Anleger, von der dauernden Vorsicht derer, die Angst haben, ihr Geld zu verlieren. Die Möglichkeit, das eingesetzte Geld zu verlieren, darf man den Märkten nie nehmen, sonst geraten sie außer Rand und Band, und man verliert die Kontrolle – wie der Fahrer eines Autos, das ohne Bremsen den Berg hinunterrollt.

Man hat mir entgegengehalten, Maßnahmen zur Begrenzung der Target-Salden könne man nicht ergreifen, weil dann das Eurosystem kollabieren würde. Die Salden seien geradezu nötig für einen reibungslosen Zahlungsverkehr, und deswegen müsse alles so bleiben, wie es ist. Wenn diese Auffassung richtig wäre, dürften die USA gar nicht existieren und hätten schon lange kollabieren müssen.

In Wahrheit existiert das Geldsystem der USA nun schon so lange wie die USA, weil es die Möglichkeit der Selbstbedienung durch Target-Salden und auch gemeinschaftliche Anleihen der Bundesstaaten nicht kennt: eben weil es harte Budgetbeschränkungen hat! Auch in den USA ist es möglich, dass Regionen mehr Güter verbrauchen, als sie liefern, also ein Leistungsbilanzdefizit haben, aber sie müssen sich dafür im Wesentlichen zu Marktbedingungen verschulden, also Zinsen und Sicherheiten bieten, die Sparer anderer Regionen veranlassen, ihnen Kredit zu geben. Je mehr die Verschuldung auf diese Weise steigt, desto höher werden die Zinsen, und desto unattraktiver wird die Kreditaufnahme. Genau dieser Mechanismus verhindert die übermäßige private und öffentliche Verschuldung, die inflationäre Überhitzung und die riesigen Außenhandelsdefizite, unter denen die Länder Südeuropas heute leiden und derentwegen Politiker wie Christine Lagarde Deutschland angreifen.

Das US-System ist nicht so strikt, dass es den immerwährenden Zahlungsbilanzausgleich erzwingt. Wie die Abbildung zeigt, sind zeitweilig Zahlungsbilanzdefizite durchaus möglich. Wenn der Kredit nicht reicht, das Leistungsbilanzdefizit zu decken, darf die entsprechende District Fed Geld nachdrucken und verleihen. Nur muss der so induzierte Abfluss von Geld immer nach kurzer Zeit wieder ausgeglichen werden. Das System enthält also Stoßdämpfer, die straff genug eingestellt sind, das Durchschlagen der Räder zu verhindern und den Wirtschaftswagen auf Kurs zu halten.

Die Zahlungsbilanzsalden wurden in den USA anfangs mit Gold ausgeglichen, ähnlich wie es weltweit immer zwischen Währungsgebieten der Fall war, und erst ein gutes Jahrhundert nach der Gründung der USA führte man mit der Schaffung der Fed ein zentrales Verrechnungssystem auf der Basis von goldgedeckten Wertpapieren ein, die später zu marktfähigen sicheren Wertpapieren mutierten. Bis zum heutigen Tage müssen die Zahlungsbilanzdefizite durch die Übergabe echter Vermögensobjekte ausgeglichen werden. Die Vorstellung, man könne auf den Ausgleich verzichten und sich mit dem bloßen Anschreiben auf dem Bierdeckel begnügen wie in Europa, ist im Lichte der Entwicklungsgeschichte des US-amerikanischen Systems nachgerade absurd.

WARUM NUN DIE DEUTSCHE BUNDESREGIERUNG GEFORDERT IST

Die unbegrenzte Verfügbarkeit der Target-Kredite ist der zentrale Konstruktionsfehler des Eurosystems und das Charakteristikum, das dieses System vom amerikanischen Währungssystem grundlegend unterscheidet. Wenn man diesen Konstruktionsfehler nicht beseitigt, wird das Eurosystem am Ende auseinanderbrechen, so wie der Wagen ohne Bremsen, dessen Fahrt an irgendeinem Baum zu einem jähen Ende kommt.

Vor dem Crash wird man nach der Logik der Target-Falle die Zentralbanken der Mitgliedsländer zwingen, noch mehr Staatspapiere zu kaufen, den ESM noch mehr in Richtung Eurobonds verändern und die Vergemeinschaftung der Bankschulden weiter vorantreiben, um die Explosion der Target-Kredite zu stoppen oder wenigstens zu verlangsamen. Das ist ungefähr so, als würde man versuchen, einen Wagen, bei dem auf der einen Seite die Bremsen nicht ziehen, dadurch zu stabilisieren, dass man die Bremsen auch auf der anderen Seite außer Kraft setzt. Besser wäre es sicherlich, die ausgefallene Bremse wieder funktionstüchtig zu machen, also die Target-Salden durch eine Beschränkung des billigen Kredits aus der Notenpresse zu verringern. Dazu gibt es viele Möglichkeiten.

Die technisch einfachste Möglichkeit besteht darin, dass der EZB-Rat seine Politik der niedrigen Sicherheitsstandards für die Pfänder, die für Refinanzierungskredite zu hinterlegen sind, beendet (vgl.

Kapitel 5, Abschnitt *Die Absenkung der Sicherheitsstandards*). Wenn es Refinanzierungskredit nur noch gegen sichere Pfänder gibt, haben die Banken keinen Vorteil mehr, wenn sie den Kredit von der EZB beziehen, denn mit sicheren Pfändern erhalten sie jederzeit auch am Interbankenmarkt billigen Kredit.

Aber die Rückkehr zu besseren Sicherheitsstandards fordert die Bundesbank schon lange und kommt damit gegen die Mehrheit im EZB-Rat nicht an. Eine Lösung innerhalb des bestehenden Systems ist offenkundig nicht möglich, solange die Länder, die von den Target-Salden profitieren, die Mehrheit im EZB-Rat haben. Das Thema bedarf eines grundlegenderen Ansatzes.

Nach Meinung des ehemaligen Bundesbankpräsidenten Helmut Schlesinger sollte man für die Target-Salden Strafzinsen festsetzen, die zu Lasten der nationalen Notenbanken gehen, also nicht in das System der Sozialisierung der Zinseinnahmen eingehen, und so hoch sind, dass bei den Defizit-Notenbanken ein Interesse geweckt wird, die vergebenen Refinanzierungskredite wieder zurückzufahren, bis das in die anderen Länder übergelaufene Geld wieder zurückkommt.[4] Das wäre in der Tat ein geeignetes Mittel, freilich eines, das den betroffenen Ländern hohe Finanzierungslasten auferlegt, gegen die sie sich wehren werden. Immerhin ließe sich dies vermutlich ohne eine Änderung der EU-Verträge auf der Basis der (leider geheimen) Verträge realisieren, die die Notenbanken untereinander geschlossen haben.

Das Problem, dass die Bundesbank die Vertragsänderung im Einvernehmen mit den anderen Notenbanken nicht wird erreichen können, bleibt aber bestehen. Möglicherweise könnte die Bundesbank hier etwas erreichen, wenn sie sich der Realisierung von anderen Beschlüssen des EZB-Rates, wie dem vermutlich rechtswidrigen Kauf von Staatspapieren, widersetzt und dadurch ein Druckmittel aufbaut. Sie würde dann aber die EZB zu einer Klage vor dem Europäischen Gerichtshof provozieren, und es wäre nicht klar, wie die Dinge ausgehen.[5]

Besser und letztlich wohl nicht vermeidbar ist es, wenn die Bundesregierung in die Offensive geht und eine Neuverhandlung der EU-Verträge verlangt. Damit wird sie zwar ebenfalls auf massive Widerstände stoßen, doch wenn sie Deutschlands ökonomische und politische Macht in die Waagschale wirft, wird sie etwas erreichen können. Immerhin geht es bei der Sache ja nicht um »Peanuts«, sondern um Forderungen, deren Höhe schon heute an das Nettoauslandsvermögen der Bundesrepublik Deutschland heranreicht. Sie sollte dann verlangen, dass die amerikanischen Regeln für den Ausgleich der Target-Salden auch in der Eurozone umgesetzt werden. Man wird vieles an möglichen Gegenargumenten vorbringen. Indes kommt man an der amerikanischen Wirklichkeit nicht vorbei. Keiner kann den Vorschlag, das amerikanische System zu realisieren, für undurchführbar erklären.

Wie man das US-System mit seinem Clearing-Portfolio im Einzelnen auf das Eurosystem übertragen würde, ist debattierbar. Eine einfache Möglichkeit bestünde darin, dass alle Euroländer nach einheitlichen Regeln staatliche Pfandbriefe schaffen, die mit Gold oder Immobilien besichert sind und die eine für solche Papiere marktübliche Verzinsung aufweisen. Das hat die European Economic Advisory Group (EEAG) in ihrem jüngsten Jahresbericht vorgeschlagen.[6] Mit diesen Pfandbriefen müssten die Länder zunächst die schon vorhandenen Target-Schulden ihrer nationalen Notenbanken tilgen.

Sodann könnte ein jedes Land weitere Pfandbriefe auf dem Wege über seine Notenbank in Proportion zu deren Kapitalanteil in ein Clearing-Portfolio der EZB einbringen, an dessen Gesamtwert es wiederum ein Eigentum in Höhe dieses Anteils hat. Die Pfandbriefe müssen marktfähig sein und tatsächlich gehandelt werden, was voraussetzt, dass sich die Länder auch im Rahmen ihrer normalen Verschuldung zum Teil dieser Papiere bedienen.

In der Tat ist es höchste Zeit, dass die finanziell bedrängten Länder ihre Finanzierung auf Pfandbriefe umstellen, statt den anderen Ländern der Eurozone auf der Tasche zu liegen. Griechenland hat, so wird geschätzt, ein staatliches Immobilienvermögen in Höhe von 87 % bis 130 % des griechischen BIP.[7] Die Pläne zur Ausgabe von immobilienbesicherten Pfandbriefen liegen schon lange in den Schubladen der Finanzministerien, nur werden sie so lange nicht aktiviert, wie es noch andere Möglichkeiten gibt, an Geld heranzukommen. Möglich sind letztlich auch Pfandbriefe, die durch einen vorrangigen Anspruch auf zukünftige Steuereinnahmen gesichert sind – ähnlich wie es bei der Pleite von New York der Fall war. Im Übrigen kann man damit auch das Thema der Zwangshypotheken für die Immobilienbesitzer in den Krisenländern verbinden, die den Vermögensbesitzern der jeweiligen Länder zugewiesen werden, wie es Wolfram Richter in die Diskussion eingebracht hat.[8] Auch die finnische Regierung hat angesichts der positiven Erfahrungen, die sie in den 1990er-Jahren bei der Bewältigung der postkommunistischen Transformationskrise des früher stark von der Sowjetunion abhängigen Landes machen konnte, mehrfach vorgeschlagen, dass sich die Krisenländer mit Pfandbriefen verschulden.[9] Finnland hat bei den Hilfsaktionen des ESM übrigens durchgesetzt, dass ihm Pfänder für die Hilfskredite übereignet werden.[10] Wo ein Wille ist, ist ein Weg.

Das private Immobilienvermögen der Krisenländer ist zum Teil riesig. So liegt das private Vermögen der Italiener zum Beispiel, wie schon erwähnt, pro Kopf um 16 % über dem deutschen, womit sich der damalige Regierungschef Berlusconi noch im Sommer 2010 brüstete.[11] Auch in anderen Krisenländern gibt es riesige Privatvermögen. Es ist gar nicht einzusehen, dass dieser Weg zur Fundierung der Target-Schulden nicht gewählt werden sollte, denn immerhin sind diese Schulden entstanden, weil man sich zu Lasten der anderen Notenbanken des EZB-Systems werthaltige Güter und Vermögensobjekte in den Kernländern des Euroraums gekauft hat oder seine Schulden bei privaten Gläubigern damit getilgt hat.

Die Eigentumsrechte an dem europäischen Clearing-Portfolio sollten sodann nach den Regeln des US-Systems einmal pro Jahr neu verteilt werden, sodass damit die innerhalb des Jahres aufgebauten Target-Schulden getilgt und die entsprechenden neuen Target-Forderungen beglichen werden. Die Zinsen aus dem Clearing-Portfolio werden den Ländern nach ihren Eigentumsanteilen zugewiesen. Sollte das Eurosystem eines Tages zerbrechen, könnte das Clearing-Portfolio als Fonds unter Aufrechterhaltung der Eigentumsanteile weitergeführt werden.

Es ist keine Frage, dass die Politik sich heute mit solchen Vorschlägen überfordert fühlen wird. Man hat genug Probleme am Hals und will das Target-Thema möglichst nicht anrühren. Das Problem ist nur, dass die Zeit gegen Deutschland und die anderen Länder mit Target-Forderungen arbeitet, weil die Außenstände immer größer werden und die Wahrscheinlichkeit, dass sie jemals wieder einzutreiben sind, schrumpft. Die deutschen Target-Forderungen sind vom Juli 2011 bis zum Juli 2012 um 391 Milliarden Euro gestiegen. Das waren durchschnittlich 33 Milliarden Euro im Monat. Im Juni

2011 war mein Aufsatz mit Timo Wollmershäuser[12], der die Grundproblematik der Target-Salden dargelegt hat, als Diskussionspapier veröffentlicht worden. Da war der Sachverhalt bekannt, und man hätte handeln können. Briefe und öffentliche Mahnungen in dieser Sache hat es genug gegeben. Auch vor dem Verfassungsgericht wurde der Sachverhalt bereits im Juli 2011 vorgetragen[13].Geht die Entwicklung der Target-Salden so weiter wie in dieser Zeit, wird weiteres Abwarten vermutlich sehr, sehr teuer für Deutschland. Insofern sollte die Bundesregierung nun handeln.

DER VORSCHLAG DER EEAG

Die Konsequenz aus der Ablehnung der Target-Kreditmaschinerie und der Schuldensozialisierung ist nicht, dass man den bedrängten Ländern der Eurozone keine Hilfen gewähren sollte. Sinnvolle Lösungen liegen selten bei den Extremen. Aber man muss die Hilfen mit Augenmaß gewähren und ein geordnetes Verfahren entwickeln, das in letzter Konsequenz auch die geordnete Insolvenz beinhaltet. Dabei sollte man Wege zu einem geordneten, temporären Austritt aus dem Euroverbund bei Ländern ins Auge fassen, die in diesem Verbund nach heutiger Lage keine realistische Chance mehr haben, ihre Wettbewerbsfähigkeit wiederzuerlangen. Dieser und der nächste Abschnitt nehmen dazu Stellung.

Ein Verfahren zur Gestaltung der Hilfen bis hin zur geordneten Insolvenz ist von der European Economic Advisory Group bereits im Jahresbericht 2011 entwickelt worden. Es ist von der Zielsetzung geleitet, bedrängten Ländern Liquiditätshilfen zu gewähren, damit sie möglichst wieder auf die Beine kommen, und ihnen durch eine Versicherung zu helfen, Käufer für ihre Staatspapiere zu finden.[14]

Das Verfahren läuft auf eine Gläubigerversicherung gegen den Staatskonkurs hinaus, die mit einem Selbstbehalt ausgestattet ist. Der Selbstbehalt sorgt dafür, dass es trotz der Hilfen noch Risikoaufschläge im Zins gibt, die für eine effiziente Allokation des Kapitals und die Vermeidung hoher Verschuldungsanreize unverzichtbar sind.

Auf der Basis des Vorschlags der EEAG könnte man drei Stufen einer Staatskrise unterscheiden.[15]

Wenn ein Land in Schwierigkeiten kommt, können zunächst in

begrenztem Umfang und maximal für zwei Jahre Liquiditätshilfen gewährt werden, um die Neuverschuldung und gegebenenfalls auch die Revolvierung der Altschuld zu unterstützen. Dazu kann der bereits beschlossene ESM genutzt werden, wenn man die in Kapitel 10 aufgezeigten Konstruktionsfehler beseitigt. In dieser Zeit hat das betroffene Land die Möglichkeit, ein wirksames Steuersystem oder ein System immobilienbesicherter staatlicher Pfandbriefe aufzubauen, mithilfe dessen es in der Lage wäre, selbst eine Umschuldung vorzunehmen. Die bereits geleisteten Target-Kredite der Notenbank sind darauf anzurechnen. Für Griechenland, Irland, Portugal und Spanien ist diese Phase schon verstrichen, weil sie bereits mehrere Jahre lang umfangreiche Target-Kredite erhalten haben.

Halten die Zahlungsbilanzprobleme auch noch im dritten Jahr an, wird eine drohende Insolvenz unterstellt. In dieser Phase gibt es für die in dem jeweiligen Jahr fällig werdenden Staatspapiere, und nur für diese, einen Schuldenschnitt, der sich, sofern keine Instanz interveniert hat, um die Kurse künstlich hochzuhalten, nach dem durchschnittlichen Marktabschlag auf den Nennwert richtet, doch maximal 50 % beträgt.

Falls die EZB oder ein anderer Rettungsfonds interveniert hat, um die Kurse der Staatspapiere zu stützen, sollte man auf jeden Fall einen Schuldenschnitt von der Hälfte des Nennwertes durchführen.

Wichtig ist, dass man den Schuldenschnitt nur bei den im laufenden Jahr fälligen Papieren durchführt. Inhaber der Papiere mit einer längeren Laufzeit sind zunächst noch nicht betroffen und müssen stillhalten. Es gibt also einen Teilkonkurs.

Die Möglichkeit eines Teilkonkurses besteht nach dem ESM-Vertrag, denn dort ist explizit die Rede davon, dass die Staatspapiere der Euroländer in Zukunft mit sogenannten *Collective Action Clauses* ausgestattet werden sollen.[16] Damit kann verhindert werden, dass alle Gläubiger eines Landes ihre Forderungen fällig stellen können, wenn dieses Land nur mit einer Teilgruppe von Gläubigern eine Vertragsänderung vereinbart.

Die Klauseln sind durch Vereinbarung der Euroländer im Nachhinein für die bereits existierenden Staatsschulden einzuführen. Sollte das nicht möglich sein, ist für die Altschuld der Gesamtkonkurs festzustellen, denn kein Vertrag der Welt kann vor einem Konkurs schützen, wenn kein Geld mehr da ist. Im Falle Griechenlands gab es im Jahr 2012 einen als freiwillig bezeichneten Konkurs, der von den Versicherungen als Zahlungsfall akzeptiert wurde, ohne jegliche vertragliche Grundlage.

Nach dem Schuldenschnitt werden die so abgewerteten Papiere in neue Staatspapiere, sogenannte Ersatzpapiere, umgetauscht, die selbst wiederum von der Staatengemeinschaft zu 80 % besichert werden. In der Besicherung der Ersatzpapiere liegt ein weiterer Schutz. Käufer neu emittierter Papiere, die das Verfahren kennen, wissen, dass sie im ersten Schritt maximal 50 %, im zweiten maximal 20 % vom Restwert, also insgesamt 60 % des ursprünglichen Nennwerts verlieren können. Das hört sich nach viel an, ist aber viel weniger als etwa jetzt im Falle Griechenlands und schafft insofern ein gewisses Maß an Sicherheit, als die Anleger nun wissen, wo die Maximalgrenze der Verluste liegt. Das vermeidet die Panik im Krisenfall.

Im Sinne einer Versicherung mit Selbstbehalt tragen die Anleger die ersten Verluste selbst, und die Staatengemeinschaft beteiligt sich nur an den exzessiven Verlusten. Die Versicherungstheorie belegt eindeutig, dass dies die richtige Vorgehensweise ist. Eine Versicherung, die den Schutzgedanken bestmöglich mit dem Versuch kombiniert, Fehlanreize zu vermeiden, muss zwingend über einen Selbstbehalt verfügen, die den Versicherten zur Verantwortung zieht, *bevor* die Versicherungsleistung gewährt wird.

Der Jahr für Jahr neu vorgenommene Schuldenschnitt hat den Vorteil, dass einerseits das totale Fiasko vermieden wird, andererseits das Problem am Köcheln bleibt und das betroffene Land weiterhin hohe Anreize hat, selbst an der Lösung seiner Probleme zu arbeiten, konkret den Prozess der realen Abwertung durch Lohn- und Preiskürzungen einzuleiten, ohne den jegliche Gesundung ausgeschlossen ist.

Freilich kann man auch die Versicherung mit Selbstbehalt nicht unbegrenzt gewähren. Nach Meinung der EEAG müssten die Garantien auf 30 % des BIP begrenzt werden. Sie könnten aber auch enger begrenzt werden, denn das ist bei den großen Ländern schon ein sehr hoher Betrag. Werden die Garantien gezogen oder erschöpfen sie sich, tritt das betroffene Land in die dritte Stufe ein, den vollen Staatskonkurs.

Dann sollte es temporär aus dem Euro austreten, denn wenn es keine Hilfen von der Staatengemeinschaft mehr erhält, hat es im Euroraum keine Chance zur wirtschaftlichen Erholung. Es muss dann sein Heil in der offenen Abwertung suchen. Die EEAG hat sich zwar zu dieser Konsequenz nicht geäußert, aber sie liegt in der Logik des Systems.

Der Vorschlag der EEAG verbindet substanzielle Hilfen für die bedrängten Länder mit einem Mechanismus, der Marktdisziplin herstellt, weil die Gläubiger *vor* den Steuerzahlern haften. Er beschreibt einen Mittelweg zwischen der Schuldensozialisierung, die nach den Erfahrungen der USA kein gutes Ende haben wird, und Bestrebungen, die Eurozone zu spalten oder gar aufzulösen. Er geht von der Vorstellung aus, dass man für eine begrenzte Zeit gutnachbarschaftliche Hilfe leisten kann, aber zugleich die Kontrollfunktion der Märkte erhalten muss, weil politische Schuldenschranken dazu nicht in der Lage sein werden. Er vermeidet die Panik der Märkte und erhält doch den ökonomischen Druck aufrecht, den die politischen Systeme der überschuldeten Länder brauchen, um sich durch eine innere, reale Abwertung durch Preiszurückhaltung aus der Gefahr der Vernichtung ihrer Industrien und einer Radikalisierung der Jugend durch die Massenarbeitslosigkeit zu befreien.

DIE OFFENE WÄHRUNGSUNION

Ob der EEAG-Plan ausreichen würde, alle Krisenländer wieder in ein ruhiges Fahrwasser zu bringen, kann angesichts der Analyse von Kapitel 4 bezweifelt werden. Länder wie Griechenland und Portugal, die um 39 % beziehungsweise 32 % billiger werden müssen, um beispielsweise im Vergleich zur Türkei wettbewerbsfähig zu werden, oder nach der Analyse von Goldman Sachs ihre Preise um 30 % beziehungsweise 35 % senken müssen, bis ihre Schulden wieder tragfähig sind, haben objektiv gesehen nur eine minimale Chance innerhalb des Euroraumes. Eigene Preissenkungen in diesem Umfang werden sie nicht schaffen, zumal sie in der Krise nach den bisher vorliegenden Daten nicht einmal ansatzweise Zeichen für eine beginnende reale Abwertung gezeigt haben (*Abbildung 4.3*).

Von Friedman bis Keynes reicht das Spektrum der Volkswirte, die die Vorstellung als absurd erklären würden, man könne reale Abwertungen des erforderlichen Ausmaßes durch Preissenkungen bewerkstelligen. Wer glaubt, das Problem lasse sich mit Sparprogrammen von der Art lösen, wie sie die Euroländer derzeit von Griechenland und Portugal verlangen, hat die Schwere des Problems offenkundig nicht verstanden. Das Einhalten von »Sparauflagen« im Zusammenhang mit neuen öffentlichen Krediten, das zunächst einmal politische Ruhe bringt, sollte man nicht mit einer realen Abwertung verwechseln, die allein die Wettbewerbsfähigkeit wiederherstellen kann. Schon heute werden die angeblichen Sparprogramme, die nichts sind als eine Einschränkung der Nettoneuverschuldung, als untragbar empfunden, und doch waren sie bislang nicht in der Lage, die nötigen Preissenkungen herbeizuführen. Sicher, wenn man eine tatsächliche Ersparnis einfordert, indem man keine neuen Kredite vergibt, sondern die Tilgung der alten verlangt, könnte man vermutlich eine Deflation erzwingen, aber dann würden die Gesellschaftssysteme der betroffenen Länder unter dem Druck der leeren Kassen womöglich zerbrechen und im Chaos versinken. Deutschlands Erfahrungen zur Zeit der Weimarer Republik, als die Preise von 1929 bis 1933 um 23 % sanken, sollten allen eine Warnung sein. Das wurde in Kapitel 4, Abschnitt *Warum offene Abwertungen leichter sind,* ja schon ausgeführt.

Die Alternativlösung, die viele, implizit vielleicht auch die EZB, im Auge haben, ist deshalb die Inflation in Deutschland. Deutschland wird diesen Ländern aber nicht den Gefallen tun wollen, so viel Inflation in kurzer Zeit zu akzeptieren, dass deren Wettbewerbsfähigkeit auf diese Weise wiederhergestellt wird. Dazu steckt das Trauma der Hyperinflation von 1914 bis 1923, die zur Verarmung und Radikalisierung der Mittelklasse geführt hat, den Deutschen noch zu tief in den Knochen. Man kann auch nicht den ganzen Euroraum inflationieren, nur damit ein paar kleineren Ländern am Rande die Deflation erspart bleibt.

Also bleibt nur noch die Dauerfinanzierung der Leistungsbilanzdefizite oder der Austritt. Über die Gefahren einer Dauerfinanzierung, von der Holländischen Krankheit bis hin zu Ansteckungseffekten auf andere Länder, die dann genauso behandelt werden wollen, ist in diesem Buch genug gesagt worden.[17] Das muss hier nicht wiederholt werden.

Nur der Austritt und die Abwertung bieten eine schnelle Möglichkeit, die Wettbewerbsfähigkeit ohne Aufstände und Unruhen wiederherzustellen. Auf der Basis von Daten, die von Reinhart und Rogoff zur Verfügung gestellt wurden, kommt das ifo Institut nach der Untersuchung von 71 Währungskrisen zu dem Ergebnis, dass sich die Leistungsbilanz des abwertenden Landes bereits ein bis zwei Jahre nach der Abwertung sehr stark verbessert und dass dann auch die Wirtschaftsleistung schon wieder zunimmt.[18] Das Exportwachstum liegt typischerweise schon im dritten Jahr um 2 Prozentpunkte über dem Trend.

Auch drei vom ifo Institut angestellte Fallstudien, die sich auf die argentinische Abwertung des Jahres 2002, die thailändische des Jahres 1997 und die italienisches des Jahres 1992 beziehen, belegen die rasche Gesundung der Wirtschaft nach einer Abwertung. In Argentinien fing die Wirtschaft schon zwei Quartale nach der Abwertung zu wachsen an und in Thailand nach sechs Quartalen. Auch Italien, wo sich der Abwertungsprozess über einen längeren Zeitraum erstreckte, kam alsbald wieder in die Gänge. Alle drei Länder hatten schon ein Jahr nach dem Beginn der Abwertung wieder Leistungsbilanzüberschüsse.

Zum Austritt sollte man dennoch kein Land drängen. Die Entscheidung darüber liegt allein bei den nationalen Regierungen und Parlamenten der betroffenen Länder. Aber umgekehrt kann man auch nicht zulassen, dass die Länder, die den Austritt nicht wagen oder rundweg ablehnen, wie selbstverständlich davon ausgehen, stattdessen von den anderen Staaten finanziert zu werden. Die Mitgliedschaft im Euro beinhaltet nicht das Recht, durch Transfers gestützt zu werden, wenn man nicht mehr wettbewerbsfähig ist. Die Rechtslage ist durch das Beistandsverbot des Maastrichter Vertrages eindeutig geregelt.

Aber es geht nicht nur um rechtliche Fragen, sondern vor allem um die Frage der ökonomischen Lasten. Für die noch soliden Länder ist die Mitgliedschaft von Ländern, die nicht wettbewerbsfähig sind, eine extrem teure Angelegenheit – ein Fass ohne Boden. Die Hilfen verhindern die reale Abwertung und erhalten die Leistungsbilanzdefizite. Sie sind schon heute sehr teuer, wie die Berechnungen dieses Buches gezeigt haben.

Vor allem aber hilft der Verbleib in der Eurozone den betroffenen Ländern nicht wirklich. Zwar werden durch die Hilfen die Renten und die Gehälter der Staatsbediensteten gestützt, doch die Schaffung neuer Stellen für die Jugend wird verhindert. Angesichts der katastrophalen Lage, in die einige Länder durch den Euro geraten sind und die trotz der Hilfen der Staatsgemeinschaft anhält, stellt sich die Frage, wie lange die Bevölkerung dieser Länder den Kurs der Eurozone noch mitträgt. Wie lange werden die jungen Leute in Griechenland und Spanien noch erdulden, dass jeder Zweite von ihnen ohne Arbeit ist – noch ein Jahr, noch zwei Jahre, noch drei? Man weiß es nicht. Es müssen und werden weitreichende politische Entscheidungen zu treffen sein. Um die Wahl zwischen radikalen Sozialreformen mit Lohnkürzungen und einem Austritt aus der Eurozone wird sich im Endeffekt kein Parlament drücken können.

Einem Land, das in dieser Situation den Austritt wagt, sollte die Staatengemeinschaft helfen, um die absehbaren sozialen Lasten abzufangen, die anfallen, wenn die Banken durch Debt Equity Swaps mit neuem Eigenkapital versehen werden müssen. So kann man den Inhabern von kleinen Bankkonten und den Kleingläubigern von Banken helfen, indem man ihnen kleinere Abschreibungsverluste zumutet als den Großgläubigern. Auch sollte man ein Notprogramm zur Sicherung der Gesundheitsversorgung und der Energieversorgung der Bevölkerung auflegen, das die absehbare Verteuerung der Importe abfängt.

Vor allem sollte man dem Austritt das Stigma der dauerhaften Trennung nehmen und ihn in geordneter Form ablaufen lassen. Das kann am besten geschehen, indem man eine offene Währungsunion schafft, die den Status einer assoziierten Mitgliedschaft mit einer Rückkehroption kennt.[19] Das assoziierte Mitglied hat den Vorteil, dass es den Wechselkurs rasch verändern kann, um seine Wettbewerbsfähigkeit wiederherzustellen, ohne dass es dazu einen viele Jahre währenden Kampf mit den Gewerkschaften und Interessengruppen durchstehen muss, der mit einem ökonomischen Siechtum und einer Massenarbeitslosigkeit einhergeht, die das Staatswesen ins Wanken bringen könnten.

Dabei kann die Eurozone das schon existierende Regime des EWS II nutzen. Das EWS II ist der Nachfolger des EWS I, des Festkurssystems, dem formal alle Währungen der EU von 1979 bis Ende 1998 angehörten außer den neuen EU-Mitgliedern aus Osteuropa. Das EWS I wurde mit der Euro-Einführung am 1. Januar 1999 durch das EWS II abgelöst, welches als Übergangssystem für Länder gedacht war, die dem Euro später einmal beitreten wollen. Ihm gehören derzeit Dänemark, Lettland und Litauen an. Vorher sind aber auch alle anderen Länder, die seit dem Jahr 2000 dem Euro beitraten, durch das EWS II gegangen. Die Bedingung für den Übertritt vom EWS II in die Vollmitgliedschaft ist eine zweijährige »spannungsfreie« Teilnahme am Wechselkursmechanismus, wobei sich der Wechselkurs, unterstützt durch EZB-Interventionen, in einer Bandbreite von maximal 15% um einen vorher festzulegenden Basiskurs bewegen muss. Dieses System könnte auch die Funktion übernehmen, die ehemaligen Vollmitglieder des Eurosystems vorübergehend zu beherbergen.

Man muss die neue Währung im Geheimen vorbereiten und sie an einem Wochenende, wenn die Banken geschlossen sind, per Gesetz als neues gesetzliches Zahlungsmittel einführen. Alle Kontobestände und alle Kontrakte zwischen Inländern, die auf Euro lauten, seien es Lohnkontrakte, Darlehenskontrakte, Rentenansprüche oder auch nur Preislisten, bleiben mit ihren Zahlenwerten erhalten und werden dann in einem Schritt auf die neue Währung umgestellt.

Sicherlich wird die neue Währung sofort unter Abwertungsdruck kommen. Die Prognosen beziffern die zu erwartende Abwertung im Falle Griechenlands auf die Hälfte bis zu zwei Dritteln.[20] Aber der Wechselkurs wird sich im Laufe der Zeit auf einem stabileren Niveau einpendeln. Wenn er hinreichend stabil ist, kann das Land formell in das EWS II eintreten. Auch dort darf der Wechselkurs noch schwanken, aber nur noch innerhalb der Bandbreite. Da die EZB im EWS II gehalten ist, durch Interventionen mitzuhelfen, wird es dem Land gelingen, diese Bedingung einzuhalten. Ansonsten muss es die anderen für den Wiedereintritt üblichen Bedingungen einhalten, so insbesondere hinreichend geringe Abweichungen beim Zins und bei der Inflation vom Durchschnitt der Eurozone sowie die Schuldenkriterien.

Sinnvoll wäre es, dem Land darüber hinaus Reformauflagen vorzuschlagen, die sicherstellen, dass es auch über die institutionellen Rahmenbedingungen verfügt, die eine erfolgreiche Rückkehr in den Euroverbund versprechen. Nichts wird die politischen Kräfte des Landes so von der Notwendigkeit von Reformen überzeugen wie die Hoffnung, damit in den Euro zurückkehren zu können.

Natürlich wird es allerlei technische Probleme geben. Wird der geplante Austritt im Vorhinein bekannt, kommt es zu einem Bank Run, denn die Kontoinhaber werden versuchen, ihre Konten zu räumen, um der Währungsumstellung zu entgehen. In diesem Fall muss die Umstellung sofort verfügt werden.

Auch die Banknotenumstellung ist nicht trivial. Grundsätzlich gibt es drei Möglichkeiten für eine solche Umstellung:

Erstens kann die Notenbank versuchen, die alten Euronoten einzusammeln und in die neue Währung umzutauschen. Wenn der Euro als solcher im Rest der Eurozone erhalten bleibt, setzt das aber eine dauerhafte Devisenbewirtschaftung, Grenzkontrollen und viel Bürokratie voraus, denn natürlich wird jeder versuchen, seine Euros zu verstecken und heimlich außer Landes zu bringen. Dieser Weg ist nicht praktikabel.

Zweitens könnte man alle Euronoten im gesamten Euroraum außer dem Austrittsland in einer begrenzten Frist in neue Banknoten umtauschen und die alten Noten nur noch zum Umtausch in die neue Währung zulassen (beziehungsweise die in den anderen Ländern vorhandenen Banknoten mit fälschungssicherer und automatenlesbarer Tinte abstempeln und die nicht abgestempelten Noten umtauschen). Die Devisenkontrollen brauchen dann nur bis zum Ende der Umtauschfrist bestehen zu bleiben.

Drittens kann man auch erlauben, dass der Euro als Parallelwährung weiter bestehen bleibt, ähnlich wie es heute in Osteuropa oder der Türkei der Fall ist.[21] Dann würde sich das Übergangsproblem erheblich vereinfachen, denn obwohl nun die neue Währung legal ist und alle Preise, Löhne und Schuldkontrakte in ihr definiert sind, kann man Barzahlungen zum neuen Wechselkurs weiterhin mit Euro-Banknoten durchführen. Auch wenn es nicht gelingt, die neuen Noten rechtzeitig zu drucken, ließe sich auf diese Weise der Bargeldverkehr aufrechterhalten. Die Weiterbenutzung der vorhandenen Euro-Banknoten führt zwar zu einer Ungleichbehandlung für die Vermögensbesitzer der Länder. Das ist aber hinzunehmen, denn der Zweck der Einführung der neuen Währung liegt vor allem darin, den Wert aller wirtschaftlichen Kontrakte konzertiert in einem Schritt herabzusetzen, um die Wettbewerbsfähigkeit wiederherzustellen. Eine entsprechende konzertierte Lohn- und Preissenkung innerhalb des Eurosystems ließe sich technisch nicht realisieren.

Die neuen, in eigener Regie ausgegebenen Banknoten würden in einem solchen Fall im Laufe der Zeit einen Teil der Euro-Banknoten verdrängen, aber nur in dem Maße, wie diese Noten für Käufe außerhalb des eigenen Währungsraums verwendet werden. Im Umfang der verdrängten Euro-Banknoten, die für Käufe im Ausland verwendet werden und die dann dort ihrerseits die durch Refinanzierungskredit entstandenen Banknoten verdrängen, entstünde ein Verlust für den Rest der Eurozone. Ein solcher Verlust hält sich aber in Grenzen. Wie in Kapitel 9, Abschnitt *Was kostet der Konkurs Griechenlands?*, schon ausgerechnet wurde, läge er im Falle eines griechischen Austritts bei maximal 3,1 Milliarden Euro für Deutschland. Für die gesamte Eurozone entspräche dies einem Betrag von etwa 11 Milliarden Euro.

Ausländische Schulden bleiben zunächst in Euro bestehen, aber das ist kein Sonderthema des Austritts. Wie schon in Kapitel 4, Abschnitt *Warum offene Abwertungen leichter sind,* erläutert wurde, gibt es bezüglich der Auslandsschulden keinerlei Unterschied zwischen einer inneren Abwertung durch Preissenkungen und einer äußeren Abwertung nach der Einführung einer neuen Währung. Und es sei auch noch einmal betont, dass es für die Gläubigerländer in ihrer Gesamtheit kein Nachteil ist, wenn abgewertet wird, weil dies die einzige Möglichkeit ist, das Land wieder zahlungsfähig zu machen und sicherzustellen, dass überhaupt irgendwelche Ressourcen für die früheren Kredite zurückkommen. Der Weg zu einer Rückzahlung von Auslandsschulden führt immer über eine Abwertung und insofern immer über eine anfängliche Erhöhung der Schuldenquote. Man sollte sich bei seinem Urteil zu dieser Problemlage nicht von der Optik leiten lassen.

Manchmal wird befürchtet, dass es nach der Abwertung eine Inflation gibt, die den Abwertungseffekt sofort wieder zunichtemacht. Diese Befürchtung wäre zwar gerechtfertigt, wenn die Abwertung ausgehend von gleichgewichtigen Güterpreisen stattfände, aber die liegen ja nun bei den Problemländern der Eurozone gerade nicht vor. Schließlich sind diese Länder durch den inflationären Boom, den der Euro brachte, zu teuer geworden und stecken nun mit ihren überhöhten Preisen im Euro fest. Da es eine nominale Lohn- und Preisstarrheit nach unten gibt, die Preis-Uhr also keinen Rückwärtsgang hat, führt der Weg zum Gleichgewicht zwingend über die äußere Abwertung, wenn der Rest der Eurozone nicht bereit ist zu inflationieren. Die äußere Abwertung würde nur dann zu einer Inflation führen, wenn die Abwertung zu weit ginge und die Preise insofern unter ihr Gleichgewichtsniveau gedrückt würden. Netto gerechnet käme dann aber immer noch eine effektive Preissenkung bis auf das Gleichgewichtsniveau zustande.

Wenn die Abwertung und die notwendigen Reformen stattgefunden haben, ist der Rückweg vom EWS II in die volle Euro-Mitgliedschaft relativ leicht zu bewerkstelligen, weil das Problem des Banknotenumtausches sich dann nicht mehr in ähnlicher Form stellt. Schließlich wird ja niemand seine nationale Währung verstecken wollen, wenn sie nach dem Umtausch nirgends mehr genutzt werden kann, sondern damit eilig zum Bankschalter laufen, um sie in Euros umzutauschen.

Wenn der zweite der oben beschriebenen Wege gewählt wurde, wenn also alle Banknoten des Eurogebiets abgestempelt oder in neue Noten umgetauscht werden, dann hat das Austrittsland durch die Währungsumstellung keinen Gewinn. Insofern kann man ihm erlauben, heimische Banknoten wieder in neu zu druckende Euro-Banknoten umzutauschen, ohne dafür zahlen zu müssen.

Wenn freilich der dritte Weg gewählt wurde und dem Austrittsland die beim Austritt dort noch zirkulierenden Euro-Banknoten geschenkt wurden, dann sollte die heimische Währung beim Wiedereintritt nur gegen Bezahlung mit marktfähigen Wertpapieren umgetauscht werden können, weil im Umfang des Wertes dieser Währung Euro-Banknoten für Käufe in das restliche Euroausland geflossen sind und die dort durch Refinanzierungskredit geschaffenen Euros verdrängt haben. Aber das sind Details, die von der grundsätzlichen Problematik nicht ablenken sollten.

Die Möglichkeit der offenen Abwertung ist für die Funktionsfähigkeit des Eurosystems von vitaler Bedeutung. In Kapitel 4 war im Abschnitt *Marktversagen oder Staatsversagen?* schon auf ein fundamentales Dilemma der Eurozone hingewiesen worden: Das Eurosystem braucht einerseits eine unbegrenzte Feuerkraft, um Zahlungsbilanzprobleme mit frischer Liquidität aus der Notenpresse bekämpfen zu können. Andererseits braucht es aber auch harte Budgetbeschränkungen und Zinsspreizungen nach der Bonität der Schuldner, um private und öffentliche Schuldenexzesse und Wirtschaftsblasen zu vermeiden. Beide Zielsetzungen lassen sich offenkundig innerhalb des Eurosystems, so wie es jetzt konstruiert ist, nicht miteinander vereinen.

Bislang hat die EZB das Dilemma ganz einfach dadurch gelöst, dass sie eine Randlösung verfolgt. Sie vernachlässigt die realwirtschaftlichen Fehlanreize und gewährt den Ländern mit Zahlungsbilanzproblemen zu immer niedrigeren Zinsen bei immer schlechteren Sicherheiten nahezu beliebigen Kredit aus der Notenpresse. Das führte zwar zunächst zu einer maximalen Beruhigung der Kapitalmärkte, gleichzeitig aber zu einer maximalen Verzerrung der Realwirtschaft.

Diese Randlösung zu verfolgen war ein schwerwiegender Politikfehler, denn wenn es rivalisierende Ziele gibt, aber nicht genug separate Politikinstrumente, dann sollte man Mittelwege gehen. Die Wahl der Randlösung durch die Unantastbarkeit der Mitgliedschaft im Euro und das unbegrenzte Hilfsversprechen hat die Schuldenexzesse im privaten und öffentlichen Bereich ausgelöst, die zum Verlust der Wettbewerbsfähigkeit eines erheblichen Teils der Euroländer geführt haben und die sich nun für die noch soliden Länder der Eurozone als Fass ohne Boden darstellen. Dieses Problem wiegt vermutlich noch schwerer als eine mögliche Unruhe auf den Finanzmärkten.

Der Fehler kann nur korrigiert werden, wenn man die Hilfen begrenzt und die Möglichkeit der Selbsthilfe durch einen temporären Austritt nebst offener Abwertung schafft. Deswegen ist die Neustrukturierung der Eurozone mit Regeln für eine offene Währungsunion mit einem geordneten Verfahren für den temporären Austritt und anschließenden Wiedereintritt das Gebot der Stunde. Nur so haben die betroffenen Länder überhaupt eine Chance auf wirtschaftliche Gesundung, und nur so kann die Eurozone als Ganzes ihre Zahlungsbilanzkrise überwinden.

Neben den ökonomischen gibt es auch politische Vorteile. Es wird eben niemand ausgestoßen, keiner muss das Gefühl haben, dass ihm die Felle für immer davonschwimmen. Wenn man aufhört, den Austritt als Weltuntergang zu deklarieren, und ihn auf die Ebene der praktischen Politik zurückholt, lässt er sich beherrschen und zum Wohle fast aller Beteiligten gestalten, vielleicht mit Ausnahme des Wohles einiger Finanzinvestoren. Er würde den Zusammenhalt Europas und die Basis für das friedliche Zusammenleben seiner Völker verstärken.

DIE VEREINIGTEN STAATEN VON EUROPA [22]

Das Motto der Vereinigten Staaten von Amerika lautet *De pluribus unum*: »Aus vielen das Eine«. Das Motto Europas ist *In varietate concordia*: »In der Vielfalt die Eintracht« oder in offizieller Übersetzung: »In Vielfalt geeint«. Deutlicher könnte man die Unterschiede zwischen dem amerikanischen Modell und dem europäischen nicht ausdrücken. Amerika ist der Schmelztiegel. Aus vielen ethnischen Zutaten soll eine homogene Legierung gebildet werden. Man wandert zu, gibt die Nationalität mitsamt seiner Sprache an der Grenze ab und wird zum Amerikaner. Europa ist hingegen das über lange Zeiträume historisch gewachsene Mosaik aus unterschiedlichen Völkern und Kulturen, die sich nach einer wechselvollen Geschichte um gutnachbarschaftliche Beziehungen bemühen und über gemeinsame Traditionen im geistigen Bereich verfügen, sei es im Bereich der Wissenschaft oder im Bereich der Religion. Hier bleibt man, wo man aufgewachsen ist, man spricht seine eigene Sprache und ist der Heimat verbunden.

Angesichts dieser Unterschiede stellt sich die Frage, ob es sinnvoll ist, die Vereinigten Staaten von Europa überhaupt anzustreben. Viele lehnen die Vorstellung ab, weil es ihrer Meinung nach keine einheitliche europäische Identität geben könne. Ein gemeinsames Staatswesen wie in den USA setze eine gemeinsame Sprache und eine gemeinsame Nationalität voraus. Europa könne auf absehbare Zeit deshalb nicht mehr als ein Staatenbund sein. [23]

Vielleicht ist das richtig. Vielleicht lässt sich die Idee der Vereinigten Staaten von Europa, von der wir Nachkriegskinder geträumt haben, nicht realisieren. Ich bin mir aber nicht sicher, denn für die Vertiefung der europäischen Integration und die Schaffung eines gemeinsamen Staates sprechen auch handfeste praktische Vorteile, die keineswegs eine gemeinsame Identität oder eine gemeinsame Sprache voraussetzen. Dazu gehören das Recht, sich frei über die Grenzen zu bewegen, die Freiheit des Waren- und Dienstleistungsverkehrs, die Rechtssicherheit für grenzüberschreitende wirtschaftliche Aktivitäten, eine Infrastruktur, die nicht an den Grenzen haltmacht, und nicht zuletzt gemeinsame Sicherheitsinteressen. Diese Vorteile haben eine so überragende Bedeutung im Leben vieler Europäer bekommen, dass es keine Veranlassung gibt, die europäische Integration als solche infrage zu stellen. Es gibt ganz im Gegenteil noch sehr viel Harmonisierungsbedarf, weil ein alleiniger Wettbewerbsföderalismus aus recht grundsätzlichen Erwägungen zum Scheitern verurteilt ist. Im Übrigen ist in der EU ein gutes Stück europäischer Identität herangewachsen, das man nicht gering schätzen sollte.

Sicher, das im Maastrichter Vertrag verankerte Subsidiaritätsprinzip besagt,[24] dass man die ökonomischen Entscheidungen der Menschen auf der tiefstmöglichen Ebene belassen soll, idealerweise sogar beim Individuum selbst. Nur in begründeten Ausnahmefällen sind die Entscheidungen auf eine kollektive Ebene zu heben, dort aber dann auch nur auf die jeweils niedrigste der möglichen Ebenen. Wenn nicht das Individuum entscheiden soll, dann die Familie; wenn nicht die Familie, dann die Gemeinde; wenn nicht die Gemeinde, dann das Land, dann der Bund – und erst ganz am Ende die europäischen Institutionen. Nur in der Nähe der Basis ist nämlich das Problemwissen vorhanden, das man für sachgerechte Lösungen braucht, und nur wenn die Entscheidungen dort fallen, bleiben die Freiheitsrechte der Menschen gewahrt.

Indes gibt es genug begründete Ausnahmefälle, die der kollektiven Aktion bedürfen. Dazu gehört neben den genannten Problemfeldern im Bereich der Infrastruktur, der Verteidigung und der ökonomischen Grundfreiheiten vor allem der Bereich der Regulierung wirtschaftlicher Aktivitäten – denn es gibt wenig Veranlassung für die Vermutung, dass sich aus einem Wettstreit unterschiedlicher Regulierungssysteme schon von ganz allein die besten Systeme herausbilden würden.

Der Bereich der Bankenregulierung ist das zurzeit aktuellste Beispiel. Es wurde im Kapitel 10 im Abschnitt *Die Bankenunion* schon angesprochen. Wenn die Ge- und Verbote, die die Banken bei ihrem Geschäft beachten müssen, auf nationaler Ebene festgelegt werden, das Bankgeschäft aber international mobil ist, hat die nationale Regulierungsbehörde stets einen Anreiz, lasche Standards zu setzen, um das Geschäft nicht in andere Länder zu vertreiben, sondern von dort anzulocken. Der Regulierungswettbewerb degeneriert zu einem Laschheitswettbewerb, weil sich die Vorteile der laschen Regulierung in Profiten zu Hause niederschlagen, während die Verluste bei den weltweit verteilten Gläubigern der Banken liegen. Bei vollkommener Information müsste man dieses Ergebnis nicht befürchten, wohl aber angesichts der tatsächlich vorhandenen Komplexität des Bankengeschäfts, der nur die Fachleute halbwegs gewachsen sind. Es gibt noch viele ähnliche Beispiele aus dem Bereich der Normen, der Wettbewerbspolitik oder der Besteuerung, die man hier ebenso anführen könnte und die auch wissenschaftlich untersucht wurden. Dabei geht es meist um das Phänomen, dass dieselben Marktfehler, die man auf nationaler Ebene durch eine Regulierung hat vermeiden wollen, auf der internationalen Ebene des staatlichen Wettbewerbs wieder auftauchen. Ich habe dieses Phänomen einmal das *Selektionsprinzip* genannt. Gerade weil Staaten das tun, was der Markt nicht kann, muss man befürchten, dass der Wettbewerb der Staaten unter denselben Fehlern leidet, derentwegen die Staaten aktiv wurden.[25] Insofern sprechen viele grundsätzliche Erwägungen für eine weitere Vertiefung des europäischen Integrationsprozesses bis hin zur Schaffung eines gemeinsamen europäischen Staates.

Die Gefahr eines solchen Weges liegt aber immer darin, dass kollektive Entscheidungsgremien nicht nur kollektive Leistungen erbringen, die für alle nützlich sind, sondern ihre Macht für die Umverteilung von Ressourcen zwischen den teilnehmenden Ländern missbrauchen. Gerade auch demokratische Gremien sind vor dieser Gefahr nicht gefeit. Sie erlauben es ganz im Gegenteil, dass Mehrheiten Minderheiten ausbeuten. Um dieser Gefahr zu begegnen, bedürfen sie stets besonderer Regeln zum Minderheitenschutz, zum Beispiel durch das Erfordernis der qualifizierten Mehrheit oder der Einstimmigkeit bei den Entscheidungen. Die fiskalischen Entscheidungen des EZB-Rates, die in diesem Buch untersucht wurden, sind ein besonders drastisches Beispiel für dieses Problem, denn es handelt sich dabei um einfache Mehrheitsentscheidungen eines nicht einmal demokratisch besetzten Gremiums, die auf eine massive Vermögensumverteilung zwischen den Staaten Europas und von unbeteiligten Steuerzahlern aus stabileren Ländern zu beteiligten Gläubigern weltweit hinauslaufen.

Die Umverteilung als solche kann als kollektiver Vorteil aller Staaten begriffen werden, wenn sie den Charakter eines Versicherungsschutzes annimmt. Schließlich ist jede Versicherung ein Umverteilungssystem, das die Ressourcen von denen, die Glück hatten, auf die Pechvögel umverteilt. Für eine solche Interpretation ist es freilich erforderlich, dass die Entscheidung darüber hinter dem Schleier des Unwissens getroffen wurde, bevor die Würfel des Schicksals fielen und bevor man wusste, wer Glück und wer Pech hat.

Das ist bei den europäischen Umverteilungsentscheidungen von heute definitiv nicht der Fall, denn sie werden ja getroffen, nachdem der Schaden bereits aufgetreten ist. Außerdem hatte man im Vorhinein, bei der Abfassung des Maastrichter Vertrages, mit dem Beistandsverbot nach Art. 125 AEUV den Abschluss eines Versicherungsvertrages explizit verneint.[26]

Der im Euroraum eingeschlagene Weg zur Haftungsunion, die gegen die Wünsche der Bevölkerung durchgepeitscht wird, führt nicht zu einem Bundesstaat im eigentlichen Sinne des Wortes, also nicht zu einem Bündnis von Gleichen, die sich in freier Entscheidung zusammentun und sich gegenseitig Schutz versprechen. Stattdessen führt er, wenn er überhaupt irgendwohin führt, zu einem Einheitsstaat, der unter Missachtung der Wünsche der Bevölkerung und durch die Handlungszwänge der Target-Falle zustande kam.

Der Weg kann auch schon deshalb nicht zu den Vereinigten Staaten von Europa führen, weil ein Großteil Europas gar nicht mitmacht. Im Norden und im Osten fehlen die größten Länder, und es ist mit ziemlicher Sicherheit davon auszugehen, dass sie sich auch niemals freiwillig in die vorbereitete Haftungsunion hineinbegeben werden. In Dänemark ist der Beitrittswunsch genauso erlahmt wie in Polen, und in der Tschechischen Republik wie in Schweden hat sich die ablehnende Haltung gegenüber dem Eurosystem noch verstärkt. Die Behauptung, das Eurosystem lasse sich in die Vereinigten Staaten von Europa verwandeln, hat ihre Überzeugungskraft verloren. Der jetzt eingeschlagene Weg in die Haftungsgemeinschaft wird viel eher zu einer tiefen Spaltung Europas führen.

Das ist das Problem mit den Kollektivierungsansätzen der europäischen Institutionen in dieser Krise. Man fordert Versicherungsschutz ein, ohne einen Vertrag geschlossen zu haben, weil man davon ausgeht, dass das Eurosystem schon implizit ein solcher Vertrag sei. Davon kann aber nicht die Rede sein. Um solche weitreichenden Kollektivierungsmaßnahmen zu begründen, wie sie gefordert werden, hätte man einen gemeinsamen Bundesstaat gründen müssen, und zwar einen, dessen Bindungswirkung noch über die der Vereinigten Staaten hinausgeht, denn nicht einmal dort kennt man die Kollektivierung der Staatsschulden zwischen den Bundesstaaten.

Wer sich auf Hamilton bezieht und will, dass die noch soliden Staaten Europas die Altlasten der Krisenländer schultern, muss mit der Zustimmung der Bevölkerung erst den europäischen Bundesstaat gründen. Wenigstens müssen diejenigen, die heute zahlen, davon ausgehen können, dass ihre Kinder und Kindeskinder in hundert Jahren, wenn sie einmal ähnliche Hilfe benötigen, auf einen entsprechenden Schutz der anderen zählen können. Nur der gemeinsame Staat kann einen solchen glaubhaften langfristigen Versicherungsschutz begründen und sicherstellen, dass sich die Nettoempfänger von heute später nicht verweigern können, wenn sie um reziproke Leistungen gebeten werden.

Ein Bundesstaat braucht ein gemeinsames Rechtssystem, eine gemeinsame Armee zur Verteidigung nach außen und eine zentrale Gewalt, die die Nettozahler bei der Stange hält und die Nettoempfänger von Leistungen zu einem regeltreuen Verhalten zwingt. Erst wenn diese Voraussetzungen erfüllt sind, kann man Transfersysteme etablieren. Je größer die Umverteilungsaufgaben sind, desto stärker sind die zentrifugalen Kräfte des Systems, und desto stärker muss die Zentralgewalt sein, um alles zusammenzuhalten. Nur wenn die Umverteilung im Sinne eines wirklich glaubhaften und langfristig gesicherten Versicherungsschutzes auf Gegenseitigkeit interpretiert werden kann, kann es überhaupt gelingen, ein stabiles System zu konstruieren, denn nur dann unterwerfen sich die Einzelstaaten der Zentralgewalt.

Es besteht in Europa heute aber leider nicht die geringste Bereitschaft, einen solchen Bundesstaat zu schaffen. Das gemeinsame Rechtssystem und die gemeinsame Armee werden nicht kommen, solange Europa nicht von äußeren Feinden bedroht ist, die den Zusammenschluss erzwingen. Um nichts in der Welt wird Frankreich einer Vergemeinschaftung seiner *force de frappe* zustimmen. Die EU wird deshalb vorläufig ein Staatenbündnis ohne starke Zentralgewalt bleiben.

Die EU war bislang auch ohne die Zentralgewalt stabil, weil es keine erhebliche Umverteilung zwischen den Staaten gab. Das ganze EU-Budget liegt ja nur bei einem Prozentpunkt des BIP. Jeder hatte Vorteile und blieb freiwillig gerne dabei. Das scheinen viele zu vergessen, die jetzt in die Transferunion gehen wollen, ohne zugleich den Bundesstaat zu gründen, der allein in der Lage ist, die zentrifugalen und zerstörerischen Kräfte der Transferunion zu bändigen.

Der französische Diplomat François Heisbourg hat in der österreichischen Zeitung *Der Standard* ein bemerkenswertes Interview gegeben.[27] Er argumentierte, Europa brauche mehr Umverteilung zwischen den Staaten, damit es nicht das Schicksal der Sowjetunion erleide und auseinanderbreche. Ganz abgesehen davon, dass der Vergleich der EU mit der Sowjetunion verwegen ist, ist die Argumentation auch im Kern falsch, denn die Sowjetunion war durch eine erhebliche Umverteilung zwischen den Einzelstaaten gekennzeichnet, die an Ausbeutung grenzte. Die Sowjetunion brauchte den Zwang, um den Zusammenhalt zu sichern, aber wie die Geschichte gezeigt hat, lag in diesem Zwang auch der Keim der Zerstörung. Die Sowjetunion war kein faires Versicherungssystem auf Gegenseitigkeit, bei dem sich jeder ausrechnen konnte, auch selbst einmal in den Genuss von Transfers seitens der anderen Staaten zu kommen.

Nicht die Sowjetunion, sondern die USA sollten das Beispiel für Europa sein. Die USA haben ihr System in einer über zweihundertjährigen Geschichte entwickelt. Nach den schwierigen Jahrzehnten am Anfang ist doch mittlerweile ein funktionsfähiges, faires System entstanden, das die freiheitlichen Grundrechte weitgehend gewährleistet, auf eine Schuldenunion verzichtet und deshalb auch ohne eine allzu strenge Zentralgewalt funktioniert.

Wer die Eurozone zu einer Transfer- und Schuldenunion entwickeln will, die sogar Staatskonkurse verhindern kann, muss aber wissen, dass er dafür mehr Zentralgewalt braucht, als sie in den USA verfügbar ist. In einem solchen System wäre für die Freiheit und das Selbstbestimmungsrecht der Länder nicht mehr viel Platz. In den USA kann der Zentralstaat die Budgets der Einzelstaaten nicht wirksam begrenzen, und deshalb überlässt er es den Einzelstaaten, selbst mit ihren Gläubigern ins Reine zu kommen, wenn sie sich übernommen haben, also letztlich in Konkurs zu gehen. Ähnliches gilt für die Schweiz, deren Kantone ein hohes Maß an Unabhängigkeit genießen. Wer das für Europa nicht hinnehmen will, muss zwingend ein höheres Maß an zentralstaatlicher Gewalt als in den USA vorsehen. Vorstellungen, man könne opportunistisches, missbräuchliches Verhalten in einer Schuldenunion bereits durch kleine Schritte wie die Begründung einer Fiskalunion verhindern, die zu einer zentralen Macht unterhalb des amerikanischen Bundesstaates führen und die Bildung einer gemeinsamen Nation entbehrlich machen, sind naiv.

Wer die Bildung des europäischen Bundesstaates mit einer Transfer- und Schuldenunion beginnen will, die nur durch einen Fiskalpakt begrenzt wird, spielt ein gefährliches Spiel. Er begibt sich auf einen Weg, der Konflikte und Gefahren heraufbeschwören wird, die alles andere als ein Beitrag zu einem friedlichen Miteinander sind, weil er zwischen benachbarten und befreundeten Staaten ein Gläubiger-Schuldner-Verhältnis errichtet. Der natürliche Konflikt zwischen Gläubigern und Schuldnern, der bislang in Europa stets mit den Mitteln des Rechts auf der privaten Ebene aufgelöst wurde, wird damit auf die Ebene der Politik gehoben. Dieser Weg führt nicht zum erstrebten Ziel der Vereinigten Staaten von Europa, sondern ins Chaos und diskreditiert die europäische Idee nachhaltig. Er setzt die schon erreichte Zusammenarbeit und Integration fahrlässig aufs Spiel. Nicht die Romantiker sind die besseren Europäer, sondern diejenigen, die einen realistischen Weg suchen, der im Einklang mit dem freien Willen der Menschen, den Gesetzen der Ökonomie und ohne einen Umverteilungszwang begangen werden kann.

In den ersten Jahrzenten der Vereinigten Staaten von Amerika waren gefährliche Fehlentscheidungen zu beobachten, die es zu vermeiden gilt. Wer die Vereinigten Staaten von Europa will, sollte die ökonomischen Funktionsprinzipien der Vereinigten Staaten von Amerika so kopieren, wie sie heute sind, und nicht die historischen Fehlversuche wiederholen. Damit sollten die Europäer so rasch wie möglich beginnen.

ANMERKUNGEN

1 F. Van Riper, »Ford to New York: Drop Dead. Vows He'll Veto Bail-Out in Speech Attacking City«, *Daily News*, 30. Oktober 1975.

2 Die Steuereinnahmen der Stadt New York wurden zu dem Zweck zu Steuereinnahmen des Staates erklärt und einer eigens dafür gegründeten Gesellschaft, der Municipal Assistance Corporation (MAC), als Sicherheit bei der Ausgabe von Wertpapieren, die der Finanzierung der Stadt dienten, übertragen. Siehe L. Capodilupo, »Municipal Assistance Corporation for the City of New York (MAC)«, William and Anita Newman Library and Baruch College, City University of New York, April 2002, http://newman.baruch.cuny.edu/digital/2003/amfl/mac/mac_finding_aid_index.htm; und R. Dunstan, »Overview of New York City's Fiscal Crisis«, *California Research Bureau Note* 3, 1. März 1995, Nr. 1, S. 4, http://www.library.ca.gov/crb/95/notes/V3N1.PDF.

3 Zum Beispiel gehören zur Federal Reserve Bank of San Francisco die Territorien von sieben Bundesstaaten, während das Territorium von Wisconsin, Illinois oder Indiana zu jeweils zwei District Feds gehört.

4 H. Schlesinger, »Die Zahlungsbilanz sagt es uns«, *ifo Schnelldienst* 64, 2011, Nr. 16, S. 11; und derselbe, »The Balance of Payments Tells us the Truth«, in: H.-W. Sinn, Hrsg., The European Balance of Payments Crisis, *CESifo Forum* 13, Sonderausgabe Januar, 2012, S. 13.

5 M. Seidel, »Die Europäische Zentralbank«, *ZEI Working Paper* B 01, 2011, S. 5; und derselbe, »Konstitutionelle Schwächen der Währungsunion«, *Europarecht* 35, 2000, S. 861–878, insbesondere S. 871.

6 European Economic Advisory Group at CESifo, »The European Balance-of-Payments Problem«, *Report on the European Economy*, München 2012, Kapitel 2, insbesondere S. 75–79, http://www.cesifo-group.de/portal/pls/portal/docs/1/1215245.PDF.

7 Internationaler Währungsfonds, »Greece: Second Review under the Stand-By Arrangement«, *IMF Country Report*, 6. Dezember 2010, Nr. 10/372, insbesondere S. 52, http://www.imf.org/external/pubs/ft/scr/2010/cr10372.pdf.

8 W. F. Richter, »Zwangsanleihen — Ein Beitrag zur Konsolidierung«, *Handelsblatt*, 25. November 2011, http://www.wiso.tu-dortmund.de/wiso/of/Medienpool/veroeffentlichungen_richter/WR_Veoeffentlichungen_Stand_Oktober_09/Zwangsanleihen.pdf.

9 Finnland hatte in seiner Krise für knapp 3 Milliarden Euro immobilienbesicherte Anleihen ausgegeben, um seinen sozialen Wohnungsbau zu finanzieren. Dazu schuf es in Irland die Dachgesellschaft Fennica Holding.

10 Vgl. beispielsweise »Finnish PM Says Vulnerable Euro Zone States Should Issue Covered Bonds«, *Reuters*, 28. Juni 2012, http://www.reuters.com/article/2012/06/28/us-eurozone-bonds-finland-idUSBRE85R0IP20120628; »Finnland beharrt auf Pfand für Griechen-Kredit«, *Der Spiegel*, 15. September 2011, http://www.spiegel.de/wirtschaft/soziales/euro-krise-finnland-beharrt-auf-pfand-fuer-griechen-kredit-a-786361.html; und »Griechenland zahlt Pfand an Finnland«, *Rheinische Post*, 16. August 2011, http://www.rp-online.de/wirtschaft/finanzen/griechenland-zahlt-pfand-an-finnland-1.2318323.

11 Organisation für wirtschaftliche Zusammenarbeit und Entwicklung, *Economic Outlook*, 2012, Nr. 91, Statistical Annex, Table 58. Vgl. auch Kapitel 8, Abschnitt *Italienische Ängste*; und zu Berlusconi »Berlusconi: ›Non facciamoci del male‹ E

sulla crisi: ›Noi, i più ricchi d'Europa‹«, *La Repubblica*, 20. Juni 2010, http://www.repubblica.it/politica/2010/06/20/news/berlusconi-popolarita-4996320/.

12 H.-W. Sinn und T. Wollmershäuser, »Target Loans, Current Account Balances and Capital Flows: The ECB's Rescue Facility«, *CESifo Working Paper* Nr. 3500, Juni 2011.

13 H.-W. Sinn, Anhörung als Sachverständiger zur Klage von P. Gauweiler, Karlsruhe, 5. Juli 2011.

14 European Economic Advisory Group at CESifo, »Governing Europe«, *Report on the European Economy,* München 2011, Kapitel 2, S. 71—96. Der nachfolgende Text zur Beschreibung des Vorschlags ist weitgehend deckungsgleich mit entsprechenden Passagen aus der Sohmen Lecture des Verfassers. Siehe H.-W. Sinn, »Die Europäische Fiskalunion«, *ifo Working Paper* Nr. 131, Juli 2012; erscheint in *Perspektiven der Wirtschaftspolitik* 2012. Ich danke dem Herausgeber für die Erlaubnis. Der Vorschlag wird hier aber unter Berücksichtigung der Target-Kredite der EZB, die der EEAG damals noch nicht bekannt waren, sowie des ESM, der inzwischen eingerichtet wurde, abgewandelt.

15 European Economic Advisory Group at CESifo, »Governing Europe«, a.a.O.

16 Europäischer Rat, »Treaty Establishing the European Stability Mechanism (ESM)«, 2. Februar 2012, Präambel Nr. 11.

17 Vgl. Kapitel 8, Abschnitt *Die Verletzung des Mandats*; und Kapitel 9, Abschnitt *Fällt Europa, wenn der Euro fällt?*.

18 B. Born, T. Buchen, K. Carstensen, C. Grimme, M. Kleemann, K. Wohlrabe und T. Wollmershäuser, *Austritt Griechenlands aus der Europäischen Währungsunion: historische Erfahrungen, makroökonomische Konsequenzen und organisatorische Umsetzung*, ifo Institut, München 2012; C. Reinhart, »This Time is Different Chartbook: Country Histories on Debt, Default, and Financial Crises«, *NBER Working Paper* Nr. 15815, 2010; und C. Reinhart und K. Rogoff, *This Time is Different: Eight Centuries of Financial Folly*, Princeton University Press, Princeton 2009.

19 Diese Ausführungen basieren auf H.-W. Sinn, »Die offene Währungsunion«, *Wirtschaftswoche*, 16. Juli 2012, Nr. 29, S. 39, http://www.cesifo-group.de/ifoHome/policy/Staff-Comments-in-the-Media/Press-articles-by-staff/Archive/Eigene-Artikel-2012/medienecho_ifostimme-wiwo-16-07-2012.html; H.-W. Sinn und F. L. Sell, »Der neue Euro-Club«, *Süddeutsche Zeitung*, 24. Juli 2012, Nr. 169, S. 19, http://www.cesifo-group.de/ifoHome/policy/Staff-Comments-in-the-Media/Press-articles-by-staff/Archive/Eigene-Artikel-2012/medienecho_ifostimme-sz-24-07-2012.html; und dieselben, »Our Opt-in Opt-out Solution for the Euro«, *Financial Times*, 31. Juli 2012, http://www.ft.com/intl/cms/s/0/b2c75538-da35-11e1-b03b-00144feab49a.html#axzz25VFx ZZXs. Ein ähnlicher Vorschlag wurde aber bereits 2010 von Martin Feldstein gemacht. Siehe M. Feldstein, »Let Greece Take a Eurozone ›Holiday‹«, *Financial Times*, 16. Februar 2010, http://www.ft.com/intl/cms/s/0/72214942-1b30-11df-953f-00144feab49a.html#axzz25VFxZZXs.

20 Citi Research, *Global Economic Outlook and Strategy*, 25. Juli 2012, S. 7, https://mysu.susqu.edu/personal/rusek/news/Saved%20Articles/3610831-citi-global-buiter-25july2012(1).pdf; M. Voss, »Citigroup erwartet Griechenlands Euro-Austritt zum 1. Januar 2013«, *Focus*, 26. Juli 2012, http://www.focus.de/finanzen/news/staatsverschuldung/90-prozent-wahrscheinlichkeit-fuer-grexit-citigroup-erwartet-griechen-austritt-am-1-januar-2013_aid_787927.html; und D. Eckert, »Was passiert, wenn die Troika den Stecker zieht«, *Die Welt*, 27. Juli 2012, http://www.welt.de/finanzen/article108401579/Was-passiert-wenn-die-Troika-den-Stecker-zieht.html.

21 Es gibt noch vielerlei weitere Vorschläge für Parallelwährungen. So zum Beispiel

den Vorschlag, dass alle Rechnungen mit alter und neuer Währung zu bezahlen sind: B. Lucke und M. J. M. Neumann, »Drachme als zweite Landeswährung einführen«, *Handelsblatt*, 21. Mai 2012, http://www.handelsblatt.com/meinung/gastbeitraege/gastbeitrag-drachme-als-zweite-landeswaehrung-einfuehren/6656530.html; und T. Mayer, »Der Geuro«, *DB Research*, 23. Mai 2012, http://www.dbresearch.de/PROD/DBR_INTERNET_DE-PROD/PROD0000000000288868.pdf. Ein anderes Beispiel ist die Matheo-Lösung, nach der grundsätzlich alle Länder der Eurozone eine eigene virtuelle Parallelwährung zum Euro haben, in der die heimischen Schuldkontrakte und Preise ausgedrückt sind. Siehe: A. ten Dam, »›The Matheo Solution (TMS)‹ kann den Euro retten«, *ifo Schnelldienst* 23, 9. Dezember 2011, S. 22–25, http://www.cesifo-group.de/portal/pls/portal/docs/1/1212426.PDF.

22 Dieser Text enthält mit Genehmigung des Herausgebers Passagen aus: H.-W. Sinn, »Die europäische Fiskalunion«, a.a.O.

23 J. Limbach, »Es gibt keine europäische Identität«, *Frankfurter Allgemeine Zeitung*, 26. August 2012, http://www.faz.net/aktuell/feuilleton/debatten/europas-zukunft/jutta-limbach-ueber-europas-zukunft-es-gibt-keine-europaeische-identitaet-11868798.html; R. Herzog, »Die dürfen nur nicken«, Interview mit T. Hildebrandt und H. Wefing, *Die Zeit*, 25. September 2011, http://www.zeit.de/2011/39/Interview-Herzog/seite-2; und R. Brüderle, Interview mit M. Bröcker, *Rheinische Post*, 4. Juli 2012, http://www.rainer-bruederle.de/content/br%C3%BCderle-interview-f%C3%BCr-die-rheinische-post-1.

24 »Vertrag über die Europäische Union« (AEUV), *ABl.* 53, 2010, Nr. C 83, S. 18, Art. 5.

25 H.-W. Sinn, *The New Systems Competition, Yrjö Jahnsson Lectures*, Basil Blackwell, Oxford 2003.

26 »Vertrag über die Arbeitsweise der Europäischen Union« (AEUV), *ABl.* 53, 2010, Nr. C 83, S. 47–200, Art. 125.

27 F. Heisbourg, »EU arbeitet hart daran zu verschwinden«, Interview, *Der Standard*, 17. April 2012.

Epilog

Nachdem ich die Druckfahnen für dieses Buch erhalten habe, hat nun am 12. September 2012 das Bundesverfassungsgericht über die von verschiedenen Klägern vorgebrachten Anträge auf einstweilige Verfügungen gegen den ESM-Vertrag entschieden.[1] Das Gericht lehnte die Anträge auf einstweilige Verfügungen ab und erlaubte dem Bundespräsidenten, den ESM-Vertrag zu unterschreiben. Die Kapitalanleger empfanden dies als eine große Erleichterung, weil sie nun mit größerer Wahrscheinlichkeit darauf vertrauen konnten, dass die privaten und staatlichen Wertpapiere südlicher Provenienz, die sie in ihren Vermögensportfolios halten, zum Fälligkeitszeitpunkt bedient werden können. Weil die noch gesunden Staaten Europas bereit sind, in die Rolle der Gläubiger der Krisenstaaten einzutreten, erholten sich die Börsen, und der befürchtete Crash blieb aus.

Das Urteil ist aber dennoch alles andere als ein Freibrief für unbegrenzte staatliche Rettungsaktionen. Obwohl das Gericht die Klagen auf einstweilige Verfügungen ablehnte, hat es schon vor der Entscheidung in der Hauptsache manche der Bedenken aufgegriffen, die von den Klägern und auch in diesem Buch vorgetragen wurden.

So hat das Gericht insbesondere die Sorgen ernst genommen, dass der ESM-Vertrag die Gesamthaftung nicht zwingend auf 190 Milliarden Euro begrenzt, wenn andere Mitgliedsländer ihren Zahlungsverpflichtungen nicht nachkommen. Wie in Kapitel 10 (Abschnitt *Gesamtschuldnerische Haftung*) ausgeführt wurde, hätte es theoretisch passieren können, dass alle Länder nur ihre Bareinlage von zusammen etwa 80 Milliarden Euro einzahlen und Deutschland allein für die gesamte restliche Haftung in Höhe von etwa 620 Milliarden Euro aufkommen muss, was, wenn man die deutsche Bareinlage in Höhe von etwa 20 Milliarden Euro mit einrechnet, eine deutsche Gesamthaftung von etwa 640 Milliarden Euro hätte bedeuten können. Das Gericht betont zwar, dass diese Vertragsinterpretation falsch wäre, schloss aber nicht aus, dass sich andere Parteien ihrer später einmal bedienen könnten. Das könne zum Beispiel mit dem Hinweis geschehen, dass Deutschland, wenn es mehr als 190 Milliarden Euro zahle, nicht auch für mehr als diesen Betrag haften müsse, weil es ja einen entsprechenden Anspruch gegen andere Mitgliedsländer erhalte (Absatz 252). Um diese Interpretation des ESM-Vertrags auszuschließen, verpflichtete das Gericht die Bundesregierung, dem Vertrag eine völkerrechtlich verbindliche Erklärung beizufügen, wonach die deutsche Zahlung auch im Innenverhältnis der Mitgliedsländer unter allen Umständen auf 190 Milliarden Euro begrenzt wird.

Wie eine solche Erklärung abzugeben ist, ließ das Gericht offen. Um die Erklärung völkerrechtlich verbindlich zu machen, müsste die Bundesregierung wohl verlangen, dass sie auch von den anderen Signatarstaaten formell gebilligt wird. Dass bereits eine einseitige Erklärung der Bundesregierung ausreichen könnte, die die anderen Länder stillschweigend zur Kenntnis nehmen, wird von Juristen bezweifelt.

Das Gericht verpflichtet die Bundesregierung, in der Erklärung auch darzulegen, dass der deutsche Vertreter im Gouverneursrat gegenüber dem Bundestag und dem Bundesrat rechenschaftspflichtig ist und deshalb von seiner Schweigepflicht entbunden werden muss. Weil versäumt wurde, den anderen Ländern die Zustimmungspflicht des deutschen Bundestages beim Abschluss des Vertrages zur Kenntnis zu bringen, wären die Voten des deutschen Vertreters im Gouverneursrat wie erläutert auch dann für Deutschland verbindlich gewesen, wenn dieser Vertreter nicht zuvor die Zustimmung des Bundestages eingeholt hätte. Auch insofern trägt das Gericht den Einwänden der Kläger Rechnung.

Am wichtigsten aus der Sicht dieses Buches sind die Einlassungen des Gerichts zur Rolle der EZB, denn sie schließen die in Kapitel 10 behandelte Banklizenz für den ESM aus und stellen die in Kapitel 5 diskutierten Staatspapierkäufe durch den ESM zumindest in Frage. So erklärt das Gericht in Absatz 276 seines Urteils:

> *»Da eine Aufnahme von Kapital durch den europäischen Stabilitätsmechanismus bei der Europäischen Zentralbank allein oder in Verbindung mit der Hinterlegung von Staatsanleihen mit Unionsrecht nicht vereinbar wäre, kann der Vertrag nur so verstanden werden, dass er derartige Anleiheoperationen nicht zulässt.«*

Des Weiteren heißt es in Absatz 278:

> *»Auch eine Hinterlegung von Staatsanleihen durch den Europäischen Stabilitätsmechanismus bei der Europäischen Zentralbank als Sicherheit für Kredite würde gegen das Verbot unmittelbaren Erwerbs von Schuldtiteln öffentlicher Stellen verstoßen. Dabei kann offen bleiben, ob hierin eine Übernahme von Schuldtiteln direkt vom öffentlichen Emittenten am Primärmarkt läge oder nach dem Zwischenerwerb durch den Europäischen Stabilitätsmechanismus einem Erwerb am Sekundärmarkt entsprechen würde. Denn ein Erwerb von Staatsanleihen am Sekundärmarkt durch die Europäische Zentralbank, der auf von den Kapitalmärkten unabhängige Finanzierung der Haushalte der Mitgliedstaaten zielte, ist als Umgehung des Verbots monetärer Staatsfinanzierung ebenfalls untersagt.«*

Mit beiden Passagen erklärt das Gericht, dass die Vergabe einer Banklizenz gemäß Artikel 32, Absatz 9 des ESM-Vertrages den EU-Verträgen widersprechen würde. Damit wird allen Spekulationen, man könne durch die Kombination von ESM und EZB das ganz große Rad drehen und die überschuldeten Staaten mit der Notenpresse retten, ein Riegel vorgeschoben. Wie erläutert, würde ein solches Vorgehen zu einem weiteren Anwachsen der Target-Forderungen der kapitalexportierenden Euroländer führen und insofern noch mehr Ersparnisse dieser Länder zwangsweise in die Staatsfinanzierung der Defizitländer umlenken.

Das Gericht schließt mit der Formulierung »Aufnahme von Kapital… bei der Europäischen Zentralbank allein oder in Verbindung mit…« vermutlich sogar die Banklizenz für den Zweck einer Finanzierung des privaten Sektors aus. Das kann man mit dem Gipfelbeschluss vom 29. Juni 2012 in Verbindung bringen, nach dem der ESM seine Mittel direkt an die Banken der Krisenländer weiterleiten darf. Denn auch wenn ein Refinanzierungskredit ausgeschlossen ist, der mit Staatspapieren besichert ist, könnten kreative Europapolitiker ja die Meinung vertreten, Kredite des ESM, die mit Schuldverschreibungen der Banken besichert sind, seien erlaubt.

Ob diese Interpretation des Gerichts auch von den Politikern und Gerichten der anderen europäischen Länder geteilt würde, kann man allerdings infrage stellen. Um ganz sicherzugehen, dass hieraus kein neuer Streitfall entsteht, sollte die Bundesregierung ihre völkerrechtliche Erklärung zum ESM-Vertrag vorsichtshalber auch auf das Verbot der Refinanzierung des ESM bei der EZB ausdehnen. Eine solche Ergänzung wird vom Gericht nicht verlangt, doch entspräche sie nun, da das Verfassungsgericht sich eindeutig festgelegt hat, ihrer Sorgfaltspflicht.[2]

Auch der letzte Satz der zitierten Passagen hat es in sich. Aus ihm folgt nicht weniger als das Verbot der Staatspapierkäufe der EZB auf dem Sekundärmarkt, mit dem das Ziel verfolgt wird, die Konditionen der Kapitalmärkte zu unterlaufen. Damit wird die Haltung der Deutschen Bundesbank im Streit mit der Mehrheit des EZB-Rates gestärkt, die sich in den Rücktritten von Bundesbankpräsident Weber und EZB-Chef-Volkswirt Stark sowie auch in dem öffentlichen Protest des neuen Bundesbankpräsidenten Weidmann in aller Deutlichkeit gezeigt hat.

In der Einschränkung, die in den Worten »auf von den Kapitalmärkten unabhängige Finanzierung der Haushalte der Mitgliedstaaten zielte« liegt, mag man eine Hintertür für die EZB vermuten. Aber es wäre spitzfindig, würde man nun versuchen, andere Gründe für die Interventionen der EZB zu erfinden, als den Versuch, die Zinsen für die Staatsfinanzierung unter das Niveau zu senken, das die Kapitalmärkte verlangen. Aussagen der Art, dass man mit den Käufen nur den geldpolitischen Transmissionsmechanismus und die Wirksamkeit der Geldpolitik sicherstellen wolle, sind nichts als vernebelnde Semantik, die das Ziel, die Zinslasten für die Krisenländer zu senken, überdecken sollen. Immer wieder haben die Staaten der Krisenländer über ihre hohen Zinsen geklagt und Maßnahmen der EZB zur Begrenzung der Zinsen verlangt.[3] Wie im ersten Kapital schon erwähnt wurde, hat Ministerpräsident Monti sogar Demonstrationen gegen Deutschland prophezeit, falls es sich gegen Maßnahmen zur Senkung der Zinslasten für den italienischen Staat sperre. Wenn die EZB nun solche Maßnahmen ergreift und sie nur nebulös begründet, kann man nicht davon ausgehen, dass sie unabhängig von der Motivationslage der betroffenen Staaten gehandelt habe.

Im Übrigen hat die EZB sogar bei einer Pressekonferenz selbst erklärt, dass sich in den Zinsen auch das Austrittsrisiko eines Staates zeige und dass sie interveniere, um den so verursachten Zinsaufschlag zu verringern.[4] Man kann bezweifeln, dass eine solcherart begründete Intervention gerechtfertigt ist, denn der Zinsaufschlag resultiert ja aus der Befürchtung der Märkte, dass ein Land so weit von seiner Wettbewerbsfähigkeit entfernt ist, dass es sie nur durch Austritt und Abwertung wieder erreichen kann. Es ist richtig und effizient, dass die Märkte ein solches Risiko in Form eines Zinsaufschlags einpreisen. Aber im Lichte der Formulierung des Gerichts kommt es gar nicht darauf an, ob die Märkte mit ihrer Einschätzung richtig oder falsch liegen. So oder so ist es der EZB verboten, die Finanzierungskonditionen der Staaten von den Konditionen unabhängig zu machen, die der Kapitalmarkt verlangt, also die Kapitalmärkte zu unterlaufen. Das aber hat sie, wie dieses Buch gezeigt hat, mit ihren Aktionen in großem Umfang getan. Sie hat die harten Budgetbeschränkungen des Marktes aufgehoben, den Staaten und Privatsektoren der südlichen und westlichen Länder Kredit zu besseren Konditionen gewährt, als es der Kapitalmarkt tun wollte, und somit Investitionslenkung betrieben.

Die deutschen Target-Forderungen, die die Investitionslenkung noch viel deutlicher widerspiegeln als die Staatspapierkäufe, sind übrigens von dem in diesem Buch genannten Endstand von 727 Milliarden Euro im Juli 2012 bis zum August auf 751 Milliarden Euro gestiegen.

ANMERKUNGEN

1 BVerfG, 2 BvR 1390/12, 12. September 2012, http://www.bverfg.de/entscheidungen/rs20120912_2bvr139012.html.
2 Vgl. H.-W. Sinn, »Schranken für die EZB«, *Wirtschaftswoche*, 17. September 2012, Nr. 38, S. 44.
3 W. Proissl, »EZB soll für Euro-Retter Bonds aufkaufen«, *Financial Times Deutschland*, 21. Juni 2012, http://m.ftd.de/#artikel/70052775.xml?v=2.0. »Monti: Steigende Zinsen werden Italien Anti-Europa-Regierung bescheren«, *Deutsche Wirtschaftsnachrichten*, 2. September 2012, http://deutsche-wirtschafts-nachrichten.de/2012/08/02/monti-steigende-zinsen-werden-italien-anti-europa-regierung-bescheren/. M. Rajoy, »Die Zweifel gelten nicht Spanien«, Interview mit L. Wieland, *Frankfurter Allgemeine Zeitung*, 6. September 2012, http://m.faz.net/aktuell/politik/europaeische-union/im-gespraech-mariano-rajoy-die-zweifel-gelten-nicht-spanien-11880409.html; und »Spaniens Premier schwört Merkel auf EZB-Kurs ein«, *Der Spiegel*, 6. September 2012, http://www.spiegel.de/wirtschaft/soziales/anleihenkaeufe-rajoy-schwoert-merkel-auf-ezb-kurs-ein-a-854188.html.
4 M. Draghi, »Introductory Statement to the Press Conference (with Q&A)«, Frankfurt am Main, 2. August 2012 und 6. September 2012, http://www.ecb.int/press/pressconf/2012/html/is120802.en.html und http://www.ecb.int/press/pressconf/2012/html/is120906.en.html. In den Pressekonferenzen erklärt Draghi: »Risk premia that are related to fears of the reversibility of the euro are unacceptable, and they need to be addressed in a fundamental manner.«

Danksagung

Dieses Buch drängte sich mir durch die Verhältnisse auf. Die sich zuspitzende Krise, die Rettungsaktionen der Staatengemeinschaft vom Mai 2010 und ein Hinweis von Helmut Schlesinger, dem früheren Präsidenten der Deutschen Bundesbank, auf die unerklärlichen und immer weiter wachsenden Verrechnungsposten in der Bilanz der Bundesbank hatten erst den Forscherehrgeiz entfacht und dann die Sorge entstehen lassen, dass hier einige Dinge gewaltig aus dem Ruder laufen könnten. Die Verantwortung als Volkswirt und Präsident des ifo Instituts erforderte die Recherche.

Als sich die Wahrheit der Target-Salden herausschälte, ging ich im Februar, März und April 2011 damit an die Öffentlichkeit. Viele Wissenschaftler und Journalisten griffen meine Gedanken konstruktiv auf und trugen zur Vertiefung der Erkenntnis bei. Andere, wenige, griffen zu aggressiven Vokabeln und unterstellten mir abenteuerliche Argumentationsketten, die sie dann widerlegten. Das habe ich mit großer Verwunderung zur Kenntnis genommen. Auf offizieller Seite bekam ich es mit einer Mischung aus Ignoranz und wiederkehrenden Dementis zu Aussagen zu tun, die ich nie gemacht hatte, die aber durch ihre Penetranz die öffentliche Interpretation meiner Thesen eine Zeit lang prägten. Da ich mir meiner Sache stets sicher war, hat mich das alles nicht sonderlich beeindruckt, sondern angespornt. Man braucht einen Ansporn, wenn man sich die Nächte um die Ohren schlagen und seinen Urlaub opfern soll, um ein mit Zahlen gespicktes Buch von 400 Seiten zu Papier zu bringen.

Ich danke all jenen, die mich bei der Aufklärung der Target-Salden unterstützt haben. Hier möchte ich an erster Stelle Timo Wollmershäuser und Wolfgang Meister nennen, die mir bei der Prüfung der Faktenlage und als Diskussionspartner zur Verfügung standen. Mit Timo Wollmershäuser, einem ausgewiesenen Geldexperten am ifo Institut, habe ich im Juni 2011 eine erste wissenschaftliche Abhandlung zu dem Thema verfasst, nachdem ich mich vorher in deutschen und englischsprachigen Zeitschriften und bei Vorträgen dazu geäußert hatte. Die ersten öffentlichen Vorträge zu dem Sachverhalt fanden im April 2011 bei Mario Draghi in der Banca d'Italia, im Mai 2011 bei Michael Burda in der Humboldt-Universität und im selben Monat beim Munich Economic Summit statt. Ich bedanke mich für all die nützlichen Kommentare, die ich damals erhielt.

Von großer Hilfe bei der Aufdeckung der Target-Salden war mir mein Freund und früherer Kollege Georg Milbradt, mit dem ich die Dinge pausenlos diskutiert habe und dessen scharfer Geist auch zwischen den Zeilen dieses Buches hervorscheint. Aber auch meiner Frau Gerlinde, mit der ich nun 40 Jahre verheiratet bin und alles diskutiere, was mich umtreibt, hat dieses Buch viel zu verdanken. Beide haben das Buch gelesen und mir viele Vorschläge für Verbesserungen im Detail gemacht. Meiner Frau widme ich dieses Buch.

Gelesen wurde das Buch auch von meinem Vorstandskollegen Meinhard Knoche und meinem Lektor Martin Janik vom Hanser-Verlag. Gerade weil sie keine Ökonomen sind, haben mir ihre vielfältigen Vorschläge geholfen, die Argumentation zu vereinfachen und Gedankensprünge zu vermeiden. Wie bei den meisten meiner Bücher der letzten zwei Jahrzehnte versuche ich, wissenschaftliches Neuland zu betreten und doch zugleich populärwissenschaftlich zu schreiben. Es will mir nicht einleuchten, dass eine wissenschaftliche Arbeit erst dann als Forschung zählt, wenn man den Sachverhalt in einer für Laien nicht mehr verständlichen Sprache ausdrückt. Sicher, für die vertiefende Analyse braucht man komplexe theoretische und empirische Methoden. Aber am spannendsten ist die Erkenntnis ganz zu Anfang, wenn man sie noch mit normalen Worten ausdrücken kann.

Bei der Literaturrecherche und dem Faktencheck waren mir meine Lehrstuhlassistenten Nadjeschda Arnold und Christopher Weber eine große Hilfe. Sie haben das Manuskript gelesen und Verbesserungsvorschläge gemacht. In der heißen Phase standen sie selbst des Abends und am Wochenende noch zur Verfügung. Die lauen Sommerabende hätten sie auch anders verbringen können.

Anja Rohwer und Christoph Zeiner haben vor allem bei der Erstellung der Zeichnungen mitgeholfen und sie in einem mühsamen evolutorischen Iterationsprozess optimiert. Anja Rohwer war mir auch zu ungewöhnlichen Zeiten bei der Literatursuche behilflich. Barbara Hebele, Marga Jennewein und eine Reihe anderer Mitarbeiter waren am Endlektorat beteiligt. Andrea Stolz vom Hanser-Verlag hat das Buch gesetzt und herstellerisch betreut, mit Unterstützung durch Christina Kubiak.

Allen Beteiligten danke ich herzlich, ohne sie damit für verbleibende Fehler verantwortlich machen zu wollen.

München, 16. September 2012

Hans-Werner Sinn

Personen- und Sachregister

F

L

M

N

O

P

R

S

T

Autorenregister

E

F

G

H

I

J

K

L

M

N

O

P

R

S